中国会计改革与会计准则研究
——企业会计准则

应唯 著

ZHONGGUO KUAIJI GAIGE YU KUAIJI ZHUNZE YANJIU
QIYE KUAIJI ZHUNZE

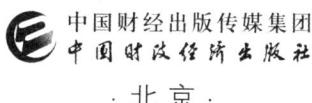

中国财经出版传媒集团
中国财政经济出版社
·北京·

为《股份有限公司会计制度》。该制度解决了 A 股、B 股、H 股会计政策的统一性问题，首次提出了企业编制财务报告所提供的信息应当真实、公允的要求。1999 年，面对当时上市公司资产不实等问题，我负责起草了相关文件，要求上市公司对应收款项、存货、短期投资和长期投资进行减值测试，如经减值测试后发现这些资产已发生减值的，应计提减值准备，并要求上市公司作为会计政策变更，采用追溯调整法进行会计处理。

2000 年，为了配合新修订的《中华人民共和国会计法》"建立国家统一的会计制度"的要求，首先，我主持和组织了《企业会计制度》的起草制定，并于当年 12 月发布，该制度规定从 2001 年 1 月 1 日起在股份有限公司范围内实施，《企业会计制度》执行后，原来的《股份有限公司会计制度——会计科目和会计报表》同时废止。其后，要求外商投资企业全面实施《企业会计制度》，废止《外商投资企业会计制度》。由此，以《企业会计制度》为主体，配套制定了不同行业的专业核算办法，同时，组织《小企业会计制度》的起草制定并于 2004 年发布，2005 年 1 月 1 日起在小企业范围内执行。由此，形成了中国特色的企业会计制度体系。其次，起草相关文件，要求实施《企业会计制度》的企业从 2001 年起对固定资产、无形资产、委托贷款、在建工程考虑减值因素，如发生减值的计提减值准备，并允许与债务重组和非货币性资产交换的会计处理一起采用追溯调整法进行会计处理。由此，与应收款项、存货、短期投资和长期投资一并形成了八项资产减值准备计提，业内简称为"八项计提"。经过一系列会计政策的调整，实施《企业会计制度》企业所提供的财务报告基本上能够满足监管部门对信息质量的要求，上市公司对外披露的财务报告质量逐年提高。

2000 年，根据国务院领导的指示，为了提升对企业财务报告质量的法律地位，我负责组织起草了《企业财务报告条例》，2000 年 6 月 21 日，该条例由国务院令 287 号发布。

1998 年起，针对上市公司《股份有限公司会计制度》《企业会

中国会计改革与会计准则研究
——企业会计准则

应唯 著

ZHONGGUO KUAIJI GAIGE YU KUAIJI ZHUNZE YANJIU
QIYE KUAIJI ZHUNZE

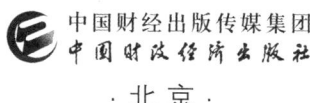

中国财经出版传媒集团
中国财政经济出版社
·北京·

图书在版编目（CIP）数据

中国会计改革与会计准则研究：企业会计准则 / 应唯著. -- 北京：中国财政经济出版社，2024.6（2024.9重印）
ISBN 978 - 7 - 5223 - 2667 - 2

Ⅰ.①中⋯ Ⅱ.①应⋯ Ⅲ.①会计制度改革－研究－中国 ②企业会计－会计准则－研究－中国 Ⅳ.①F233.2 ②F279.23

中国国家版本馆 CIP 数据核字（2024）第 013845 号

责任编辑：高文欣　　　　　　责任印制：史大鹏
封面设计：卜建辰　　　　　　责任校对：胡永立

中国会计改革与会计准则研究——企业会计准则
ZHONGGUO KUAIJI GAIGE YU KUAIJI ZHUNZE YANJIU
——QIYE KUAIJI ZHUNZE

中国财政经济出版社 出版

URL：http://www.cfeph.cn
E - mail：cfeph@cfeph.cn
（版权所有　翻印必究）
社址：北京市海淀区阜成路甲 28 号　邮政编码：100142
营销中心电话：010 - 88191522
天猫网店：中国财政经济出版社旗舰店
网址：https://zgczjjcbs.tmall.com
中煤（北京）印务有限公司印刷　各地新华书店经销
成品尺寸：170mm×240mm　16 开　24.75 印张　426 000 字
2024 年 6 月第 1 版　2024 年 9 月北京第 3 次印刷
定价：98.00 元
ISBN 978 - 7 - 5223 - 2667 - 2
（图书出现印装问题，本社负责调换，电话：010 - 88190548）
本社图书质量投诉电话：010 - 88190744
打击盗版举报热线：010 - 88191661　QQ：2242791300

序

应唯同志研究会计改革和会计准则、会计制度的文稿，结集成书，形成系列，即将付梓。应唯同志约我作序，我感到非常荣幸，作为老同事、老朋友，当然也乐而为之。

应唯同志的这部书稿，完成于会计改革各个时期，其中最早的那些篇章，作于上个世纪80年代。书稿展示了应唯同志作为资深会计人，思考我国会计改革和会计准则建设问题的丰富成果，从一个侧面记录了会计事业在改革中探索、在改革中创新、在改革中发展的光荣历程。

改革开放以来，我国的企业会计准则建设和会计制度改革从大的方面讲经历了借鉴、接轨和趋同三个阶段。1984年10月，在湖南长沙，财政部会计事务管理司以会计改革为主题召开会计工作座谈会，提出会计改革的重点是企业会计改革的命题，提出适应改革开放特别是国有企业改革和吸引外资的需要，借鉴市场经济国际惯例对会计制度作局部的调整和补充的任务。我把会计工作座谈会到1993年6月这个时期，视为会计制度改革的"借鉴"阶段。1993年7月1日起，施行包括《企业会计准则——基本准则》在内的"两则两制"，实现了我国会计核算模式与市场经济国际惯例的接轨，从这个时候开始直到2006年，可以视为会计制度改革的"接轨"阶段。财政部于2005年启动会计审计标准国际趋同战略，2006年初发布体现国际趋同要求的企业会计准则体系和审计准则体系，2007年1月开始施行。从施行企业会计准则体系一直到当前仍在推进的全面持续国际趋同，是我国会计制度改革的"趋同"阶段。以上有机衔接、梯次推进的三个阶段，把会计准则建设和会计制度改革不断地引向深入，鲜明地印证了会计工作保障和促进改革开放和中国特色社会主义市场经济的崇高定位和不懈追求。

在会计司工作过的同志，包括我本人在内，都或多或少有过这三个阶段的部分经历，应唯同志则是一直坚持在企业会计准则建设和会计制度改革一线，几乎完整地经历了以上三个阶段的少数几位之一，她长期地发挥着"操盘"和组织作用，作出了突出贡献的人。

我用这么多的文字讲述历史，除了想表明应唯同志在企业会计准则建设和会计制度改革领域的经历和贡献，以及书稿背后三十多年的专业积累和理论思考，还因为读了书稿使我想起十多年前提到的，企业会计准则建设和会计制度改革进入"趋同"阶段之后面临"两个转化"的任务，即，"巩固和光大国际趋同成果，把会计和审计准则体系转化成千百万会计审计人员的自觉实践，把会计和审计准则国际趋同成果转化成会计审计信息质量成果，是当前我们推进会计和审计准则全面持续趋同这一题中应有之义。"当时作这样的表述，是因为认识到，相对于"借鉴"阶段所做的局部的、技术层面的改革，相对于"接轨"阶段所要达到的会计核算模式转换这一框架意义上的改革，"趋同"阶段的改革，是会计核算体系的全面转型，是更为深刻的改革，是更为艰巨的挑战。具体表现在，作为趋同的参照系的国际会计准则是用英文写的，是以欧美国家的制度、经济、文化、伦理为背景写的，是针对发达市场经济的交易形态和交易结构写的，要实现国际趋同战略的最终目的，我们面临一个吃透国际会计准则的文本内涵的任务，有一个认识我们自己的制度、经济、文化、伦理背景，透过中国特色的交易形态和交易结构把握经济实质的任务。从书稿中可以清晰地看到，应唯同志一直保持着对会计改革中中国国情与国际惯例的关系等深层次问题的警醒，对会计准则全面持续趋同的艰巨性、渐进性、长期性作出了深刻的阐述，对清晰地解读体现国际趋同要求的会计准则文本付出了极有成效的努力，对会计审计人员理解和运用会计准则遭遇的困惑给出了热情的回应。

合同是新的收入会计准则的核心概念，正确理解会计准则所称的合同，就成为运用新的收入会计准则的前提性工作，其中最关键的，是明确国际会计准则所称的合同，在中国的法律环境里是怎样呈现的。应唯同志无疑是看到了这个问题对于会计审计人员理解和运用会计准则的重要性，她参引了《中华人民共和国民法典》（简称《民法典》）的多个条文，引导读者理解新的收入会计准则中合同的内涵和外延。针对合同形式这个概念，书中指出，新的收入会计准则"所指的合同，其合同形式与《民法典》的规定基本一致，既包含书面订立，也包含口头约定或其他形式，如，基于商业惯例或企业以往的习惯做法形成的有法律约束力的权利义务关系的协议。"还生动地举例指出，"在餐厅就餐，在商场购物，即使没有书面合同，也与商场形成了实质上的合同关系。"针对合同内容这个概念，书中指出，新的收入会计准则所指的合同的成立，"通常应当至少包含《民法典》所规定的一般条款，即合同中明确了合同各方与所转让商品相关的权利和义务、与所转让商品相关的支付条款等。"针对合同生效这个概念，书中参引《民法典》的多个条文，用以解释标志合同生效的各种情形。类似上述的参引法律条文、解释会计准则相关概念的做法，书中有多处体现，这就使得源于国际会计准则的诸多概念，落到了中国的法律环境这个"实处"。

实质重于形式，是一个重要的会计原则。评价会计准则质量的高低，乃至评价会计信息质量的高低，其标志之一，是其体现实质重于形式这个原则的程度。在会计实务当中，会计审计人员以及监管部门经常为交易的法律形式遮蔽交易的经济实质所困扰。新的收入会计准则重视合同的经济实质对于收入确认的重要性，把合同是否改变企业未来现金流量的风险、时间分布或金额作为判断合同的经济实质的依据，这样的规则创新对于提高收入会计信息的质量，对于识别虚设交易、抵制编造收入数据，有很强的针对性。书中用相当的笔墨，包括多个事例，来阐述何谓交易的经济实质、如何识别交易的经济实质。除此之外，书中还有多处针对各类交易的经济实质的阐述和示例分析，比如，在确认合同收入时如何判断合同是否存在重大融资成分。书中体现的这方面努力，使得会计准则相关规定落到了中国的交易形态和交易结构这个"实处"。

　　国际会计准则是按照原则导向来写的。在很多情况下，国际会计准则并不能告诉我们特定会计事项怎么处理，而是由会计审计人员根据国际会计准则提供的原则作职业判断。前面提到的实质重于形式就是一个重要的会计原则。透过交易的法律形式识别其经济实质，是会计审计人员运用职业判断的一个典型场景。会计审计人员职业判断信心不强、职业判断经验不足，是我们借鉴市场经济国际惯例，乃至中国会计准则国际趋同给会计审计人员带来的诸多挑战之一。应唯同志对市场经济国际惯例和国际会计准则对于会计审计人员职业判断的依赖高度敏感，早在上个世纪90年代就撰文指出，"对于需要按照性质、实质和结果进行判断的交易或事项，应当由注册会计师和会计人员按照会计准则和会计制度所规定的原则，针对交易或事项的具体情况作出职业判断。注册会计师和会计人员要加强学习，不断提高业务素质，增强职业判断能力。"除了持续倡导会计审计人员重视职业判断、提高职业判断能力，书中有关会计准则和会计制度的解读，对于哪些方面、哪些情形、哪些环节需要会计审计人员进行职业判断作了提示。以上这些努力就使得市场经济国际惯例和国际会计准则落到了我国会计审计人员的职业发展阶段这个"实处"。

　　政策引导，是市场在资源配置中起决定性作用、更好发挥政府作用的重要体现，包括财政政策、税收政策、货币政策、外汇政策在内的经济政策，乃至环境政策、福利政策、就业政策等等社会政策，显著地发挥着调节和优化企业经营行为的作用，这就必然会影响到企业的权利和义务特征，影响到企业的交易形态和交易结构。有效地识别政策对企业经营行为的影响，充分地反映政策引导下企业资产负债权益的变动特征和企业损益的实现方式，是会计审计工作者的光荣任务。

　　政府补助作为在我国常见的政策工具，无疑应当按照国际趋同要求进行会计核算，但是对于广大会计审计工作者来说，有一个吃透政府补助的政策意图的问题，有一个根据特定情形判断政府补助对企业资产负债权益和损益的影响的问题。书中专题讨论政府补助的会计核算，阐述了在中国国情下怎样根据政府资源的来源的性质来识别政府补助，如何区别政府补助、政府投资、政府采购，分别讨论了如何对不同类型的政府补助进行会计核算。针对收入会计准则涉及的可变对价问题，书中举例讨论了企业享受新能源补贴政策的情形，针对金融工具会计准则涉及的现金流量测试，书中讨论了贷款市场报价利率（LPR）政策以及资管行业的监管政策的影响。书中体现的上述努力，使得国际会计准则针对特定业务的确认计量原则落到了我国的政策环境这个"实处"。

除了持续不辍地投身企业的会计制度改革和会计准则建设，应唯同志还受命承担了会计信息化体系和政府会计准则制度体系的建设工作。在这些全新的领域里，应唯同志以她一贯的探索热情，全身心地投入，都做出了标志性成果。书中有相当篇幅是研究和解读会计信息化体系和政府会计准则体系建设问题的。因为这些成果，使得应唯同志作为会计专家和资深会计人的称誉有了比字面丰富得多的份量。

人类对于任何一个领域的观察和思考，最终都会是哲学的。正如应唯同志在书中指出的，"哲学试图揭示的是关于一切事物的本质，它所探究的是一切事物的核心及其发展规律。""用哲学的观点和方法去看问题、想问题、思辨问题，也许就能从纷乱复杂的现象中抓住事物的核心内涵，别有洞天。"书中《关于会计的"矛"与"盾"》《会计的"惑"与"不惑"》《反映与异见——关于会计思想的"杂谈"》《游走在艺术与巫术之间的技术》《会计，亦需多些人文思才——改革开放30年看会计》等篇则是她对会计改革的哲学思考。读到这些哲学思考，我们就能够明白，应唯同志对会计改革的阐述为什么能够做到鞭辟入里，对会计准则和会计制度的解读为什么那么深入浅出，在企业会计制度改革、政府会计制度改革、会计信息化这些不同的"赛道"为什么能够自如地"切换"。

应唯同志在会计改革各个领域的成就和贡献得到广泛认可。她是中国注册会计师协会第一批资深会员，长期领衔会计专业技术资格考试和注册会计师考试会计辅导教材的编写和命题工作。曾任财政部第三届会计准则委员会委员、中国会计信息化委员会委员、中国会计学会常务理事、可扩展商业报告语言（XBRL）国际组织理事会理事、XBRL中国地区组织主席、国际会计准则委员会XBRL咨询委员会委员、国际会计准则委员会中小主体国际会计准则咨询委员会委员。曾获2013年中国标准创新贡献奖一等奖、2011年杨纪琬优秀会计学术专著奖、1994年财政部优秀青年、1993年中央国家机关优秀青年。在同事和朋友们看来，应唯同志兼任的这些职务、获得的这些荣誉，乃是名至实归。

应唯同志是把工作和事业放在第一位的人，当她几年前表示"结束职业生涯、回归家庭"的时候，同事和朋友们都没有信以为真，因为大家相信，有很多喜欢听她的课、读她文章的会计审计行业内外的朋友不会答应，她自己视工作和事业为生命的会计情结也不会答应。事实也确实如此。在过去的几年里，她在《财务与会计》杂志主笔"应知应会"专栏，"开坛讲经"，继续着答疑解惑的德业，响应着行业内外朋友们的咨询请求，就如我自己时常做的那样，发个短信，描述一下事情的来龙去脉，请她帮忙作个"职业判断"。我们都相信，应唯同志会继续她对会计改革和会计准则、会计制度问题的关切和思考，都期待她有新的、更多的研究成果与朋友们见面，当然，也难免会不时地就会计准则和会计制度疑点难题向她请教。

此为序。

陈毓圭

2024年3月31日

自　　序

　　我出生在上海一个平凡的工人家庭，从小过着与平常人家一样的生活。因父母十四、五岁就开始学徒或工作，他们的收入在当时的生活环境下是不错的，生活算是小康吧。父母勤快能干，家里的生活打理得井井有条。我12岁时，母亲支援内地建设远离了我们。没有了母亲护佑，不仅生活要自理，还要帮助打理家务，从小锻炼了我的自理能力。

　　中学毕业，按我家的情况，插队是我的唯一出路，我离开了城市，告别了家人，走向了广阔的农村田野。一个五谷不分、肩不能扛、手不能提的城市女孩经历了农村艰苦生活的磨练。赤脚走在田埂上，肩上挑着猪大粪，汗水夹着泪水参加双抢（抢收抢种）。白天，忍受着水稻田里蚂蝗的侵扰，夜晚，听着老鼠在蚊帐上来回踱步，难以入眠。农村让我知道了与城市不一样的生活，识别了不同的农作物和种植方法，培育了我吃苦耐劳的精神，也懂得了每一粒大米的来之不易。恢复高考和回城的政策，点燃了我重回城市的希望。父亲带来几本复习资料，告诉我，今后国家要发展经济，需要有知识、有文化的人。经过一年多的复习苦读，终于考上梦寐以求的大学。从此，我开始走向了新的梦幻之旅。

一、机遇

　　曾经有人问我，为什么当时报考大学的第一志愿是会计专业，直觉告诉我：会计职业比较适合我，我比较安静，喜欢做安静的事情,不用下地,也不用下车间,不用到处跑,坐在办公室里记记账,安安静静地生活。我的会计职业初心就是如此简单。

1983年大学毕业时,命运安排我离开了出生地,虽然有了一份不错的工作,却又背井离乡,远离父母和朋友的关爱,来到一个陌生的城市——首都北京,进入了财政部会计司工作,开启了我的会计职业旅程。

(一) 亲历企业会计改革的过程

我被分配到财政部会计司制度二处。制度二处主要负责工业企业、商业企业、集体企业、铁路交通运输等行业企业会计制度的设计和制定。我参与审核的第一本会计制度是轻工业企业会计制度,作为一个新人,感到既新鲜又激动,没想到一个刚刚从大学毕业走上工作岗位的女孩还能审核会计制度,随后又参与了烟草行业会计制度的审核。记得第一次由冯淑萍带着我参加部里工交司召开的财务制度工作会议,专门研究融资租赁财务制度,由此使我懂得什么是财务制度,什么是会计制度,理解了会计制度为什么只包括会计科目和报表,因为财务制度规定会计要素的确认和计量,会计制度规定如何记录和报告,实际上将财务会计中对会计要素的确认、计量、记录和报告区分为财务制度和会计制度,分别作出制度性规定。由于我是一个女孩子,制度二处除了冯淑萍和我外,都是男同志,为方便工作,时任处长让我跟着冯淑萍,由此冯淑萍成为我的师傅,准确地说,她是我职业生涯的领路人。随后,我跟着冯淑萍修订工业企业会计制度,誊清抄写她起草的工业企业会计制度讲解稿,在她的指导下设计和布置国有企业年度决算报表,并解释填报内容和方法,一干就是八年。从中我懂得了我国会计制度的沿革和与财务制度的关系,懂得了会计制度和财务报表的内在逻辑、一套会计制度前后一致性的重要性,以及认真、仔细、谨慎地对待会计制度中规定的所有内容,避免出错,对政策、制度制定者而言是如此的重要。

自　序

改革开放初期，各种法律法规都在制订、修改过程中，企业会计制度也面临着如何适应改革开放的变化的问题。

为了配合上海和深圳两家证券交易所的建立，国家经济体制改革委员会发布了"两个规范意见"，即股份有限公司规范意见和有限责任公司规范意见。这两个规范意见的发布和实施，迫切要求提高企业会计信息质量，增强会计信息透明度，企业会计制度面临着重大改革机遇。1992年，在冯淑萍指导下，我参与了《股份制试点企业会计制度》的起草；1993年参与了"两则两制"改革（即财务制度和会计制度改革），我国建立了财务通则和十三个行业的财务制度，以及企业会计准则和十三个行业的会计制度，由按计划经济管理要求设计的会计核算制度改为以国际通用商业语言设计的会计核算制度，实现了中国企业会计核算模式的根本性转变。

1994年，全国人大发布了《税收征收管理法》，提出了会计处理与税收法规不一致时按照税法要求纳税调整的理念。为了适应新的税收征管法，在冯淑萍的指示下，我起草了《企业所得税会计处理的暂行规定》（以下简称《暂行规定》），首次将企业的所得税确认为费用，在净利润前扣除，而不再作为利润分配处理；该暂行规定首次规定了所得税法与会计处理不一致时的会计处理方法，允许企业对所得税的会计处理可以采用应付税款法，也可以采用纳税影响会计法（利润表递延法或债务法），具体方法可由企业自主选择。

1997年财政部发布了第一个具体会计准则，即我负责起草的《企业会计准则第36号——关联方关系及其交易的披露》（1997），从此确立了企业会计准则（具体准则）独立制订和发布的地位。1998年又陆续发布了由我起草的《企业会计准则第2号——投资》（1998及2001）、《企业会计准则第28号——会计政策、会计估计和会计差错更正》（1998）、《企业会计准则第29号——资产负债表日后事项》（1998）等具体准则。

1998年，我主持和组织了《股份有限公司会计制度——会计科目和会计报表》的起草和制定，将《股份制试点企业会计制度》改为《股份有限公司会计制度》。该制度解决了 A 股、B 股、H 股会计政策的统一性问题，首次提出了企业编制财务报告所提供的信息应当真实、公允的要求。1999 年，面对当时上市公司资产不实等问题，我负责起草了相关文件，要求上市公司对应收款项、存货、短期投资和长期投资进行减值测试，如经减值测试后发现这些资产已发生减值的，应计提减值准备，并要求上市公司作为会计政策变更，采用追溯调整法进行会计处理。

2000 年，为了配合新修订的《中华人民共和国会计法》"建立国家统一的会计制度"的要求，首先，我主持和组织了《企业会计制度》的起草制定，并于当年 12 月发布，该制度规定从 2001 年 1 月 1 日起在股份有限公司范围内实施，《企业会计制度》执行后，原来的《股份有限公司会计制度——会计科目和会计报表》同时废止。其后，要求外商投资企业全面实施《企业会计制度》，废止《外商投资企业会计制度》。由此，以《企业会计制度》为主体，配套制定了不同行业的专业核算办法，同时，组织《小企业会计制度》的起草制定并于 2004 年发布，2005 年 1 月 1 日起在小企业范围内执行。由此，形成了中国特色的企业会计制度体系。其次，起草相关文件，要求实施《企业会计制度》的企业从 2001 年起对固定资产、无形资产、委托贷款、在建工程考虑减值因素，如发生减值的计提减值准备，并允许与债务重组和非货币性资产交换的会计处理一起采用追溯调整法进行会计处理。由此，与应收款项、存货、短期投资和长期投资一并形成了八项资产减值准备计提，业内简称为"八项计提"。经过一系列会计政策的调整，实施《企业会计制度》企业所提供的财务报告基本上能够满足监管部门对信息质量的要求，上市公司对外披露的财务报告质量逐年提高。

2000 年，根据国务院领导的指示，为了提升对企业财务报告质量的法律地位，我负责组织起草了《企业财务报告条例》，2000 年 6 月 21 日，该条例由国务院令 287 号发布。

1998 年起，针对上市公司《股份有限公司会计制度》《企业会计准则》，以及相关会计准则实施过程中出现的问题，我负责起草相关问题解答，研究解决上市公司的特定案例等问题。2007年实施企业会计准则后，为研究解决企业实施企业会计准则后产生的相关问题，我负责主持起草相关实施企业会计准则相关问题解答和解决上市公司相关问题的特定案例，并与国际会计准则理事会积极沟通协调，研究境外上市公司实施国际财务报告准则所产生的会计问题，得到圆满的解决。

我还参与了企业会计准则国际趋同工作，针对2007年1月1日起实施的企业会计准则，主持内地企业会计准则与香港会计准则的等效会谈事宜。经过一年多的努力，2007年财政部与香港会计师公会签署了会计准则等效协议，即双方认可内地企业会计准则（2006）与香港会计准则，除了个别差异外，内地与香港之间的会计准则等效。2010年，我积极参与我国企业会计准则与国际财务报告准则持续趋同路线图的规划，明确了趋同的时间安排，将与国际会计准则理事会的进度保持同步，并根据国际财务报告准则的重大变化，同步修改中国相应的企业会计准则。

2014年6月至2019年5月，中国银行间市场交易商协会请我担任该协会的会计专业委员会主任委员，主持研究解决债券市场发展中的会计信息规范披露等重大问题，为中国银行间债券市场的发展壮大奠定了扎实的基础，为企业直接融资开辟了新的市场。

（二）构建会计信息化体系

一个偶然的机会让我开始涉足会计信息化领域。2007年8月21日下午，会计司准则二处的冷冰博士敲响了我办公室的门，他拿着部领导指名要我带助手参加当日下午2点由中科院研究生院组织的关于XBRL会议的签报，当时我很惊讶，一是会计信息化不是我分管的事；二是XBRL是什么意思、与会计有什么关系，我一无所知。时值我左脚骨折，只能穿着拖鞋去中科院参加会议。坐在出租车上，我一路看着签报上的内容，反复默念XBRL几个英文字母，努力记住这几个英文字母的中文意思。时任会议组织者也不明白为什么会计司派了一个不知道从哪里冒出的人去参加会议，临时问了名字并写了名签。会议上，专家们讨论的主题是，中国应当加入 XBRL 国际组织，并建立 XBRL 中国地区组织。会后，我立即向领导汇报会议情况，并建议尽快申请加入 XBRL 国际组织，建立 XBRL 中国地区组织。

从 2007 年至 2014 年，我国在会计信息化领域，特别是在可扩展商业报告语言（XBRL）方面，取得了显著的成绩：我国加入了 XBRL 国际组织；成立会计信息化委员会暨 XBRL 中国地区组织；财政部发布了《关于全面推进我国会计信息化工作的指导意见》；财政部牵头起草、国家标准化管理委员会作为国家标准发布的《XBRL 技术规范第 1 部分：基础》等 4 项技术标准，获得了 2013 年中国标准创新贡献奖一等奖；制定发布了基于企业会计准则的通用分类标准以及石油天然气和银行等行业分类标准，并组织部分企业实施；组织制定并发布了《企业会计信息化工作规范》(2013)。

多次参加 XBRL 国际组织的会议，结识了有关国家的同行，与日本等国家代表成为了好朋友，也了解了最新技术发展，拓宽了视野。通过组织和建设我国会计信息化工作，我深切感受到，随着信息技术的发展，会计已经不再是过去的手工操作，会计越来越依赖于现代信息技术，会计工作更多地依靠信息技术的支持，使会计从业务端即可掌握业务信息，从而提高了会计处理效率。从中也让我感受到，仅仅学会、学懂会计技术已经不能成为一个真正合格的会计人，会计人还需要根据日新月异的信息技术发展适时掌握和应用这些新技术，从而拓展会计的功能，使会计核算（账务处理）变得更加高效，使会计人能够摆脱日常繁杂的工作，有更多的时间研究新问题，参与交易，参与决策和管理。

特别需要提及的是，在我主持会计信息化工作期间，财政部财政科学研究院的杨周南教授给予了大力支持和帮助。杨周南教授凭借她扎实的计算机知识基础和实践背景，与我合作主持研究了《中国 XBRL 分类标准研究》，获得了 2011 年杨纪琬优秀会计学术专著奖。

（三）创建政府会计准则制度

党的十八届三中全会提出要建立权责发生制的政府综合财务报告制度，修改后的《中华人民共和国预算法》要求各级政府财政部门应当按年度编制以权责发生制为基础的综合财务报告，并报本级人大常委会备案，这是我国财税体制改革的一项重要举措。由于历史的原因，我国政府长期实行以收付实现制政府会计核算为基础的预决算报告制度，主要反映政府年度收入支出的预算执行情况的结果。建立权责发生制的政府综合财务报告制度，首先必须建立以权责发生为基础的政府会计准则制度，同时考虑如何与以收付实现制为基础的政府决算制度要求相衔接。机缘巧合，我当时正分管事业单位会计制度，时任楼继伟部长决定，将行政单位的会计制度由国库司管理划归会计司统一负责。

按照十八届三中全会要求，我们需要加快建设政府会计准则制度。但当时我面临着巨大的压力，一是我自进入财政部会计司工作以来，一直从事企业会计准则制度的设计制定，从未涉及行政事业单位会计制度，心里没有底气；二是我不清楚行政事业单位有哪些会计专家；三是当时制度一处只有二名干部，时间紧、人手少、任务重，需从原来的主要以收付实现制为基础制定的会计制度，重新构建一套按照十八届三中全会要求的政府会计准则制度体系，谈何容易；四是政府会计准则制度不仅仅是会计制度的重构，还涉及其他相关制度的修订，以及相关各方的协调。面对这些压力，我首先协调司内更多的人力资源转入制度一处；其次，寻找外部资源，在各方提议和推荐下，以中南财经政法大学政府会计研究所为主要外部专家力量，结合其他方面的专家（如部门、高校、医院等），形成了外部专家队伍，为构建政府会计准则制度体系建言献策。在此基础上，主要做了以下工作：

第一，强化顶层设计。2014年12月12日，《国务院批转财政部权责发生制政府综合财务报告改革方案的通知》（国发〔2014〕63号），明确了权责发生制政府综合财务报告改革的总体目标、基本原则、具体内容、配套措施、实施步骤以及组织保障等。

第二，建立基本准则，确立政府会计准则制度的地位。2015年10月23日，财政部发布了《政府会计准则——基本准则》（财政部令第78号），建立了统一的政府会计概念框架，提出了政府会计信息质量要求，明确政府预算会计和财务会计适度分离但相互衔接的会计核算体系，全面引入权责发生制会计核算原则，规范了会计要素定义、确认标准、计量属性及应用原则。

第三，成立政府会计准则委员会。2015年12月16日，财政部政府会计准则委员会成立，由财政部常务副部长主持召开第一次全体会议。政府会计准则委员会的建立，为构建和实施我国政府会计准则制度，建立了良好的沟通协调机制。

第四，建立联系点单位。2017年7月，确定6家单位作为政府会计准则制度建设与实施工作的首批联系点，即海南省财政国库支付局、上海市静安区财政局、北京协和医院、中国农业科学院、中国人民大学、中南财经政法大学政府会计研究所。这不仅有利于切实改进工作作风，加强调查研究，而且有利于及时掌握、了解政府会计改革运行中出现的问题，积极推进政府会计准则制度建设与实施。

第五，建立政府会计咨询专家队伍，强化智库建设。2016年10月24日，财政部组建了政府会计咨询专家委员会，首批60名咨询专家。2017年1月16日，财政部与中南财经政法大学建立了政府会计部校共建项目，作为政府会计准则制度的研究平台。

第六，在大量调查研究的基础上，2016年至2019年我退休前，发布了相关具体会计准则和制度，明确权责发生制对相关会计要素的确认和计量要求，包括：《政府会计准则第1号——存货》《政府会计准则第2号——投资》《政府会计准则第3号——固定资产》

《政府会计准则第 4 号——无形资产》《政府会计准则第 5 号——公共基础设施》《政府会计准则第 6 号——政府储备物资》《政府会计准则第 7 号——会计调整》《政府会计准则第 8 号——负债》《政府会计准则第 9 号——财务报表编制和列报》等准则和相关指南。

2017 年 10 月 24 日,财政部印发了《政府会计制度——行政事业单位会计科目和报表》,后续发布了《行政单位会计制度》《事业单位会计制度》衔接办法,以及高校、医院等行业特殊会计核算补充规定,要求行政事业单位于 2019 年 1 月 1 日起全面实施已发布的政府会计准则和制度。

《政府会计制度——行政事业单位会计科目和报表》真正体现了财务会计与预算会计的适度分离又相互衔接的指导思想,从制度设计上实现了政府会计改革的目标——双功能、双基础、双报告,即政府会计改革既有预算会计功能,又有财务会计功能;财务会计以权责发生制为基础,预算会计以收付实现制为基础;以权责发生制为基础编制的是财务报告,以收付实现制为基础编制的是决算报告。为全面实施政府会计准则制度奠定了基础。

建立统一、科学、规范的政府会计准则制度,在我国政府会计发展进程中具有划时代的里程碑意义,是服务全面深化财税体制改革的重要基础,也为提升政府治理能力和实现国家治理体系现代化奠定了基础。

通过主持政府会计改革,填补了我职业生涯中的缺憾。我长期从事企业会计准则制度的建设与改革,然而在临近退休的 5 年,遇到了政府会计改革的机会,使我有幸能够组织并直接参与其中,为建设我国政府会计准则制度作了一份贡献,也为我职业生涯画上了圆满的句号。

(四) 参与会计专业技术资格考试工作

多年来,我参与了会计师、注册会计师考试相关工作。20 世纪 90 年代初,我国开始建立注册会计师和会计专业技术资格考试制度，我有幸与之结缘。自此，考试的教材编写（或审核）、命题或审题、确定试题的最终标准答案等各项工作一直伴随着我的职业生涯，直至退休后，依然情系和关注这项工作。对我个人而言，30年来，通过考试教材的编写和命题，使我有机会重新审视会计准则制度的规定，并且对会计准则制度与现行实务有了更深刻的理解。原来在制定会计准则制度时，似乎理解了所制定的规则，但命题时再重新审视，常常会发现可能会有不同的理解。因此，在命题时，必须尽量避免因理解的不一致导致答案不一致的问题。命题的过程，同时也是提升自己专业能力和对会计准则制度再认识的过程，反过来，在制订、修改会计准则制度时会更加科学严谨。

参与会计技术资格考试教材编写和命题工作，客观上要求不断对自己提出更高的专业努力目标，促使自己不断学习新知识，跟踪新业务，为自己的职业生涯也增添了精彩。

二、体会

在我近四十年的职业生涯中，主要从事会计准则制度的制定和研究，帮助企业、单位解决实施会计准则和制度过程中的相关问题，获得了以下体会：

第一，认真学习，追赶前辈。冯淑萍是我开启会计实践的领路人，她手把手地教导我如何制定企业会计制度，如何针对会计实务提出解决的思路和方法，要求认真对待每一封群众来信，仔细研究回复每一个问题。作为一个大学毕业走上工作岗位的新人，仅从书本上学习了会计基本原理，会计实务几乎是空白，从抄写文案、回复来信等具体工作中，逐步了加深对会计准则制度以及实务的认识和认知。冯淑萍为人正直、专业和协调能力强，在家庭和生活、待人接物等方面也是我的楷模。还要特别提起的是莫启欧老先生（1912-1994）。莫老是宁波人，13岁就读浙江嘉兴商业学校商科，后考入上海复旦大学会计系，1953年进入财政部，一辈子从事企业会计制度的制定、修订和审订工作。莫老是中外合资企业会计制度的主要起草人，也是著名的会计专家，我入职会计司后，尽管莫老并非每天来单位，但他平易近人，具有超高的专业技术，每当我遇到难题时，通过电话或者上门请教，都能得到圆满的答复。特别是我们起草或修订的企业会计制度时，总是希望送给莫老审核，可以当面聆听意见，更可以仔细学习他的亲笔修改。经莫老审核过的制度规定，绝无技术和文字差错。莫老的悉心指导，使我终身受益。

第二，紧跟市场，适时变革。改革开放后，随着外资进入，国外比较成熟的交易或事项也逐渐引入国内，企业交易事项的多样性，以及金融创新业务的层出不穷，如金融资产转移、套期、企业发行永续债或优先股等业务，我国已有的会计制度对这些新业务没有相应的规定，客观上要求根据改革开放的进程不断提升和制定新的会计标准，根据新业务的发展及时制定或修订相关的会计政策，为资本市场发展，为企业会计核算和财务报告编制提供统一的会计标准。

第三，渐进改革，平衡过渡。无论是企业会计改革，还是政府会计改革，为了使会计主体逐渐认识和理解会计改革的目标和方式，每次会计政策进行适度调整，保证每一次新的会计政策能够顺利实施，我国会计改革采用渐进式的方法，确保了新旧会计准则制度有序、规范的平稳过渡，走出了一条具有中国特色的会计改革之路。

第四，转变观念，调整目标。1949年中华人民共和国成立以后，我国企业会计制度基本采用规则导向，针对各项交易或事项不仅规定了会计要素的确认计量原则，也规定了每一交易或事项需要应用的会计科目的名称、账务处理以及财务报表的格式和列示方法。随着企业会计准则制度的进一步深化改革，特别是与国际财务报告准则趋同后，我国的会计准则制度更多地遵循与国际财务报告准则相同的原则导向。同时，在会计准则应用指南中，对相关会计科目和报表列示提供一些说明，辅之实务应用。但在实务中，更需要会计人员根据会计准则的原则要求，对相关交易或事项在具体应用会计准则原则时做出职业判断，建立了具有中国特色的会计准则制度体系。

第五，学习国际，提升自我。改革开放以来，会计准则制度改革也随之同步发展，并随着环境的改变而适时调整。在此过程中，必须研究国际会计准则和其他国家会计准则所遵循的会计原则和方法惯例，同时要结合我国国情制定会计准则制度。在研究国际和结合国情制定我国会计准则制度时，为适应会计变革的需要，必须不断学习，提升自我。可以说，我国会计准则制度改革的过程，也是自己的专业知识和专业能力不断提升的过程。

上大学时选择会计专业，原本以为自己会做一名简简单单的小会计，与算盘、账本、报表打一辈子交道，没想到小会计会有大作为，会有机遇和挑战，也会做一些我以前做梦都不会想到的事情。我是幸运的，遇到了改革开放带来的机遇，让我有幸亲临我国各项重大会计改革与发展的全过程。我也是荣幸的，能为我国的会计改革与发展事业尽一份力、添一块瓦、作一份贡献。同时，也是合缘的，正是会计这个专业给予我机缘。

然而，内心也有一份遗憾、一份愧疚。为迎接会计改革的挑战工作繁忙，需要花费很多时间寻找参考资料，学习弄懂，并且不断补充自己的知识，提升自己的能力，晚上、周末以及节假日更是常常被占用，牺牲不少个人的休息时间，有时甚至无暇顾及孩子和家庭，以及自己的身体健康。

人生不可能圆满。回望我的大半生，父母带给我生命，养育我长大，但每个人都是一个个体，都有自身的特点，在人生旅途中充满了不确定性（欢乐与苦难、顺境与逆境）。在我的会计职业生涯中，渐渐学会在顺境中警醒自己，在逆境中磨练自己，在不断的警醒和淬炼中成长；始终保持一颗童心、善心、爱心、坚韧之心，朝着目标前行，尽管有挫折，有痛苦、有悲伤，但同时也会有欢乐。正如黄世忠教授所言，写好自己人生的三张表，主导属于你的资产让其产生最大的效益；抛弃你的负债（负面情绪、影响、环境），让你为社会提供的效益最大化。做最好的自己，一直是我内心期望的目标。

三、本书结构

本书是我会计职业生涯的论述集成，分为三个部分，一是企业会计准则，该部分主要阐述企业会计准则中值得探讨的一些重大问题，以及个人对收入准则等的理解。二是会计专论，这部分主要向读者呈现对一些会计基本概念以及我国会计改革与发展中一些专题的基本认识。三是会计制度，该部分主要阐述了改革开放以来会计制度建设和改革的基本情况，使读者对改革开放以来会计改革有一个比较连贯、完整的了解，也算是对会计年鉴的一点补充。

由于本人在会计领域中经历了由简单粗浅的认识、到不断深化的过程，而且现在依然有很多问题没有参悟，本书所述内容难免存在不足，敬请批评指正。

应　唯

2024 年 4 月 18 日

本书前言

时值2019年，正当我结束职业生涯回归家庭时，中国财政杂志社《财务与会计》编辑中心提议，请我就当前执行企业会计准则过程中遇到的一些热点和难点问题，在《财务与会计》上作一些个人解读或者研究，以帮助会计人员理解企业会计准则，或者给会计实务界和理论界进一步研究企业会计准则提供一些参考意见。鉴于当时刚刚离开工作岗位，本想好好享受家庭生活、好好养生，或者做一些心里一直想做、想学但过去没有时间和精力去做、去学的事情，如钢琴、唱歌、健身、旅游等，弥补我大学毕业后忙于工作、研究会计制度、会计准则而无暇顾及的缺憾。起先，对于《财务与会计》编辑中心的邀请有些迟疑，一是觉得既然已经离开工作岗位，就不要再做职业生涯中一直在做的事情，应该做些过去没有做过的事情，挑战自我；二是因企业会计准则的理念不断变化，唯恐自己的观念老化而误导读者；三是觉得自己离开工作岗位后，与会计实务界的联系不会像以前那样的紧密，渐渐地会脱离会计实务，了解的会计实务问题也会渐渐变少，或者不再那么前沿，对会计准则的理解也可能出现偏差，导致研究议题的结论也会有偏差。拖拖拉拉将至2019年底，忽然想起原来研究但未发表过的一篇有关权益法下超额亏损会计问题的文章，从电脑中找出来并重新修改后，发给了《财务与会计》编辑中心，经《财务与会计》编辑中心编辑后刊登在2020年第1期上，并开设了一个"应知应会"专栏，由此开启了我离开职业岗位后重拾会计准则研究的路程。

历经3年多的时间，在《财务与会计》的"应知应会"专栏中写了30多万字的文章，包括：权益法核算、金融工具相关问题、套期会计、借款费用资本化、政府补助、所得税等研究，特别是在《财务与会计》编辑中心的提议下，在学习了《国际财务报告准则第15号——客户合同收入》和我国《企业会计准则第14号——收入》，对企业收入的确认和计量进行了系统研究和解读。现一并汇编成册，以飨读者。

在此，感谢《财务与会计》编辑中心给予我这样一个平台，在我离开职业岗位后依然能够研究会计准则，并且借助这个平台继续为会计实务和研究人员提供绵薄的帮助。随着企业业务的发展和创新，在会计准则制定过程中的理念不断更新，企业会计准则也需要修改、补充和完善，本书中的一些观点可能与新的变化不完全相符，在阅读本书的同时，建议读者紧密联系相关问题的背景、沿革以及最新规定，得出自己的最佳结论。

应　唯

2024年6月25日

目 录

上篇

收入准则解释
　　——识别与客户订立的合同 …………………………………………… / 3

收入准则解释
　　——识别合同中的单项履约义务 ………………………………………… / 23

收入准则解释
　　——确定交易价格 ………………………………………………………… / 42

收入准则解释
　　——分摊交易价格 ………………………………………………………… / 72

收入准则解释
　　——收入的确认 …………………………………………………………… / 88

收入准则解释
　　——合同成本 ……………………………………………………………… / 130

收入准则解释
　　——特定交易的会计处理 ………………………………………………… / 153

下篇

权益法下超额亏损会计问题解析 ……………………………………………… / 221

新金融工具准则下金融资产分类探析 ……………………………………… / 235
股权稀释会计处理相关问题的研究 ………………………………………… / 245
金融工具重分类解析 ………………………………………………………… / 256
几个与资本化相关问题的会计处理研究 …………………………………… / 266
政府补助相关会计问题研究 ………………………………………………… / 273
关于合同现金流量特征几个会计问题的探讨 ……………………………… / 289
新冠疫情相关会计处理问题探讨 …………………………………………… / 299
金融负债和权益工具区分相关会计问题研究 ……………………………… / 320
套期会计解析 ………………………………………………………………… / 338

上篇

收入准则解释

——识别与客户订立的合同

收入是企业利润表的第一行项目，也是反映企业日常活动的重要指标。国际会计准则理事会（以下简称IASB）于2002年启动收入准则的修订工作，于2014年发布《国际财务报告准则第15号——与客户之间的合同产生的收入》（以下简称IFRS15），并于2016年发布相关澄清解释后，确定IFRS15于2018年1月1日起生效。IASB修订收入准则旨在：（1）消除原准则中对各类收入确认和计量要求的不一致性及不足之处（如销售商品、提供劳务与建造合同收入的确认和计量原则不一致）；（2）提供更健全的应对收入会计问题的框架；（3）提高不同主体、行业、司法管辖区及资本市场的收入确认实务的可比性；（4）通过改进披露要求为财务报表使用者提供更多有用的信息；（5）通过减少主体必须参照的准则和解释数量，简化财务报表的编制。

收入的确认、计量和列报是企业会计准则体系中很重要的项目。根据我国企业会计准则与国际财务报告准则持续趋同路线图，财政部于2017年发布的《企业会计准则第14号——收入》（财会〔2017〕22号，以下简称新收入准则），取代了财政部2006年发布的《企业会计准则第14号——收入》〔财会〔2006〕3号，以下简称收入准则（2006）〕、《企业会计准则第15号——建造合同》〔财会〔2006〕3号，以下简称建造合同准则（2006）〕，以及相关的应用指南、解释、规定等（以下统称原收入准则），并且要求境内外同时上市的企业以及在境外上市并采用国际财务报告准则或企业会计准则编制财务报表的企业于2018年1月1日起开始施行，其他境内上市企业于2020年1月1日起施行，执行企业会计准则的非上市企业于2021年1月1日起施行；同时，允许企业提前执行。执行新收入准则的企业不再执行收入准则（2006）、建造合同准则（2006）以及与原收入准则相关的应用指南、解释等。新收入准则实现了与IFRS15就企业销售商品、提供劳务、建造合同等收入的确认、计量和列报的原则趋同。

一、新收入准则的主要特点

（一）引入了统一模型

原收入准则仅对销售商品、提供劳务（不包括建造合同）提供确认、计量标准，建造合同收入和建造成本的确认、计量由建造合同准则（2006）规范，其他与收入相关的确认和计量原则由企业会计准则解释规范（如与BOT相关收入的确认和计量），有的在企业会计准则讲解中作了说明（如客户忠诚度，即奖励积分相关收入的确认和计量），原收入准则根据不同的交易各自有不同的模型，其收入确认和计量的原则和规定均不一致。新收入准则完善了收入准则的框架，清晰了收入确认和计量相关的原则，统一了收入确认的模型。即，企业与客户之间的合同产生的所有收入均采用相同的会计处理（除在新收入准则范围之外的租赁、金融工具、保险等相关收入），也就是在新收入准则范围内的无论是销售商品，还是提供一般的劳务或者建造合同，以及其他与收入相关的确认和计量都采用统一的模型。

（二）明确了核心原则

原收入准则没有明确收入确认、计量的核心原则。新收入准则明确了其目标和核心原则，目标是：旨在确立企业在向财务报表使用者报告关于与客户之间的合同产生的收入及现金流量的性质、金额、时间和不确定性；核心原则为：企业确认收入的方式应当反映向客户转让商品或服务的模式，而确认的金额应反映企业预计因交付这些商品或服务而有权获得的对价。

（三）给出了分析和判断思路

原收入准则只对收入确认、计量和列报作出了原则性规定，没有针对收入确认给出分析和判断思路。新收入准则提出了确认收入的分析和判断思路，即实务中常说的五步法，该五步法为：第一步，识别与客户订立的合同；第二步，识别合同中的单项履约义务；第三步，确定交易价格；第四步，将交易价格分摊至合同中各单项履约义务；第五步，在企业履行各单项履约义务时确认收入。按照五个步骤的顺序依次进行分析判断，有助于分析复杂交易中的收入确认。

（四）提供了更多指南

原收入准则提供了基本原则和有限的指南，没有针对实务的更多指引，实务中针对不同行业、不同业务模式下的收入确认、计量需要运用更多的判断。新收入准则虽然仍以原则为导向，在规定收入确认、计量基本原则框架的基础上，为便于实务操作，新收入准则提供了更多指南，以增强会计准则的务实性，以及一致应用新收入准则确定的原则。

（五）增加了披露内容

原收入准则要求企业在财务报表附注中披露的内容相对较少。新收入准则要求企业在财务报表附注中披露更多的信息，让财务报表使用者更好地理解企业收入的确认、计量原则和具体方法。如，新收入准则要求披露收入按不同口径的拆解，以及企业在确定交易价格、分摊交易价格至各单项履约义务等方面所作出的重大会计估计和判断。

（六）规范了损益模型

原收入准则仅仅规范了与收入相关的计量原则，企业出售非金融资产（如出售固定资产、无形资产）产生损益的计量则遵循其他相关准则（如固定资产、无形资产准则）。新收入准则规定，对处置固定资产、无形资产等的确认时点和处置损益的计量，应遵循新收入准则的原则。即，在转让相关资产的控制权时，按照企业预计有权取得的对价金额作为计量出售非金融资产损益的基础。

二、新收入准则与原收入准则的主要区别

（一）收入确认原则的区别

原收入准则主要以风险报酬转移为确认收入的前提条件，并按照不同的收入类型分别按时点或一个时段内（一般称为完工百分比法）确认收入；新收入准则以控制权转移为确认收入的前提条件，风险报酬转移作为判断控制权转

移的考虑因素之一,并根据新收入准则第十一条的规定,在满足一定条件情况下,在某一时段内确认收入外,其他情况下均应在某一时点确认收入。

(二) 合同履约义务拆分的区别

原收入准则中并未提及合同履约义务的概念,就合同中包含的多项商品或服务的情况应如何处理没有明确的指引;新收入准则要求区分合同中所包含的各项履约义务,并分别于各项义务履约时确认相关的收入。

(三) 收入计量需考虑内容的区别

原收入准则有关收入的计量通常仅考虑合同约定的价款及确定的折扣折让;新收入准则不仅要考虑合同对价,还需要考虑可能会影响收入金额的可变因素,例如,达到某一标准将会给予客户的现金折扣、销售折让、返利,与履约相关的奖励或罚款等。此外,还需考虑当企业将商品的控制权转移给客户的时间与客户实际付款的时间不一致时是否包含有重大融资成分,以及应付给客户的对价等因素,即收入计量需要考虑更多的因素及估计。如涉及一项合同中的多项履约义务,还需要将收入的对价在多项履约义务中进行分摊。

(四) 区别主要责任人和代理人

原收入准则没有对主要责任人和代理人作出特别解释;新收入准则明确指出,当企业向客户销售商品或提供劳务涉及其他方参与其中时,应当确定其自身在该交易中的身份是主要责任人还是代理人,如为主要责任人应按总额法确认收入,如为代理人应按净额法确认收入。

三、识别与客户订立的合同

识别与客户订立的合同是收入确认和计量的基础,这里的"识别与客户订立的合同"可以理解为"认定一项合同是否成立",只有合同成立,才可以按照五步法的思路进行后续步骤的分析,基于商品或服务控制权的转移以预期能够收取的对价金额确认收入;如果经评估合同不成立,或者当企业不再负有向客户转让商品的剩余义务,且已向客户收取的对价无须退回时,才能将已收取的对价确认为收入。

新收入准则第五条规定:"当企业与客户之间的合同同时满足下列条件

时，企业应当在客户取得相关商品控制权时确认收入：（一）合同各方已批准该合同并承诺将履行各自义务；（二）该合同明确了合同各方与所转让商品或提供劳务（以下简称转让商品）相关的权利和义务；（三）该合同有明确的与所转让商品相关的支付条款；（四）该合同具有商业实质，即履行该合同将改变企业未来现金流量的风险、时间分布或金额；（五）企业因向客户转让商品而有权取得的对价很可能收回。"在实务中，判断是否同时满足上述五个条件，需要考虑以下各项因素：

（一）关于合同的识别

新收入准则中定义的合同，是指双方或多方之间订立有法律约束力的权利义务的协议。合同是否成立，是收入确认和计量的基础。关于合同的识别，需要关注以下几个问题：

1. 合同形式。合同形式是企业与客户之间建立合同关系的意思表示的方式。这里的客户，是指与企业订立合同以向该企业购买其日常活动产出的商品或服务并支付对价的一方。

我国的合同形式有口头合同、书面合同等。《中华人民共和国民法典》（以下简称《民法典》）第四百六十九条规定，"当事人订立合同，可以采用书面形式、口头形式或者其他形式。书面形式是合同书、信件、电报、电传、传真等可以有形地表现所载内容的形式。以电子数据交换、电子邮件等方式能够有形地表现所载内容，并可以随时调取查用的数据电文，视为书面形式"。新收入准则中所指的合同，其合同形式与《民法典》的规定基本一致，既包含书面订立，也包含口头约定或其他形式，如基于商业惯例或企业以往的习惯做法形成的，有法律约束力的权利义务关系的协议。例如，个人在餐厅就餐、在商场购物，即使没有书面合同，也与商场形成了实质上的合同关系。

2. 合同内容。《民法典》第四百七十条规定："合同的内容由当事人约定，一般包括下列条款：（一）当事人的姓名或者名称和住所；（二）标的；（三）数量；（四）质量；（五）价款或者报酬；（六）履行期限、地点和方式；（七）违约责任；（八）解决争议的方法。当事人可以参照各类合同的示范文本订立合同。"

通常情况下，企业与客户对合同中的一般条款达成协议的，合同成立；反之，合同不能成立。合同条款规定得详细与否，通常不会影响合同的成立。新收入准则中所指的合同的成立，通常应当至少包含《民法典》所规定的一般条款，即合同中明确了合同各方与所转让商品相关的权利和义务、与所转让商品相关的支付条款等。合同条款规定得详细明确，有利于合同权利和义务的履行，更好地维护合同各方的权益。

3. 合同效力。合同成立的前提，是企业与客户订立的合同必须是具有法律约束力且可执行的权利和义务。合同中约定的条款是否具有法律约束力且可执行，不同的法律和实施环境可能存在区别，确定一项合同的权利和义务是否可执行应在现行的相关法律框架（或类似框架）范围内考虑。在不同实务操作环境下，为确保所订立的合同各方的权利和义务得以行使，企业在与客户订立合同时，应视客户类别或承诺的商品或服务的性质不同，采取不同的方式和流程，例如，企业内部签订合同的授权、批准合同可实施的程序。企业在具体实施并判断与其客户订立的合同是否具有法律约束力且可执行，以及合同中所确定的各项权利和义务时，应根据所处的法律和实务操作环境，对于不同类别的客户以及不同性质的商品采取不同的方式和实务流程，以确保签订的合同得到合同各方的批准。

合同批准也是合同具有效力的构成要件，如果合同各方未批准合同，则该合同可能不具有可执行性。不同企业或者不同法律环境和实务操作环境对合同批准的程序和授权可能会不同，判断合同（书面或口头或其他形式）是否已经批准，需要考虑企业是否有意愿接受合同中所订立的条款和条件的约束、商业惯例或企业以往习惯做法（如隐含合同）、合同批准授予和程序，以及所有的相关事实和证据。

合同并不一定要求合同各方履行其承诺的所有合同权利和义务才能满足上述合同成立的五个条件。通常情况下，企业与客户订立的合同是可执行的，合同各方会依据合同条款完成所承诺的所有义务和权利（履行各自的义务、获取各自的权利），但在某些情况下，合同各方并不一定需履行各自所有的承诺才能满足合同成立的条件。例如，乙公司为甲公司的常年客户，甲公司与乙公司签订的 10 年期合同中约定，乙公司每年至少向甲公司购入 10 万件衬衣。根据与乙公司往年签订的合同的执行情况，以及此次 10 年期合同已执行了 5 年已履约的情况看，乙公司每年向甲公司购入 8 万~9 万件衬衣，个别年度购入 11 万~12 万件衬衣，尽管乙公司没有完全履行合同中的最低购入衬衣的条款，甲公司并未因此要求乙公司强制履行最低购买条款。因合同期为 10 年，事实证明甲公司和乙公司均有意愿继续履行合同，并且有事实表明合同双方实质上致力于履行合同义务。这种情况下，仍能满足合同成立的条件。某些情况下，合同各方可能会在合同中约定无法完成某些合同条款的一些惩罚措施条款，这主要是为了合同各方更好地履行合同承诺，保护合同各方权利而作出的约定，但这一约定并不表明合同必须全部履行才能满足合同成立的条件。实务中，在合同约定最低采购量，但又没有被要求强制执行的情况下，对合同本身是否可能因此被视为没有法律约束力仍存有疑虑。笔者认为，如果《民法典》及其相关法律或司法解释认为此类合同符合法律规定，则该类合同仍具有法律约束力；反之，则不具有法律约束力。

4. 合同生效。《民法典》第四百八十三条规定："承诺生效时合同成立，但是法律另有规定或者当事人另有约定的除外。"第四百八十四条规定："以通知方式作出的承诺，生效的时间适用本法第一百三十七条的规定。承诺不需要通知的，根据交易习惯或者要约的要求作出承诺的行为时生效。"《民法典》第一百三十七条规定："以对话方式作出的意思表示，相对人知道其内容时生效。以非对话方式作出的意思表示，到达相对人时生效。以非对话方式作出的采用数据电文形式的意思表示，相对人指定特定系统接收数据电文的，该数据电文进入该特定系统时生效；未指定特定系统的，相对人知道或者应当知道该数据电文进入其系统时生效。当事人对采用数据电文形式的意思表示的生效时间另有约定的，按照其约定。"合同生效必须符合法律有关生效的各项要件，合同各方真实意愿的表达是其中的要件之一。新收入准则有关合同是具有法律约束力且可执行的，也即合同必须生效，确定合同生效日也是新收入准则中需要考虑的因素。新收入准则第五条及其应用指南规定，"合同开始日通常是指合同生效日""合同开始日，是指合同开始赋予合同各方具有法律约束力的权利和义务的日期，通常是指合同生效日"。实务中企业应根据所处的相关环境，根据合同条款中所确定的生效日，或者按照商业惯例或企业以往实践判断合同开始日，即合同生效日。

5. 合同的商业实质。各方签订并具有法律约束力且可执行性的合同，必须具有商业实质。企业会计准则中定义的商业实质，是指履行该合同将改变企业未来现金流量的风险、时间分布或金额，该定义说明当合同不具有商业实质时，表明因履行该合同将不会改变企业未来现金流量的风险、时间分布或金额。例如，甲公司为生产大巴车的企业。乙公司根据其与甲公司签订的合同，从甲公司购入10辆大巴车接送员工上下班（假定合同成立），并支付了价款1500万元。此例表明：甲公司将其存货（10辆大巴车）出售给乙公司并收到1500万元，因该项履约其资产由存货（大巴车）形态转为货币资金形态，原来存货上现金流量的风险、时间分布或金额与货币资金显著不同，该交易具有商业实质。

在实务中，具有同质化产品的行业从事相同生产和经营业务的企业之间，为便于向客户或潜在客户销售产品而交换各自的产品，不应该就相互交换的产品确认收入。例如，甲公司与乙公司均生产橡胶，甲公司位于 F 地，乙公司位于 H 地，因甲公司某一客户丙公司位于 H 地，乙公司某一客户丁公司位于 F 地，且各自橡胶品质和数量均相同。为了及时交付商品、节约运输成本等，甲公司与乙公司签订了橡胶产品互换协议，双方同意，将其生产的同样品质和数量的橡胶产品进行互换，即甲公司以位于 F 地的橡胶产品交换乙公司位于 H 地的橡胶产品，甲公司以换入的 H 地的橡胶产品交付给自己的客户丙公司，乙公司以换入的 F 地的橡胶产品交付给自己的客户丁公司。新收入准则将此类业务排除在收入准则之外，这样规定的目的在于避免企业之间通过合同反复转让商品（如通过零对价或极少现金对价）以虚增收入。是否具有商业实质，应根据《企业会计准则第 7 号——非货币性资产交换》及其应用指南的规定进行判断。

6. 合同价款可收回性。"企业因向客户转让商品而有权取得的对价很可能收回"是识别合同成立与否中很重要的条件之一。"对价很可能收回"是可收回性门槛，在原收入准则中将其作为收入能否确认的条件之一，表述为"相关的经济利益很可能流入企业"，这一门槛在新收入准则下于合同开始进行合同评估阶段即必须考虑。

可收回性门槛是识别合同中五个条件中其他四个条件的延伸，也是评估合同是否成立时应特别关注的问题。在一般商业惯例中，企业销售商品并因此收回因销售商品而应取得的对价是不容置疑的，即通常情况下，企业只有可能取得有权收取的对价金额时才会与客户订立合同，企业不会与具有重大信用风险的客户签订合同。但在某些情况下，企业会对客户的信用风险存在疑虑，例如，企业近期刚刚建立的高风险行业的新客户或者新进入处于高风险地区的客户等，导致对其有权收取对价金额的可能性存在疑问，企业只有确信客户有能力、有意愿支付合同中已承诺的对价才能确定合同的成立。

企业在合理确定是否很可能取得其有权获得的对价时，还需要考虑预期有权收取对价的金额，例如，存在价格折让时，预期有权收取的对价可能会低于合同标价，或者企业在合同订立时就已预期不能从客户全额收回合同约定的价款，但为了拓展市场仍然愿意进行该项交易。

7. 合同评估。企业应在合同开始日评估其与客户签订的合同是否同时满足上述所述的五个条件，并分别情况处理：（1）企业与客户之间的合同在合同开始日即同时满足上述五个条件的，表明合同成立，除非有迹象表明相关事实和情况发生重大变化，否则在其后合同执行过程中通常无须再重新评估；（2）企业与客户之间的合同在合同开始日经评估不能同时满足上述五个条件的，应在其后持续评估，判断该合同是否能够同时满足上述五个条件；（3）企业与客户之间的合同在合同开始日即同时满足上述五个条件的，如果其后有迹象表明相关事实和情况发生重大变化，如在合同执行过程中发现客户发生了重大财务困难，财务状况严重恶化且导致企业难以获得因向客户转让剩余商品而有权获取的对价（客户生产环境改变、信用风险显著提高），表明该合同中客户信用风险显著提高（企业评估其在未来向客户转让剩余商品而有权取得的对价不能满足"很可能收回"条件），不能同时满足上述五个条件，即合同不再成立，应暂停确认收入，但仍应对该合同进行持续评估，以判断是否能够重新符合合同成立的条件。

评估合同是否成立，应以每一单个合同为基础，如果企业将类似特征的合同组合（或履约义务）为基础评估的，应对组合中的每一份合同进行评估，以确定组合中的每一份合同对价均很可能收回，同时确定是否满足合同成立的其他各项条件。

8. 合同存续期间。合同存续期间是合同各方拥有现时可执行的具有法律约束力的权利和义务的期间。新收入准则要求企业应在合同存续期间内按规定对合同进行会计处理。实务中，合同存续期间可能存在以下几种情况：（1）合同期间固定，即合同具有固定期限，合同执行完成后合同结束；（2）合同期间不固定，包括合同期间不固定且合同各方可随时要求终止合同、合同期间不固定且合同各方可以随时要求变更合同、合同定期自动续约等情景。在确定合同存续期间时，新收入准则应用指南给出了几种情况：

一是无论该合同是否有明确约定的合同期间，该合同的存续期间都不会超过已经提供的商品所涵盖的期间。也就是说，如果合同约定任何一方均可以随时无代价地终止合同，合同双方并不具备有法律约束力的权利和义务，无论该合同是否有明确约定的合同期限，该合同的存续期间都不会超过已经提供的商品（或服务）所涵盖的期间。例如，企业与客户签订长期保洁服务协议，但合同双方随时可以无代价终止合同，则该合同应视为逐月甚至逐日订立的合同。

二是当合同约定任何一方在某一特定期间才可以随时无代价地终止合同时，该合同的存续期间不会超过该特定期间。例如，2×20年1月1日，甲公司与乙公司签订的合同约定，甲公司为乙公司的职工食堂提供午餐，期限3年；合同同时约定，甲公司或乙公司均有权于每季末终止合同，且无须支付违约金，但须于每季末前一周通知甲方。虽然该合同约定的期限为3年，但甲公司或乙公司每季都可以终止合同，除甲公司为乙公司提供午餐的期间外，该合同对于甲公司和乙公司均未产生具有法律约束力且可执行的权利和义务。因此，该合同视为按季订立的合同，合同存续期间为合同开始日起的3个月。

三是当合同约定任何一方均可以提前终止合同，但要求终止合同的一方需要向另一方支付重大的违约金时，合同存续期间很可能与合同约定的期间一致，这是因为该重大的违约金实质上使得合同双方在合同约定的整个期间内均具有法律约束力且可执行的权利和义务。例如，2×20年1月4日，丙公司与丁公司签订的合同约定，丙公司为丁公司的办公大楼提供为期3年的外墙清洁服务；丁公司可以于每半年要求提前终止合同，但如果丁公司在合同开始日之后的12个月内要求终止合同，须提前一周通知丙公司，且必须向丙公司支付合同总价款40%的违约金。如果丙公司经判断认为该合同所规定的违约金足够重大，以至于履行该合同在合同开始日起12个月内对合同双方都产生了具有法律约束力的权利和义务，则该合同存续期间为12个月；如果合同约定的违约金按合同每年价款的5%支付，从而丙公司判断该合同所规定的违约金不够重大，该合同视为按6个月签订的合同；同时，丁公司有续约选择权。

四是当只有客户拥有无条件终止合同的权利时，客户的该项权利才会被视为客户拥有的一项续约选择权，重大的续约选择权应当作为单项履约义务进行会计处理。例如，2×21年1月5日，戊公司与乙公司签订的合同约定，戊公司为乙公司的生产设备提供为期3年的维修服务；合同同时约定，乙公司可以于每年末（3年内）要求终止合同，提前一周通知戊方，且无需支付违约金。该合同视为按年（12个月）签订的合同，合同存续期间12个月；同时，乙公司有续约选择权。如果戊公司判断该续约选择权构成重大权利的，应将其作为单项履约义务。

总之，企业应对合同各方拥有现时可执行的权利和义务的合同存续期（即合约期）应用新收入准则的原则。

(二) 合同不成立的情形

当企业与客户之间的合同同时满足上述五个条件时,表明合同成立;不能同时满足上述五个条件的,合同不成立。

合同开始日,经评估合同未同时满足上述五个条件的,合同开始日或后续持续评估未同时满足上述五个条件的,表明合同不成立。某些情况下,在合同开始日,经评估满足上述五个条件,但在后续期间,客户的信用风险显著升高,企业需要评估其在未来向客户转让剩余商品而有权取得的对价是否很可能收回,如果不能满足很可能收回的条件,则表明合同不再成立,应当停止确认收入。如果合同各方具有单方面终止完全未执行的合同且无需对另一方(或其他方)作出补偿的可执行权利的,应视为该合同不成立。完全未执行的合同,是指企业尚未向客户转让任何合同中承诺的商品,也尚未收取且尚未有权收取已承诺商品的任何对价的合同(包括完全未执行的合同,以及已履行部分合同权利或义务且对于尚未履行的合同部分,合同各方具有单方面终止且无需对另一方或其他方作出补偿的可执行权利的合同)。新收入准则这样规定主要考虑到:如果合同条款中规定,只有合同一方可以终止完全未执行的合同而无需作出补偿的,可能会对企业的财务状况和经营成果产生影响;如果只有客户才可以终止完全未执行的合同而无需对此作出补偿的,则企业有义务应客户的要求而履行合同,由此会影响企业的财务报表有关项目的金额。如果只有企业才可以终止完全未执行的合同而无需对此作出补偿的,除企业选择终止完全未执行的合同外,企业一旦选择履行合同中的义务,则具有要求客户付款的可执行权利。

四、综合举例

下面以例子的形式,说明合同是否存在的情形。

【例1】甲公司为机器设备制造商,甲公司与乙公司签订合同,合同约定,甲公司向乙公司销售其生产的机器设备,合同价款为100万元。机器设备的成本为70万元。根据合同约定,机器设备运至乙公司办公场所且由乙公司签收,即表示乙公司取得了该机器设备的控制权(该机器设备易于安装调试)。根据合同约定,乙公司在合同开始日支付8%的保证金8万元,并就剩余92%的价款与甲公司签订了不附追索权的长期融资协议,如果乙公司违约,甲公司可收回该机器设备,即使收回的机器设备不能涵盖所欠款项的总额,甲公司也不能向乙公司索取进一步的赔偿。

乙公司计划用该机器设备生产 A 产品,并以出售 A 产品的收益偿还甲公司的欠款,除此之外并无其他的经济来源,乙公司也未对该笔欠款设定任何担保。但是,A 产品在市场上竞争非常激烈,且乙公司缺乏销售 A 产品的渠道及相关市场经验。

分析:本例中,乙公司计划以出售 A 产品的收益支付购买甲公司设备的款项,除此之外并无其他的经济来源,乙公司也未对该笔欠款设定任何担保。如果乙公司违约,则甲公司可收回该机器设备,但是根据合同约定,即使收回的机器设备不能涵盖所欠款项的总额,甲公司也不能向乙公司索取进一步的赔偿。因此,甲公司对乙公司支付对价的能力和意图存在疑虑,认为该合同不满足"有权取得的对价很可能收回"的条件,即合同不成立。甲公司将收到的 8 万元确认为一项负债,待甲公司不再附有合同下的任何剩余义务且已收取的款项无需退回时,才能将相关款项确认为收入。

【例2】甲公司向乙公司销售一批商品,合同价款为 200 万元。在此之前,甲公司未与乙公司有过商业合作。根据背景调查,乙公司的财务状况有所下滑,融资能力及可用资金不足。甲公司预计不能从乙公司收回全部的对价金额,同时预计乙公司的财务状况将在未来 2 年内会好转且能收回的金额为 150 万元。经评估乙公司的实际情况后,为控制因乙公司信用风险可能导致的全部损失,甲公司要求乙公司预付货款的 50%。另外,甲公司考虑到与乙公司之间建立的良好关系将有助于其拓展其他潜在客户。

分析:本例中,根据乙公司的财务状况以及甲公司的销售战略,甲公司认为其将向乙公司提供销售价格总额 25% 的价格折让,即 50 万元,甲公司预计很可能收回该合同对价总额扣除价格折让后的金额 150 万元。因甲公司考虑了向乙公司提供价格折让因素,该合同交易价格为 150 万元,而非 200 万元,故该合同满足"有权取得的对价很可能收回"的条件。

【例3】A 传媒有限公司(以下简称 A 公司)是一家从事证券信息披露的公司,是交易所指定的上市公司信息披露媒体之一。其主要收入来源于常年为上市公司提供信息披露业务。常年信息披露业务,是指在约定的期间内,对客户的定期业绩报告、日常信息公告等法定信息披露公告在《XX 时报》上进行披露刊登。上市公司把信息上传交易所后,上市公司根据交易所提供的内容刊登在报纸及相关媒体网站上。

实务中，A 公司在年初根据上一年度各客户的合作情况及收费水平预测本年度服务合同金额，相关负责人对预计情况签字确认后提交经营管理部，并在系统中录入预测合同应收取的金额。

A 公司与其客户通常按年签订服务合同，合同中约定，双方愿意续约的，应在合同期满前一个月内另行协商签订合同。但实际上则存在四种情况：一是于合同期满前一个月内另行协商签订合同；二是与客户实际签署合同的时间滞后，有些客户要到下一年度的第一、第二季度才能补签当年的服务合同，签署的合同通常为当年的 1 月 1 日至 12 月 31 日止，并能按期收到款项；三是 A 公司与客户没有补签合同，但 A 公司仍会提供相关的披露服务并收到款项；四是极少数情况下，虽然 A 公司已为客户提供了信息披露服务，但 A 公司与客户没有签订合同，A 公司也无法收取已提供服务的对价。

分析：本例中，第一种情况下，只要在合同开始日评估能够满足合同成立的五个条件的，则表明合同成立。

第二种情况是 A 公司为客户提供信息披露服务先于合同签订日，且能收到款项。在这种情况下，如果是一种商业惯例，A 公司与客户多年来形成的默契，且 A 公司历史上已形成这种实务操作，交易双方的商业惯例证明合同各方已经同意履行各自相应的承诺，A 公司与客户各自均有意愿履行合同义务并取得相关的利益，A 公司与客户之间形成了具有法律约束力且可执行的合同，如合同成立的五个条件均满足的，通常表明合同在实际签署前已成立；如果不能证明"《XX 时报》只要在报纸刊登了客户的信息，就意味着客户接受了履约义务并有责任付款"属于商业惯例且对双方都产生了具有法律约束力的权利和义务，则合同需等待实际签署时才成立。

第三种情况是不签订合同，但 A 公司仍会为客户提供信息披露服务并能收取款项。在这种情况下，如果已形成一种商业惯例且对双方都产生了具有法律约束力的权利和义务，则与上述第二种情况的判断类似。

第四种情况是不签订合同，但 A 公司仍会为客户提供信息披露服务，而是否能收到款项存在一定的不确定性。在这种情况下，首先需考虑是否已形成一种商业惯例，即就 A 公司与客户之间是否形成了具有法律约束力且可执行的权利义务，该判断与上述第二种情况类似；其次需进一步分析"对价是否很可能收回"，如果客户没有支付款项的能力和意愿，表明客户的信用风险较高，企业可能取得有权收取的对价金额（可回收性）存在较大的不确定性，则合同不成立；如果客户仍能支付部分款项，则需要评估款项的可回收性，从而判断合同是否成立。

【例4】甲公司有一些长期客户，通常情况下，甲公司在与客户进行交易（签订合同）前会针对客户的信用风险进行评估，只要评估客户很可能按合同价格付款的情况下，都会与客户签订合同，如果经评估客户不是很可能按合同付款的，则不会与该客户签订合同。从历史数据看，大部分客户会按合同约定支付全部款项，只有极少数客户会支付部分款项或完全不支付款项，支付部分款项客户的比例为1%，完全不支付款项客户的比例为0.5%。近期，甲公司与上述同类别的一新客户签订了具有法律约束力的可执行合同，合同总价款为500万元，甲公司在判断该合同是否存在时，应首先考虑单个合同的可收回性，如果判断该合同的对价很可能收回，则合同成立。后续按照《企业会计准则第22号——金融工具确认和计量》规定考虑应收账款的减值。

【例5】丙公司是一家主要从事高端电子产品的研发、生产和销售的高新技术企业，很多情况下也为特定客户进行特殊电子产品进行研发、生产并提交给客户。2×18年1月10日，丙公司通过招投标取得丁公司一项特殊电子产品的研制项目，招投标中规定了具体型号、需要达到的性能等要求，中标之后，具体的价格及数量由合同约定。鉴于丁公司所需产品的特殊性，2×18年1月20日，丙公司与丁公司签订的合同中约定：研发期限2年，并规定了具体的数量，明确了暂定价格，具体价格还需经丁公司后期审定作为最后的结算依据，在未最终批准其价格前丙公司将定制产品交付给丁公司的，按照合同中的暂定价格确定。因丁公司审计流程及批准价格通知下来时间跨度较长，通常1年以后才能得到正式审批并确定价格。丙公司已于2×18年1月20日批准该合同，并开始项目的研发工作。

分析：本例中，丙公司已开始研发工作，但合同价格未最终确定。丙公司应于合同开始日评估与丁公司签订的合同是否成立，如满足合同成立的五个条件的，认定为合同成立。

如仍以本例的基本信息为主，并假定丙公司与丁公司已合作过多个项目，丁公司的信用良好，往年没有发生不支付款项的情况，交易双方的通常实践证明合同各方可能已经同意履行各自相应的义务，丙公司合理确定其为丁公司提供研发、生产产品应收取的对价金额很可能收到，因此，如满足合同成立的其他条件，表明合同成立。因合同价格不确定，需要按照新收入准则所规定的可变对价确定交易价格。

如仍以本例的基本信息为主，并假定丙公司与丁公司以往并未有任何合作，丁公司为丙公司的新客户，经评估丁公司的信用风险，表明丁公司为该行业的龙头企业，其股票在境内交易所上市交易，历年财务状况良好，丙公司预计为丁公司提供研发、生产产品应收取的对价金额很可能收回，合同成立。因合同价格不确定，应按确定可变对价的原则进行预计。

如仍以本例的基本信息为主，并假定本例合同中没有明确的价格，也无暂定价格，且丁公司为丙公司的新客户，丙公司应按新收入准则的规定，于合同开始日评估合同是否满足合同成立的五个条件（评估包括合同经丁公司批准的可能性、价格、信用风险等），从而确定合同是否成立。

实务中，如果企业与客户在合同条款中就上述情况有着明确具体的条款，则可减少判断的难度。

五、合同合并

合同合并，主要是指将两项或两项以上的合同合并为一个合同，并以此为基础应用新收入准则对收入进行确认和计量，合同合并也是识别作为计量单元按新收入准则进行会计处理需要考虑的内容。新收入准则第七条规定，"企业与同一客户（或该客户的关联方）同时订立或在相近时间内先后订立的两份或多份合同，在满足下列条件之一时，应当合并为一份合同进行会计处理：（1）该两份或多份合同基于同一商业目的而订立并构成一揽子交易。（2）该两份或多份合同中的一份合同的对价金额取决于其他合同的定价或履行情况。（3）该两份或多份合同中所承诺的商品（或每份合同中所承诺的部分商品）构成本准则第九条规定的单项履约义务"。

在实务中，某些情况下企业是分别处理两项或多项合同还是将其作为一项合同进行会计处理，确认收入的金额和时间可能会有所不同。例如，甲公司需建造电厂，涉及设备采购、建筑施工（包括建造过程中所需的建筑材料采购）、设备安装业务等，甲公司通过招标方式选择了乙公司为总承包商，但将设备采购、建筑施工、设备安装业务，与乙公司分别签订了三个合同。从该例分析，甲公司所需的是建造完成后的电厂，而不是所采购的设备、建筑施工所需的各项建筑材料等，虽然甲公司与乙公司分别签订了三个合同，但合同是在同一时间出于同一商业目的同时签订的一揽子合同，因而应将该三个合同合并为一个合同进行会计处理。如果将三个合同分别进行会计处理，则意味着乙公司在设备采购阶段、建筑施工阶段和设备安装阶段可以分别确认收入，而这样处理不符合该交易的经济实质。

在商业活动中,一些合同的对价之间存在某些关联(如其中个别合同的定价明显高于或低于该合同所承诺的商品或服务),如果不将此类合同予以合并,则分摊至每项合同中履约义务的对价金额可能无法如实地反映向客户转让的商品的价值。新收入准则这样规定在于,可以避免企业根据其需要而采取设计合同结构的方式,以规避有关识别履约义务并进行价格分摊的要求的可能性,这也表明了新收入准则所规定的会计处理原则主要是体现合同各方的现时权利和义务,而不是企业设计合同结构的方式。例如,仍以上述甲公司建造电厂为例,并假定涉及设备采购、建筑施工、设备安装以及后续服务(包括对甲公司员工的培训、设备维护)等业务,甲公司通过招标方式选择了乙公司为总承包商,但将设备采购、建筑施工、设备安装以及后续服务等业务,与乙公司分别签订了四个合同,而后续服务合同中约定的价格明显低于市场价格。从该例分析,该四个合同是在同一时间出于同一商业目的同时签订的一揽子合同,且后续服务合同的价格明显偏低,与其他合同的价格形成相互依赖(其中个别合同的定价明显高于或低于该合同所承诺的商品或服务),因而应将该四个合同合并为一个合同。

再如,戊公司是一家为用户提供共享单车和电动车租赁以及智能导航、智能开关锁、智能车辆位置搜寻等服务的公司。为开拓三、四线城市的共享电动车业务,戊公司推出了加盟模式。加盟模式下,戊公司与当地加盟商在同一时间同时签订电动车购买协议和项目合作协议。电动车购买协议约定,加盟商向戊公司购买电动车并向戊公司支付款项;同时,加盟商必须承诺加盟戊公司的电动车租赁服务业务。电动车租赁服务项目合作协议约定,加盟商借助戊公司出行平台在约定区域内运营电动车业务,戊公司授权加盟商在平台从事共享租赁活动中统一使用戊公司的"MM"标识和形象;加盟商必须取得了当地政府主管部门颁发的车辆运营许可后,通过戊公司出行平台运营电动车业务,用户的车费由戊公司代为收取,在扣除10%的平台服务费后将剩余款项支付给加盟商。戊公司不参与加盟商与用户之间的交易行为,仅提供平台服务,若在骑行过程中发生问题,用户可以联系戊公司客服解决,若为车辆质量产生的问题,由戊公司负责,其他的问题则由戊公司通知加盟商解决,由加盟商承担责任。在定价方面,通常加盟商可以建议定价标准,但为保持各地运营管理的统一性,戊公司会综合考虑公司的品牌形象,与其他单车服务商的关系等因素确定定价标准。假定戊公司不控制加盟业务,加盟商是提供共享单车和电动业务的主要责任人。在本例中，购买电动车与加盟协议为同一商业目的同时签订构成一揽子交易，加盟商在向戊公司购买电动车的同时必须成为戊公司的加盟商，并按加盟项目合作协议各自履行相关的义务。因此，该两份合同应合并为一个合同。

关于合同合并还需关注如下几个方面：

1. 在同一时间或相近时间订立合同是合并合同的必要条件。除满足同一时间或相近时间订立合同外，同时还需满足合同合并三种情况中任一种情况。这里的"同一时间或相近时间"准则中并没有明确规定多长时间，但其隐含了一个理念，即如果合同各方对各项合同作出承诺之间的间隔时间越长，影响合同协商的经济环境就越可能发生变化。新收入准则对于"同一时间或相近时间"的要求主要是避免不同的经济环境下可能签订的合同条款会发生变化，如果作出承诺的间隔时间越长，随着经济环境变化对收入确认金额也会有所影响。

2. 只有与同一客户订立的两项或多项合同才可将这些合同合并。但是，在某些情况下，如果相互关联的各方（如客户的关联方）单独订立的合同之间存在相互依赖，为了更恰当地反映收入确认的金额和时间，该单独订立但具有相互依赖的各项合同应当予以合并。例如，甲公司为电气系统集成商，为乙公司（大型集团）建设生产所需的电气控制系统。乙公司出于集团内各子公司的分工等考虑，分别由其三家子公司 B1、B2、B3 与甲公司在同时或相近时间签订了三份合同。甲公司与 B1 签订该系统中重要进口设备的销售合同，与 B2 签订用于系统搭建的各项零部件的销售合同，与 B3 签订有关智能操作系统的软件开发以及整个电气系统安装的合同。尽管甲公司与乙公司的三个子公司分别签订了合同，但该交易的目的是为乙公司搭建一套整体的电气控制系统。因此，甲公司应把与乙公司的三家子公司分别签订的合同进行合并处理。

六、合同变更

合同变更，是指经合同各方批准对原合同范围或价格作出的变更。新收入准则第八条明确了合同变更的三种情形并分别进行会计处理：

（一）合同变更增加了可明确区分的商品及合同价款，且新增合同价款反映了新增商品单独售价的，应当将该合同变更部分作为一份单独的合同进行会计处理。这种处理原则是确保企业就额外的商品订立单独的合同，与企业修订现有合同两者之间不存在任何经济差异。

（二）合同变更不属于（一）规定的情形，且在合同变更日已转让的商品或已提供的服务（以下简称已转让的商品）与未转让的商品或未提供的服务（以下简称未转让的商品）之间可明确区分的，应当视为原合同终止，同时，将原合同未履约部分与合同变更部分合并为新合同进行会计处理。

（三）合同变更不属于（一）规定的情形，且在合同变更日已转让的商品与未转让的商品之间不可明确区分的，应当将该合同变更部分作为原合同的组成部分进行会计处理，由此产生的对已确认收入的影响，应当在合同变更日调整当期收入。如果在合同变更日未转让的商品为上述第（二）和第（三）种情形的组合，企业应当分别按照与上述合同变更第（二）或第（三）种情形相一致的原则，就该合同变更对变更后合同中尚未转让（或部分未转让）商品的影响进行会计处理。

在实务中，对于合同变更的会计处理应当关注以下几个方面：

1. 合同的变更可能采用书面、口头协议等方式。

2. 合同变更后须经合同各方批准才能成为具有法律约束力且可执行的合同，如果合同各方尚未批准合同的修订，企业在合同修订获得批准前应继续对现有合同按新收入准则进行会计处理，而不能按变更后的合同进行会计处理。

3. 合同变更的第一种情况是增加了合同范围，且因合同范围的增加而增加了已承诺的商品，因增加了已承诺的商品会使合同价款增加。这里需要说明：一是合同变更而增加的商品必须能与原合同所承诺的商品明确区分；二是这里的新增合同增加的商品的价格反映为新增商品的单独售价，即新增的商品对价金额反映了企业额外承诺的商品的单独售价，以及为该合同的变更对该价格所作的适当调整。例如，乙公司为甲公司的老客户，2×19年1月25日，甲公司与乙公司原签订的合同中约定，甲公司向乙公司提供其生产的A产品100件，每件50万元，合同经双方批准已履约50%。2×19年5月10日，甲公司与乙公司对原合同进行了修改，修改后的合同约定在原合同基础上再增加A产品50件。甲公司考虑到乙公司新增50件产品是第二次购买其生产的A产品，可给予一定的价格折让，故合同中约定对新增的50件A产品的每件价格为49万元。通常情况下，甲公司对于老客户会给予一定的价格折让，一般折让比例为1%~5%。本例中，甲公司与乙公司修改的合同中增加了50件A产品，与原合同中的100件A产品可明确区分，并且新增A产品的定价反映了甲公司额外承诺的A商品的单独售价。因此，该合同变更符合第一种情况，即新增加的50件A产品和所确定的每件49万元的价格应当将变更的合同作为一份单独的合同进行会计处理。

4. 合同变更的第二种情况下，一是在合同变更日已转让的商品与未转让的商品虽然可以明确区分，但变更后的合同价格不能反映单独的售价；二是将原合同中尚未履行的承诺与合同变更后新增的承诺合并作为新合同进行处理；三是将原合同中尚未履行的合同而未确认收入的部分（包括已从客户收取的金额）、合同变更中客户承诺的对价金额合并作为新合同的交易价格。例如，仍沿用上述例子，假定甲公司考虑到因其生产的A产品为新研制产品，投放市场1年，其产品质量的稳定性存在一定的疑虑，经综合评估后，甲公司给乙公司新增50件A产品的价格为每件40万元。该例中，因新增50件A产品的价格不能代表独立的售价，其中隐含了新增50件产品的折让等因素，虽然甲公司会对老客户会给予一定的价格折扣（1%~5%），而每件40万元的价格明确超过了一般折让比例，不能代表甲公司日常经营中销售A产品的单独售价。因此，应视为原合同的终止，将原合同中未履约的50件A产品与新增50件A产品作为新的合同，其价格合计为4500万元（2500+2000），每件A产品的价格为45万元（4500÷100）。

5. 合同变更的第三种情况下，主要是合同变更日已转让的商品与未转让的商品之间不可明确区分，而将合同变更部分作为原合同的组成部分进行会计处理。例如，2×18年5月20日，甲公司与乙公司签订的一份固定造价合同约定：乙公司为甲公司建造1栋办公楼，合同价款为15000万元，建造期间为2×18年6月1日至2×20年5月31日，合同经双方批准；2×19年5月10，应甲公司的要求对原设计方案进行重大修改，合同价格改为18000万元。该例中，乙公司为甲公司建造1栋办公楼是一项整体工程，须待办公楼建造完成达到合同要求的质量才能交付甲公司，而合同变更改变了办公楼的设计方案和合同价格，由于合同变更日已转让的商品（即已完成办公楼建造部分）与未转让的商品（未完成办公楼建造部分）之间不可明确区分，应当将该合同变更部分作为原合同的组成部分进行会计处理。

6. 某些情况下，合同各方批准对原合同范围或价格作出的变更，但在修订范围或价格或两者兼有可能仍存在争议，或者各方虽已批准合同范围的变更但尚未确定相应的价格变动，企业在确定其合同变更是否形成了新的具有法律约束力的权利和义务，或者合同变更是否变更了现有的法律约束力的权利和义务，应考虑所有相关的事实和情况（包括合同条款和其他证据），如果合同各方已批准合同范围的变更但尚未确定相应的价格变更，应按照新收入准则有关可变对价的规定对合同变更导致的价格变动进行估计。例如：2020 年发生新冠疫情，企业可能出于维护客户关系等考虑同意降价执行未完成的合同。这种情况下，企业与客户之间不修改合同范围但修改价格的情形是否属于合同变更？按照新收入准则有关合同变更的规定，合同变更包括对原合同范围或价格作出的变更，对于疫情下企业出于维护客户关系等原因而同意降价的尚未履行完毕的合同，该项变更没有变更合同范围，只是变更了合同价格。除债务重组外，如果合同交易价格的变动源于原合同已有的条款（如合同约定对极端情况下给予的补偿）或在合同开始日已公开宣布的政策、声明、已存在的商业惯例或企业以往的实践，应按可变对价规定的原则进行会计处理；如果交易价格的变动并非源于上述情况，而是交易各方基于疫情等情况重新商定的结果，则符合合同变更的定义，应按合同变更进行会计处理。

7. 新收入准则应用指南提供了判断合同变更会计处理的步骤（见图 1），企业可根据图 1，具体判断不同情况下合同变更应适用的会计处理原则。

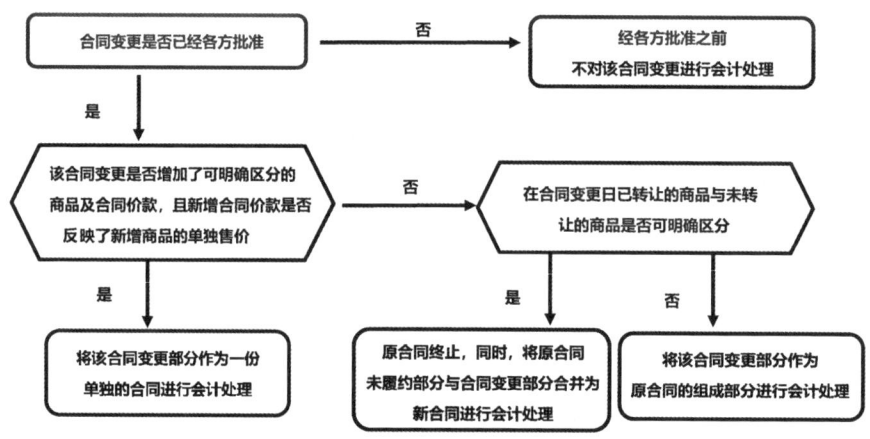

图 1　判断合同变更会计处理的步骤

收入准则解释

——识别合同中的单项履约义务

一、履约义务

识别合同中的单项履约义务是新收入准则关于确认收入分析和判断的第二步。履约义务是指合同中企业向客户转让可明确区分商品的承诺。该定义简单理解为，企业与客户签订的合同中，企业和客户各自要做什么（承诺或者义务，即提供商品或劳务，或者付款等）？做几件事（几项承诺或者义务，如既提供商品又提供服务）？

新收入准则引入履约义务的概念，是为了识别合同中所承诺的商品或服务的每个计量单元，因收入确认的模型是要求按单项履约义务的履行情况确认收入，识别合同中的单项履约义务可以确定每个计量单元，结合后续确定的应分摊的对价，对每一单项履约义务按照新收入准则的原则确认收入。即，履约义务的识别对于后续收入确认的分析至关重要，它是确定每一单项履约义务应该在某一时段内或是在某一时点履约时确认收入的基础。识别履约义务以确定计量单元，是实现"在如实反映企业向客户转让已承诺商品或服务的履约义务的基础上确认收入"这一新收入准则确定的目标的基础，也可以避免发生企业仍需继续履行客户合同所涉及的剩余（隐含的）承诺时，已将合同中的所有对价确认为收入的情况。

二、识别合同中的单项履约义务

企业与客户签订的合同中通常包含了履行合同各项条款的承诺，这种承诺主要是指合同中所确定的合同各方应履行的义务。合同中所包含的承诺不仅包含合同条款中约定提供的商品或服务，也包含合同中隐含的承诺。隐含的承诺即使无需在法律上可执行，但客户对此类承诺视为商定交易的一部分，并对其支付对价所取得的商品形成了一项有效预期，即在合同订立时客户合理预期企业将履行该承诺并愿意为此支付合同对价。

合同开始日企业就应对合同中的履约义务进行评估，以确定合同中有多少的单项履约义务。通常情况下，企业与客户合同中有明确企业向客户转让商品的具体约定；在某些情况下，部分承诺在合同中并未明确约定，而是包括在企业已公开宣布的政策、特定声明或以往的习惯做法中。企业这些公开的承诺，使得客户在与企业签订合同时已经有了合理预期，即企业将会履行这些公开的承诺。例如，客户从百货商场购买的商品可以在7天内无条件退货，虽然合同中并无此条款，但按照一般的商业惯例或者百货商场的习惯做法，客户可以在购货后7天内无条件退货，即表明合同中隐含着退货权的商业惯例或企业以往的习惯做法。因此，企业在识别合同中的履约义务时，应当将这些公开的承诺也考虑在内，如果构成履约义务，应当作为单项履约义务。

新收入准则给出了识别合同中单项履约义务的基本原则，但没有具体的标准。实务中，履约义务的识别与企业具体的业务模式与合同形式、条款等相关。因此，合同中究竟有多少单项履约义务，以及履约义务是合并还是分开，需要根据合同条款、所有相关的事实作出职业判断，并能合理保证合同中识别出的每个单项履约义务应能反映企业向客户转让可明确区分商品的承诺。

（一）可明确区分的商品

履约义务定义中关键的是企业向客户转让"可明确区分商品"的承诺，即合同中承诺的商品构成履约义务的先决（或必要）条件是"可明确区分商品"。其特征是合同中就企业履约的义务所交付的商品或服务能够独立地为客户提供价值，因此需对该履约义务单独进行会计处理。

企业与客户签订合同中所承诺的商品或服务通常包括：制造企业出售其生产的产品（如电冰箱制造企业出售其生产的电冰箱）、服务企业提供的服务（如美容院为客户提供的美容服务、高尔夫球场为会员提供的球场服务）、零售企业出售其从供应商购入的商品（如百货公司出售其从供应商购入的茶具等各种商品）、企业销售所购买的对商品或服务的权利（如旅行社作为主要责任人销售其从航空公司购入的机票，即向客户出售乘坐特定航班的权利等）、企业为客户建造或开发一项资产（如医药研究公司为客户研发一项药物、建筑施工企业为客户建造一栋办公楼等)、企业向客户授予其知识产权（如企业授予客户使用其品牌)、企业提供为另一方安排向客户转让商品或服务的服务（如外贸企业为其客户购买进口所需特定商品所作的安排）等。新收入准则第十条规定，"企业向客户承诺的商品同时满足下列条件的，应当作为可明确区分商品：（1）客户能够从该商品本身或从该商品与其他易于获得资源一起使用中受益；（2）企业向客户转让该商品的承诺与合同中其他承诺可单独区分"。

1. 客户能够从该商品本身或从该商品与其他易于获得资源一起使用中受益。

"客户能够从该商品本身或从该商品与其他易于获得资源一起使用中受益"是判断合同中承诺的商品是否为"可明确区分商品"的第一个必要条件，满足该条件的，则表明该商品本身能够明确区分。"可明确区分商品"通常理解为合同中承诺的各项商品或服务是不同的，或不相似的或单独的。当企业转让给客户的商品或服务可以由客户使用、消耗或按大于残值的金额出售，或者以产生其他经济利益的方式持有商品时，表明客户能够从该商品本身获益。这里的"其他易于获得资源"是指，企业（或其他企业）单独销售的商品，或者客户已经从企业获得的资源（包括企业按照合同将会转让给客户的商品或服务）或从其他交易或事项中获得资源。实务中，客户从取得的商品中受益主要存在以下情形：

（1）客户获得的某些商品可以从单独使用中获益。例如，甲公司为生产复印机的企业，其与乙公司签订的合同中约定，甲公司向乙公司出售4台复印机。乙公司购入4台复印机后，可以从复印机的单独使用中获益。

（2）客户获得的某些商品可以从单独出售中获益。例如，甲公司为百货商场，其从供应商购入各种商品，获得所购入商品的控制权后，再以高于原购买价格的价格出售给客户，并获得出售收益。

（3）客户获得的某些商品通过其自身消耗（或与其自身资产整合）为其获益。例如，甲公司从乙公司购入其生产产品所需原材料，甲公司通过将购入的原材料投入生产、加工出产品出售并从中获益。再如，丙公司从丁公司购买其产出的设备，将与其自身拥有的设备整合后出售，并从中获取利益。

（4）除上述情形外，客户可能通过与其他易于获得的资源相结合使用才能获益。例如，甲公司将其生产的B产品出售给乙公司，乙公司将从甲公司购入的B产品与其从其他供应商（丙公司和丁公司）购入的X产品和Y产品组合起来出售，从而产生经济利益。

关于"客户能够从该商品本身或从该商品与其他易于获得资源一起使用中受益",还需要关注几点:

(1) 客户可能通过与其他易于获得的资源相结合使用才能获益,这里"其他易于获得的资源"不一定是从企业获得的,新收入准则并不排除客户可以从其他方获得资源与从企业获得的资源的组合中获益。如上述第(4)种情形所述的例子,乙公司从甲公司购入的 B 产品与其分别从丙公司和丁公司购入的 X 产品和 Y 产品的组合出售并从中获益。再如,丁公司为戊公司提供设备及安装,设备安装并不复杂,既可以由丁公司提供,也可以由其他专门安装公司提供安装服务,安装服务没有对设备做出重大修改或定制。在该合同中,丁公司存在提供设备与安装服务两项履约义务;同时,表明戊公司从丁公司购入的设备可以与其他易于获得的资源(此例为易于从其他专门安装公司的安装服务)一起使用中受益。如果企业为客户提供的商品(如某些特殊专用设备),因其安装涉及专利技术,只能由该企业为客户提供安装后客户才能获益,则该商品与安装不能明确区分,该合同只有一项履约义务,即企业为客户提供商品。

(2) 在评估商品或服务本身是否使客户受益时,应基于商品本身的特征,而无需考虑客户使用该商品或服务的方式,以及合同中可能存在的阻止客户从企业外的其他来源取得相关可供使用的资源的限制性条款。例如,上例丁公司为戊公司提供电梯设备和安装,虽然电梯安装可由其他公司提供服务,但戊公司与丁公司签订的合同中要求由丁公司提供安装服务(限制性条款)。该合同中尽管存在限制性条款(要求丁公司提供安装服务),但并未改变商品(电梯设备)和服务(安装服务)本身的特征,也未改变对戊公司的承诺,丁公司就该合同仍存在销售电梯设备与安装服务两项履约义务。

2. 企业在明确了商品本身能够明确区分后,还应当在合同层面继续评估"企业向客户转让该商品的承诺与合同中其他承诺之间是否可单独区分",即转让该商品的承诺在合同中是可明确区分的,这是判断合同中承诺的商品是否"可明确区分商品"的第二个必要条件,这个条件主要是为了评估企业向客户转让商品或服务的承诺是否能够单独区分。评估企业向客户转让商品的承诺与合同中其他承诺之间是否可单独区分的目的,主要是为了明确合同中承诺的性质,即明确合同中的承诺是向客户单独转让每一项商品或服务,还是转让以已承诺的商品或服务作为投入要素而形成的一个或多个组合项目。在评估向客户转让商品或服务是否可明确区分时,如果该商品或服务与企业为履行合同向客户转让一揽子商品或服务，已承诺商品或服务的相关风险是不可分割的，则该一揽子商品或服务中的个别商品或服务不可明确区分。

在商业活动中，企业与客户之间的合同形式各种各样，合同中承诺的商品或服务的种类也不同，企业应根据合同条款、企业的业务模式，以及所有的事实和情况，判断企业向客户转让该商品的承诺与合同中其他承诺之间是否可明确区分。下列情形通常表明企业向客户转让商品的承诺与合同中的其他承诺不可明确区分：

（1）企业需提供重大的服务以将该商品与合同中承诺的其他商品整合成合同约定的组合产出转让给客户。这种情况是企业将这些商品或服务与合同所承诺的其他商品或服务整合为一揽子商品或服务，该一揽子商品或服务代表客户订立合同要求的一项或多项组合产出。即，企业以这些商品或服务作为投入要素，生产或交付客户所要求的一项或多项组合产出，即使作为一揽子的商品或服务承诺的个别商品或服务本身能够单独获益，为了如实反映企业合同中的履约义务，这些商品或服务也不应当单独进行会计处理。例如，甲公司为专业装修公司，专门从事办公楼、商品房等的装修。甲公司承接乙公司办公楼的装修工程，甲公司与乙公司签订的合同中约定，甲公司为乙公司办公楼进行整体装修设计、装修材料（地板、水泥、玻璃等）的购置、工人装修，以及办公室桌椅、档案柜、会议室桌椅、咖啡机等物件的配置，经乙公司验收合格交付后的办公楼可立即使用。按该合同所述要求，甲公司为乙公司提供的是办公楼的整体设计、装修、办公楼所需所有物件的配置等，尽管装修设计、物件配置可以单独区分，但甲公司向乙公司承诺的是其办公楼的整体装修（包括装修设计、装修过程、物件配置，交付后即可使用），甲公司需提供重大的服务将这些单项商品进行整合，并形成合同约定的一项组合产出转让给乙公司。该例说明，甲公司对乙公司作出的承诺是为乙公司提供办公楼整合装修服务（个别商品或服务的组合产出），合同中要求的对办公楼装修的设计、装修材料的购置、装修过程，以及办公室桌椅、档案柜、会议室桌椅、咖啡机等办公所需物件的配置等是组合产出商品（办公楼的整体装修）所需的投入，因这种重大的整合服务，甲公司转让个别商品或服务（装修设计、装修过程、装修材料购置、物件配置）所产生的风险是不可分割的。因此，该合同中的装修设计、装修过程、装修材料购置、物件配置在合同层面不可明确区分。

（2）该商品将对合同中承诺的其他商品予以重大修改或定制。这种情况是合同所承诺的一项或多项商品或服务对其他一项或多项商品或服务作出重大修订或定制，或因其他一项或多项商品或服务而作出重大修订或定制。例如，丙公司从丁公司购入其最新研发的管理软件及定制服务，即在合同中要求丁公司将其现有基础软件进行定制化，包括功能模块的增删、部分程序代码改写等，以符合丙公司管理系统的要求。在该合同中，丁公司为丙公司提供软件与提供定制服务所产生的风险不可分割，则表明丁公司转让软件的承诺，与转让定制服务的承诺无法明确区分开来。因此，该合同中的商品（软件）及定制服务在基于合同进行考虑时不可明确区分。

（3）该商品与合同中承诺的其他商品具有高度关联性。这种情况是指合同中承诺的每一单项商品均受到合同中其他商品的重大影响。在某些合同中，判断企业需提供重大的服务以将该商品与合同中承诺的其他商品整合成合同约定的组合产出转让给客户，以及该商品将对合同中承诺的其他商品予以重大修改或定制并不明确，但是，合同中的个别商品和服务可能仍然无法与合同所承诺的其他商品或服务区分开来，这是由于这些商品或服务高度依赖于合同所承诺的其他商品或服务或与其高度关联，导致客户无法在不对合同承诺的其他商品或服务造成重大影响的情况下选择购买其中某一项商品或服务。例如，甲公司为乙公司设计并制作20个零部件样品，乙公司不能单独使用设计方案委托第三方生产零部件，设计工作为甲公司生产零部件的前期投入。甲公司在设计样品过程中需不断对零部件的设计进行修正，并对已制作的样品进行返工。如果设计不断修正，则已制作的样品不断返工，在不对生产造成重大影响的情况下，由于提供零部件设计服务与提供20个样品生产服务产生的风险不可分割，乙公司无法选择仅购买设计服务或购买样品。因此，甲公司提供的零部件样品的设计服务和生产服务是不断交替反复进行的，两者高度关联，在合同层面不可明确区分。故该合同只有一项履约义务，即为乙公司设计制作20个零部件样品。

（二）一系列可明确区分的商品或服务

符合可明确区分商品的两个条件的，新收入准则规定，只有在每一项已承诺的商品或服务均是新收入准则所述的在一段时间内履行的履约义务的情况下，企业向客户转让一系列实质相同且转让模式相同的、可明确区分商品的承诺，应当作为单项履约义务。转让模式相同，是指每一项可明确区分商品均满足新收入准则规定的在某一时段内履行履约义务的条件，且采用相同方法确定其履约进度。某些合同表明企业提供连续的、重复性的服务合同（如保洁合同、交易结算处理、供电合同等），如果将其按照新收入准则相同的原则识别合同的单项履约义务，并将交易价格分摊至每项履约义务，则不符合成本效益原则，为了简化会计处理以及提高履约义务识别的一致性，新收入准则将这类合同中的一系列履约义务合并在一起作为单项履约义务。例如，丙公司与丁公司签订了为期3年的保洁合同。合同约定，丙公司为丁公司每天提供办公楼的保洁服务，每天的保洁服务实质相同（尽管每天保洁服务可能会略有差异）且可明确区分，但因其每天的服务都属于在某一时段内履行的履约义务，丙公司应将每天提供的保洁服务合并在一起作为单项履约义务。

企业在判断所转让的商品或服务是否实质相同时，应当考虑合同中承诺的性质，当企业承诺的是提供确定数量的商品或服务时，需要考虑这些商品或服务本身是否实质相同。例如，甲公司为专业的酒店管理服务公司，其与乙公司签订的合同约定，甲公司为乙公司的新开业酒店提供为期5年的管理服务，包括酒店的日常经营管理、客房清洁、餐饮管理、酒店设备管理等。本例中，尽管每天所提供的具体服务内容不一定完全相同，但甲公司为乙公司提供酒店管理服务每天承诺的内容基本相同，并且每天的酒店管理服务都属于在某一时段内履行的履约义务，属于一系列实质相同且转让模式相同的、可明确区分商品的承诺，因此，甲公司应对乙公司提供5年的酒店管理服务（每天提供）作为一项单项履约义务。

（三）判断"可明确区分商品"应关注的几个问题

1. 通常情况下，合同中的单项履约义务可以根据合同中承诺的商品、企业已公开宣布的政策、特定声明或以往的习惯做法等予以识别；某些情况下，合同中承诺的某项商品不可明确区分，在识别合同中的单项履约义务时，需要与合同中承诺的其他商品合并，直至识别出整体可明确区分的一组商品为止。如果合同中所有承诺的商品构成唯一可明确区分的履约义务，企业应将合同承诺的所有商品视为整体作为一项单项履约义务。

2. 在评估商品或服务本身是否可明确区分时，企业不仅应考虑商品或服务本身的特征，还应考虑转让商品或服务的承诺在合同中是否能够明确区分。

3. 新收入准则要求企业识别合同中的履约义务，而不是识别已承诺的商品。正如对履约义务定义所述的，合同中的履约义务表明企业应向客户承担的义务，合同中承诺的商品并不一定代表一个单项履约义务。例如，甲公司与乙公司签订的合同中约定，甲公司为乙公司设计建造一台专用设备。该合同中首先需对专用设备按照合同中的约定进行设计然后再建造,该合同是否包含两个履约义务?按新收入准则的理念,乙公司需要的是一台专用设备,其中的设计是建造专用设备必须的过程,甲公司应履约的义务是为乙公司提供一台专用设备。故该合同中的设计不是一项单独的履约义务,而是将为乙公司提供一台专用设备作为一项单独的履约义务。实务中,不同的合同条款可能存在不同的判断结果,如果依据本例所签订的合同条款判断专用设备的设计和制造之间是可明确区分的,则可能存在两项履约义务。

4. 为了反映合同中企业对客户的所有承诺,企业应当识别合同中与交易安排相关的所有承诺,即使不重要或者合同中不是主要的承诺(例行公事或无足轻重的履约义务)也应当识别出来,因为合同中的所有承诺均表明了客户预期所取得的商品或服务;同时,评估识别出来的每项单项履约义务是否对财务报表不产生重大影响,对于识别出的不重要的单项履约义务(不会对财务报表产生重大影响),应根据会计准则概念框架有关重要性原则,评估其对财务报表的影响并作出相应的会计处理。

5. 企业在评估合同中的履约义务时,不仅应当评估企业对与其签订合同的客户的承诺,还应当评估合同中企业对其"客户的客户"的承诺,以确定合同中的承诺是否构成单项履约义务。例如,甲公司为小轿车生产商,其生产的小轿车全部出售给4S店,4S店取得小轿车的控制权,由4S店再出售给最终用户。在甲公司与4S店签订的合同中约定,甲公司除出售其生产的小轿车外,还为最终用户提供免费首次保养的权利,并由4S店为其最终用户提供该保养服务,甲公司向4S店支付为其最终用户提供免费首次保养相关的费用。甲公司就该合同有两项履约义务:一是出售小轿车给4S店(甲公司的客户);二是向最终用户(客户的客户)提供免费首次保养的权利并承担相关费用。

合同中承诺的履约义务有时并非由合同方直接履约,而是由第三方履约(如积分兑换)。例如,客户(乘客)购买了航空公司的机票,乘客即与航空公司签订了合同,乘客乘坐了飞机并获得了相应的积分。如果积分兑换的物品不包括机票,而是由其他供应商(M公司)提供的旅行箱,航空公司在将乘客运送到指定地点后即完成了承运客户的履约义务。客户在兑换积分换取旅行箱时,航空公司将向M公司支付相关费用(实务中,航空公司可以通过与M公司签订的合同确定航空积分兑换旅行箱支付相关费用的具体合同条款)。在航空公司与乘客购买机票的合同中,实质上航空公司承诺的履约义务包括承运乘客到指定地点,以及提供积分给乘客并承担积分兑换旅行箱的费用。

6. 企业为履行合同而开展的初始活动，通常不构成履约义务，除非该活动向客户转让了承诺的商品或服务。尽管这些初始活动是为转让客户合同的标的商品或服务所必需的，但因为这些初始活动不会导致企业向客户转让商品或服务，如将初始活动纳入履约义务，则不符合收入确认的核心原则（企业确认收入的方式应当反映向客户转让商品或服务的模式，而确认的金额应反映企业预计因交付这些商品或服务而有权获得的对价）。例如，企业为订立合同而进行的各项行政工作不构成履约义务，这些行政工作仅是为合同的订立而做的准备工作，而未向其客户转让商品或服务。又如，某高尔夫球场接受新会员，在接受新会员时需要办理会员登记并建档、收取会员支付的会费、告知会员球场规则等，这些活动并未向新入会的会员转让承诺的商品或服务，因此不构成单项履约义务。

7. 企业与客户签订的合同中的某些承诺，是根据法律规定或企业以往的习惯做法等，为了向客户保证所销售的商品符合既定标准（如商品质量保证条款），即保证类质量保证，这种承诺并不构成单项履约义务。例如，甲公司以 2000 万元的价格销售给丁公司一台设备，同时按照行业惯例，甲公司提供该设备的质量保证，即在 1 年之内，如果该设备发生质量问题，甲公司负责免费维修，但如果因丁公司员工操作不当等非设备本身质量原因导致的故障，甲公司不提供免费维修服务；另外，甲公司为该设备保质期后未来 5 年提供维修服务，合同价格为 600 万元。在该合同中，甲公司销售设备合同附有两项单项履约义务：销售设备和保质期后提供未来 5 年的设备维修。甲公司在销售设备后 1 年的保质期内对因设备质量问题进行的维修服务费用，属于质量保证，不构成单项履约义务，应当按照或有事项的原则进行确认和计量。

三、综合举例

以下以例子的形式，具体说明应如何识别合同中的履约义务。

【例1】甲公司与其客户乙公司订立的合同约定，甲公司向乙公司提供 200 个面包店用的大号烘焙烤盘，乙公司支付对价 100 万元。另外，在甲公司对外宣传的广告中声明，客户每买 50 个大号烘焙烤盘可赠送 1 个烘焙吐司面包模具。

分析：该例中，虽然在甲公司与乙公司的合同中未有与广告宣传相同的每购买 50 个大号烘焙烤盘赠送 1 个吐司面包模具的条款，但是乙公司对甲公司广告宣传中的承诺已有了合理预期，且甲公司转让面包店用的大号烘焙烤盘，与赠送的烘焙吐司面包模具可明确区分。因此，该合同中甲公司的履约义务为：向乙公司提供200个面包店用的大号烘焙烤盘，以及向乙公司提供4个吐司面包模具。

【例2】甲公司出售一批空气净化器给乙公司，合同中除购买数量、价格、交货时间等条款外，并无有关赠送过滤网的条款。但甲公司在与乙公司订立合同时，曾口头表示可以按照购买数量的10%赠送过滤网，且根据以往乙公司从甲公司购买空气净化器的惯例，甲公司每年均会按照乙公司购买数量的10%赠送过滤网。

分析：该例中，虽然合同中并没有相关的条款约束，但过往的操作惯例已使乙公司对支付对价取得的商品形成了一项有效预期，即除了取得该批空气净化器外，每年还会获得该批空气净化器数量10%的过滤网，并且甲公司向乙公司提供的空气净化器与每年按其购买数量10%赠送的过滤网可明确区分。因此，该合同中甲公司的履约义务为：向乙公司提供一批空气净化器（假设100个），以及隐含的按乙公司购买空气净化器数量10%赠送过滤网（10个）。

【例3】甲公司委托乙公司建造一家医院，双方签订的合同条款中约定：（1）乙公司为甲公司建造医院，包括相关设备的采购（空调设备、电梯等，不包括医用设备）、建筑材料采购（钢筋、水泥、玻璃、门等）、施工、设备安装等；（2）材料、设备、施工质量必须经第三方质检评估达到国家规定的标准并由甲公司验收；（3）甲公司按履约进度分期支付款项。

分析：该例中，甲公司委托乙公司建造一家医院，甲公司最终获得的是建造完成并经第三方质检评估达到国家规定标准后的医院整体，而不是要分别获得建造医院的设备、建筑材料；对乙公司而言，其合同中承诺的是为甲公司建一家按规定标准建造的医院，采购的设备、建筑材料等都是为建造医院所必须的准备工作，施工、设备安装是完成建造医院的必要过程。乙公司需要将为建造医院购买的设备、建筑材料、施工和设备安装整合成按合同约定的组合产出（一家医院）转让给甲公司，才能完成合同中承诺的履约义务。因此，该合同对于乙公司而言只有一项履约义务，即为甲公司建造一家标准合格的医院。

假定甲公司与乙公司就上述业务分别签订了四个合同：设备采购、建筑材料采购、施工、设备安装，从上述分析可见，虽然甲公司与乙公司分别签订了四个合同，但并不代表乙公司有四项履约义务，该四个合同应当合并为一个合同，四个合同中承诺的商品不可明确区分，应当合并为一项履约义务，即为甲公司建造一家标准合格的医院。

【例4】戊公司是一家为用户提供共享单车和电动车租赁以及智能导航、智能开关锁、智能车辆位置搜寻等服务的公司。为开拓三、四线城市的共享电动车业务，戊公司推出了加盟模式。加盟模式下，戊公司与当地加盟商在同一时间签订电动车购买协议和项目合作协议。电动车购买协议约定，加盟商向戊公司购买电动车获得电动车的控制权并向戊公司支付款项，戊公司不具有回购或回租电动车的义务；同时，加盟商必须承诺加盟戊公司的电动车租赁服务业务。电动车租赁服务项目合作协议约定，加盟商借助戊公司出行平台在约定区域内运营电动车业务，戊公司授权加盟商在平台从事共享租赁活动中统一使用戊公司的"MM"标识和形象；加盟商必须取得了当地政府主管部门颁发的车辆运营许可后，通过戊公司出行平台运营电动车业务，用户的车费由戊公司代为收取，在扣除10%的平台服务费后将剩余款项支付给加盟商。戊公司不参与加盟商与用户之间的交易行为，仅提供平台服务，若在骑行过程中发生问题，用户可以联系戊公司客服解决，若为车辆质量产生的问题，由戊公司负责，其他的问题（如车辆的投放、回收及除车辆本身质量问题外的维修保养），戊公司会通知加盟商解决，由加盟商承担责任。在定价方面，通常加盟商可以建议定价标准，但为保持各地运营管理的统一性，戊公司会综合考虑公司的品牌形象，与其他单车服务商的关系等因素确定定价标准。戊公司销售给加盟商的电动车有"MM"标识，且已安装了戊公司的智能车锁和二维码，原因在于智能锁等硬件设施与公司平台服务系统相连，如不使用戊公司的平台服务，将无法开关锁并实现车辆定位。但是，电动车以整车价格出售，锁具在整体电动车中价值并不重大（约为5%），去除锁具后，电动车可以配备其他任何锁具，仍然可以正常使用。假定戊公司不控制加盟商的电动车运营业务，加盟商是经营共享单车和电动车业务的主要责任人。

分析：该例中，根据前文有关"识别与客户订立的合同"的分析，购买电动车与加盟协议为同一商业目的、同时签订构成一揽子交易，加盟商在向戊公司购买电动车的同时必须成为戊公司的加盟商，并按加盟项目合作协议各自履行相关的义务。因此，该两份合同应当合并为一个合同。

该案例涉及几项履约义务？首先，从电动车本身看，加盟商从戊公司购入电动车后能够从电动车本身使用中受益；同时，电动车或平台服务（含品牌许可，下同）可以与其他易于获得资源一起使用中受益。因为，尽管戊公司向加盟商销售的电动车的锁具仅能通过戊公司平台才能够开关使用，即加盟商必须同时购买戊公司的平台服务才能实现正常运转，但锁具在整体电动车中价值并不重大；去除戊公司电动车锁具后，电动车可以配备其他任何锁具，仍然可以正常使用；此外，在共享单车市场上，能够加盟运行单车的品牌较多，加盟商只需将电动车通过低成本简单改造，将车锁、二维码和车辆品牌标识更换成其他平台的车锁、二维码和车辆品牌标识，即可用于其他共享单车平台，加盟商能够从所购电动车本身受益，也可以与其他易于获得的共享单车平台一起使用中受益。对于平台服务，由于除了锁具、品牌标识及相关平台服务外，戊公司提供的电动车与普通电动车并无重大差异。因此，拥有车辆的商家可以通过低成本简单改造即可使用戊公司的平台服务，戊公司平台服务可以与其他易于获得的单车一起使用中受益。

其次，戊公司不需要提供重大服务将电动车与平台服务进行整合，形成组合产出；如上所述，电动车与平台服务之间亦不存在重大修改或定制；且电动车与平台服务之间的关联性主要体现在功能方面，两者之间并不存在彼此产生重大影响的高度关联性。从合同层面看，电动车与平台服务可明确区分。

通过上述分析可见，在本案例的加盟商模式下，戊公司电动车销售与平台服务分别构成单项履约义务，即戊公司销售电动车与提供平台服务构成两项履约义务。

（1）假定该案例改为：戊公司出售电动车给加盟商后，如果加盟商不加入戊公司平台或者加盟商退出加盟，戊公司必须回购电动车，回购价格为按电动车新旧程度确定的市场价格，其他资料同上。在这种情况下，可能导致戊公司销售的电动车的控制权并未转移给加盟商，戊公司仅提供平台服务这一个履约义务（此处不考虑电动车构成租赁、合营的影响）。（2）假定该案例改为：加盟商无需购买戊公司的电动车，加盟商可以从其他公司买同类的电动车，配上戊公司提供的电动车锁和二维码后参与加盟业务，戊公司提供的电动车锁（车锁主要用于电动车和平台的连接，并通过平台才能开关使用，假定车锁没有其他功能，加盟商亦不能使用车锁单独获益）和二维码无需加盟商支付对价。在这种情况下，戊公司在加盟商加盟其服务平台且使用戊公司提供的电动车锁和二维码后，则构成一项履约义务，即为加盟商提供平台服务。

【例5】甲公司为汽车零部件生产企业，甲公司不仅为客户生产模具而且后续将利用该模具为客户生产产品，即零部件企业根据整车厂的参数设计制造模具，模具完工后，整车厂对该模具进行合规性验收和测试，当完成所有验收流程后，可以开始零部件的生产。整车厂为模具单独付费，合同约定整车厂支付全部模具款或分期付款之后拥有该模具的所有权,模具后续存放在零部件企业,只能用于为该整车厂生产产品,零部件企业根据整车厂的订单生产指定品种、数量的产品,零部件企业对模具无处置权。该案例中,模具是否可作为单项履约义务?

分析:该例中,甲公司需将模具的控制权转移给整车厂,因此模具属于合同中承诺提供的商品。在此基础上进一步分析模具是否为单项履约义务:(1)从客户能够从该商品本身或从该商品与其他易于获得资源一起使用中受益分析。如果整车厂可以用该模具请零部件生产企业或其他生产商生产零部件,则表明模具能使客户单独获益,商品本身可明确区分,模具应作为单项履约义务。(2)从企业向客户转让该商品的承诺与合同中其他承诺可单独区分分析。根据合同约定,零部件生产企业承诺转让的究竟是每一单项商品还是由这些商品组成的一个或多个组合产出?要具体分析模具和产出的零部件之间是否存在重大整合,模具和产出的零部件之间是否存在重大修改和定制以及模具和产出的零部件是否具有高度关联性?假设本案例中模具和产出的零部件不具有重大整合、重大修改和定制以及高度关联性,模具在合同层面也可以明确区分。因此,模具可以作为单项履约义务。

【例6】甲公司的主营业务是生产经营风力发电主机装备及相关电力电子产品,风电场运营管理、技术咨询及运维服务。

甲公司与海上风电场 EPC 合同的总承包方 A 公司签订风电机组及附属设备的销售合同。合同供货范围包括所有风电机组附属设备的交付、安装指导、安装培训、调试、风机安装后的电气交接试验、试运行服务、提供相应的技术培训服务、提供远观技术资料、吊装工具、调试机具(含调试船只、电源)、专用工具、人员培训及技术协调、技术服务及技术指导和设备运输及运输保险,并包括缺陷责任期内的运转维护、保养和缺陷修复工作。即,甲公司需要提供风机组件、安装指导(安装工作由 A 公司负责实施,甲公司仅针对安装提供技术指导,安装是将甲公司产品与其他设备等进行组合)、调试(保证所提供的风机组件正常运行,假定只能由甲公司进行调试,市场上没有其他公司可作此调试工作)、试运行服务以及培训。合同约定,合同生效日起 30 天内,甲公司预付 10% 的合同价款,其后按合同实施进度分期付款。

在甲公司的生产过程中,A 公司委托有资质的监造单位进行设备监造和出厂前的检验,合格后发运施工海域吊装现场指定位置,现场验收和检验时,如果发现设备由于甲公司原因有任何损坏、缺陷、短少或不符合合同中规定的质量标准和规范时,由甲公司修理、更换或给予赔偿。合同设备所有权自合同设备交付给 A 公司并由 A 公司签收吊离运输船后由甲公司转给 A 公司。设备安装由 A 公司组织实施,甲公司负责安装技术指导。设备安装完毕后,甲公司负责调试,并经验收合格。

分析:该例中,甲公司的承诺包括:(1)负责生产风机组件并将其运抵客户地点;(2)甲公司并不负责安装(由第三方单位负责安装施工),但负责安装技术指导,以及在风机安装完成后进行调试工作;(3)后期的运维服务(质保范围以外)。其中,甲公司生产提供风机组件、安装指导和安装后调试是属于三项不同的履约义务,还是一个履约义务?从上述"可明确区分商品"的分析可见,甲公司提供风机组件并负责安装指导和调试,并不需为此提供重大整合服务以将该风机组件与合同中承诺安装指导和安装后调试整合成合同约定的组合产出转让给 A 公司,也不需要对风机组件进行重大修改和定制。但是,调试工作是风机组件能够通过验收合格的重要组成部分且调试只能由甲公司进行,是甲公司向客户销售风机的投入工作之一,如果安装后调试工作表明风机组件中的某些组件不匹配(无论是否由于安装问题),则甲公司并不能通过验收。甲公司需要对相关风机组件进行调整或返工,由于提供风机组件与指导安装和调试服务产生的风险不可分割,表明甲公司向 A 公司转让风机组件(商品)的承诺与合同中的安装指导和调试(其他承诺)不可明确区分。至于后期的运维服务,客户能够从该服务中单独受益。因此,甲公司在该合同中有两项履约义务,一是提供风机组件、指导安装和调试;二是后期运维服务。

假定市场上有专门针对风机组件进行安装指导和调试的公司,且安装指导和调试过程并不复杂,也不会对风机组件与其他设备进行重大整合或修改,但合同中要求甲公司负责风机组件的安装指导和调试。在上例其他条件不变的情况下,表明甲公司提供的风机组件与指导安装和调试之间不会产生重大的影响,也不具有高度关联性,甲企业向 A 公司转让风机组件(商品)的承诺与合同中的安装指导和调试(其他承诺)可明确区分;另外,对于后期运维服务,客户能够从甲公司的服务中单独受益。因此,甲公司在该合同中有三项履约义务,一是提供风机组件;二是指导安装和调试(假设安装和调试不可明确区分);三是后期运维服务。

【例7】A 公司(甲方)为一家房地产开发与销售企业,开发的某楼盘对外宣传为统一精装修,A 公司与客户(乙方)签订的合同主要条款如下:(1)合同总价为验收合格的毛坯房价格(不含装修价格)加上精装价格;(2)合同规定甲方交付的系验收合格的精装修商品房，该商品房的装修、设备标准未达到合同预定的统一装修标准，乙方有权要求甲方按实际的装修、设备与约定装备差价给予补偿，如主体结构不符合合同约定的标准，乙方有权单方解除本合同，双方对标准的认定产生争议时，委托有资质的建设工程质量检测机构检测，并以该机构出具的书面鉴定意见为处理争议的依据。同时补充协议约定乙方不得以房屋、装饰设备不符合约定为由拒绝接受商品房（未装修）交付，甲方不承担逾期交付责任；（3）交付的商品房（未装修）已通过单体楼竣工验收，购房者已按约定付清了全部房款及履行了其他约定义务；（4）甲方应在精装修完成的房屋交付前3日书面通知乙方办理商品房（装修后）交付手续，乙方应在收到该通知之日起10天内同甲方对该商品房进行验收交接，商品房交付的标志按补充协议执行。补充协议约定：第一，乙方未按甲方通知的时间办理商品房交接手续的视同甲方已按本合同预定的条件交付，与商品房有关的风险由乙方承担。第二，若甲方早于合同约定的交付期限届满日通知乙方验收商品房，乙方不得以未到合同约定的交付期限届满日为由不办理接房手续，乙方验收并办妥商品房交接手续后，视为该商品房已实际交付。

本例中，精装房中的精装修是否能作为单项履约义务？即A公司是否就该合同承担了两项履约义务：建造并竣工验收合格的毛坯房、毛坯房的精装修。

分析：该例中，甲公司为客户提供其所建造且经精装修的商品房，尽管分别签订了交付毛坯房及精装修两个合同，但这两个合同同时签订，且为同一商业目的（交付精装修的房屋）签订，应将两个合同合并为一个合同。尽管甲公司先进行了毛坯房验收程序（房屋单体楼竣工验收），然后再进行精装修，但精装修是对原毛坯房的重大修改和整合，合同中承诺的交付毛坯房（单项商品）受到合同中对毛坯房的精装修（其他商品）的重大影响，且合同规定甲方交付的系验收合格的精装修商品房，甲公司无法通过单独交付合同中的毛坯房而履行其合同承诺，合同中的毛坯房与精装修无法明确区分。因此，该合同中只有一项履约义务，即甲公司为客户提供经精装修后的房屋。

【例8】X公司为拟上市公司，Y公司为证券公司。按X公司与Y公司签订的合同约定，Y公司为X公司申请首次公开发行股票时，提供相关的服务，包括依法核查X公司拟向证券监管部门提交的申请文件、证券发行募集文件、与相关方面的协调、出具保荐意见等保荐服务。合同约定的付款方式为：X公司在签订合同后支付15%保荐费，首次公开发行股票申请并被受理后再支付

50%保荐费,其余35%保荐费在首次公开发行股票完成后支付,已支付的费用无需返还。如果因X公司或其他方原因终止合同时,Y公司无权收取剩余款项,但可就其已发生的直接相关费用获得补偿。如果X公司更换证券公司,新的证券公司需要重新执行原证券公司已完成的保荐工作,并且X公司需要重新履行申报程序。

分析:该例中,Y公司为X公司提供的是一系列的服务,X公司不能从Y公司提供的各项服务(如审核提交的申请文件、出具保荐意见)本身受益,或将其与其他易于获得的资源一起使用中受益,只有Y公司为X公司提供了上市前的全部保荐服务且完成X公司首次公开发行股票后,X公司才能从Y公司提供的服务中获益,这也表明Y公司提供的保荐服务中的各项服务本身不能够明确区分,且该合同所约定的各项服务具有高度关联性,即合同中承诺的各项服务在合同层面是不可单独区分的。因此,Y公司提供的保荐服务属于一项单项履约义务。

【例9】A公司主要经营钢铁、有色、石化、建材、环保等工业用高温材料及冶金炉料辅料的研发设计、配置配套、生产制造、安装施工、使用维护与技术服务为一体的"全程在线服务"的整体承包业务。A公司在为钢铁行业提供"全程在线服务"的整体承包业务的业务流程为:A公司按照合同约定了解客户需要提供耐热保护的炼钢炉的具体信息,并在自身工厂内预先设计并模拟砌筑高温保护包,之后将产品发至客户工厂并按合同要求进行施工,将多种耐火材料砌筑到炼钢器具中(假定涉及重大整合)。

在客户使用该炼钢器具进行生产过程中A公司将指派人员在现场,保障砌筑的高温保护包满足正常炼钢需求(有约定期限、约定炼制钢铁数量或约定炼制钢铁次数等几种形式),在此过程中会涉及将部分失去耐热保护功能的筑体进行更换的维护活动。因为炼钢成本较高,如果出现耐热问题导致某次炼钢活动失败,A公司需要按照合同约定对客户予以相应赔偿。每个高温保护包的使用寿命一般在几个月之内,合同结束后高温保护包上剩余的可用耐热材料仍可从客户处拆除用于其他合同。

本例中,在"全程在线服务"的整体承包业务中,A公司承担了几项合同履约义务(假定不考虑租赁及其他情况)?

分析:该例中,A公司按照合同约定了解客户需要提供耐热保护的炼钢炉的具体信息,并在自身工厂内预先设计并模拟砌筑高温保护包,之后将产品发至客户工厂内并按合同要求进行施工,将多种耐火材料砌筑到炼钢器具中,并派人员赴现场以保障砌筑的高温保护包满足正常炼钢需求。A公司在向客户提供高温保护包之前完成的工作，如设计、配置、生产及安装施工并非是向客户转让了商品或服务，而是增强了主体向客户履约的资源，不构成单独的履约义务。在高温保护包使用过程中，A公司派人员赴现场是为了保障高温保护包满足正常使用需求而进行的必要措施，并不构成一项单独的保温服务，而是A公司向客户提供整套的耐热功能服务，包括设计生产安装保护包以及后续耐热功能维护在内的一系列服务，这一系列服务彼此高度关联且不可明确区分。即从具体的活动看，客户需要A公司提供的是一定期限或可以炼制一定数量钢铁或约定炼钢次数的耐热保障服务，各具体活动之间存在高度关联性；如后续维护过程中因为耐热问题而导致炼钢失败，企业需要承担相应的赔偿，从这个角度看，维护活动是前期工程项目的延续，设计或工程过程中存在的问题等可通过后续维护活动予以解决，以实现客户要求的整体功能。为此，该合同仅存在一项履约义务。

【例10】甲公司为房地产开发公司，乙公司为景观设计公司。甲公司与乙公司签订的合同约定，乙公司为甲公司开发项目进行全阶段景观设计，设计分为五个阶段：整体景观概念设计、方案设计、初步及最终扩初设计、施工图设计、施工配合，过程中乙公司对设计进行反复的修改和调整。对于各阶段性设计或其他重要问题（主要是指涉及总体布局和重要景观要素的确定和调整，以及涉及工程量和投资变化较大的调整问题），乙公司均应先送甲公司审核并经书面确认后方可进行下一步设计。同时，合同中对于每一阶段设计的时间起止节点，以及按阶段进行付款进行了详细约定。

对于乙公司为履行合同向甲公司提供的所有阶段性和最终设计成果及因履行合同所产生的其他研究成果，双方同意其所含有的知识产权等权利属于甲公司。无论哪一方的原因导致合同终止，所产生的在产品归乙方。

分析：该例中，虽然设计分为整体景观概念设计、方案设计、初步及最终扩初设计、施工图设计、施工配合五个阶段，且需要向甲公司提供阶段性成果。但是，从合同层面看，甲公司需要的是一项完整的设计成果，过程中乙公司对设计进行反复的修改和调整，设计的五个阶段在合同层面是不可明确区分的。因此，合同中只存在一项单项履约义务。

【例11】A公司为一家高新技术企业，主要从事高科技产品的研发业务。A公司与B公司（客户）签订了定制模块产品的合同。按合同约定，A公司应先按B公司的需求在15个月内进行设计，并将详细设计方案提交B公司审定（第一阶段）；再在 15 个月内按照上述审定的设计方案生产 10 套样片并测试（第二阶段）；最后，在 4 个月内按照最终版本的样片生产 500 套最终产品。B 公司按照上述履约进度分期支付款项（第三阶段）。假定该交易中技术含量最高的部分为第一阶段；第二阶段的工作也需要一定的技术能力，但技术能力要求低于第一阶段；第三阶段的生产工艺较为简单。A 公司提交详细设计方案后，B 公司将对方案进行可行性评估，判定设计方案可行之后，在后续样片生产与测试过程中可能会对设计方案中的一些参数进行修改，也有可能涉及设计方案的调整，但不会对设计方案产生重大影响。样片的生产与测试过程中，可能产生不同版本的样片（通常为三轮测试），A 公司需向 B 公司提交每一版本的样片和测试报告。B 公司在收到所有样片和测试报告后，即可委托其他第三方使用通过第二阶段可行性评估的设计方案生产最终产品。但出于方便考虑，B 公司通常会在合同中要求 A 公司负责提供最终产品。A 公司不从事生产活动，因此，该交易中 A 公司委托第三方 C 公司进行样片的生产和测试以及最终产品的生产。

分析：本例中，合同要求 A 公司为 B 公司提供研发、10 套样片以及 500 套最终版本的产品。在这一过程中，尽管样片的生产和测试，以及最终产品的生产均由 C 公司实际完成，但 A 公司承担了主要责任人的角色。

研发及样片的生产具有高度关联性。具体而言，A 公司生产样片和进行测试，并将每一版本的样片和测试报告提交 B 公司，过程中判定设计方案可行性，可能对设计方案进行调整，A 公司的研发服务与 10 套样片的生产服务产生的风险不可分割，因此，研发与 10 套样片的生产与测试为一项履约义务。对于 A 公司向 B 公司提供的 500 套最终版本的产品，由于 B 公司可以委托第三方生产最终产品，且生产过程中不会对设计方案和样片进行重大修改、重大整合等，因此 A 公司向 B 提供最终产品应作为单项履约义务。本例 A 公司与向 B 公司签订的合同中的履约义务为：向 B 公司提供研发设计和 10 套样片，以及提供 500 套最终版本的产品。

【例 12】甲公司从事临床前研究服务相关的业务，主要为药物安全性评价服务。药物安全性评价服务合同中包括一个或若干个专项试验（简称专题），需要安全药理学试验、急毒试验、长毒试验、毒代动力学试验、生殖毒性试验、遗传毒性试验、致癌试验、局部毒性试验、免疫毒性试验等多种类型试验，且合同规定了各专题的任务目标和金额（任务目标可能拆分成更小的子项），每个专题完成时需向客户出具该专题的结题报告。单个专题的结论不会影响其他专题的试验，客户可以请甲公司仅做其中 1 个或多个专题，请其他公司做剩余的专题。单个专题的结论对于客户是有用的（即客户并非是要"安全性"的最终结论）。

合同约定客户的付款方式如下：（1）自合同生效之日起 N 个工作日内支付首付款；（2）试验开始或签署试验操作方案支付第二期款项（此时支付比例通常约 50%）；（3）试验周期进行 N 个月或试验活体、给药等操作结束后支付第三、第四期款项（如试验周期超过 1 年）；（4）提交结题报告（电子版）并验收合格后 N 个工作日内支付。若客户在收到结题报告 14 个工作日内无反馈意见，则视为已验收合格，公司在收到客户该次款项后 N 个工作日内交付正式的结题报告（签字盖章）。实际操作时通常由委托方对正式报告出具签收回执。

合同验收条款约定如下：采用新药申报资料方式验收（因包含多个课题故需出具多个结题报告）。合同风险责任约定：如客户单方终止或暂停试验的，客户仍应支付甲公司实际发生的经客户审核的研究开发经费。

该合同涉及的安全性评价服务的多个专题是一项还是多项履约义务？

分析：该合同规定了各专题的任务目标和金额（任务目标可能拆分成更小的子项），每个专题完成时需向客户出具该专题的结题报告，并且合同约定客户的付款方式为：提交结题报告（电子版）并验收合格后 N 个工作日内支付。若客户在收到结题报告 14 个工作日内无反馈意见，则视为已验收合格。进行后续专题时，不会对已验收合格的专题进行修改或调整，为此，表明每项专题是能够明确区分，且客户能够从该商品本身使用中受益。即每项专题为一个单项履约义务。

但是，如果试验中的 N 个专题中有一个专题失败，后续专题都不会再进行，合同也不会就各项专题定价。由此表明客户需要的很可能是"安全性"的整体结论，试验中的 N 个专题互相影响、互相关联、循环往复且交叉进行，表明安全试验之间不可明确区分，则该合同只有一项履约义务。

收入准则解释

——确定交易价格

确定交易价格是收入确认模型的重要步骤，是将交易价格分摊至各项履约义务并确认收入金额的基础。确定交易价格的目的是反映企业有权获得源自合同的对价总额。

原收入准则与新收入准则在计量收入的金额的规定上存在区别。原收入准则计量收入的金额的确定方法为：对于销售商品收入，企业应当按照从购货方已收或应收的合同或协议价款确定销售商品收入金额；对于提供劳务收入，企业应当按照从接受劳务方已收或应收的合同或协议价款确定提供劳务收入总额。新收入准则以确定的交易价格为确认收入的金额，并明确了交易价格的定义和确认收入的金额，即交易价格是指企业因向客户转让商品而预期有权收取的对价金额。原收入准则与新收入准则对于收入的计量主要区别在于：

一是原收入准则计量收入的金额通常是合同或协议确定的价款。新收入准则计量收入的金额是预期的交易价格，合同或协议确定的价格并不代表交易价格，而仅仅是计量收入金额的基础，同时考虑各种或有事项、事实、商业惯例等确定预期可收取的对价金额。

二是原收入准则是按购货方或接受劳务方已收或应收的金额计量相关的收入金额，"已收"通常是指购货方或接受劳务方已支付且销售方或提供劳务方已收取的款项，"应收"通常是指购买方或接受劳务方已存在付款的义务且销售方或提供劳务方预期有权收取的款项。这里的"应收"和"预期有权收取"的区别在于："应收"通常是指仅取决于时间流逝的无条件的收款权，而"预期有权收取"含义更广，既包含"应收"的情形，也包含企业已履行了义务，但仍取决于时间流逝之外的其他因素才能收款的权利。新收入准则有关收入是以预期有权收取的对价金额计量相关的收入金额。

三是原收入准则在计量收入的金额时,没有提供相关的前提条件。新收入准则在确定交易价格时,应当假设销售商品或提供劳务将根据现有合同按承诺转让给客户,且合同将不会被撤销、续期或修订。

四是原收入准则计量的收入金额无需更多的估计、判断。例如,合同中约定的提前完工奖励,原收入准则下不会对其进行估计,而是等达到取得该奖励的条件时才包含在交易价格中。新收入准则关于收入的计量存在更多的估计、判断。

五是原收入准则主要规范合同所承诺的固定金额,对合同中存在的影响其合同价格的条款没有更多的规定或指引。例如,违反合同条款所应承担的违约金通常不会调整应计量的收入金额。新收入准则规范了与客户之间的合同所承诺的对价,可能包括固定金额、可变金额或两者兼有。

六是新收入准则关于可变对价中有关商业折扣或销售折让的规定,与原收入准则的规定不同,原收入准则规定,企业为促进商品销售而在商品标价上给予的价格扣除(商业折扣),应当按照扣除商业折扣后的金额确定销售商品收入金额;企业因售出商品的质量不合格等原因而在售价上给予的减让,如果企业已经确认销售商品收入的售出商品发生销售折让的,应当在发生时冲减当期销售商品收入。新收入准则对于商业折扣和销售折让均作为可变对价进行处理,即使折扣金额不确定,也应作出合理估计计入交易价格,并以此为基础计量收入。

按新收入准则规定,在确定交易价格时,企业应考虑所有事项的影响,包括:可变对价、对可变对价估计的限制、合同中存在的重大融资成分、非现金对价,以及应付给客户的对价等因素。

一、可变对价

交易价格应仅包括企业根据当前合同享有权利的金额。交易价格是指企业向客户转让商品或服务而预期有权收取的对价金额。确定交易价格时,企业与客户之间签订的合同所承诺的对价可能包括固定金额,也可能包括可变金额,或者两者兼有。可变金额通常包括折扣、价格折让、返利、退款、奖励积分、激励措施、业绩资金、罚款或其他类似项目,这些可变金额因素会影响预期可收取的对价金额,即交易价格的确定受可变金额因素的影响。

（一）确定交易价格中的可变对价应考虑的因素

实务中，如果预期收取的对价金额是固定的，确定交易价格比较简单；如果预期收取的对价金额是可变的，确定交易价格时应根据具体合同条款、相关事实和情况进行估计。企业在判断合同中是否存在可变对价时，应考虑如下情形：

1. 合同条款的约定。合同条款约定中可能存在固定金额，也可能合同中某些条款的约定会导致交易价格是可变金额，或固定金额和可变金额两者兼有。例如，甲公司生产的 A 产品已对外销售超过 3 年，按甲公司销售策略，对外销售超过 3 年的产品，甲公司将根据市场销售情况每年调减一次价格。2020 年 12 月 30 日，甲公司与乙公司签订的合同中约定，甲公司为乙公司提供 A 产品 500 件，合同价格总额为 200 万元（不含增值税），甲公司应于 2021 年 12 月 1 日前送达乙公司指定地点；同时，合同又约定，甲公司销售给乙公司的 A 产品在实际交货（A 产品控制权转移）时，如果 A 产品对外销售的价格下跌，甲公司将按合同价格给予乙公司折让，折让比例与 A 产品每年价格调减的比例相同。签订合同时，甲公司根据历史情况，以及管理层向董事会提交的 2021 年 A 产品调减价格的预案，确定 A 产品于 2021 年的销售价格将下降 5%。甲公司在确定该合同的交易价格时（假定合同成立），包含 190 万元的固定价格，以及 10 万元的可变对价。如果甲公司管理层向董事会提交的 2021 年 A 产品调减价格的预案得到董事会批准，则甲公司与乙公司合同确定的交易价格为固定的，即 190 万元。

2. 或有事项的影响。如果企业获得对价的权利以某一未来事件（指与企业或其他方行为相关的未来事件，而非市场波动的情形）的发生或不发生为条件，已承诺的对价也是可变的。例如，2020 年 1 月 5 日，丙公司与丁公司签订的合同约定，丙公司为丁公司建造一艘能载 1000 名旅客的大型豪华远洋游轮，合同价格总额为 50000 万元（不含增值税），丙公司应于 2021 年 6 月 30 日交货；同时合同约定，如果丙公司提前完成游轮的建造并交付，每提前 1 个月可额外获得 100 万元的奖励。在该合同中，丙公司预计可收取的对价金额包括两部分，一是固定价格 50000 万元，二是可变对价，即每提前 1 个月可额外获得 100 万元的奖励。丙公司能否获取该奖励，将以未来的事项是否发生为条件，即丙公司获得奖励的前提是能够提前完成游轮的建造并交付，且每提前 1 个月可获得 100 万元奖励，这个可变金额需根据丙公司在未来建造游轮过程中的具体情况确定。假定合同成立，丙公司根据合同规定、建造游轮的具体工作量、丙公司建造游轮的能力等情况，估计能够提前1个月完成合同，预计该合同的交易价格为50100万元。

即使合同规定的价格是固定的，预期收到的对价金额也可能是可变的。如企业仅可能当某一未来事件（指与企业或其他方行为相关的未来事件，而非市场波动的情形）发生或不发生时才有权获得对价。例如，企业销售带有退货权的商品，由于客户有退货权，其是否退货将直接影响企业预期有权收取的对价金额，也就是企业有权收取的对价金额取决于客户的退货情况。因此，该交易价格是可变的，即交易价格的不确定性在退货期满才能消除。

3. 已经公开的声明。某些情况下，虽然合同中并没有明确的约定条款，但合同中承诺的对价金额也可能是可变的，如企业已公开宣布的政策、特定声明或者以往的习惯做法等，导致客户有合理预期企业将会接受以低于合同约定价格的金额作为预期可收取的对价金额。例如，乙公司为甲公司的老客户，双方签订的合同约定，甲公司向乙公司提供一批产品，合同价格总额为1500万元（不含增值税），该价格与甲公司对新客户的销售价格相同，即甲公司与乙公司签订的合同中并没有价格折让的约定，但多年来甲公司对于老客户（非第一次购买甲公司产品的客户）会给予合同价格5%的折让。在该合同中，根据甲公司的以往习惯做法，乙公司有合理预期仅需支付1425万元（合同价格总额1500万元，扣除5%的价格折让75万元后的金额），甲公司也会接受以低于合同约定价格的金额（即1425万元）作为预期可收取的对价金额，也就是甲公司会给予乙公司合同价格总额5%的价格折让。又如，丙公司与任何客户签订的合同所确定的产品销售价格均相同，但是丙公司在广告中明确的销售策略为，如果客户购买其产品达到1000件以上，丙公司将给予客户5%的返利。这种情况下，尽管丙公司与客户签订的合同中并未有明确的返利条款，但丙公司在对外广告中声明的销售策略明确了返利的条件，如果客户购买1000件以上丙公司产品，则客户有得到返利的合理预期，该返利是丙公司预期有权获取对价金额中的可变对价因素。

4. 其他相关的事实。除上述各项因素外，企业还应考虑其他相关事实和情况，评估其是否证明与客户签订合同时即有意愿或计划向客户提供价格折让。例如，企业为了拓展新客户，与某一新客户签订购销合同。尽管企业与新客户签订的合同中并未有相关价格折让的条款，但企业考虑其销售策略而有意愿对新客户给予一定的价格折让，以与新客户保持长久的关系，也即企业有意愿以低于合同价格的价格收取合同对价金额，并且客户已经形成了将以低于合同价格的价格支付对价这一合理预期。在此情况下，合同的交易价格实质是可变的，即存在隐含的价格折让，企业应对该合同下预期收到的对价作出估计。

企业在根据合同条款，结合以往的习惯做法确定交易价格时，下列各项不应包括在交易价格中：

1. 企业代第三方收取的款项，不应作为交易价格的组成部分，应确认为负债。例如，企业销售商品、提供劳务应向客户收取的增值税销项税额，增值税作为价外税（交易价格以外征收的税），不属于企业销售商品、提供劳务等应收取对价的金额，即不构成交易价格。增值税是一种流转税，是以商品或劳务在流转过程中产生的增值额作为计税基础而征收的一种税，通常情况下，企业购买商品或接受劳务需向供应商或提供服务商支付增值税额（进项税额），是企业暂付的金额；企业销售商品或提供劳务时需向其客户收取增值税额（销项税额），是企业暂收的金额。企业当期按增值税法规定计算的销项税额减去其可抵扣进项税额的差额作为企业当期应交的增值税额，即企业收取的销项税额是代税务部门收取并抵扣相应的进项税额后作为应上交税务部门的税金，因此企业销售商品、提供劳务应向客户收取的增值税销项税额不构成交易价格的组成部分。如果企业向客户收取的对价中包含价内税（如消费税），应包括在交易价格中。

2. 企业预期将退还给客户的款项，不应计入交易价格，应作为负债进行会计处理。例如，企业销售商品预计可能的退货而确认的应付客户的退货款应确认为负债。

3. 合同中约定的客户未来可以行使对额外商品或服务的选择权或未来订单变更的对价的估计金额，因客户在行使额外商品或服务选择权或同意变更订单前企业不具有收取对价的权利，不应包括在合同价格中。例如，甲公司与乙公司签订购销合同约定，乙公司向甲公司购买500件A产品，合同价格总额为100万元（不含增值税）；同时合同约定，如果乙公司在合同签订日后的3个月内购买甲公司生产的B产品1000件及以上的，甲公司将按B产品市场价格的85%的价格出售给乙公司。从该例看，合同中除乙公司购买甲公司的A产品外，还给予乙公司未来3个月购买甲公司生产的B产品并给予价格折让的选择权，该选择权在乙公司未行使前不具有收取对价的权利，因此行使该选择权额外收到的对价不应计入交易价格。

总之，在确定可变对价时，应当考虑合同定价、是否存在各种可变对价的情形，包括合同中存在的可变对价条款，以及企业已公开宣布的政策、特定声明、企业以往的惯例、销售策略、客户所处环境等情况，合理预计有权收取的对价金额。

另外值得说明的是：第一，企业根据当前合同享有获取对价权利的金额不仅仅包括从客户获得，也可能从客户以外的第三方或者其他方获得。例如，假定国家为鼓励消费者使用新能源汽车，对企业销售新能源汽车进行限价，即按低于市场价格的一定比例作为销售价格；同时国家规定，如果消费者购买新能源汽车后三年内每年行驶2万公里及以上的，国家将按市场价格与企业按限价销售的价格之间的差额给予企业补助。这种情况下，企业销售新能源汽车能否得到政府的价格补助，取决于新能源汽车的最终出售和行驶情况。如果企业根据新能源汽车最终出售和行驶情况获得政府补助，则企业预期能收回的对价金额一部分来自消费者，另一部分来自政府的补助。第二，在确定交易价格时，某些情况下企业可能难以确定是给予客户的价格折让还是因客户不支付合同约定对价的不履约风险（客户的信用风险），在这种情况下，企业应考虑所有的相关事实和情况估计交易价格，在估计交易价格时不应考虑客户的信用风险。客户可能存在的信用风险按相关金融工具有关金融资产减值的规定进行会计处理。

（二）可变对价估计方法

合同中存在可变对价的，应对计入交易价格的可变对价金额进行合理的估计，该可变对价以最佳估计数确定，并采用下列两种方法之一进行估计。

1. 期望值。期望值是按照各种可能发生的对价金额及相关概率计算确定的金额。如果企业拥有大量类似特征的合同，估计可变对价可能比较恰当的方法是采用期望值。例如，甲公司为手机生产企业。2020年6月20日，甲公司与乙公司签订的销售合同约定，甲公司于2020年12月31日前向乙公司提供2000部智能手机，每部手机价格为8000元，合同价格总额为1600万元（不含增值税）；同时合同约定，如果在2020年12月31日前，甲公司销售给乙公司的同款手机价格下降的，将按照下降后的价格作为合同价格。为此，甲公司根据历史上同类合同的执行情况，认为期望值最能反映其有权收取的对价金额，并预计截至2020年12月31日，该智能手机的降价金额及相关概率如表1所示。

表1　　　　　　　　　　智能手机的降价金额及相关概率

截至 2020 年 12 月 31 日每台手机降价金额（元）	概率
0	30%
250	30%
500	25%
800	10%
1000	5%

甲公司根据表1预计的手机降价金额及概率，在期望值法下，计算销售给乙公司每台手机的交易价格为7670元（8000×30% + 7750×30% + 7500×25% + 7200×10% + 7000×5%），假设该期望值能够符合可变对价限制的条件，则以此为基础确定的预计合同交易价格总额为1534万元（7670×2000）。

2. 最可能发生的金额。最可能发生的金额是一系列可能发生的对价金额中最可能发生的单一金额，即合同最可能产生的单一结果。如果合同仅有两个可能结果（如企业能够实现或未能实现业绩奖金目标）时，估计可变对价可能比较恰当的方法是采用最可能发生的金额。例如，2020年2月1日，甲公司与乙公司签订的合同约定，甲公司为乙公司建造一栋办公楼，合同价格总额为15000万元（不含增值税），甲公司应于2022年8月1日交付乙公司；同时合同约定，如果甲公司不能按期交付办公楼，将从合同价格中扣除100万元作为罚款。在该合同中，甲公司有权获取的对价金额包括14900万元固定对价金额和100万元的可变对价。甲公司根据合同约定并合理估计按期交付乙公司办公楼的可能性为85%，延期交付的可能性为15%。由于该合同涉及两种可能结果，应按最可能发生金额预测其有权获取的对价金额，估计的交易价格为15000万元。再如，前述"或有事项的影响"所列举的"丙公司为丁公司建造大型豪华远洋游轮"一例中，若丙公司根据相关事实认为最多提前2个月交货，并估计提前1个月交货的可能性为90%、提前2个月交货的可能性为10%。丙公司应按最可能发生金额预测其有权收取的对价金额，估计的交易价格为固定金额50000万元，可变对价100万元，合计金额为50100万元。

企业在估计合同中可变对价时，虽然可以运用期望值或最可能发生的金额两种方法，但并不意味着企业可以在这两种方法中随意选择，企业应当选择能够更好地预测其有权收取的对价金额的方法，并对相同或类似的合同采用相同的方法进行估计。在估计某项不确定性对企业有权收取的可变对价金额的影响时，应当对整个合同一致地采用同一种方法进行估计；当整个合同期间存在多个不确定性事项均会影响可变对价金额时，可以采用不同的方法对其进行估计。例如，以上述期望值所述例子为例，假定在甲公司与乙公司的合同中约定，如果甲公司提前 20 天交货，乙公司将给予甲公司 15 万元的奖励。该例中，合同涉及两个不确定性事项会影响可变对价金额，对于第一个不确定事项，甲公司在 2020 年 12 月 31 日前销售给乙公司的同款手机降价，甲公司将给予乙公司按降价后的价格作为合同价格，甲公司按期望值计算的交易价格为每台手机 7670 万元，合同交易价格总额为 1534 万元；对于第二个不确定事项，甲公司估计提前 20 天交货的可能性为 80%，按期交货的可能性为 20%，故甲公司按照最可能发生的金额确定可变对价 15 万元。考虑上述两个不确定事项后，甲公司预计的合同交易价格总额为 1549 万元（1534＋15）。

在估计合同中的可变对价时，企业还应当考虑其能获取的所有合理信息，包括历史信息、当前信息和预测信息，识别各项合理数量发生的可能性，并且在其范围内估计各种可能发生的对价金额。通常情况下，企业用以估计可变对价金额的信息，与企业在进行投标或者在确定已承诺商品或服务的价格时所使用的信息相一致。

如果企业在估计向客户收取的对价金额时，预计将向该客户返还部分或全部对价，企业应当确认一项预期因退款而产生的负债。该项负债应按企业预计无权获得的已收（或应收）对价金额（即不包括在交易价格中的金额）计量。在每一报告期末，应当就具体情况发生的变化对该负债（及交易价格和合同负债的相应变动）进行更新。例如，如果合同中有相应销售退货的条款，企业应预计客户销售退回的可能性及应退客户的款项，并确认一项负债。

（三）估计可变对价的限制

为了避免因一些不确定性因素的发生导致之前已确认的收入发生转回的情况，企业按照计入交易价格的可变对价的方法所计量的可变对价金额，应满足以下限制条件：包含可变对价的交易价格，应当不超过在相关不确定性消除时累计已确认收入极可能不会发生重大转回的金额。也就是说，与可变对价相关的不确定性因素在被消除时，之前已确认的累计收入金额极可能不会发生重大转回的情况下，企业才应将预计的部分或全部可变对价金额计入交易价格。这里的"极可能"表明发生的可能性或者概率远高于"很可能"，即可能性远超于 50%，但不要求达到"基本确定"（即可能性超过 95%）。

新收入准则关于限制可变对价估计的规定，要求企业评估可变对价及固定对价的累计已确认收入是否极可能不会发生重大转回时，应当同时考虑收入转回的可能性及其比重，其中在考虑收入转回金额的比重（量级）时，应同时考虑合同中包含的固定对价和可变对价相对于合同总对价（包括固定对价和可变对价）而言的比重。例如，某一单项履约义务包含固定对价和可变对价，企业在评估可变对价估计限制性条件时，应评估相对于总对价（包含固定对价和可变对价的总和）而言，可变对价金额可能发生收入转回的金额量级。新收入准则这样规定主要在于关注履约义务所确认的累计收入金额可能发生的收入转回，而非仅关注分摊至该履约义务的可变对价的转回。同时，对限制可变对价估计的要求规定，企业应评估对已履行（或已部分履行）的履约义务，已确认的累计收入金额是否不会发生重大收入转回，以避免企业通过将已履行（或已部分履行）的履约义务的未来收入转回的风险与未来履约产生的预计收入相互抵销，导致计量的收入金额不能如实反映企业因履行了履约义务而预期有权收取的对价金额。

以上述"（二）、1"中以期望值估计的每台手机7670元，即降价330元，超过这个降价幅度的可能性累计有40%（25%+10%+5%），再进一步分析其是否符合可变对价的限制时，需要企业确定收入"重大"转回的标准，以及"极可能"的比例，假设企业认为每台手机的收入转回100元即为"重大"，"极可能"的标准为80%，则按照上文的各种降价情况的金额和概率，实际价格低于期望值100元及以上的情况有三种，合计概率为40%，显然该期望值不满足可变对价限制的条件，企业应进一步下调每台手机的价格至7500元，则实际价格低于7500元、超过期望值100元的情况只有两种，合计概率为15%（10%+5%），符合可变对价限制的条件，因此对于该不确定事项，企业预计以每台手机7500元计算交易价格。

企业在确定交易价格时，首先应估计企业预期有权获得的对价金额，然后评估估计可变对价的限制，将满足上述限制条件的可变对价的金额计入交易价格。新收入准则这样规定，并不意味着企业在确定交易价格时必须严格执行两步流程，如果企业在估计可变对价时已经考虑了可变对价的限制条件，则企业并不要求严格执行上述两个步骤。例如，企业针对具有销售退货权的商品销售，在预期可获取的对价金额时已根据历史信息等资料，考虑了已确认累计收入金额极可能不会导致重大收入转回的退货水平，则企业无需按以上两个步骤执行。

实务中，可能增加收入转回的可能性或转回金额比重的因素包括但不限于下列各项：（1）对价金额极易受到超出企业影响范围之外的因素影响。例如，市场波动性、第三方的判断或行动、天气状况，以及已承诺商品或服务存在较高的陈旧过时风险等。（2）对价金额的不确定性预计在较长时期内无法消除。（3）企业对类似类型合同的经验（或其他证据）有限，或相关经验（或其他证据）的预测价值有限。（4）企业在以往的实务中对于相似情形下的类似合同提供了多种不同程度的折扣或价格折让，或者曾给予客户不同的付款条款和条件。（5）合同有多种可能的对价金额，且这些对价金额分布非常广泛。例如，甲公司与乙公司签订的合同约定，甲公司为乙公司提供300件B产品，每件合同价格为2万元，合同总价格为600万元（不含增值税），并规定甲公司应于合同签订日后6个月内分三个批次陆续交货。甲公司生产的B产品在市场中竞争激烈，市场价格会发生较大波动，为此甲公司与乙公司的合同条款中又约定，如果B产品的市场价格波动，甲公司有权根据市场价格波动情况在最后一批交货日前调整合同价格。由于B产品的市场价格波动较大，根据历史资料分析，B产品的市场价格受市场供求关系、经济发展不确定性以及政策因素的影响较大，B产品的价格波动不受甲公司的控制，该合同价格为可变的。基于市场情况判断，甲公司在向乙公司交付全部产品前无法合理估计市场价格的波动情况，甲公司无法合理估计交易价格。假定第一批产品交付时，甲公司基于历史信息、市场供求以及当前可预见的政策因素，估计交易价格为520万元，但依然有可能由于市场价格的波动不受甲公司控制，该金额不符合可变对价上限的条件，从而不能以此为基础计量该批已交付产品的收入。又如，丙公司生产的真空包装的熟食（M产品）保质期为9个月，在与客户签订合同时（合同签订日），丙公司根据向最终用户销售时保质期的情况给其客户的折扣范围为10%~80%。丙公司认为采用期望值估计可变对价能够更好地预测其有权收取的对价金额，且其多年来均采用期望值估计计入交易价格的可变对价金额。2020年5月20日，丙公司与丁公司（分销商）签订的合同约定，丁公司向丙公司购买10000件M产品，合同价格总额为120万元（不含增值税），丙公司应于2020年6月1日将10000件M产品的控制权转移给丁公司。丙公司根据M产品在丁公司实际向最终用户销售的情况将给予丁公司10%~80%的折扣，假定丙公司按期望值估计提供给丁公司折扣后预计的可变对价为80万元。由于丙公司销售M产品预期有权收取的对价金额分布非常广泛，且离保质期越近折扣越大，丁公司购买10000件M产品后实际向最终用户销售的情况并不受丙公司的控制（或者丙公司不能保证计入交易价格的可变对价金额能满足已确认的累计收入金额极可能不会发生重大转回的条件），因此，当M产品的控制权转移给丁公司时，丙公司不能将估计的80万元计入交易价格，也不能确认收入。但是丙公司认为，如果将24万元（即提供最大80%折扣之后的价格）计入交易价格，已确认的累计收入金额极可能不会发生重大转回，从而确认24万元的收入，并在不确定性消除之前的每一资产负债表日重新评估该交易价格的金额。

需要特别说明的是，对可变对价进行估计的要求不适用于企业向客户授予知识产权许可并约定按客户实际销售或使用情况收取特许使用费的情况。

（四）可变对价的重新评估

企业应在每一资产负债表日重新估计计入交易价格的可变对价金额（包括重新评估可变对价是否受到限制），以便如实反映资产负债表日（报告期末）存在的情况及报告期内发生的情况变化。例如，甲公司近期研发的一款新产品对外出售，并对客户提供3个月内无理由退货的条件。2020年10月8日，甲公司销售给乙公司1000件该款新产品，甲公司已按合同约定将产品运送至乙公司指定地点，经乙公司验收（即产品的控制权已转移给乙公司），并收取了价款。因该款新产品没有历史退货数据，甲公司在确认收入时根据产品的技术性能、研发过程中客户体验情况，以及产品生产完成入库时合格率等，初步估计退货率为10%。2020年12月31日（资产负债表日），甲公司根据市场退货情况、与乙公司就退货沟通的情况等，重新调整对乙公司销售的该款新产品的退货率为15%。又如上例，丙公司销售给丁公司10000件真空包装的熟食（M产品），由于预期获取的对价金额分布非常广泛，即使丙公司按期望值估计可变对价金额为80万元，因M产品控制权转移给丁公司时，预期的对价金额极可能受到超出企业能够影响的范围之外的因素影响，不能满足估计可变对价的限制性条件，丙公司不能将估计的80万元可变对价计入交易价格，仅将24万元（极可能不会发生重大转回部分）计入交易价格。假设2020年年底，丙公司根据经销商丁公司向最终用户的销售情况，重新评估并按期望值预期可获取的对价金额为60万元，丙公司认为如将该估计金额计入交易价格，已确认的累计收入金额极可能不会发生重大转回。因此，丙公司应于2020年年底调整确认36万元（60-24）的收入。

对于可变对价及可变对价的后续变动额，应按新收入准则规定，将其分摊至与之相关的一项或多项履约义务，或者分摊至构成单项履约义务的一系列可明确区分商品中的一项或多项商品。对于已履行的履约义务,其分摊的可变对价后续变动额应当调整变动当期的收入。合同变更后发生可变对价后续变动的,分情况处理:

1. 合同变更增加了可明确区分的商品及合同价款,且新增合同价款反映了新增商品单独售价的,企业应当判断可变对价后续变动与哪一项合同相关,并将可变对价的后续变动调整与之相关的合同。

2. 合同变更不属于上述 1 规定的情形,且在合同变更日已转让的商品或已提供的服务与未转让的商品或未提供的服务之间可明确区分的,且可变对价后续变动与合同变更前已承诺可变对价相关的,企业应当首先将该可变对价后续变动额以原合同开始日确定的基础进行分摊,然后再将分摊至合同变更日尚未履行履约义务的该可变对价后续变动额以新合同开始日确定的基础进行二次分摊。

3. 合同变更之后发生除上述 1 和 2 规定的情形以外的可变对价后续变动的,企业应当将该可变对价后续变动额分摊至合同变更日尚未履行(或部分未履行)的履约义务。

二、合同中存在的重大融资成分

实务中,企业根据与客户签订的合同,将商品或服务的控制权转移给客户的时间与客户实际支付款项的时间可能一致,也可能不一致。若企业将商品控制权转移给客户的同时收到客户支付的现金对价,此时商品控制权转移的时间与客户支付现金对价的时间一致;若按照合同约定客户预付部分或全部款项,或者企业采取赊销方式对销售商品的对价分期(或分次)收取现金等,在这些情况下,企业商品控制权转移给客户的时间与收取现金对价的时间往往不一致,可能存在着为客户或企业就转让商品或服务的交易提供了重大融资利益。

合同中包含融资成分的,从理论上分析,该合同包括了转让商品或服务和融资两项交易,两者具有可明确区分的经济特征,识别合同中的重大融资成分应考虑合同中融资这一经济特征,从而在实质上与转让商品或服务区分开来。

在某些合同中,企业或客户在议定合同价格时,考虑了提前或延迟支付价款的融资因素,若不将融资成分单独拆分,则按合同价格确认的收入会显著不同于在商品或服务控制权转让的同时(或过程中)支付现金对价的金额。因此,为了符合新收入准则的目标和核心原则(新收入准则的目标旨在确立企业在向财务报表使用者报告关于与客户之间的合同产生的收入及现金流量的性质、金额、时间和不确定性。其核心原则为：企业确认收入的方式应当反映向客户转让商品或服务的模式，而确认的金额应反映企业预计因交付这些商品或服务而有权获得的对价)，新收入准则规定，如果合同条款中表明转让商品或服务（或过程中）为企业或客户提供了重大融资利益的，应在确定交易价格时，将合同中包含的重大融资成分相关的货币时间价值的影响金额调整交易价格，调整后的交易价格为：假定客户在取得商品或服务控制权（或过程中）时即以现金支付的应付金额，即现销价格。即，对重大融资成分的影响金额调整已承诺的对价金额的目标，是在所确认的收入金额中反映商品或服务转让当时（或过程中）的现金售价。例如，甲公司与乙公司签订购销合同，该合同约定，乙公司向甲公司出售 N 产品一批并于合同签订日后 10 日内将 N 产品的控制权转移给甲公司，合同总价格为 1000 万元（不含增值税）。合同同时约定，甲公司可于 N 产品控制权转移日后的 3 年后支付对价。该产品的现销价格为 889 万元（不含增值税）。在该合同中包含融资成分 111 万元。假设乙公司将 889 万元借给甲公司，甲公司先用于支付乙公司货款，3 年之后甲公司偿还乙公司 1000 万元。从经济角度看，该安排与允许甲公司 3 年后支付 1000 万元的货款没有本质区别，因此实质上乙公司取得的收入包括货物的销售收入和提供借款（融资）的利息收入两部分。

（一）原收入准则与新收入准则关于合同中存在融资成分会计处理的规定

原收入准则规定，"合同或协议价款的收取采用递延方式，实质上具有融资性质的，应当按照应收的合同或协议价款的公允价值确定销售商品收入金额""应收的合同或协议价款与其公允价值之间的差额，应当在合同或协议期间内采用实际利率法进行摊销，计入当期损益"。新收入准则规定，"合同中存在重大融资成分的，企业应当按照假定客户在取得商品或服务控制权时（或过程中）即以现金支付的应付金额确定交易价格。该交易价格与合同对价之间的差额，应当在合同期间内采用实际利率法摊销"。

原收入准则与新收入准则对于销售商品或提供服务存在的融资成分会计处理的规定中，相同的是：在计量收入金额时均应考虑货币时间价值的因素，并将计量收入的金额与合同对价（原收入准则为合同或协议价格，新收入准则为确定的交易价格）之间的差额，采用实际利率法进行摊销，摊销的金额计入当期损益；区别在于：

1. 原收入准则并未特别提及合同中是否属于重大融资成分，而是从《企业会计准则——基本准则》中有关重要性的原则进行判断，即对于重要的交易或事项应当按相关准则的原则进行处理，对于非重要的交易或事项可以简化处理的原则，对合同中是否存在重大的融资性质进行判断并处理；新收入准则特别指出了合同中存在重大融资成分的，对重大融资成分涉及的相关货币时间价值作为确定交易价格的调整因素。

2. 原收入准则将应收的合同或协议价款与其公允价值之间的差额调整收入的计量金额；新收入准则将交易价格与合同对价之间的差额作为调整金额（对包含重大融资成分的合同，应将其涉及的货币时间价值从交易价格中扣除），该交易价格是按照假定为商品或服务的现销价格确定的金额，即扣除了合同中存在重大融资成分。

3. 原收入准则只提及"递延收取款项"时要考虑融资性质，新收入准则规定无论递延收款还是预收货款都要考虑重大融资性质。

（二）确定合同中是否存在重大融资成分

新收入准则要求，仅当合同条款证明客户的付款时间是向客户转让商品或服务中，为客户或企业提供了重大融资利益时，才需要调整已承诺的对价，以表明收取的现金对价反映了商品或服务的现销价格。在评估合同是否包含融资成分以及该合同中融资成分是否重大时，企业应当考虑所有相关的事实和情况，包括以下两个方面：

1. 已承诺的对价金额与已承诺商品或服务的现销价格之间的差额。如果企业（或其他企业）对外销售商品或提供劳务时，因不同的付款时间导致销售价格有所差别，通常表明合同各方知晓合同中包含融资成分。但是，不同的付款时间导致销售价格的差别，仅作为合同中是否包含重大融资成分的一项判断因素，并不表明现销价格与客户所承诺的对价之间的差额一定是融资成分，因为在某些情况下，除融资以外，其他因素也会产生现销价格与承诺对价的差额。

2. 企业向客户转让已承诺的商品或服务与客户支付款项之间的预计时间间隔和相应的市场利率共同的影响。尽管向客户转让商品或服务与客户支付相关款项之间的时间间隔并非是判断合同中包含融资成分的决定性因素，但是，该时间间隔与现行利率两者的共同影响可能提供了合同中是否存在重大融资利益的明显迹象。

以下情况表明企业与客户签订的合同中并未为客户或企业提供重大融资利益：

（1）客户预付了获得商品或服务的款项，并且该商品或服务的转让时间由客户自行决定。在这种情况下，合同中约定的付款条款的目的与合同各方之间的融资无关；同时，国际会计准则理事会认为，这种情况下，企业需要持续估计商品或服务何时向客户转让，如果新收入准则要求在这种情况下也考虑货币时间价值，则企业考虑货币时间价值所需的成本将超出其所带来的利益。例如，客户选择的手机套餐为每月138元，包括国内主叫通话（固定分钟）、国内移动数据流量（固定流量）、国内接听（均不含港澳台地区），超过套餐内的通话、移动数据流量的部分，另行支付相关费用。假定客户预付了2年3312元的费用。这种情况下，电话的使用以及发生多少费用取决于客户使用电话的频率、时间（超过套餐规定限制条件的部分，还要另行收费）。再如，客户乘坐某航空公司的航班所取得的积分，该积分的使用时间、使用方式（兑换飞机票或其他商品）由客户自行决定。又如，企业向客户销售的储值卡，客户购买储值卡（预付了获得商品或服务的款项），但该储值卡的使用时间取决于客户。

（2）客户所承诺的支付对价金额中有相当大的部分是可变的，该对价金额或付款时间取决于某一未来事项是否发生，且该事项实质上不受客户或企业控制。某些合同中的付款条款所规定的时间或金额的安排，其主要目的可能并非为客户或企业提供重大融资利益，而是旨在解决商品或服务对价的不确定性。例如，企业授予客户知识产权许可，按双方合同约定，按客户使用该知识产权生产的产品的销售量或者销售额的一定比例收取的特许权使用费。本例中，企业与客户签订的合同中并无固定付款的金额和时间安排，企业授予该客户的知识产权能否有权取得对价以及对价的金额（可变金额），取决于客户使用该知识产权生产的产品的销售量或销售额，而销售量或销售额受市场的影响，不受客户或企业控制。这种付款条件的合同安排，其主要目的可能是为对商品或服务的价值向各方提供保证，而并非为客户提供重大融资。

（3）合同承诺的对价金额与现销价格之间的差别是由于向客户或企业提供融资利益以外的其他原因所导致的，且这一差额与产生该差额的原因是相称的。这种情况主要是为了向合同各方提供保护，以避免合同一方未能依照合同规定履行全部或部分义务情形的发生。例如，企业与客户签订的建筑施工合同，该合同约定企业为客户建造一栋办公楼，合同价格总额为8000万元（不含增值税），除了按合同价格总额5%作为质保金于工程竣工验收2年后支付以外，合同约定客户按施工进度结算并于结算后10日内付款，工程尾款于工程竣工验收后1个月内付款。这种情况下，客户保留了按合同价格总额5%的质保金于工程竣工验收2年后支付，是企业为了保证为客户建造的办公楼质量，而非企业向客户提供融资。再如，对于市场上的一些紧俏商品（市场上求大于供的商品），企业在与客户签订的合同中通常会要求客户预先支付合同价款，企业会在一定时期（如3个月或更长时间）后才向客户转移所承诺的商品。这种情况下，可能表明客户为买到紧俏商品而向企业作出的保证，而非说明客户向企业提供了融资。

在考虑合同中的融资成分时，还应关注如下几个问题：

（1）实务中，一些合同中会以明确的条款约定付款时间为合同各方就转让商品或服务提供了重大融资利益（合同中可明确识别），表明合同包含了重大融资成分；某些合同中可能并未有十分明确的条款约定但以隐含的方式表明合同中包含了重大融资成分（合同中隐含的重大融资利益）。对此，企业应当根据所有的事实和证据（如历史信息、已作出的承诺等）判断合同中是否存在重大融资成分。

（2）在一些合同中，融资成分的影响不会显著改变企业应确认的收入金额（融资成分并不重大），对此企业无需为此调整已承诺的对价金额。某些情况下，单个合同中的融资成分可能重大，但如在组合层面考虑可能为非重大，企业在考虑融资成分是否重大时，应建立在单个合同层面基础上，而不应以合同组合层面考虑组合中所有合同的融资成分的汇总影响对企业整体而言是否重大。实务中，合同中融资成分对于利率较高的短期合同可能是重大的，而对于利率较低的长期合同则可能并不重大，其融资成分是否重大，应根据单个合同（或相关事实等）的具体情况确定。

（3）合同要求客户预付款的，企业取得的预收款也应考虑重大融资成分的影响。例如，企业为客户提供一项长期建造合同，按照合同约定客户需预付合同价款的50%。这项合同是客户给予企业的一项融资，如果不预收客户合同价款，企业将需要从第三方获得融资，从而将向客户收取更高的合同价款。在这种情况下，企业向客户转让商品或服务都是相同的，区别只在于客户向企业提供了融资。因此，新收入准则要求对于客户支付的预付款（企业预收款）应考虑所涉及的重大融资成分，以确保企业从客户或第三方融资的安排不影响企业向客户转让商品或服务所取得的收入的计量。

(三) 豁免遵循重大融资成分的规定

为了简化实务操作，新收入准则规定，合同开始日，企业预计客户取得商品控制权与客户支付价款间隔不超过一年的，可以不考虑合同中存在的重大融资成分（简化处理方法）。企业应对相同或类似的合同一致地应用这一简化处理方法。

(四) 折现率及融资成分的会计处理

为反映合同各方的经济特征，调整已承诺的对价金额以反映企业所确认的收入金额，能够反映客户在已承诺的商品或服务转让时（或过程中）对该商品或服务支付的现金，在确定重大融资成分的金额时，应使用将合同对价的名义金额折现为商品现销价格的折现率。

按照《国际财务报告准则第15号——客户合同收入》（IFRS15）第64段的规定，企业应当使用企业与其客户在合同开始时进行的单独融资交易所反映的折现率，包括：（1）该折现率应反映合同中取得融资一方的信用特征以及客户或企业提供的担保品或抵押，包括合同所转让的资产。（2）企业也可能能够通过识别将已承诺对价的名义金额折现为商品或服务转让予客户时（或过程中）客户会支付的现金价格的利率来确定该折现率。即该折现率应能反映企业与客户之间涉及融资交易时所使用的利率，反映了客户或企业的信用及其他风险。

原收入准则规定，在具有融资性质的销售中，实际利率是指具有类似信用等级的企业发行类似工具的现时利率，或者将应收的合同或协议价款折现为商品现销价格时的折现率等。我国新收入准则应用指南附录二修订说明中指出，"合同中存在重大融资成分的，根据IFRS15的有关规定，应当将合同对价金额根据融资成分进行调整之后确定交易价格（确认收入的金额），在确定融资成分的影响时，应当使用合同双方进行单独融资交易时所应采取的利率作为折现率，该折现率应当反映接受融资方的信用特征。这就要求企业首先根据恰当的折现率确定融资成分，再将扣除融资成分后的合同对价作为交易价格确认收入。考虑到我国的市场环境和相关规定，我们建议沿用现行准则（即原收入准则的规定）的相关规定，先以现销价格确定收入金额，再将该金额与合同对价金额的差异作为融资成分处理"。因此，我国新收入准则采用的折现率为直接用现销价格与合同名义价格之间的差额倒算的折现率。

但无论是 IFRS15 还是我国新收入准则,均不能应用无风险利率,也不能直接采用合同中规定的利率。如果日后情况发生变化,考虑到调整折现率在实务中的困难,新收入准则规定,合同各方不能因后续市场利率或客户信用风险等情况而对合同开始日已确定的折现率进行变更。

企业确定的交易价格与合同承诺的对价金额之间的差额,应当在合同期间内采用实际利率法摊销。

(五) 合同中存在的重大融资成分的列报

新收入准则规定,存在重大融资成分的合同应区分收入成分(现金对价)和融资成分(合同中关于延期付款或预付款条款的影响),因此,包含重大融资成分的合同所产生的金融资产(如应收账款)或预收款的会计处理应与其他具有相同特征的融资(如贷款)的会计处理类似。

在编制利润表时,主要涉及两个项目:

1. 在与客户合同中包含融资成分而产生的应收款项或合同资产(包括长期或短期)所确认的减值损失的列报,应按金融工具准则规定在利润表的"信用减值损失"或"资产减值损失"项目列报。

2. 合同中存在的重大融资成分的影响与确认的收入金额的列报。合同中存在的重大融资成分是在利润表的财务费用项目列示,还是可以在营业收入中列示,按照《企业会计准则第 14 号——收入》应用指南的规定,"企业在编制利润表时,应当将合同中存在的重大融资成分的影响(即,利息收入和利息支出)与按照本准则确认的收入区分开来,分别列示"。财政部《关于修订印发 2019 年度一般企业财务报表格式的通知》(财会〔2019〕6 号)规定,利润表"财务费用"项目下的"利息费用"项目,反映企业为筹集生产经营所需资金等而发生的应予费用化的利息支出。该项目应根据"财务费用"科目的相关明细科目的发生额分析填列。该项目作为"财务费用"项目的其中项,以正数填列。"财务费用"项目下的"利息收入"项目,反映企业按照相关会计准则确认的应冲减财务费用的利息收入。该项目应根据"财务费用"科目的相关明细科目的发生额分析填列。该项目作为"财务费用"项目的其中项,以正数填列。另外,财政部《关于 2018 年度一般企业财务报表格式有关问题的解读》中提到,利润表中"利息收入"行项目,反映企业确认的利息收入。利息收入主要为银行存款产生的利息收入,以及根据《企业会计准则第 14 号——收入》的相关规定确认的利息收入。按该解读理解,对一般企业而言

（不含金融企业，PPP、BOT 中涉及的金融资产模式下的情形），合同中存在的重大融资成分应在利润表的"财务费用"项目列示，涉及利息收入的应在"财务费用"项目下的"利息收入"项目单独列示。

IFRS15 第 65 段指出，"主体应当在综合收益表中将融资影响（利息收入或利息费用）同客户合同收入分开列报。仅在对与客户之间的合同进行会计处理时确认了合同资产（或应收款）或者合同负债的情况下，才应确认利息收入或利息费用"。同时，在其结论基础第 247 段说明为："某些主体（例如银行及经营类型相似的其他主体）经常进行融资交易，因此，利息代表这些主体日常经营活动所产生的收益……在利息代表主体日常经营活动所产生的收益的情况下，《国际财务报告准则第 15 号》第 65 段中的要求并不禁止主体将利息作为一类收入列报"。另外，按照《国际会计准则第 1 号——财务报表列报》（IAS1）第 82 段（a）指出，收入（revenue）不限于按照 IFRS15 确认的客户合同收入。按照上述准则规定及结论基础的说明，可以理解为，如果利息收入代表企业日常经营活动所产生的收益，在综合收益表中可以作为收入列示，但应与客户合同产生的收入分别列示。

根据我国上述会计准则规定，以及我国《企业会计准则——基本准则》第三十条关于收入的定义（收入是指企业在日常经营活动中形成的，会导致所有者权益增加的、与所有者投入资本无关的经济利益的总流入），我国企业会计准则关于利润表中"营业收入"项目的列示应反映企业经营主要业务和其他业务所确认的收入总额。笔者认为，我国利润表中"营业收入"项目不仅指按收入准则规定确认和计量的收入金额，还包括属于企业日常经营活动组成部分的融资产生的利息收入（此处不讨论 PPP、BOT 等形成无形资产的情形），但同时应在利润表中将销售商品、提供劳务产生的收入与提供融资部分所产生的收入分别列示，以区别两者收入的性质。因此，合同中包含融资成分的，首先应考虑是否属于企业日常经营活动产生收入的组成部分。通常而言，一般企业（如制造大型通用设备的企业）如果销售商品、提供劳务与客户签订的合同中通常包含融资成分的，可能属于与企业日常经营活动相关；如果与客户签订的销售商品、提供劳务的合同中一般不包含融资成分，只有极少数情况下由于特殊目的而在合同中包含融资成分的，可能不属于与企业日常经营活动相关。就金融企业而言，特别是商业银行贷款业务是其日常经营活动，利息收入是商业银行日常经营活动产生的收入。其次在利润表中，作为日常经营活动组成部分的融资所产生的利息收入，应与按新收入准则确认的收入分别列示。

合同中包含的融资成分构成企业的利息费用的（如企业采用预收款方式为客户提供商品或服务的），该利息费用通常按借款费用的原则进行处理（此处不讨论 PPP、BOT 等形成无形资产的情形）。但是，按新收入准则规定能在某一时段内履行的履约义务并按照履约进度确认收入的，应在一段时间内将商品控制权转移给客户时确认收入的同时结转相关的成本，资产负债表上没有相应的存货，故合同中包含的融资成分所形成的利息费用不能资本化计入资产的成本。

另外，值得注意的是，合同中存在重大融资成分的，企业按新收入准则对与客户的合同进行会计处理时，只有确认了合同资产（或应收款项）和合同负债时，才应分别确认相应的利息收入和利息支出。

【例1】2018 年 12 月 30 日，甲公司与乙公司签订购销合同，该合同约定，甲公司向乙公司出售 10 台大型设备，合同总价格为 15000 万元（不含增值税），甲公司应于 2019 年 12 月 31 日、2020 年 12 月 31 日和 2021 年 12 月 31 日分别将 3 台、3 台和 4 台大型设备的控制权转移给乙公司。付款条件为，乙公司应于合同成立日全额支付合同价款。合同于 2019 年 1 月 1 日经双方管理层批准，甲公司与乙公司按各自的承诺履行合同。假定该合同包含重大融资成分且折现率为 5%。甲公司的会计处理如下（不考虑增值税等相关税费、借款费用资本化，以及成本结转）：

（1）合同成立日（2019 年 1 月 1 日），甲公司收到 15000 万元，计算的合同负债为 16632 万元（单位：万元，下同）。

借：银行存款　　　　　　　　　　　　　　　15000
　　未确认融资费用　　　　　　　　　　　　　1632
　　贷：合同负债　　　　　　　　　　　　　　16632

（2）2019 年 12 月 31 日将 3 台大型设备控制权转移给乙公司。

借：合同负债 $[4500 \times (1 + 5\%)]$　　　　　　4725
　　贷：主营业务收入　　　　　　　　　　　　4725
借：财务费用（$15000 \times 5\%$）　　　　　　　　750
　　贷：未确认融资费用　　　　　　　　　　　750

（3）2020 年 12 月 31 日将 3 台大型设备控制权转移给乙公司。

借：合同负债 $[4500 \times (1 + 5\%)^2]$　　　　　4961.25
　　贷：主营业务收入　　　　　　　　　　　　4961.25

借：财务费用〔(15000 - 4725 + 750)×5%〕　　　　551.25
　　　贷：未确认融资费用　　　　　　　　　　　　　551.25

(4) 2021年12月31日将4台大型设备控制权转移给乙公司。

借：合同负债〔6000×(1 + 5%)^3〕　　　　　　　6945.75
　　　贷：主营业务收入　　　　　　　　　　　　　　6945.75
借：财务费用〔(15000 - 4725 - 4961.25 + 750 + 551.25)×5%〕
　　　　　　　　　　　　　　　　　　　　　　　　330.75
　　　贷：未确认融资费用　　　　　　　　　　　　　330.75

确认的财务费用合计为1632万元(750 + 551.25 + 330.75)。

初始确认合同负债的金额即为3年分期确认的收入金额16632万元(4725 + 4961.25 + 6945.75)。

【例2】2019年1月1日，丙公司与丁公司签订购销合同，该合同约定，丙公司向丁公司出售一批M产品，合同总价格为6000万元（不含增值税），丙公司应于合同签订并经双方批准后10日内将M产品的控制权转移给丁公司。付款条件为：6000万元的合同总价格分3年，于每年年末平均支付。合同于合同签订日经双方管理层批准，丙公司于2019年1月1日将M产品的控制权转移给丁公司。假定销售该批M产品的现销价格为5550万元（不含增值税），该合同下的合同双方单独融资交易的利率为4%。丙公司的会计处理如下（不考虑增值税等相关税费，以及成本结转）：

(1) 2019年1月1日，丙公司将M产品的控制权转移给丁公司。

借：长期应收款　　　　　　　　　　　　　　　　6000
　　　贷：主营业务收入　　　　　　　　　　　　　5550
　　　　　未确认的融资收益　　　　　　　　　　　450

(2) 2019年年末，收到款项，分摊未确认的融资收益222万元(5550×4%)。

借：银行存款　　　　　　　　　　　　　　　　　2000
　　　贷：长期应收款　　　　　　　　　　　　　　2000
借：未确认的融资收益　　　　　　　　　　　　　222
　　　贷：财务费用——利息收入　　　　　　　　　222

(3) 2020年年末，收到款项，分摊未确认的融资收益150.88万元〔(5550 - 2000 + 222)×4%〕。

借：银行存款　　　　　　　　　　　　　　　　　2000
　　　贷：长期应收款　　　　　　　　　　　　　　2000

借：未确认的融资收益	150.88	
贷：财务费用——利息收入		150.88

（4）2021年年末，收到款项，分摊未确认的融资收益77.12万元（450 - 222 - 150.88）。

借：银行存款	2000	
贷：长期应收款		2000
借：未确认的融资收益	77.12	
贷：财务费用——利息收入		77.12

三、非现金对价

多数情况下，企业转移其商品或服务有权取得的对价是客户支付的现金，此时交易价格为企业取得的现金金额（所取得现金资产的价值）。但某些情况下，企业同意客户以非现金资产作为支付对价，例如，以提供商品或服务（如客户提供的商品、广告服务等）方式作为支付对价，也可能以金融资产（如股权、债权资产）、实物资产（如固定资产、无形资产等）作为支付对价，为了与取得的现金资产保持相同的计量原则，新收入准则要求企业应以取得非现金资产的公允价值确定交易价格。《国际财务报告准则第15号——客户合同收入》（IFRS15）认为，企业有权取得的非现金资产的公允价值不能合理估计的，应与其他准则的计量原则保持一致，如《国际财务报告准则第2号——以股份为基础的支付》（IFRS 2）规定，如果所取得的商品或服务的公允价值无法可靠估计，则企业应通过参照所授予的权益工具的公允价值间接对其进行计量。为此，新收入准则规定，应参照其为取得对价而承诺向客户转让商品或服务的单独售价间接确定交易价格。这里的单独售价，是指企业在类似环境下向类似客户单独销售商品（或服务）的价格。

企业在计量非现金对价时，应关注以下几个问题：

（一）客户以非现金资产作为支付对价的，企业应按照合同开始日非现金资产的公允价值确定交易价格。合同开始日即合同成立日，是满足合同成立五个条件的时点。

（二）合同开始日后作为支付对价的非现金资产的公允价值可能会发生变动，这种变动包括两个方面。

1. 非现金对价的公允价值因对价的形式发生变动（即非现金对价所取得

的资产本身公允价值的变动),不应计入交易价格。

例如,2020年5月10日,甲公司与乙公司签订的购销合同约定,甲公司向乙公司提供一批N产品,甲公司应于合同签订日后20日内将N产品的控制权转移给乙公司,乙公司应于取得N产品控制权后以其所持上市公司丙公司3%的普通股作为支付对价。合同于2020年5月12日经双方管理层批准,当日甲公司有权取得的非现金对价(丙公司的3%普通股)的公允价值为8000万元(不含增值税)。2020年5月30日,甲公司将N产品的控制权转移给乙公司,同时收到乙公司作为支付对价的丙公司3%普通股,当日丙公司3%普通股的公允价值为8200万元(不含增值税),甲公司将其分类为以公允价值计量且其变动计入当期损益的金融资产。

本例中,合同开始日丙公司3%普通股的公允价值为8000万元,甲公司应将8000万元确定为交易价格。其后,丙公司3%普通股公允价值为8200万元,该增值的200万元是丙公司普通股公允价值自身变动引起的。通常情况下,在订立合同时,甲公司和乙公司为转移N产品控制权所承诺的对价金额是参考合同订立时N产品的价值和股票的公允价值商议决定的,而对于未来的股价波动很难合理预期。根据新收入准则要求,自合同开始日至控制权转移日之间的公允价值变动不应计入交易价格,应作为甲公司持有丙公司3%普通股公允价值变动收益,计入甲公司当期损益,即甲公司在2020年5月30日确认收入8000万元,确认公允价值变动损益200万元。

2. 非现金对价的公允价值因对价形式变动以外的原因而发生变动(即非现金对价所取得资产本身公允价值变动以外的原因发生的变动),应当作为可变对价进行处理。

例如,2020年3月20日,丁公司与戊公司签订的购销合同约定,丁公司向戊公司提供1000件A产品,每件A产品的合同价格为5.5万元(不含增值税),合同总价格为5500万元;戊公司以其拥有的400件B产品作为支付对价;由于A产品较为紧俏,合同中同时规定,若丁公司在2020年5月1日前向戊公司交付1000件A产品,戊公司将额外向丁公司转移5件B产品。合同于2020年3月21日经双方管理层批准,合同开始日,400件B产品的公允价值总额为5500万元(不含增值税),每件B产品的公允价值为13.75万元(5500÷400)。2020年4月20日,丁公司向戊公司交付1000件A产品,同时收到戊公司转移的405件B产品,当日B产品的公允价值为每件15万元。

本例中,首先,合同开始日非现金对价公允价值为每件13.75万元,与B

产品控制权转移时的公允价值15万元不同,按照新收入准则的规定,应按合同开始日的公允价值13.75万元计入交易价格;其次,因丁公司在2020年5月1日前(实际交付日为2020年4月20日)向戊公司交付1000件A产品,戊公司额外向丁公司转移5件B产品,是与丁公司的履约行为有关(能否在规定日期前交付商品),因而不属于与非现金对价本身的形式而导致的变动,应作为可变对价进行会计处理。因此,丁公司应于合同开始日估计可变对价,并按照期望值或最可能发生金额确定可变对价的最佳估计数,并在满足累计已确认的收入极可能不会发生重大转回的限制条件时,将最佳估计数确定为交易价格。本例中,假设丁公司在合同开始日估计将额外5件B商品的公允价值计入交易价格不满足累计已确认的收入极可能不会发生重大转回的限制条件,因而确定的交易价格为5500万元;2020年4月20日,丁公司交付A商品后额外获得了5件B商品,应将5件B产品的公允价值因对价形式以外的原因而发生的变动,即68.75万元(5×13.75)确认为收入。

(三)为便于企业履行合同义务,某些情况下客户会向企业提供某些商品或服务,对此企业应当评估是否取得了这些商品或服务的控制权,如果经评估企业取得了客户提供的商品或服务的控制权的,企业应当将这些商品或服务按照从客户收取的非现金对价进行会计处理。例如,企业接受客户来料加工业务,客户向企业提供所需加工的材料,并指定该批材料只能用于生产客户所需的成品(或半成品),因企业原因发生材料毁损由客户补发材料的,补发材料的费用将减少未来收取的加工费用,多余材料应返还客户。由企业加工成客户所需的成品(或半成品),并按客户规定的时间、地点将加工完成的成品(或半成品)转移给客户,客户承诺支付企业的对价为材料的加工费用。这种情况下,企业收到客户提供的拟加工材料并不能控制该材料,企业的履约义务是对这些材料进行加工并收取加工费用。

【例1】甲公司为在国内A股上市的公司,其主要生产经营的产品是焊割、焊接喷枪的枪嘴以及其配件。枪嘴的材料以H59黄铜(含量59%铜、41%锌的铜合金)、碲铜(含0.3%左右碲)为主。在生产工艺上用铜管或者铜棒进行切割、打磨、压铸等形成,在生产过程中会产生大量的铜屑和铜料头。一吨铜棒大约产生50%~80%(即500KG~800KG)的铜屑。长江铜价的每吨市场价格与每吨铜屑的市场价格基本一致(长江1#铜价格+采购铜棒的加工费=用于交换的料屑价值+料屑的加工费)。

2020年3月1日,甲公司与无关联的原料供应商(乙公司)签订的合同约定，甲公司向乙公司购入铜棒 1000 吨，乙公司应于合同开始日后的 30 天内将铜棒的控制权转移给甲公司，甲公司按 1 吨铜屑加 1 万元（不含增值税）的现金补价作为支付给乙公司的对价，除每吨 1 万元的现金补价应于铜棒控制权转移时支付外，铜屑应于 2020 年年底之前交付给乙公司，铜屑的公允价值按照长江铜价的市场价格测算确定，同时确定了铜屑按其纯度进行折合。合同开始日，按长江铜价测算出每吨铜屑的公允价值为 4 万元（不含增值税）；2020 年 3 月 25 日，铜屑的公允价值为每吨 4.2 万元（不含增值税）。2020 年 3 月 25 日，乙公司将 1000 吨铜棒的控制权转移给甲公司，甲公司验收入库并支付 1000 万元现金。2020 年 10 月 30 日，甲公司将 1000 吨铜屑的控制权转移给乙公司，当日，铜屑的公允价值为每吨 4.1 万元（不含增值税）。本例不考虑税费及其他因素。

分析：本例中，销售铜棒是乙公司的日常活动，乙公司应首先判断与甲公司签订的购销合同是否同时满足合同成立的五个条件，条件之一为合同是否具有商业实质。乙公司转移给甲公司的铜棒是乙公司生产的产品，而乙公司收到的铜屑如要形成铜棒还需通过加工过程，铜棒与铜屑所产生的未来现金流量在风险、时间分布或金额（金额会随着铜市场价格的变动而变化）方面显著不同，因此，该合同具有商业实质。其次，甲公司以铜屑和每吨 1 万元的价格作为已承诺合同对价，除了每吨 1 万元以现金支付外，以铜屑支付的对价为非现金对价。因此，对乙公司而言，应按照新收入准则有关非现金对价计量的原则，以合同开始日铜屑的公允价值每吨 4 万元计入交易价格，即乙公司应在 2020 年 10 月 30 日确认收入 5000 万元。

【例 2】甲公司是一家从事面料生产、品牌服装设计和销售的公司。乙公司是一家服装生产和销售企业，品牌不知名。2020 年 7 月 1 日，乙公司与甲公司签订协议，乙公司从甲公司处采购一批毛料，共 1000 匹。该规格和花色的毛料市场上的供应商较多，乙公司仓库尚存一些库存（从其他供应商处购买）。合同同时约定，作为乙公司购入毛料的对价，乙公司应按照甲公司提供的设计版型，生产 10000 件成衣交付给甲公司，双方在合同中规定了成衣的面料，包括具体的规格、花色和质量要求，该 10000 件成衣中有 2000 件成衣需要使用与其从甲公司购入的毛料同等规格、花色和质量的原料。合同成立日，该 10000 件成衣的公允价值为 200 万元，与上述 1000 匹毛料价值相当。合同同时约定乙公司应对甲公司成衣版型的设计保密，且不能用于其他领域。

本例中，甲公司将 1000 匹毛料交付给乙公司验收合格后，乙公司即取得了 1000 匹毛料的控制权。乙公司可自行决定将其拥有的所有毛料（包括新购入和以前库存部分）用于生产产品或直接对外销售获利（可自行决定销售对象和销售价格等），可根据需要调配毛料在不同客户中的使用，并从中获得几乎全部的经济利益。在此情形下，甲公司应当将销售 1000 匹毛料的收入按照从乙公司处取得 2000 件成衣的公允价值计量，即确认 200 万元的毛料销售收入。

【例 3】 乙公司是一家医药研发企业，2020 年 3 月 1 日与甲公司签订一份提供医药研发服务的协议，并获得双方管理层的批准。根据协议，乙公司为甲公司提供口服小分子药物的研发服务。研发计划、方案设计、研发过程各里程碑应完成的具体工作等由甲公司确定，乙公司按照甲公司的具体研发方案进行实施，选派合适的人员成立研发小组为甲公司提供研发服务。提供研发服务的过程中，乙公司各研发小组人员的具体工作内容、需要满足的具体要求由甲公司布置安排，甲公司成立研发项目小组监控乙公司研发小组成员的工作进度，监督其完成研发的质量等。项目预计持续期间为 2 年，乙公司分析，其向甲公司提供的服务满足乙公司履约的同时，甲公司即取得并消耗企业履约所带来的经济利益，在提供服务期间内确认收入。合同按照里程碑进度支付对价。根据合同约定，乙公司为甲公司提供该项服务按里程碑付款安排，可获得甲公司共计 16% 的股权，交易过程中如甲公司以非公允价值引入外部投资者，稀释后股权比例应作相应调整，乙公司将获得的甲公司股权指定为以公允价值计量且其变动计入其他综合收益的金融资产。2020 年 3 月 1 日，根据估值结果，甲公司 16% 股权的公允价值为 2400 万元。2020 年 12 月 31 日，甲公司 16% 股权的公允价值为 2500 万元，根据里程碑进度乙公司于 2020 年 12 月 31 日实际取得了甲公司 4% 的股权。

本例中，自 2020 年 3 月 1 日开始，乙公司向甲公司提供两年的研发服务，并取得甲公司 16% 的股权，在合同开始日该股权公允价值为 2400 万元，为该项研发服务的交易对价。其后，甲公司股权公允价值的变动是因甲公司股权价值的自身变动引起的，并非是乙公司提供研发服务有权取得的对价金额，不应计入交易对价。

假设截至 2020 年 12 月 31 日，完工进度为 40%，乙公司应确认 960 万元（2400×40%）的收入、960 万元的合同资产，同时，在取得甲公司 4% 的股权时，将合同资产 600 万元（2400×4%÷16%）转出，计入以公允价值计量且其变动计入其他综合收益的金融资产。另外，该合同实质上包含一项以固定对价获得16%股权的远期合同（衍生工具），作为以公允价值计量且其变动计入当期损益的金融资产。合同开始日该衍生工具的公允价值为零，2020年12月31日公允价值为100万元。在实际取得股权时，该衍生工具形成的金融资产应转出25万元至以公允价值计量且其变动计入其他综合收益的金融资产，即取得的股权按取得日的公允价值625万元（2500×4%÷16%）进行初始计量。会计处理如下（单位：万元）：

(1) 2020年12月31日，确认收入

借：合同资产　　　　　　　　　　　　　　　　960
　　贷：主营业务收入　　　　　　　　　　　　　　　960

(2) 2020年12月31日，对衍生工具的公允价值进行重估

借：衍生工具　　　　　　　　　　　　　　　　100
　　贷：公允价值变动损益　　　　　　　　　　　　　100

(3) 取得甲公司4%股权

借：其他权益工具投资　　　　　　　　　　　　600
　　贷：合同资产　　　　　　　　　　　　　　　　　600

(4) 取得甲公司4%股权时，对远期合约的处理

借：其他权益工具投资　　　　　　　　　　　　25
　　贷：衍生工具　　　　　　　　　　　　　　　　　25

四、应付客户对价

新收入准则规定，企业应付客户（或向客户购买本企业商品的第三方）对价的，应当将该应付对价冲减交易价格，并在确认相关收入与支付（或承诺支付）客户对价二者孰晚的时点冲减当期收入（应付客户对价是为了向客户取得其他可明确区分商品或服务的除外）。

这里的第三方通常指向企业的客户购买本企业商品的一方，即处于企业分销链上的"客户的客户"。例如，汽车制造商将其生产的SUV汽车以每辆35万元的价格（不含增值税）销售给4S店（4S店控制了SUV汽车）。4S店销售一辆SUV汽车，将给予客户1张汽车制造商提供的优惠券，每张优惠券可抵扣销售价格0.5万元（即抵减最终消费者的购买价格）。该优惠券抵减的销售价款由汽车制造商承担，4S店可获得汽车制造商因提供给最终消费者（客户的客户，即第三方）优惠券而给予的支付款（优惠券支付款），该支付款即

为企业应付客户的对价,该支付对价应从汽车制造商将 SUV 汽车销售给 4S 店的交易价格中进行冲减(本例每辆汽车的交易价格为 34.5 万元)。

企业在向客户转让商品或服务的同时,向客户或者第三方支付对价有不同的形式,如为换取客户提供的商品或服务而支付的对价、企业向客户提供的商品或服务给予的折扣、退款,或两者的结合。实务中,企业应当区分其应付客户对价的类型:

(一)企业应付客户对价是为了向客户取得其他可明确区分商品或服务的,应当采用与本企业其他采购或接受服务相一致的方式确认所购买的商品。

例如,甲公司与一家全球大型连锁超市(以下简称乙超市)签订为期半年的合同,该合同约定,乙超市承诺半年内从甲公司购入其生产的新产品(M 产品)5 万件,每件 M 产品的合同价格为 150 元(不含增值税),半年合同总价格为 750 万元(不含增值税)。乙超市应于甲公司将 M 产品的控制权转移给乙超市后的 10 日内支付价款。乙超市长期提供各类品牌产品推广活动,供应商可根据自身需求决定是否购买。合同同时约定,甲公司要求乙超市在显著位置(超市进口区域内)持续半年设置特殊货架,该特殊货架在半年内只能摆放甲公司的 M 产品(不能摆放其他公司的产品),并且半年内在乙超市内对 M 产品作相应的宣传推广,为此,甲公司应于合同开始日支付乙超市 50 万元(假定市场上类似合同条款支付的对价为 50 万元,即甲公司支付给乙超市的 50 万元为相关推广服务的单独售价)。本例中,甲公司支付乙超市 50 万元,是因乙超市按合同约定需在其旗下的超市显著位置设置特殊货架专门摆放甲公司的 M 产品,表明甲公司取得了乙超市所设置特殊货架的独家使用权;同时,乙超市还需在其超市内对甲公司的 M 产品进行为期半年的推广,表明乙超市为推销 M 产品提供了相应的服务。在这种情况下,说明甲公司应付客户对价是为了向客户取得其他可明确区分的服务,应当采用与甲公司其他接受服务相一致的方式进行会计处理。因此,甲公司支付的 50 万元应确认为销售费用(甲公司接受其他企业提供的类似推广服务也确认为销售费用),在半年内平均分摊计入损益。

又如,丙公司与丁公司签订购销合同,该合同约定,丙公司向丁公司销售其生产的 P 产品 8000 件,合同价格总额为 120 万元(不含增值税)。丙公司应于合同开始日即将 P 产品的控制权转移给丁公司,丁公司同时支付合同价款。合同同时约定,因丁公司仓库存放地有限,丁公司将购买的 8000 件 P 产品存放在丙公司仓库中,待其腾出仓库或者需要时再从丙公司提货,假设该售后代管安排下，丁公司已取得 P 产品的控制权。为此，丁公司于取得 P 产品控制权时向丙公司支付了 10 万元的保管费。本例中，合同开始日，丁公司获得了 8000 件 P 产品的控制权（假设同时满足售后代管商品安排下的客户取得控制权的四个条件），丙公司取得的销售 P 产品 120 万元（不含增值税）的合同价款，同时取得客户支付的 10 万元保管费。对于丁公司而言，取得了丙公司保管 P 产品的服务而为此付出 10 万元（可明确区分的服务），支付的 10 万元应按与购买商品相同的原则进行会计处理；对于丙公司而言，为丁公司提供了保管 P 产品的服务，其取得的 10 万元保管费应确认为相关的收入。

（二）企业应付客户对价并不表明是为了向客户取得其他可明确区分商品或服务的，企业应当将应付客户对价全额冲减交易价格。假定上例合同中并未约定货架的具体摆放位置，乙超市设置的特殊货架在超市内的地点由乙超市自行确定，且该货架既可以摆放甲公司的 M 产品，也可以摆放其他企业的产品，则不能识别出乙超市为甲公司提供了明确可区分的推广服务。因此，甲公司支付的 50 万元应在半年内随着收入确认的方式逐步冲减收入（按确认相关收入与支付或承诺支付客户对价二者孰晚的时点冲减当期收入）。

（三）向客户取得的可明确区分商品或服务公允价值不能合理估计的，企业应当将应付客户对价全额冲减交易价格。

（四）企业应付客户对价超过向客户取得可明确区分商品或服务公允价值的，超过金额应当冲减交易价格。假定上例中乙超市为甲公司提供了明确可区分的推广服务，甲公司支付乙超市设置的特殊货架进行推广的金额为 65 万元，而乙超市提供同类型推广服务的单独售价为 50 万元，该 50 万元按照采购推广服务进行会计处理，超过 50 万元的部分（15 万元）在半年内随着收入确认的方式逐步冲减收入。

企业向客户支付的对价，首先应判断企业是否向客户取得其他可明确区分的商品或服务，其次判断支付的对价是否与取得的可明确区分的商品或服务的公允价值相当。如果取得了可明确区分的商品或服务，在价格公允的情况下按上述（一）的原则进行会计处理；价格不公允的情况下，按上述（四）的原则进行会计处理；公允价值不能合理估计的，按上述（三）的原则进行会计处理。如果未取得可明确区分的商品或服务，则按上述（二）的原则进行会计处理。在判断企业是否向客户取得其他可明确区分的商品或服务时，如判断客户是否为企业提供了广告、促销服务等，实务中通常需看合同中是否有明确规定以及实际执行情况。例如，上例中，如果合同明确乙超市对甲公司 M 产品摆放地点和形式、展示的时间频率、广告和促销方式等有明确规定，即乙超市按照甲公司的指令进行广告展示、甲公司能够控制广告服务，则可能证明乙超市为甲公司提供了相关服务，甲公司向乙超市支付的对价确认为销售费用；如果合同中并没有这些详细明确的规定，可能不能识别出乙超市为甲公司提供了某些服务，甲公司只能将应付乙超市的50万元冲减相关的收入。另外，假定甲公司拟将其M产品在乙超市所属连锁超市中进行销售，需支付乙超市的入场费、堆头费等，应判断乙超市是否为甲公司提供了广告、促销服务等，如果乙超市实质上（如合同中有明确约定且实际按照合同执行的）为甲公司提供了相关服务的，甲公司应将支付的费用确认为销售费用；如果不能识别出乙超市实质上为甲公司提供相关服务的，甲公司支付的费用应冲减相关的收入。企业也可以按图1所示进行判断。

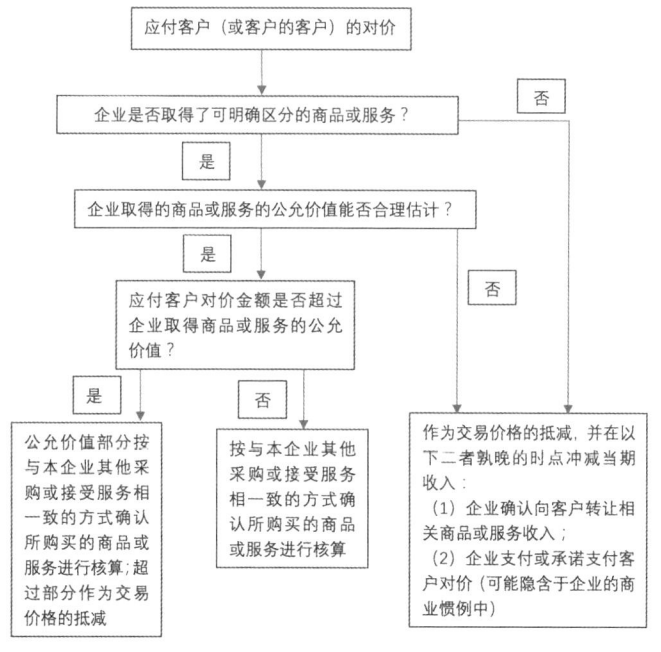

图1

总之，新收入准则在确定交易价格时，应当假设销售商品或提供劳务将根据现有合同按承诺转让给客户，且合同将不会被撤销、续期或修订的前提下，考虑所有事项的影响，包括可变对价、对可变对价估计的限制、合同中存在的重大融资成分、非现金对价，以及应付给客户的对价等因素。

收入准则解释

——分摊交易价格

在合同成立的前提下,确定了合同中各单项履约义务以及交易价格后,应将交易价格分摊至各单项履约义务(或可明确区分的商品或服务),其目标是能够反映企业因履行合同中的每一单项履约义务向客户转让已承诺的商品或服务而预期有权收取的对价金额。

一、分摊交易价格的一般原则

(一)多项履约义务需分摊

通常情况下,如合同中仅包含单项履约义务,确定的交易价格无需进行分摊;如合同中包含两项或多项履约义务,或者企业向客户转让一系列实质相同、转让模式相同且可明确区分的商品或服务的承诺,应将确定的交易价格分摊至各单项履约义务(或可明确区分的商品或服务)。

(二)合同开始日进行分摊

合同中包含多项履约义务的,企业应于合同开始日将确定的交易价格分摊至合同中的各单项履约义务。合同开始日通常指合同生效日,即满足合同成立的五个条件。企业不得因合同开始日之后单独售价的变动而重新分摊交易价格。

(三)按单独售价或估计单独售价进行分摊

通常情况下,企业应按合同中各单项履约义务所承诺的商品或服务的单独售价的相对比例,将确定的交易价格分摊至各单项履约义务。

1. 单独售价的相对比例通常作为分摊的基础。单独售价，是指企业向客户单独销售商品的价格。企业在类似环境下向类似客户单独出售一项商品或服务时的价格（可直接观察的价格），应作为确定单独售价的最佳证据。通常情况下，企业按照内部流程确定其销售商品或服务的单独售价，企业合同中确定的价格或者价目表上的标价通常是商品或服务的单独售价（如酒店对不同标准的客房制定了价目表，并在酒店大堂明确注明了客户每日租住不同标准的客房的价格；超市里各种商品对外标明的销售价格）。然而，某些合同虽然包含多项履约义务，企业在与客户商议价格时可能更关注总价，而非其中各履约义务的价格，从而导致合同中标注的各商品或服务的价款未必代表相关履约义务的单独售价。

新收入准则要求按合同中可明确区分商品或服务的单独售价的相对比例将交易价格分摊至各单项履约义务，是因为考虑到企业在确定商品或服务的单独售价时，通常情况下有规范的内部程序，可以提高企业内部分摊的可比性；同时，也可以提高同行业不同企业之间对相同或类似商品或服务分摊交易价格的可比性。

【例1】甲公司从事药品临床前研究服务相关的业务，主要为药物安全性提供评价服务。甲公司与乙公司签订的合同约定，甲公司为乙公司提供药物安全性评价服务，合同中包括A、B、C、D四个专项试验（以下简称专题），合同规定了各专题的任务目标和金额（任务目标可能拆分成更小的子项），每个专题完成时需向乙公司出具该专题的结题报告。单个专题的结论不会影响其他专题的试验，乙公司可以请甲公司仅做其中一个或多个专题，请其他公司做剩余的专题。单个专题的结论对乙公司是有单独用途的（即乙公司并非是要"安全性"的最终结论）。假定四个专题各自构成单项履约义务，合同价格总额为5000万元（不含增值税）。如果甲公司分别提供A、B、C、D四个专题试验，其单独售价分别为900万元、1500万元、1650万元和1950万元。本合同中，四个专题各自应分摊合同价格总额的金额分别为：A项目应分摊的价格=5000×（900÷6000）=5000×15%=750（万元）；B项目应分摊的价格=5000×（1500÷6000）=5000×25%=1250（万元）；C项目应分摊的价格=5000×（1650÷6000）=5000×27.5%=1375（万元）；D项目应分摊的价格=5000×（1950÷6000）=5000×32.5%=1625（万元）。

但某些情况下，企业对不同客户提供同样商品或服务的单独售价可能不同。例如，酒店对不同的客房制定的价格可能会根据季节进行调整，同时酒店还可能基于不同的客户给予不同的价格（对一些常年客户根据签订的协议给予一定的折扣等）；其他行业也有类似实务，即针对不同地区、不同规模的客户，商品或服务的实际售价在标准价格的基础上可能上浮或下浮一定比例。因此，企业在确定用于分配交易价格的单独售价时，要结合相关合同中的客户特征、交易量、区域等因素，选择适当的单独售价（如果没有可直接观察的单独售价，还需要运用估计）。

2. 单独售价不可直接观察情况下估计单独售价的方法。如果企业销售商品或服务的单独售价无法直接观察，应当综合考虑其能够合理取得的全部相关信息估计单独售价。应考虑的信息包括：①合理可获得的数据点。例如，商品或服务的单独售价、生产或提供商品或服务所发生的成本、相关的利润率、已公布的价格清单、第三方（如经政府招标取得的公务员出差可入住酒店资格的，按照国家关于公务员出差住宿标准内的价格收取费用）或行业定价，以及同一合同中其他商品或服务的定价。②市场情况（如市场内商品或服务的供求情况、竞争、限制和趋势）。③企业特定因素（如企业定价策略和实务）。④有关客户或客户类别的信息（如客户类型、所在地区和分销渠道等）。估计单独售价的方法可采用（但不限于）以下方法：

（1）市场调整法。市场调整法，是指企业根据某商品或类似商品的市场售价，考虑本企业的成本和毛利等进行适当调整后的金额，确定其单独售价的方法。此方法下，也可包括参照企业竞争对手为购买类似商品或服务而支付的价格，并对此类价格作出必要调整以反映企业估计的单独售价能够弥补所发生的成本并获得合理的利润。例如，甲公司生产 A 机器设备并向客户提供安装服务，构成两项单项履约义务，合同价格总额为 150 万元。甲公司没有针对 A 机器设备和安装服务单独对外报价（即没有可观察的单独售价），甲公司根据市场上其他企业销售同类型机器设备（130 万元～140 万元）和提供类似安装服务（10 万元～20 万元）的市场价格，在此基础上综合考虑甲公司自身的行业地位、品牌优势、成本和毛利等，甲公司按照市场调整法确定的 A 机器设备和安装的服务单独售价分别为 135 万元和 15 万元。

（2）成本加成法。成本加成法是指企业根据某商品的预计成本加上其合理毛利后的价格，确定其单独售价的方法。例如，甲公司生产 A 产品的单位成本为 9 万元，毛利率为 15%，估计每件 A 产品的单独售价为 10.35 万元［$9 \times (1+15\%)$］。值得关注的是，预计成本应当与企业在定价时通常会考虑的成本因素一致，包括直接成本（如直接材料、直接人工等）和间接成本（如制造费用等）；在确定合理毛利时，应当考虑类似商品单独售价的毛利水平、行业内的历史毛利水平、行业平均售价、市场情况以及企业的利润目标等。

（3）余值法。余值法是指企业根据合同交易价格减去合同中其他商品可观察的单独售价后的余值，确定某商品单独售价的方法。但采用余值法估计商品或服务的单独售价时，必须满足下列标准之一，其目的是估计的商品或服务的单独售价能够符合交易价格分摊的目标。

①企业销售的商品或服务近期售价波动幅度巨大（即企业销售商品或服务的售价的可变程度极高），是指企业在相同或相近的时间向不同客户出售同一种商品或服务时的价格差异很大，因而导致企业无法从以往的交易或其他可观察的证据中识别出具有代表性的单独售价。②未定价且未曾单独销售，是指企业尚未对该商品或服务进行定价，且该商品或服务之前未曾单独出售过，从而无法获取可观察的证据确定单独售价（即销售商品或服务价格尚未确定）。

《国际财务报告准则第15号》（IFRS15）指出，国际会计准则理事会（IASB）认为，在确定合同中的知识产权及其他无形资产单独售价时，其价格的可变程度可能极高，因为企业在向客户提供这些商品或服务时没有或者只有很少的增量成本，在这种情况下，确定合同中单独售价的最可靠方式通常是余值法。出于同样的原因，IASB认为，如果企业之前没有单独出售过商品或服务，采用余值法可能是适当的。即使合同中包括多于一个具有可变程度极高或不确定单独售价的商品或服务，仍可应用余值法，因为其仍可能是确定单独售价的可靠方法。然而，IASB认为，当存在两个或多个具有可变程度极高或不确定单独售价的商品或服务时，使用余值法可能要求企业运用多种方法相结合的方式估计其单独售价，具体包括：

首先，应用余值法估计具有可变程度极高或不确定单独售价的所有已承诺商品或服务（多项可明确区分的商品或服务）的单独售价的总和；其次，采用其他方法估计其中包含的每一项具有可变程度极高或不确定单独售价的已承诺商品或服务（每一项可明确区分商品或服务）的单独售价。

在采用余值法估计单独售价时，应关注：第一，符合交易价格的分摊目标。企业采用余值法时，可能需要同时采用多种方法相结合的方式估计合同中已承诺的每一单项商品或服务（履约义务）的单独售价，并且应当评估该方式是否满足交易价格分摊的目标。第二，采用余值法估计的某单项履约义务的单独售价为零或仅为很小的金额时，应当评估该结果是否恰当，即是否符合交易价格的分摊目标。需要说明的是，原收入准则也允许采用余值法，但仅为一种分配方法,即根据原收入准则有关确认要求,剩余的分摊至履约义务的唯一对价金额可能是零,即有可能导致被分配的结果为零。而新收入准则允许采用余值法,是用于确定可明确区分的商品或服务的单独售价,如果商品或服务事实上可明确区分,说明该商品或服务对于客户而言是单独的且有价值。因此,新收入准则中采用的余值法实际上不会导致估计的单独售价为零(零对价),或分摊至某项商品或服务(或一揽子商品或服务)的对价为零或几乎无对价(仅为很小金额);如果产生这样的结果,企业应当考虑所采用的估计方法是否适当。

【例2】甲公司与乙公司签订的购销合同约定,甲公司向乙公司销售其生产的A、B、C三种产品各300件,合同价格总额为1000万元。假定:(1)A、B、C产品各自能够明确区分,各自形成单项履约义务;(2)甲公司生产的A产品和B产品已形成量产并已对外销售1年,300件A产品的单独售价总额为400万元,300件B产品的单独售价总额为280万元;(3)C产品为近期研发成功生产的新产品,未曾对外销售,也未对其单独定价,同时市场上也不存在与C产品同类的产品的市场价格(单独售价)。甲公司考虑了研发C产品的成本、市场供求关系、毛利等因素,认为采用余值法分摊C产品的单独售价能够反映其履约合同而向乙公司转移C产品的承诺预期有权收取的对价金额。

C产品应分摊的价格(采用余值法)= 1000 - 400 - 280 = 320(万元)。

新收入准则要求企业使用其销售商品或服务的单独售价,该单独售价是可观察的价格。当商品或服务的单独售价不可观察时,企业才需要估计单独售价,但新收入准则并未对估计单独售价的级次作出安排(如市场调整法是否优于成本加成法或余值法)。通常情况下,市场调整法中运用第三方证据也是估计单独售价的可观察的信息,但企业通常需根据自身情况对第三方证据作出必要的调整,以反映企业与第三方各自所提供的商品或服务的差异(可能企业与第三方提供的商品或服务类似),或者第三方和企业的定价策略之间的差异。因此,企业根据自身成本、预期利润率等因素做出的单独售价的最佳估计数与基于市场价格(即第三方证据调整后)的结果之间不会产生很大的区别。但在估计单独售价时,企业应当最大限度地采用可观察的输入值,并对类似的情况采用一致的估计方法估计单独售价。企业根据能够合理取得的全部相关信息所估计的单独售价,应能够反映企业因履行合同中的每一单项履约义务向客户转让已承诺的商品或服务而预期有权收取的对价金额。

二、分摊合同折扣

根据企业销售策略,企业与客户签订的某些合同中可能包含折扣。当企业与客户合同中所承诺的商品或服务的单独售价之和超过合同所承诺的对价,表明客户因购买商品或服务而取得了合同折扣。合同折扣,是指合同中各单项履约义务所承诺商品的单独售价之和高于合同交易价格的金额。分摊合同折扣的原则为:

(一)按比例分摊

如果企业与客户合同中所承诺的商品或服务的单独售价之和超过合同所承诺的对价的,通常情况下,企业应当在各单项履约义务之间按比例分摊合同折扣,这样规定主要是基于新收入准则关于交易价格分摊的一般原则,即按相关可明确区分的商品或服务单独售价的相对比例将交易价格分摊至每一项履约义务。如上述例1所示,甲公司与乙公司签订的合同价格总额为5000万元,合同中四个单项履约义务的单独售价总额为6000万元,实质上含了1000万元的合同折扣,根据例1的计算结果,1000万元的合同折扣按各单项履约义务的单独售价的相对比例进行了分摊。

(二)特别情况分摊原则

企业有确凿证据表明合同折扣仅与合同中一项或多项(而非全部)履约义务相关的,企业应当将该合同折扣分摊至相关一项或多项履约义务。同时满足下列三项条件时,企业应当将该合同折扣分摊至相关一项或多项履约义务:(1)企业经常将该合同中的各项可明确区分商品或服务单独销售或者以组合(即每项可明确区分的一揽子商品或服务)的方式单独销售;(2)企业也经常将其中部分可明确区分的商品或服务以组合的方式按折扣价格单独销售;(3)归属于上述第二项中每一组合的商品或服务的折扣与该合同中的折扣基本相同,且针对每一组合中的商品或服务的分析为将该合同的整体折扣归属于某一项或多项履约义务提供了可观察的证据。

合同折扣仅与合同中一项或多项(而非全部)履约义务相关,且企业采用余值法估计单独售价的,应当首先按照上述要求在该一项或多项(而非全部)履约义务之间分摊合同折扣,再采用余值法估计单独售价。

【例3】甲公司与乙公司签订的合同约定,甲公司向乙公司出售一台其自行研发建造的大型设备(M设备),同时提供为期3年的设备维护服务,合同价格总额为8000万元。甲公司对外出售一台M设备的单独售价为6500万元,甲公司的销售策略是给其老客户提供5%~10%的折扣,甲公司为客户提供3年M设备维护的单独售价为2000万元,不提供任何折扣。甲公司出售M设备和提供3年维护服务分别构成单项履约义务。乙公司为甲公司的常年客户。

本例中,甲公司与乙公司的合同价格总额为8000万元,M设备和维护服务的单独售价合计为8500万元,表明该合同下共有500万元(8500-8000)的折扣。根据甲公司的销售策略,甲公司对老客户销售的M设备给予5%~10%的折扣;但对于为客户提供3年M设备维护的单独售价不提供任何折扣,表明合同折扣仅与合同中一项履约义务(出售M设备)相关,将折扣分配到M设备后,甲公司出售M设备给乙公司的交易价格为6000万元(6500-500),即该合同下设备的实际折扣率为7.7%(500÷6500),符合甲公司的销售策略;为乙公司提供3年维护M设备的交易价格为2000万元。

【例4】甲公司与乙公司签订购销合同,该合同约定,甲公司向乙公司销售其生产的A、B、C三种产品,另外,出售D产品并为D产品提供为期1年的保养服务。合同价格总额为1900万元。甲公司对外销售A产品的单独售价为450万元,B产品和C产品的单独售价不可直接观察,甲公司采用成本加成法估计B产品的单独售价为500万元,采用市场调整法估计C产品的单独售价为600万元,D产品可观察的单独售价300万元,为D产品提供为期1年保养服务的单独售价为200万元。在甲公司的日常经营中,通常情况下以450万元单独出售A产品,B产品与C产品一起组合出售的价格为1000万元,D产品及其1年保养服务一起组合出售的价格为480万元。假定A、B、C、D产品以及对D产品的1年保养服务能够明确区分,各自构成单项履约义务。上述单独售价均不含增值税。

本例中,A产品、B产品、C产品、D产品和为D产品提供为期1年保养的单独售价合计为2050万元(450+500+600+300+200),合同价格总额为1900万元,合同的整体折扣为150万元。在甲公司日常经营中,甲公司通常会将A产品单独出售,其单独售价为450万元;B产品与C产品一起组合出售的价格为1000万元,与B产品和C产品的单独售价合计1100万元(500+600)的差额为100万元,表明甲公司组合出售B产品和C产品给予的折扣为100万元;D产品及为D产品提供为期1年保养服务一起组合出售的价格为

480万元，与D产品和为D产品提供1年期保养服务单独售价合计500万元（300＋200）的差额为20万元，表明甲公司组合出售D产品和提供为期1年D产品的保养服务给予的折扣为20万元。合同整体折扣150万元与上述两项折扣120万元（100＋20）的差额30万元，可能与整个合同相关，也可能与某一项或多项单项履约义务相关。

假定通常情况下，如果客户同时采购甲公司生产的多项产品，甲公司在组合出售B产品和C产品，以及D和提供D产品为期1年保养服务给予的折扣外，会给予整个合同中其他销售的产品一定的折扣。在这种情况下，本例中甲公司实质上是给予A产品30万元的折扣。因此，在该合同下，分摊至A产品的交易价格为420万元；分摊至B产品和C产品的交易价格合计为1000万元，并应进一步按照B产品和C产品的单独售价的相对比例将该交易价格在B产品和C产品之间进行分摊，B产品应分摊的交易价格为454.55万元［500÷（500＋600）×1000］，C产品应分摊的交易价格为545.45万元［600÷（500＋600）×1000］；分摊至D产品和为D产品提供为期1年保养服务的交易价格合计为480万元，并应进一步按照D产品和为D产品提供为期1年保养服务单独售价的相对比例将该交易价格在D产品及为其保养服务之间进行分摊，D产品应分摊的交易价格为288万元［300÷（300＋200）×480］，为D产品提供为期1年保养服务应分摊的交易价格为192万元［200÷（300＋200）×480］。

假定通常情况下，如果客户同时采购甲公司生产的多项产品，甲公司在组合出售B产品和C产品，以及D产品和提供D产品为期1年保养服务给予的折扣外，会给予整个合同一定的折扣。在这种情况下，本例中甲公司实质上除给予B产品和C产品组合出售100万元折扣、D产品及其1年保养服务20万元折扣外，再给予整个合同30万元的折扣，该折扣应在A产品、B产品和C产品组合、D产品及其1年期保养服务组合之间进行分摊，A产品应分摊的折扣金额为6.59万元［450÷（450＋500＋600＋300＋200）×30］，B产品和C产品组合应分摊的折扣金额为16.10万元［1100÷（450＋500＋600＋300＋200）×30］，D产品及其1年保养服务组合应分摊的折扣金额为7.31万元［500÷（450＋500＋600＋300＋200）×30］。分摊后A产品的交易价格为443.41万元（450－6.59），B产品和C产品组合的交易价格为983.9万元（1000－16.10），D产品及其1年保养服务组合的交易价格为472.69万元（480－7.31）。B产品和C产品组合确定的交易价格再在B产品和C产品按各自单独售价的相对比例将该交易价格分摊至B产品和C产品，B产品应分摊的交易价格为447.23万元［500÷(500+600)×983.9］；C产品应分摊的交易价格为536.67万元［600÷(500+600)×983.9］。D产品及其1年期保养服务组合的交易价格再在D产品和为D产品提供为期1年保养服务按各自单独售价的相对比例将该交易价格分摊至D产品和为D产品提供为期1年服务，D产品应分摊的交易价格为283.61万元［300÷(300+200)×472.69］，为D产品提供为期1年保养服务应分摊的交易价格为189.08万元［200÷(300+200)×472.69］。

三、分摊可变对价

企业与客户签订的合同中的交易价格如为可变的，企业应根据合同的具体条款、相关事实和情况估计其预期收取的对价金额。企业在分摊交易价格时，应考虑该可变对价是与整个合同相关，还是仅与合同中某一特定组成部分相关。

如果可变对价是与整个合同相关，应将该可变对价在各项履约义务中按单独售价（或预计的单独售价）的相对比例分摊至各单项履约义务；如果可变对价是与某一特定组成部分相关，存在两种情形：

（一）可变对价可能与合同中的一项或多项（而非全部）履约义务相关，在同时满足下述两个条件的情况下，应将该可变对价分摊至合同中与其相对应的一项或多项（而非全部）履约义务。例如，甲公司与乙公司签订的合同约定，甲公司向乙公司提供1000件A产品和500件B产品，合同价格总额为3000万元；同时，合同又约定，如果甲公司能于合同成立日的30日内，将1000件A产品的控制权转移给乙公司，乙公司将给予甲公司20万元的奖励。假定A产品和B产品各自构成单项履约义务，1000件A产品的单独售价为2600万元，500件B产品的单独售价为600万元。本例中，按上述交易价格分摊的一般原则为，先对固定对价3000万元进行分摊，A产品应分摊的交易价格为2437.5万元（2600÷3200×3000），B产品应分摊的交易价格为562.5万元（600÷3200×3000）。此外，根据合同的约定，甲公司能否获得20万元的奖励（可变对价）取决于其能否在合同成立日之后的30日内向乙公司转让1000件A产品，即与甲公司能否在指定时期内转让A产品的承诺相关，而与交付B产品控制权的承诺无关，因此，假设该可变对价满足计入交易价格的条件，则应分配至A产品的交易价格中。

（二）可变对价可能与企业向客户转让的构成单项履约义务的一系列可明确区分商品或服务中的一项或多项（而非全部）商品或服务相关，在同时满足下述两个条件的情况下，应将该可变对价分摊至合同中与其相对应的、构成单项履约义务的一系列可明确区分商品或服务中的某项商品或服务。例如，丙公司与丁公司签订酒店保洁服务合同，该合同约定，丙公司为丁公司所属酒店提供为期 3 年的酒店保洁服务（构成单项履约义务）。合同价格按照客人入住所收取费用总额的 5% 确定。本例中，丙公司为丁公司所属酒店提供可明确区分的每日的保洁服务，如果当日有客人入住，则甲公司与提供酒店保洁服务（履约义务）相关的预期有权收取的对价金额的不确定性消除。在这种情况下，新收入准则并非要求企业按日确定的可变对价分摊至全部履约义务（即在 3 年内提供酒店保洁服务的承诺），而是应将可变对价分摊至与可变对价相关的可明确区分的服务（即一日的保洁服务）。

新收入准则规定，在同时满足两个条件的情况下，企业应当将可变对价及可变对价的后续变动额全部分摊至与之相关的某项履约义务，或者构成单项履约义务的一系列可明确区分商品或服务中的某项商品或服务：一是可变对价的条款专门针对企业为履行该项履约义务或转让该项可明确区分商品或服务所作的努力（或所导致的特定结果）。如企业提前完成合同中的履约义务按规定客户给予的奖励，是企业履行合同中的履约义务努力的结果；二是企业在考虑了合同中的全部履约义务及支付条款后，将合同对价中的可变金额全部分摊至该项履约义务或该项可明确区分商品或服务符合分摊交易价格的目标（交易价格分摊目标是新收入准则中关于交易价格分摊应予遵循的最基本原则）。不能同时满足上述两个条件的全部或部分可变对价及可变对价的后续变动额，企业应当按照分摊交易价格的一般原则，将其分摊至合同中的各单项履约义务。对于已履行的履约义务，其分摊的可变对价后续变动额应当调整变动当期的收入。

【例5】 甲公司为软件开发企业。2021 年 1 月 10 日，甲公司与乙公司签订的合同约定，甲公司为乙公司提供软件系统并整合，包括甲公司出售其开发的软件系统、与乙公司原有软件的整合，以及后续 5 年的运行维护。甲公司为乙公司提供软件并对乙公司现有软件进行整合的合同价格为 9000 万元。如果甲公司能在 2021 年 10 月 1 日、2021 年 11 月 1 日、2021 年 12 月 31 日前完成乙公司的系统整合并能达到预定可使用状态，乙公司将分别给予甲公司 800 万元、600 万元、400 万元的奖励；同时，合同约定，甲公司为乙公司提供后续

5年的运行维护，按乙公司每年实现净利润的10%作为合同支付对价。假定：（1）甲公司出售其开发的软件系统并与乙公司原有软件的整合构成单项履约义务，甲公司为乙公司提供后续5年的软件系统运行维护构成单项履约义务。（2）甲公司出售其开发的软件系统并对乙公司原有软件整合的单独售价为9000万元。根据为乙公司提供其开发的软件及整合的难易程度、工作量等情况，甲公司估计其能于2021年12月31日前完成所有整合并达到预定可使用状态，预计完成该项履约义务所能取得的对价金额估计为9400万元（9000＋400）。（3）根据乙公司、同行业历年实现净利润及软件行业在市场发展的情况，预计为乙公司提供5年的系统运行维护所能取得的对价金额为4500万元（预计每年900万元）。甲公司为其他客户提供5年系统运行维护服务的市场价格为5000万元。（4）上述交易价格均不含增值税，确定的交易价格满足计入交易价格的可变对价金额的限制条件。

本例中，甲公司有两项履约义务，即出售其开发的软件系统并对乙公司原有软件整合，以及为乙公司提供5年的系统运行维护。两项履约义务均存在可变对价，前者为按照完成软件开发及系统整合并达到预定可使用状态的时间确定奖励金额（为甲公司完成该项履约义务所作努力的奖励），后者为按照乙公司每年实现净利润的10%作为支付对价。两项履约义务的可变对价分别对应不同的履约义务，即按完成时间确定的奖励金额对应软件开发及系统整合，按乙公司每年实现净利润的10%作为支付对价对应为乙公司提供5年的系统运行维护。

假定：甲公司于2020年10月31日完成了软件开发并整合乙公司原有软件的履约义务，甲公司可获得奖励600万元，原确定交易价格中的可变对价400万元后续变动为600万元，增加的200万元为甲公司提前完成软件开发及系统整合所获得的奖励，归属于该项履约义务应确认的收入。2022年度乙公司实现净利润9500万元，按合同约定，甲公司为乙公司2022年度提供的系统运行维护应取得的对价金额为950万元，该可变对价归属于该项履约义务应确认的收入。

【例6】2020年10月20日，甲公司与乙公司签订的合同约定，甲公司转让一项专利技术以及用该专利技术制造的一台大型设备。合同约定，出售大型设备的价格为6500万元，转让专利技术的价格按乙公司使用该专利技术所制造的大型设备的销售额的5%计算。转让的专利技术及相关设备应于2020年11月30日前将其控制权转移给乙公司。假定：（1）甲公司转让专利技术和出售大型设备各自构成单项履约义务（即两项履约义务），上述合同价格均不含增值税。（2）甲公司单独转让该专利技术的单独售价为1200万元，甲公司按照乙公司使用该专利技术制造的大型设备销售额的5%而有权收取的对价金额预计为1300万元；单独出售用该专利技术生产的大型设备的单独售价为6500万元。(3) 甲公司于2020年11月25日将专利技术及相关设备的控制权转移给乙公司。

本例中，该合同包含固定对价和可变对价，其中，出售大型设备为固定价格，且与其单独售价相同；转让专利技术的价格为乙公司使用该专利技术所制造的大型设备对外销售所获得销售额的5%计算确定，属于可变对价，该可变对价与所转让的专利技术使用并产生的效益相关，并且甲公司根据乙公司使用该专利技术制造大型设备销售额的情况预计可能收取的对价金额（1300万元）与单独转让该专利技术的单独售价（1200万元）相近。因此，甲公司应将可变对价部分的金额全部分摊至出售的专利技术，符合交易价格的分摊目标。

【例7】沿用〔例6〕，假定甲公司转让专利技术以及用该专利技术制造的一台大型设备的合同价格总额为7500万元；同时合同又约定，如果乙公司购买该专利技术及其大型设备的共同作用产生的净利润在10000万元及以上的，将按其实现净利润的1%作为价格补偿。

本例中，假定合同成立日，甲公司预计可取得的可变对价金额为100万元（10000×1%）且满足计入交易价格的可变对价金额的限制条件，因甲公司履行合同预期有权取得的对价金额为7600万元（7500+100），由于该100万元的预计可变对价属于与使用专利技术和大型设备共同作用的结果，因此应将该100万元按照出售大型设备和转让专利技术各自单独售价的相对比例分摊至各单项履约义务。甲公司对该合同的交易价格分摊如下：

出售大型设备应分摊的交易价格=6500÷(6500+1200)×7600=6415.58（万元）；转让专利技术应分摊的交易价格=1200÷(6500+1200)×7600=1184.42（万元）。

假定，乙公司使用该专利技术及大型设备产生的净利润为12000万元，可变对价调整为120万元（12000×1%），超过合同成立日计入交易价格的预期可变对价20万元也应采用上述相同的方法分摊至各单项履约义务。

四、交易价格后续变动的处理

交易价格后续变动包含两种情形：
（一）合同开始日后，由于在确定交易价格时相关的不确定性因素随着时间的推移而消除或环境的其他变化等原因，导致企业因向客户转让商品或服务而预期有权收取的对价金额发生变化。在这种情况下发生的交易价格变动，企业应当按照在合同开始日所采用的基础将后续变动金额分摊至合同中的履约义务。例如，2020年12月30日，甲公司与乙公司签订的合同中约定，甲公司为乙公司提供A产品400件、B产品300件，合同价格总额为500万元（不含增值税），甲公司出售的A产品和B产品应于2021年4月1日前将其控制权转移给乙公司；合同同时约定，乙公司所购甲公司A产品如能于2021年6月30日转让给其客户，且质量、规格等均满足其客户的要求，乙公司将给予甲公司按400件A产品的单独售价的2%~5%的报酬。合同开始日，甲公司对外销售400件A产品的单独售价为250万元，销售300件B产品的单独售价为300万元。甲公司根据A产品的生产和销售情况，预计A产品能够于2021年6月30日将控制权转移给乙公司的客户并取得乙公司给予的2%的报酬（满足计入交易价格的可变对价金额的限制条件）。假定A产品和B产品各自构成单项履约义务，合同开始日，甲公司对该合同的交易价格分摊如下：

A产品应分摊的交易价格 $=250\div(250+300)\times500+250\times2\%=232.27$（万元）；B产品应分摊的交易价格 $=300\div(250+300)\times500=272.73$（万元）。

假定2021年6月30日前，甲公司将400件A产品的控制权全部转移给乙公司，为此，甲公司获得了乙公司给予的8万元报酬。该交易价格的变动（3万元）是甲公司在确定交易价格时相关的不确定性因素随着时间的推移而消除，从而导致甲公司向乙公司转让A产品预期有权收取的对价金额增加了3万元。

但是，如果企业在合同开始日之后转让商品或服务的单独售价发生变动的，企业不得按照变动后的单独售价重新分摊交易价格。如上例中，假定2021年1月30日，甲公司销售400件A产品的单独售价调整为260万元，B产品的单独售价不变。这种情况下，甲公司不应按调整后A产品的单独售价重新分摊交易价格。

（二）因合同变更导致的交易价格后续变动，应当按照新收入准则有关合同变更的规定进行会计处理。

【例8】沿用〔例6〕，乙公司为了使原与甲公司签订合同中购入的专利技术及设备的效益发生更大作用，拟购入甲公司制造的另一台大型设备（Y设备）。为此，2020年11月10日，在原合同中的设备和专利技术尚未提供的情况下，甲公司与乙公司对合同范围进行了变更，变更内容为，乙公司向甲公司购入Y设备，增加合同价格2520万元。Y设备与原设备和专利可明确区分，构成单项履约义务。甲公司对外出售Y设备的单独售价为2600万元，通常情况下，甲公司给予其老客户2%~5%的折扣。同时，合同又约定，如果乙公司购买该专利技术、原合同中的大型设备以及Y设备的共同作用产生的净利润在10000万元及以上的，将按其实现净利润的1.5%作为价格补偿。假定，甲公司预计按乙公司使用所购设备及专利共同作用产生的净利润计算有权取得的对价金额为150万元（满足新收入准则有关将可变对价金额计入交易价格的限制条件）。

本例中，合同变更属于变更增加了可明确区分的商品（Y设备）及合同价款，且新增合同价款反映了新增商品单独售价，按乙公司购入专利技术、原合同中的大型设备及Y设备共同作用实现净利润的1.5%的价格补偿为可变对价，该可变对价与合同中的三项履约义务均相关。因此，该150万元的预计可变对价属于与使用专利技术、原合同中的大型设备和Y设备共同作用的结果，应将该150万元按照转让专利技术、原合同中出售大型设备和合同变更后出售的Y设备各自单独售价的相对比例分摊至各单项履约义务：

出售原合同中的大型设备应分摊的可变对价 = 6500÷（6500+1200+2520）×150 = 95.40（万元）；转让专利技术应分摊的可变对价 = 1200÷（6500+1200+2520）×150 = 17.61（万元）；出售Y设备应分摊的可变对价 = 2520÷（6500+1200+2520）×150 = 36.99（万元）。

【例9】 2020年5月20日，甲公司与乙公司签订合同，该合同约定，甲公司向乙公司销售500件N产品和400件M产品，并于2020年10月1日前、2021年2月20日前分别将500件N产品、400件M产品的控制权转移给乙公司。合同约定的对价金额（合同价格总额）为2000万元，如果甲公司能够按照合同约定的时间将N产品和M产品的控制权转移给乙公司，乙公司将按合同价格总额的一定比例作为奖励支付给甲公司。假定N产品和M产品均为可明确区分商品，N产品的单独售价为1250万元，M产品的单独售价为950万元。合同开始日，甲公司预计可获得的奖励为400万元（可变对价）计入交易价格，该计入交易价格的可变对价满足新收入准则有关将可变对价金额计入交易价格的限制条件。本例单独售价（包括可变对价）均不含增值税。

2020年11月1日，甲公司与乙公司对合同进行了修改，乙公司向甲公司额外采购Y产品，合同价格增加200万元，但不反映Y产品的单独售价，Y产品的单独售价为350万元；甲公司应于2021年5月1日前将Y产品的控制权转移给乙公司。同时，合同约定，甲公司在按合同约定均能按时将N产品、

M产品和Y产品的控制权转移给乙公司的,才能按合同价格总额(包括合同修改)的一定比例作为奖励支付给甲公司获得相应的奖励。Y产品与N产品、M产品之间可明确区分。

2020年9月30日,甲公司将N产品的控制权转移给乙公司;2020年12月31日,甲公司尚未将M产品和Y产品的控制权转移给乙公司,甲公司预计有权收取的可变对价金额为550万元,且满足新收入准则有关将可变对价金额计入交易价格的限制条件,合同交易价格增加了150万元。

本例中,固定对价为2000万元,合同开始日估计的可变对价金额(即能够按照合同约定的时间将N产品和M产品的控制权转移给乙公司而获得的奖励)为400万元,确定的交易价格为2400万元。合同开始日,该合同包含两项履约义务,且估计的可变对价不符合分摊至其中一项履约义务的条件。因此,甲公司应在合同开始日,将估计的交易价格分摊至这两项履约义务:

应分摊至N产品的交易价格=1250÷(1250+950)×2400=1363.64(万元);应分摊至M产品的交易价格=950÷(1250+950)×2400=1036.36(万元)。

2020年9月30日,甲公司将N产品的控制权转移给乙公司,该履约义务为按时点履行的履约义务,为此,确认1363.64万元的收入。

2020年11月1日,双方进行了合同变更,该变更属于在合同变更日已转让的商品或已提供的服务与未转让的商品或未提供的服务之间可明确区分,应当视为原合同终止;同时,将原合同未履约部分与合同变更部分合并为新合同进行会计处理。假定合同变更日对于可变对价的估计与之前一致,在这种情况下,新合同下的交易价格为1236.36万元(1036.36+200)。

应分摊至M产品的交易价格=950÷(950+350)×1236.36=903.49(万元);应分摊至Y产品的交易价格=350÷(950+350)×1236.36=332.87(万元)。

2020年12月31日,甲公司重新估计可变对价,增加了交易价格150万元,该增加金额与合同变更前已承诺的可变对价相关,应首先将该增加额分摊给N产品和M产品,然后再将分摊给M产品的部分在M产品和Y产品形成的新合同中进行二次分摊。甲公司应将150万元的可变对价后续变动分摊如下:

应分摊至N产品的可变对价后续变动金额=1250÷(1250+950)×150=85.23(万元);应分摊至M产品的可变对价后续变动金额=950÷(1250+950)×150=64.77(万元)。

因N产品已于2020年9月30日将其控制权转移给了乙公司,因此应将分摊的可变对价变动额 85.23 万元确认为当期收入；另外，将分摊至 M 产品的可变对价变动额 64.77 万元进行二次分摊如下：

应分摊至 M 产品金额 = 950÷(950+350)×64.77 = 47.33（万元）；应分摊至 Y 产品金额 = 350÷(950+350)×64.77 = 17.44（万元）。

经上述分摊后，M 产品和 Y 产品的交易价格为：

M 产品的交易价格 = 903.49 + 47.33 = 950.82（万元）；Y 产品的交易价格 = 332.87 + 17.44 = 350.31（万元）。

上述分摊情况见表 1。

表 1　　　　　　　　　　　分摊表　　　　　　　　　　单位：万元

项目	N 产品	M 产品	Y 产品	合计
原合同开始日：				
合同价格总额				2000
预计可变对价				400
单独售价	1250	950		2200
分摊比例	56.82%	43.18%		100%
分摊金额	1363.64	1036.36		2400
2020 年 9 月 30 日应确认收入	1363.64			
合同变更日：				
新增合同价格	—	—	—	200
剩余合同价格总额		1036.36	200	1236.36
单独售价	—	950	350	1300
分摊比例		73.08%	26.92%	100%
分摊金额	—	903.49	332.87	1236.36
2020 年 12 月 31 日重新新增估计可变对价				150
第一次分摊：				
分摊比例	56.82%	43.18%	—	100%
分摊金额	85.23	64.77		150
2020 年新增确认收入	85.23	—		85.23
第二次分摊：				
分摊金额总额	—	—	—	64.77
分摊比例		73.08%	26.92%	100%
分摊金额	—	47.33	17.44	64.77
分摊后的交易价格	—	950.82	350.31	1301.13（1236.36+64.77）

收入准则解释

——收入的确认

一、收入确认的一般原则

(一) 概述

新收入准则以商品或服务的控制权转移为收入确认的基础,原收入准则以商品所有权上的风险或报酬转移给购货方作为收入确认的基础。

新收入准则并没有以商品所有权上的主要风险或报酬转移给购货方作为收入确认的基础,主要原因在于:一是国际会计准则理事会(IASB)认为,当客户购买企业的商品或服务时会取得一项资产。例如,客户购入商品作为其生产所需的原材料,在所购入商品未投入生产使用前形成一项资产(尽管某些情况下在客户取得服务的同时消耗其资产从而并未确认为资产)。IASB 在其制定的国际财务报告准则(IFRS)或国际会计准则(IAS)中以控制定义资产并作为确认或终止确认的基础。二是如果以商品或服务所有权上的主要风险和报酬转移作为收入确认的基础,在企业保留某些商品或服务主要风险和报酬的情况下,企业可能难以判断商品或服务所有权上的主要风险和报酬是否已转移给客户,运用控制评估商品或服务的转让能够更好地判断转让时间(即何时确认收入)。三是在某些合同中,企业可能保留所售商品或服务所有权上相关的主要风险(如销售商品的同时提供固定价格的维修服务),如果以商品或服务所有权上的主要风险或报酬为收入确认基础,可能导致只能识别出一项履约义务(如将销售商品并提供固定价格的维修服务作为一项履约义务),基于控制进行评估可能识别出两项履约义务(如将销售商品和提供固定价格的维修服务作为两项履约义务)。因此,如果以商品或服务所有权上的主要风险报酬作为收入确认的基础，可能导致以商品或服务所有权上的主要风险和报酬转移识别出的单项履约义务与按新收入准则规定的识别履约义务产生矛盾。在多数情况下，商品或服务所有权上的主要风险或报酬的转移表明控制权已发生转移（如在不考虑退货等特定情况外，零售商店售出的商品在主要风险和报酬转移的同时控制权也发生转移）；在某些情况下，商品或服务的控制权已经转移给客户，但商品或服务所有权上的主要风险和报酬可能并未随之转移（如在寄售情况下，当寄售商为主要责任人，与供货商的结算价格按最终出售的市场价格的一定比例计算时，商品或服务的控制权已经转移给寄售商，但商品或服务所有权上的主要风险和报酬可能并未随之转移）。

如果风险和报酬仅从狭义理解（即商品价值），可能会出现风险和报酬先转移而控制权未转移的情况。例如，在商品房销售业务中，如果房地产公司已经和购房人签订了房屋预售买卖协议，且购房人已经预付购房款，协议同时约定，若房屋无质量问题，购房人要求退房的，原预付的购房款不予退还。在此情况下，从商品价值的角度看，合同签订后，商品房价值增值或者跌价的报酬和风险已经由购房人承担了，如果认为风险和报酬指的是商品价值，那么与商品房相关的风险和报酬已经转移给了购房人，但房屋实物资产的占有、法律权属等均未转移，所以控制权尚未转移。但如果风险和报酬不仅包含商品价值波动，还包括实物资产的损毁风险、自主出售获得报酬的权利等，那么风险和报酬转移时往往控制权也发生了转移。新收入准则第四条规定，"企业应当在履行了合同中的履约义务，即在客户取得相关商品（或服务）控制权时确认收入"。取得相关商品或服务控制权，是指能够主导该商品或服务的使用并从中获得几乎全部的经济利益，也包括有能力阻止其他方主导该商品或服务的使用并从中获得经济利益。

【例1】甲公司为汽车制造商，其制造的汽车全部通过4S店出售给最终消费者。甲公司与某家4S店签订的协议约定：（1）甲公司向该4S店提供其制造的汽车，通过4S店对外销售给最终消费者；（2）协议约定了甲公司向该4S店提供的汽车向最终消费者出售的最低销售价格，4S店可根据市场供求情况，调整确定最终的销售价格，4S店如须按低于最低销售价格出售的，须经甲公司同意；（3）对于甲公司向该4S店提供的汽车，4S店有权将未出售的汽车全部退回给甲公司，但在该4S店决定将汽车退回前，甲公司不得取回、调换或移送给其他4S店，因汽车质量问题客户要求退换汽车的，由4S店自行决定并为客户办理退换、赔偿手续等事宜，之后可向甲公司追偿；（4）该4S店定期与甲公司进行结算,结算价格按照实际向最终消费者出售汽车的销售价格总额(不含增值税)的 70% 以及相关的增值税计算的金额确定,同时向甲公司支付价款。甲公司按照结算的价款开具增值税专用发票。假定不考虑其他因素。

本例中甲公司向该 4S 店提供其制造的汽车后,4S 店可以自主决定是否将汽车退回给甲公司,也可以自主决定汽车的使用,包括出售(在最低销售价格基础上自主确定向最终消费者出售汽车的销售价格)、调配等,并从中获得几乎全部的经济利益。因此,4S 店能够控制甲公司所提供的汽车。

甲公司虽然已将汽车的控制权转移给 4S 店,但仍面临退货的风险(4S 店有权将未出售的汽车全部退回给甲公司)、承担低于最低销售价格出售的风险,以及 4S 店向最终消费者按高于最低销售价格出售汽车应享有报酬(按照实际向最终消费者出售汽车的销售价格总额的 70% 以及相关的增值税计算的金额作为双方结算价格,甲公司实际上享有按最低销售价格 70% 计算的金额,以及 4S 店按超过最低销售价格出售汽车所取得收入的 70% 的利益);另外,甲公司向 4S 店提供的汽车在该 4S 店退回前不得取回、调换或移送给其他 4S 店。这些情况表明,甲公司实质上失去了其已向 4S 店提供的汽车的控制权,但汽车上的风险和报酬并未完全转移给 4S 店。

(二)客户取得控制权包括的要素

客户取得商品或服务控制权应同时包括下列三项要素:

1. 能力。企业只有在客户拥有商品或服务的现时权利、能够主导该商品或服务的使用并从中获得几乎全部经济利益时才能确认收入。例如,2021 年 12 月 1 日,甲公司与乙公司签订合同约定,乙公司购买一批甲公司生产的 A 香料拟作为生产 B 香水所需的原料,甲公司应于 2022 年 2 月 28 日前将该批 A 香料的控制权转移给乙公司,合同价格总额为 1000 万元。2021 年 12 月 5 日,经双方管理层批准,该合同成立。甲公司于 2022 年 2 月 15 日将该批 A 香料的控制权转移给乙公司。本例中乙公司虽然与甲公司签订了购买一批 A 香料的合同且合同成立,但在 2022 年 2 月 15 日之前,乙公司并未拥有该批 A 香料的现时权利,即乙公司并未真正取得该批 A 香料,也未能形成一项资产或将该批 A 香料投入生产 B 香水,乙公司并不能够主导该批 A 香料的使用并从中获得几乎全部经济利益的能力。因此,甲公司在将该批 A 香料的控制权转移至乙公司前(2022 年 2 月 15 日前),并不能确认 1000 万元的收入。

上述例子说明,如果客户(乙公司)只能在未来(2022 年 2 月 15 日后)

的某一期间主导商品或服务（乙公司所购该批 A 香料）的使用并从中获益（乙公司将所购 A 香料用于乙公司生产 B 香水并出售获得几乎全部的经济利益），则表明客户在 2022 年 2 月 15 日前并未取得商品或服务的控制权（2022 年 2 月 15 日前，乙公司并未获得该批 A 香料的控制权），只有在客户真正获得商品或服务的现时权利时（某些情况下，根据合同约定，可能是在生产过程中或更晚的时点，如乙公司于 2022 年 2 月 15 日获得所购 A 香料的现时权利），企业才能确认收入（甲公司应于 2022 年 2 月 15 日确认收入），在此之前企业不能确认收入。

2. 主导该商品或服务的使用。客户有能力主导该商品或服务的使用，是指客户在其活动中有权使用该商品或服务，或者能够允许或阻止其他方使用该商品或服务。如上例中乙公司于 2022 年 2 月 15 日取得所购 A 香料控制权后才能够主导该批 A 香料的使用（即用于生产 B 香水），并且无论甲公司还是其他方均不能使用该批 A 香料（即能够阻止其他方使用该批 A 香料）；乙公司也可以将该批 A 香料转移给其他方为其生产 B 香水（将 A 香料提请其他方加工成 B 香水）。这些情况表明乙公司具有主导该 A 香料使用的能力，也具有阻止其他方使用该 A 香料的能力。

3. 能够获得几乎全部的经济利益。客户必须拥有所获得商品或服务几乎全部经济利益的能力，才被视为已获得对商品或服务的控制。商品或服务的经济利益，是指该商品或服务的潜在现金流量（既包括现金流入的增加，也包括现金流出的减少）。客户可以通过使用、消耗、出售、处置、交换、抵押或持有等多种方式直接或间接地获得商品或服务的利益，包括使用资产以生产商品或提供服务（包括公共服务）、使用资产以提升其他资产的价值、使用资产以清偿负债或减少费用、出售或交换资产、抵押资产以作为贷款的担保品，以及持有资产以获得诸如股利、利息等收益。如上例中乙公司在取得该批 A 香料控制权后，可以用于生产 B 香水，或者用于出售、交换、抵押等方式直接或间接地获得该批 A 香料几乎全部的经济利益（现金流量）。

原收入准则评估商品所有权上的风险和报酬转移是站在出售商品或提供服务方角度进行分析，即商品出售方或提供服务方已将商品所有权有关的主要风险和报酬同时转移给了购货方或接受服务方，出售商品或提供服务方不再承担已售商品或已提供服务可能发生减值或毁损等形成的损失，也不再享有已售商品或已提供服务价值增值或通过使用商品或已提供服务等形成的经济利益。企业既没有保留通常与所有权相联系的继续管理权，也没有对已售出的商品或已提供的服务实施有效控制。新收入准则评估商品或服务控制权转移是站在购买方或接受服务方的角度进行分析，即购买方或接受服务方已经取得了所购商品或已接受服务的控制权，即商品或服务上的任何损失或收益都由购买方或接受服务方承担或享有。

对于控制权何时转移，可从出售商品或提供服务的企业以及购买商品或接受服务客户的角度进行评估。如从出售商品或提供服务的企业角度进行评估，收入可以在出售商品或提供服务的企业放弃对商品或服务的控制权时确认；如从客户角度进行评估，收入应在客户获得对商品或服务的控制权时予以确认。虽然在多数情况下，从出售商品或提供服务的企业与从客户角度评估会产生相同的结果。新收入准则要求企业在判断商品或服务的控制权是否发生转移，应当从客户角度进行分析评估，而从能够最大限度地降低企业将其与向客户转让商品或服务无关的活动确认收入的风险。例如，客户在健身俱乐部购买可使用一年的健身卡（不限次数），俱乐部为客户建立档案、收取费用等，如果客户在购买健身卡时并未使用健身卡在俱乐部健身，表明健身俱乐部并未为客户提供任何服务，健身俱乐部为客户办理的健身卡、建档、收款等服务与为客户提供健身服务无关，此时不能确认收入。这种情况下，如果从健身俱乐部（提供服务方）角度进行评估，可能会确认一些与提供健身服务无关的收入（办理健身卡、建档、收款等），从客户角度评估客户并未享受健身俱乐部的服务，则健身俱乐部不能确认收入。

值得说明的是，新收入准则在评估商品或服务的控制权是否转移以及何时转移时，提供了风险和报酬转移的相关指标作为指引，但这并没有改变基于控制标准确认商品或服务转让的原则。

二、在某一时段内履行的履约义务确认收入的基础

根据新收入准则的规定，企业按照所识别的每一单项履约义务，在履行每一单项履约义务时确认收入。企业应当确定其是在某一时段内履行的履约义务，还是在某一时点履行的履约义务，如果是前者，企业只有在满足某一时段内履行履约义务的条件，才能在履行履约义务过程中确认收入；如果是后者，企业只能在履约义务完成时确认收入。

原收入准则规定，企业在资产负债表日提供劳务交易的结果能够可靠估计的，应当采用完工百分比法确认提供劳务收入。完工百分比法是指按照提供劳

务交易的完工进度确认收入和费用的方法。提供劳务交易结果能够可靠估计的条件包括：收入的金额能够可靠地计量、相关的经济利益很可能流入企业、交易的完工进度能够可靠地确定、交易中已发生和将发生的成本能够可靠地计量。企业在资产负债表日提供劳务交易结果不能够可靠估计的，即不能同时满足上述四个条件时，企业不能采用完工百分比法确认提供劳务收入。此时，企业应正确预计已经发生的劳务成本能否得到补偿，分别进行会计处理：（1）已经发生的劳务成本预计能够得到补偿的，应按已收或预计能够收回的金额确认提供劳务收入，并结转已经发生的劳务成本；（2）已经发生的劳务成本预计全部不能得到补偿的，应将已经发生的劳务成本计入当期损益，不确认提供劳务收入。新收入准则规定，只有在满足一定条件情况下，才能在履行履约义务过程中确认收入。

在制定《国际财务报告准则第15号——客户合同收入》（IFRS15）时，IASB认为，在通常情况下，企业向客户转让商品或服务（特别是转让商品）以控制作为评估已承诺的商品或服务何时转让的基础更加清晰、直观，然而，以控制作为评估已承诺的服务（特别是建造合同）的履约义务，因某些情况下客户并未将所接受的服务确认为一项资产，则难以确定客户何时获得所接受服务的控制权，即使对于存在可确认资产的建造合同，也可能难以评估客户是否具有主导企业建造的部分完工资产的使用并获得该资产几乎全部经济利益的能力，从而导致可能将建造合同收入的确认政策从完工百分比法转为完成合同法，即客户委托企业建造的资产仅在完工资产的法定所有权或实物资产转移时（即合同完成时）才发生控制权转移。如果将建造合同全部采用完成合同法，企业将无法如实反映此类合同的经济实质，也不能实现新收入准则确定的目标以及核心原则。因此，IASB认为，控制的概念应当适用于商品和服务，且并非企业提供的所有服务都不能以时点确认收入（即并非所有服务合同都在某一时段内向客户转让资源），在以控制作为评估转让商品或服务的基础时，应重点关注履约义务履行的时间（即何时向客户转让商品或服务），对于服务合同，在确定履约义务是否在某一时段内履行，应满足一定的条件。

三、属于在某一时段内履行履约义务的条件

新收入准则第十一条规定，满足下列条件之一的，属于在某一时段内履行履约义务：（1）客户在企业履约的同时即取得并消耗企业履约所带来的经济

利益。(2) 客户能够控制企业履约过程中在建的商品。(3) 企业履约过程中所产出的商品具有不可替代用途,且该企业在整个合同期间内有权就累计至今已完成的履约部分收取款项。

(一) 客户在企业履约的同时即取得并消耗企业履约所带来的经济利益。实务中,一些服务合同在企业履约过程中仅暂时性地形成一项资产(可能客户在企业履约过程中取得的资产仅瞬间存在),但该资产由客户同时取得和消耗,在这种情况下,表明客户在企业履约过程中取得了对企业产出的控制,也表明企业在履约过程中持续地向客户转移企业履约所带来的经济利益(如企业常规性的服务合同通常属于此类情形)。因此,企业的履约义务属于在某一时段内履行的履约义务,企业应在履行履约义务的期间内确认收入。例如,甲企业为代理记账公司,专门从事为其他企业代理记账工作。假定乙企业定期将相关交易凭证交予甲企业,委托甲企业为其代理记账,合同期限3年,并且合同不可终止。在该合同中,甲企业在履行履约义务(为乙企业代理记账)的同时,乙企业即取得并消耗甲企业履约所带来的经济利益。上例中企业可以通过直观判断获知其在履行履约义务(代理记账)的同时,客户即取得并消耗了企业履约所带来的经济利益,即企业可以直观判断其与客户签订合同中的履约义务是在某一时段内履行的。

由于对"经济利益"的判断具有一定的主观性,在某些情况下,企业难以直观判断获知客户在企业履行履约义务的同时即取得并消耗了企业履约所带来的经济利益,即可能难以判断是否属于在某一时段内履行的履约义务。例如,甲公司与乙公司签订合同约定,甲公司承诺将乙公司的一批货物从北京运送至广州。甲公司在为乙公司运送该批货物途中需经过A市时,由丙公司接替甲公司继续提供该运输服务,即甲公司从北京装货后运抵A市,在A市由丙公司继续运往目的地广州。在本例中,虽然甲公司并未承担将该批货物从北京直接运抵广州,但是丙公司从A市将该批货物运往广州时,是为甲公司继续履行为乙公司提供运输货物的义务。在这种情况下,国际会计准则理事会(IASB)认为,如果商品仅运送了一段路程(从北京运至A市),且另一企业无需在实质上重新执行企业迄今为止已完成的工作(丙公司无需将乙公司的货物从A市运回北京再从北京运送至广州),则客户已获得了企业履约所提供的经济利益(甲公司将乙公司的货物运送至A市),可作为确定乙公司是否在企业履约过程中获得其提供的经济利益的客观依据。因此,在难以通过直观判断获知客户在企业履约的同时即取得并消耗企业履约所带来的经济利益的情况下，企业可以假定在履约过程中更换为其他企业继续履行剩余履约义务的，当该继续履行合同的企业实质上无需重新执行企业累计至今已经完成的工作时，表明客户在企业履约的同时即取得并消耗了企业履约所带来的经济利益。根据此原则，在本例中，甲公司为乙公司运输货物属于在某一时段内履行的履约义务。可见，当企业未能履行其剩余履约义务并且客户终止合同后请其他企业为其提供商品或服务的，其他企业实质上需要重新开始履行企业迄今为止已完成的工作（即其他企业将无法从企业已执行的任何工作中获益），这种情况并不符合"客户在企业履约的同时即取得并消耗企业履约所带来的经济利益"的条件；相应地，若其他企业实质上无需重新开始履行企业迄今为止已完成的工作，则符合"客户在企业履约的同时即取得并消耗企业履约所带来的经济利益"的条件。

企业在判断是否属于在某一时段内履行的履约义务应满足的条件之一是"客户在企业履约的同时即取得并消耗企业履约所带来的经济利益"，新收入准则规定的这一标准是为了确定对商品或服务的控制权是否已转移给客户，并通过对若由其他企业继续履行剩余履约部分其将需要实施哪些工作的假设性评估来实现的，而关于剩余履约部分的实际限制或合同限制，实际上与企业是否已转移对迄今为止已提供的商品或服务的控制权的评估无关。因此，在评估"同时取得和消耗"标准及其他企业是否需要在实质上重新执行迄今为止已完成的工作时，企业不应考虑任何合同限制或实际限制，即应当基于下列两个前提：一是不考虑可能会使企业无法将剩余履约义务转移给其他企业的潜在限制，包括合同限制或实际可行性限制，其目的是通过评估另一企业承担剩余义务需要做什么，来确定商品或服务的控制权是否已经转移给客户。二是假设继续履行剩余履约义务的其他企业将不会享有客户目前已控制的，且在剩余履约义务转移给其他企业后仍然控制的任何资产的利益。

（二）客户能够控制企业履约过程中在建的商品或服务（可以是有形资产，也可以是无形资产）。在某些情况下，客户在企业履约过程中已明确地控制了企业履约产生的资产，包括在产品、在建工程（包括改良工程）、尚未完成的研发项目、正在进行的服务等，由于客户控制了所有在建的商品或服务，在这种情况下，合同双方实际已就企业在履约过程持续销售商品或提供服务达成了一致意见，客户在企业履约过程中持续获得商品或服务的控制权（持续转移在建商品或服务的控制权），即企业在为客户提供商品或服务过程中客户已获得其经济利益，因此属于在某一时段内履行的履约义务（如在客户的土地上建造资产合同、与政府签订且政府有权控制在建的商品或服务的合同)。

【例2】甲公司与乙公司签订合同约定，甲公司为乙公司在乙公司拥有的土地上建造一栋办公楼；合同同时约定，所需建造办公楼的设计由乙公司提供，且乙公司有权修改办公楼的设计，如需修改设计，应与甲公司重新协商合同价款。如果乙公司终止合同，已完成建造部分的办公楼归属乙公司所有。按合同约定，合同成立日，乙公司预付合同价款的5%，其后按季度根据完工进度向甲公司支付工程价款。本例中，根据合同相关约定，鉴于甲公司在乙公司拥有控制权的土地上为其建造办公楼，表明乙公司实质上能够控制在建的办公楼，即表明甲公司在建造过程中持续转移所建办公楼的控制权，乙公司在甲公司建造办公楼过程中能够持续控制该资产几乎全部的经济利益。因此，甲公司为乙公司提供建造办公楼的服务属于在某一时段内履行的履约义务，应当在提供服务的期间内确认收入。

【例3】丙公司与丁公司签订合同约定，丙公司为丁公司研发A项目，但因丙公司实验室所配备的设备不能满足丁公司所需研发项目的需要，故合同约定，由丙公司派出其研发人员在丁公司实验室进行研发。研发过程中，丁公司有权随时掌握研发进度，研发成果均归丁公司所有，丁公司可以终止合同，如终止合同，已研发项目的任何进展与成果均归丁公司所有，丁公司将这些成果用于其他相关研发项目，或聘请另一家同行业企业在相关成果的基础上继续研发。按合同约定，合同成立日，丁公司预付合同价款的10%，其后按研发进度支付价款。本例中，丙公司在为丁公司研发A项目时，丁公司能够控制所研发的项目，丙公司为丁公司提供研发A项目的服务属于在某一时段内履行的履约义务，应当在提供服务的期间内确认收入。

(三) 企业履约过程中所产出的商品或服务具有不可替代用途，且该企业在整个合同期间内有权就累计至今已完成的履约部分收取款项。新收入准则规定的这一标准，是考虑到上述第二条标准在实务中根据合同等实际情况可以直观判断客户能在企业建造资产过程中控制该资产，然而，实务中某些履约义务对客户在企业建造资产过程中能否控制该资产并不能直观判断，也难以确定控制权何时转移。针对这种情况，新收入准则增加了本条标准，明确了"具有不可替代性"和"有权就累计至今已完成的履约部分收取款项"的条件。另外，在按上述（一）和（二）判断企业在履约义务过程中是否将商品或服务的控制权逐渐转移给客户，某些情况下也具有一定的挑战。因此，在不能按照上述（一）和（二）直观判断企业是否在某一时段内履行的履约义务，按照本条标准，可以帮助企业评估控制权何时转移提供判断标准。

1. 商品或服务具有不可替代用途。商品或服务具有不可替代用途是指因合同限制或实际可行性限制，企业不能轻易地将商品或服务用于其他用途。新收入准则规定了商品或服务具有不可替代用途这一标准，是为了避免企业在履约过程中，将并不属于在一段时间内向客户转移商品或服务控制权而将其归于在某一时段履行履约义务的情况发生。当企业履约产出的商品或服务可以轻易地用于另一客户，表明企业履约过程中产出的商品或服务并未被客户控制。例如，企业生产各种标准化的产品且可以任意将其用于另一客户，在这种情况下，客户不具备限制企业将这些产品用于另一客户的能力，则客户不能控制企业的这些产品；当企业产出的商品或服务只能提供给某特定客户，而不能被轻易地用于其他用途时，该商品或服务就具有不可替代用途（如企业为客户出具特定专业咨询服务意见、为某客户制造特定的专项设备等）。在判断商品或服务是否具有不可替代用途时，应当考虑下列几点：

（1）判断时点。在考虑商品或服务是否具有不可替代用途时，应当以合同开始日（合同成立日）作为判断时点，其后除非发生合同变更且该变更显著改变了原合同约定的履约义务外，企业无需重新进行判断，因为如果企业不断重新评估资产是否具备替代用途，将导致无法按新收入准则的要求确认相应的收入或者将不应确认的收入确认为收入的情形。例如，甲公司向乙集团下的子公司（A公司）供应某规格的定制化的零配件，该零配件只能用于乙集团的P车型，无法用于其他车型，且乙集团仅有A公司生产该车型。合同开始日，由于该零配件只能用于A公司生产的P车型，具有不可替代用途。合同开始日后，由于P车型销售情况很好，乙集团在其他区域新成立了B公司生产P车型，且A公司和B公司之间的采购决策流程相互独立，可分别单独向甲公司购买上述零配件。当甲公司与B公司签订合同约定，甲公司为B公司提供上述零配件且在合同开始之日，该配件不再具有不可替代用途（可同时用于A公司和B公司），但此时如果甲公司此前与A公司签订的合同尚未履行完毕，则无需重新评估甲公司与A公司签订的原合同中定制化零配件是否具有不可替代用途。

（2）合同限制。在判断商品或服务是否具有不可替代用途时，应考虑合同限制。当合同中存在实质性的限制条款，导致企业不能将合同约定的商品或服务用于其他用途时，该商品或服务满足具有不可替代用途的条件。当企业试图把与客户签订的合同中约定的商品或服务用于其他用途（如转让给其他客户)时,客户可以根据合同中约定的限制条款,主张其对该特定商品或服务的权利的,表明合同中约定的这些限制条款是实质性的。例如,当企业为特定客户定制一项专门资产且在合同中约定该资产只能向该客户提供,则该资产具有替代用途的可能性较低,因为如果企业为向另一客户出售而对原客户定制的专门资产进行改建将会发生重大成本或需以明显较低的价格出售,明显不符合成本效益原则。在这种情况下,表明客户在企业履约过程中获得该履约的经济利益,并因此取得对企业履约中的商品或服务的控制,但同时应当考虑获取客户付款的权利;相反,如果合同中约定的商品或服务(包括其限制条款)和企业的其他商品或服务在很大程度上能够互相替换(如企业生产的标准化产品),而不会导致企业违约,也无需发生重大的改建成本,则表明合同中约定的限制条款不具有实质性。

在判断商品或服务是否具有不可替代用途时,不应当考虑合同中的保护性条款。这些保护性条款通常是在客户不知情或不反对作出变更情况下,企业可以替换为客户提供的商品或服务或将资产用于其他用途的实际能力。如果企业与客户在合同中约定,当企业实施破产清算时,企业对为客户提供商品或服务可以在几乎无需增加额外成本的前提下进行实物替换或将商品用于另一客户,表明该合同中约定的条款仅为保护性的。例如,企业与客户签订的合同中约定,当企业进入破产清算时,其为客户在建的商品的所有权归属客户所有,或者企业代客户销售的商品的所有权归属于客户等(几乎无需额外的成本),这是为了在企业破产清算时为客户的资产提供保护,并不表明企业具有将其履约过程中的资产的控制权随意转移给其他企业的实际能力,这种情况下并不表明商品或服务的控制权已转移给客户。因此,当企业与客户合同中的某些条款不具有实质性,而实质上仅为保护性条款时,在评估商品或服务是否具有不可替代用途时无需考虑这些保护性条款。

(3)实际限制。在判断商品或服务是否具有不可替代用途时,应当考虑实际可行性限制。实务中,某些合同中并没有限制条款,但如果企业将合同中约定的商品或服务用作其他用途,将导致企业遭受重大经济损失,表明企业将该商品或服务用于其他用途的能力受到了实际可行性限制。例如,当企业将合同中约定的商品用于其他用途,企业将可能发生重大的改建或返工成本,或者企业为了满足其关联企业需要将客户订制的商品以非常低的价格转让给关联企业。

新收入准则关于在一段时间内履行履约义务第三条标准与第一条标准的区

别在于，第一条标准不考虑合同限制和实际限制，但第三条标准需考虑合同限制和实际限制。新收入准则这样规定，是鉴于这种差异在实务中存在不同的情形，企业评估何时将商品或服务的控制权转移给客户，对于不同情形可以应用不同标准进行判断。

【例4】 甲公司与政府某机构签订了一项建造专用卫星的合同，该合同约定，专用卫星的技术类型、设计等均需根据政府机构的要求建造，合同并未规定甲公司能否将政府订制的专用卫星用于其他用途。基于该合同，虽然为政府建造的专用卫星并不阻止甲公司用于其他用途或者提供给另一客户，但该卫星的技术类型、设计等是依据政府机构的要求建造的，如果甲公司将该卫星用于其他用途或者提供给另一客户，甲公司将重新设计及修订卫星功能并发生重大改建或者返工成本，由此限制了甲公司轻易将该商品用于另一客户的实际能力。

（4）商品特征。在判断商品或服务是否具有不可替代用途时，企业应当考虑最终转移给客户的商品或服务的特征（即资产的特征），而非生产中资产的特征，因为对于某些商品或服务而言，评估是否具有不可替代用途的关键因素并非商品或服务不具备替代用途的时期，而是是否可在不发生重大返工成本的情况下将最终转让的商品或服务用于另一用途。例如，甲公司与乙公司签订的合同约定，甲公司出售其A款标准化软件，同时，在B款标准化软件基础上根据乙公司的要求设计且开发C款软件，并将A款和C款软件与乙公司现有软件进行整合。本例中，甲公司提供给乙公司的A款软件为标准化软件，不仅可以向乙公司出售，也可以向其他公司出售；为乙公司提供的C款软件是在B款标准化软件基础上根据乙公司需求进行的修改（在原标准化基础上进行的定制），只能销售给乙公司，并且只有A款软件和定制的C款软件才能与乙公司现有软件进行整合，甲公司为乙公司提供的最终产品（在A款和C款软件基础上对现有软件整合产出）符合"具有不可替代用途"。因此，当商品或服务在产出的前若干个生产（或建造、开发）步骤是标准化的，只是从某一时点（或某一流程，本例中为在B款软件基础上进行修改开发为C款软件）才进入定制化的生产（或建造、开发）时，企业应当根据最终转移给客户时该商品或服务的特征来判断是否满足"具有不可替代用途"的条件。

（5）合同终止。在判断商品或服务是否具有不可替代用途时，企业不应当考虑合同被终止的可能性。这是因为：一是新收入准则在判断"合同成立"、估计"交易价格"等时，都是在合同开始日进行评估，此时不会考虑合同终止的可能性，否则，从逻辑上企业之间就不会签订合同，合同就不成立。二是新收入准则中提出替代用途这个概念是为了说明控制权转移的模式，所以是站在特定客户/合同的角度。在正常履行合同的过程中无法替换相关商品或服务，才与判断控制权转移的模式相关。

2. 企业在整个合同期间内有权就累计至今已完成的履约部分收取款项。这是指在由于客户或其他方原因终止合同的情况下，企业有权就累计至今已完成的履约部分收取能够补偿其已发生成本和合理利润的款项，并且该权利具有法律约束力。在第三条标准中，如果只有"具有不可替代用途"不足以判断客户是否在企业履约过程中即具有控制某项商品或服务的能力，为此，新收入准则关于在某一时段内履行的履约义务判断标准中的第三条标准，同时要求企业在整个合同期间内有权就累计至今已完成的履约部分收取款项，以表明在企业履约过程中就不具备替代用途的商品或服务已由客户所控制。值得强调的是，合同终止必须是由于客户或其他方而非企业自身的原因所致，在整个合同期间内的任一时点企业均应当拥有此项权利。企业应关注以下五点：

（1）企业有权收取的该款项应当大致相当于累计至今已经转移给客户的商品或服务的售价，即该金额应当能够补偿企业已经发生的成本和合理利润。但是，如果企业有权收取的款项为保证金或仅是补偿企业已经发生的成本或可能损失的利润的，则不满足这一条件。

在一般商业交易中，通常只有当客户已取得对商品或服务的控制时才有付款义务，以表明客户已获得企业履约所提供的经济利益，新收入准则所规定的这一标准是为了与一般商业交易的处理原则一致；同时考虑到如果企业为客户定制的商品或服务不可用于其他替代用途，则企业实际上是根据客户的指示生产（或建造、开发）商品或服务，企业也希望获得预期的经济利益，该预期经济利益能受到合同（相关法律法规）的保护，以防止客户终止合同而企业保留了为客户订制且几乎无价值的商品或服务的风险。

此处应关注企业有权在合同终止时获得的金额，而并非企业可能最终愿意通过协商结算的金额。因此，除企业应获得的已发生的成本补偿外，补偿企业的合理利润应包括两种情形：一是根据合同终止前的履约进度对该合同的毛利水平进行调整后确定的金额作为补偿金额。二是如果该合同的毛利水平高于企业同类合同的毛利水平，以企业从同类合同中能够获取的合理资本回报或者经营毛利作为利润补偿。这是因为在提前终止合同时，向客户转移的商品或服务的价值与在完成合同时转移的价值可能不成比例，企业有权在客户终止合同时获取的补偿可能并非总是合同毛利。因此，新收入准则指出的这一合理利润的情形，旨在证明就迄今为止已完成的履约部分作出补偿，该补偿应当以企业预计毛利的合理比例为基础，或相当于企业资本成本的合理回报率。新收入准则规定该标准，其基本目标是确定企业是否在为客户履约的同时向该客户转移对商品或服务的控制。因此，企业所获得的利润应是合理的且并不可能存在于客户合同范围之外更多的预期经济利益，即企业只有在其能够就因履行合同而付出的成本及相应的回报得到补偿时，才会同意向客户转移对商品或服务的控制。

（2）若客户在合同完成前无理由终止合同，企业具有索取和（或）保留累计至今已完成履约部分得到客户付款的可执行权利，但并不意味着企业拥有现时可行使的无条件收款权。例如，甲企业与乙公司签订的合同约定，一个月后甲企业向乙公司提供一份关于与乙公司业务模式相关的投资策略的研究报告，合同价格为200万元；合同同时约定，在甲企业向乙公司提供研究报告后的10日内，乙公司支付合同价款，但若在合同期间内乙公司无理由终止合同，乙公司须就甲企业累计至今已完成的研究报告部分进行补偿（包括已发生的成本和合理利润）。在这种情况下，甲企业具有就累计至今已完成的履约部分获得付款的权利，也就是企业有收取款项的可执行的权利。

合同中的付款条款通常与企业就迄今为止已完成的履约部分获得的付款权利不一致。企业在与客户的合同中通常会约定，只有在达到某一重要时点、某重要事项完成后、整个项目或者整个合同完成之后，企业才拥有无条件收取相应款项的权利。在这种情况下，企业在判断其是否有权就累计至今已完成的履约部分收取款项时，应当考虑假设在发生由于客户或其他方原因导致合同在该重要时点、重要事项完成前或合同完成前终止时，企业是否有权主张该收款权利，即是否有权要求客户补偿其累计至今已完成的履约部分应收取的款项。

（3）当客户只有在某些特定时点才有权终止合同，或者无权终止合同时，客户终止了合同（包括客户没有按照合同约定履行其义务），但合同条款或法律法规要求企业有权继续向客户转移合同中承诺的商品或服务并因此有权要求客户支付对价（强制履约），该情况也符合"企业在整个合同期间内有权就累计至今已完成的履约部分收取款项"的要求，即企业具有获得客户付款的可执行权利。

（4）企业在判断时，既要考虑合同条款的约定，还应当充分考虑适用的法律法规、相关补充规定（法律约束力）或者凌驾于合同条款之上的以往司法实践以及类似案例的结果等。例如，甲公司与乙公司签订的合同中就客户终止合同作出了明确约定，却并未明确约定企业是否有权就累计至今已完成的履约部分收取款项，但企业了解到过往的类似司法案例表明，在类似合同下，司法将支持企业主张其相关的收款权利；或者以往的司法案例表明司法将不支持类似合同下企业主张其相关的收款权利（没有法律约束力）；或者在以往的类似合同中，企业虽然拥有此类权利，却在考虑了各种因素之后（如就目前法律环境下该权利不会被支持等）没有行使该权利。

（5）付款进度并不一定能表明企业有权就累计至今已完成的履约部分收取款项。在企业与客户的合同中，通常会约定付款时间进度，但是这种合同约定的付款进度与企业的履约进度可能并不匹配，也并不能表明企业有权就累计至今已完成的履约部分收取款项的可执行权利。因此，企业仍需根据相关事实和证据判断是否对已履约的部分具有收款的权利。实务中，根据合同约定，客户可能会提前支付部分或全部合同价款，即付款进度比履约进度快，如果该付款安排能够使得企业在整个合同期间内任一时点上已收取的款项均能补偿已经发生的成本和合理利润，且客户要求提前终止合同，企业依据相关法律法规有权保留已收取的款项而无需退还，则表明企业能够满足在整个合同期间内有权就累计至今已完成的履约部分收取款项的条件。

四、在某一时段内履行的履约义务收入的确认

新收入准则第十二条规定，"对于在某一时段内履行的履约义务，企业应当在该段时间内按照履约进度确认收入，但是，履约进度不能合理确定的除外。企业应当考虑商品或服务的性质，采用产出法或投入法确定恰当的履约进度"。企业在按履约进度确认收入时，通常应当在资产负债表日按照合同的交易价格总额乘以履约进度扣除以前会计期间累计已确认的收入后的金额，确认为当期收入。确定履约进度目标，旨在反映企业向客户转让已承诺商品或服务的履约义务的履行情况。履约进度可以按以下方法确定：

(一) 产出法

产出法是根据已转移给客户的商品或服务对于客户的价值确定履约进度的方法,通常可采用实际测量的完工进度(按累计至今已完成的履约部分的实际测量进度)、评估已实现的结果、已达到的里程碑、时间进度、已完工或已交付的商品或服务等产出指标确定的履约进度,并以此为基础确认收入。"对于客户的价值"是指对企业履行合同履约义务的客观计量值,既非旨在通过参照合同承诺的个别商品或服务的市场价格或单独出售价格进行评估,也并非指客户所预期的商品或服务所包含的价值,而是直接计量转让给客户的商品或服务的价值,该价值最能如实反映企业的履约情况。

企业在评估是否采用产出法确定履约进度时,应当考虑具体的事实和情况,并选择能够如实反映企业履约进度和向客户转移商品或服务控制权的产出指标。如果投入法的成本较低且能够就计量进度提供合理的近似值,则企业使用投入法是一种恰当的方法;如果产出指标无法计量商品或服务的控制权已转移给客户时(如某些情况下不应采用已完工或已交付的产品作为产出指标),不应采用产出法。例如,甲公司与乙公司签订的合同约定,甲公司为乙公司设计、制造某大型机床,大型机床在设计、建设过程中的任何时点,乙公司控制甲公司累计至今已完成的履约义务。假定甲公司为乙公司设计、制造某大型机床构成单项履约义务,并属于在某一时段内履行的履约义务。如果甲公司已完成机床设计并已经乙公司确认,甲公司按照乙公司已确认的设计方案开始投入建造机床时,实际上已将已完成的机床设计的控制权转移给乙公司,在这种情况下,若使用已完工或已交付的商品作为产出指标确定履约进度,不能如实反映已向乙公司转移机床的进度,这是因为设计并非客户认可的交付商品,在计量产出进度时无法计算在内,所以用产出法无法反映已完成设计的情况。因此,当处于生产过程中的在产品在完工或交付前已属于客户时,如果该在产品对与企业签订的合同或财务报表具有重要性,确定履约进度时不应使用已完工或已交付的产品作为产出指标,否则将扭曲企业的履约情况。

在某些情况下,为便于实务操作,当企业有权开具发票的对价金额与企业向客户转让的每一增量商品或服务(即企业累计至今为止已完成的履约部分)的价值相一致时,产出法下企业直接按照发票对价金额确认收入也是一种恰当的方法,如企业按照固定的费率以及发生的工时向客户开具账单。

产出法是根据已转移给客户的商品或服务控制权的产出指标直接计算履约

进度，通常情况下能够客观反映企业的履约进度，但有关产出的指标并不总能客观反映企业的履约进度（如产出指标无法计量控制权已转移给客户的商品或服务时），即产出指标的信息可能无法直接观察取得，或者企业为取得产出指标信息需要花费很高的成本，则不能采用产出法。

【例5】甲公司为保洁公司，乙公司为管理本市所有小区商品房的物业公司。2020年12月18日，双方签订了3年保洁合同，合同约定，甲公司为乙公司所管理的所有小区商品房的外墙（含玻璃外窗）提供为期3年的保洁工作，合同自2021年1月1日起开始执行。合同约定的付款方式为，按为乙公司提供保洁服务人员每人、每小时45元的价格（不含增值税），于次月1日结算上月的服务价款。假定2021年1月甲公司共提供保洁人员20人，工作时长为每天8小时。不考虑相关税费及其他因素。

本例中，甲公司为乙公司管辖的物业提供保洁服务，符合客户在企业履约的同时即取得并消耗企业履约所带来的经济利益的标准，属于在某一时段内履行的履约义务。甲公司按照当月为乙公司提供服务的人数、工时及每小时单价计算2021年1月应确认的收入金额为22.32万元（20×31×8×45），并于次月1日按照该金额向乙公司开具发票。

【例6】2021年10月20日，丙公司与丁公司签订合同约定，丙公司为丁公司安装1万米的A种电缆线。合同约定，丙公司应于2022年3月月底之前完成全部安装工作，合同价格总额为5000万元（不含增值税）。截至2021年12月31日，丙公司已安装A种电缆线4500米。假定该合同包含一项履约义务（为丁公司安装电缆线），该履约义务满足在某一时段内履行的履约义务的条件；丙公司按照已完成的工作量确定履约进度，不考虑相关税费及其他因素。

本例中，丙公司向丁公司提供的A种电缆线安装服务，符合在某一时段内履行的履约义务的标准，丙公司按已完成的工作量确定履约进度。按产出法计量截至2021年12月31日该合同的履约进度为45%（4500÷10000），丙公司2021年应确认的收入金额为2250万元（5000×45%）。

（二）投入法

投入法是根据企业为履行履约义务的投入确定履约进度的方法，通常可采用投入的材料数量、花费的人工工时或机器工时、发生的成本和时间进度等投入指标确定履约义务的履约进度。当企业从事的工作或发生的投入是在整个履约期间内平均发生时，按照直线法确认收入是一种恰当的方法。由于企业的投入与向客户转移商品或服务的控制权之间未必存在直接的对应关系，企业在采用投入法时应当扣除那些虽然已经发生但是并未反映企业向客户转移商品或服务的履约情况的投入。例如，客户购买会员卡成为高尔夫球俱乐部的会员，高尔夫球俱乐部为客户办理会员证、收取会员卡费用，这是高尔夫球俱乐部为接纳会员所提供的初始活动，并未为客户提供高尔夫球场场地服务，这些活动并没有向客户转移高尔夫球俱乐部所承诺的服务，高尔夫球俱乐部在按投入法确定履约进度时不应将为客户办理会员卡服务的活动发生的相关投入包括在内。

投入法下，企业通常按照累计实际发生的成本占预计总成本的比例确定履约进度（即成本法），累计实际发生的成本包括企业向客户转移商品或服务过程中所发生的直接成本和间接成本，如直接人工、直接材料、分包成本以及其他与合同相关的成本。在下列情形下，企业在采用成本法确定履约进度时，可能需要对已发生的成本进行适当调整，以确保在投入法下能够满足计量履约义务的履约进度的目标，反映企业的履约情况。

1. 已发生的成本并未反映企业履行其履约义务的进度。投入法下，可能存在企业的投入与向客户转移对商品或服务的控制之间不存在直接关系，如因企业生产效率低下等原因而导致的非正常消耗（包括非正常消耗的直接材料、直接人工及制造费用，以及因效率低下导致对履约义务的履行未作出贡献的浪费等），若成本中包括了这些非正常消耗，可能无法如实地反映企业的履约情况。因此，如果已发生的部分成本并非为合同履约进度所花费的支出，则需要对成本法中已发生的成本作出调整，即在计算累计实际发生的成本中应扣除这些非正常消耗（企业在预计合同总成本时也不应包括这些非正常消耗），除非企业和客户在订立合同时已经预见会发生这些成本并将其包括在合同价款中。

2. 已发生的成本与企业履行其履约义务的进度不成比例。这种情况下企业在采用成本法时需要进行适当调整，通常仅以其已发生的成本为限确认收入。例如，企业承接客户委托履行其履约义务时，对于施工中尚未安装、使用或耗用的商品（此段不包括服务）或材料成本等，在采用成本法确定履约进度时不应包括该商品或材料的成本，而应以施工中尚未安装、使用或耗用的商品或材料的成本为限确认收入，以客观反映企业的实际履约情况。为确保成本法能够适当反映企业履行其履约义务的进度，避免将不可明确区分商品作为单项履约义务，避免高估收入，企业在合同开始日能够预期将满足下列所有条件的，应对按成本计量的完工进度进行调整，而按照与发生成本相等的金额确认收入可能能够如实反映企业实际履约的情况:一是该商品不构成单项履约义务;二是客户先取得该商品的控制权,之后才接受与之相关的服务;三是该商品的成本占预计总成本的比重较大;四是企业自第三方采购该商品,且未深入参与其设计和制造,对于包含该商品的履约义务而言,企业是主要责任人。

【例7】甲公司在全国各地拥有多家健身俱乐部,购买甲公司健身年卡的客户成为甲公司会员,可以在其中任何一家健身俱乐部健身。假定2021年9月有1万名客户购买了甲公司健身年卡(每张健身年卡价格为4000元)客户可以自2021年10月1日起在甲公司经营的健身俱乐部进行为期1年的健身,且没有次数限制。不考虑相关税费及其他因素。

本例中,客户在甲公司的健身俱乐部进行健身时取得经济利益(健身),同时消耗企业履约所带来的经济利益。在该合同下,甲公司的履约义务是承诺随时准备在客户需要时为其提供健身服务而并非仅在客户要求时才提供服务,客户1年内在健身俱乐部健身的次数不会影响其未来继续使用的次数,且该履约义务在1年期间内随着时间的流逝而得到履行,即客户可在甲公司的健身俱乐部提供的健身服务中获得利益,且该利益在1年之内平均分布(不论客户是否实际在甲公司的健身俱乐部健身,客户均有权自甲公司健身俱乐部提供的健身服务中获益),符合在某一时段内履行的履约义务的相关标准。在该合同下,甲公司基于时间计量其履约进度是恰当的方式,甲公司应按直线法确认2021年10月至12月的收入金额为1000万元($10000 \times 4000 \div 4$)。

【例8】甲公司为高尔夫球俱乐部,其出售一种按次数计算的会员卡,每张会员卡价格为2.88万元(包括果岭费、球童费、球车费、综合服务费、使用更衣室费用等,不含球童小费),可以在甲公司经营的高尔夫球俱乐部打30场高尔夫,每场费用为960元,有效期2年。假定有5000人购买了该种会员卡,甲公司于2021年度累计为该类会员提供了3000场次的球场场地、俱乐部其他设施的服务。不考虑相关税费及其他因素。

本例中,甲公司以收取固定金额(2.88万元)为客户提供固定次数(30次)的高尔夫球场场地、俱乐部其他设施的服务,对甲公司而言,其承诺为客户提供的履约义务为30次服务。在这种情况下,表明甲公司是按照客户使用的次数履行其履约义务,因此甲公司2021年度应确认的收入为288万元($28800 \times 5000 \times 3000 \div 150000$)。

值得说明的是,本例与例7的情况不同,本例是高尔夫球俱乐部按次数提供服务,并非承诺随时准备为客户提供高尔夫球场场地、俱乐部其他设施的服务，只有当客户要求订场并扣除客户打球次数时，表明高尔夫球俱乐部为客户提供了服务；而例 7 是在一年内不限制客户使用健身俱乐部健身，是承诺随时准备为客户提供健身服务。因此，前者属于"一系列实质相同且转让模式相同、可明确区分的商品"，属于"一段时间内履行的履约义务"，应在 2 年内按照履约进度确认收入，而其履约进度是按照已提供的服务次数除以承诺的总服务次数来确认的。后者也是按某一时段内履行的履约义务，而履约进度是按时间计量，并以此为基础计算应确认的收入金额。

【例 9】 2021 年 8 月 10 日，甲公司与乙公司签订合同，该合同约定，甲公司为乙公司的一栋办公楼提供装修服务，甲公司应按乙公司规定的标准购买装修材料、电梯和空调设备并提供设备安装服务，同时按乙公司提供的设计方案和装修技术要求进行装修。合同价格总额为 15000 万元（不含增值税）。截至 2021 年 12 月 31 日，甲公司已发生成本 8000 万元，其中购买办公楼的电梯及空调的成本为 3500 万元（仅包括设备本身的购买成本，不含为将电梯及空调运输到乙公司拟装修办公楼所发生的运输费、保险费等费用），甲公司预计尚需发生的成本为 5500 万元。假定：(1) 该装修业务构成单项履约义务，符合在某一时段内履行的履约义务的标准，甲公司为主要责任人；(2) 电梯和空调设备已于 2021 年 11 月 30 日运抵乙公司办公楼装修现场，并已经乙公司验收确认；(3) 电梯和空调设备均已按乙公司要求的品牌从外部购入，甲公司不参与设计及制造，截至 2021 年 12 月 31 日，电梯和空调设备尚未安装，预计 2022 年 2 月月底安装完成；(4) 甲公司采用成本法确定履约进度。不考虑相关税费及其他因素。

本例中，截至 2021 年 12 月 31 日，甲公司累计已发生的成本为 8000 万元，其中购买办公楼的电梯和空调的成本为 3500 万元。甲公司在按投入法确定装修办公楼的履约进度时，应当考虑：(1) 截至 2021 年年底，甲公司累计已发生的成本 8000 万元中的 3500 万元为购买办公楼的电梯和空调设备，该电梯和空调设备已经乙公司验收确认，并由乙公司控制，但该电梯和空调设备尚未安装，即电梯和空调设备的安装工作尚未开展，甲公司尚未履行安装设备的义务且该安装服务不构成单项履约义务；(2) 电梯和空调设备的成本（3500 万元）相对于预计总成本 13500 万元（8000＋5500）是重大的（占 26%），如果在计算履约进度时将电梯和空调设备的成本考虑在内，会导致已发生的成本和履约进度不匹配，即会高估其履约进度。鉴于上述考虑，甲公司在计算办公楼装修服务的履约进度时，应将累计至今已发生的成本扣除电梯和空调设备成本后的金额,作为计算履约进度的基础并计算应确认收入的金额;同时,按照电梯和空调设备的成本确认收入。2021年度,甲公司因该合同应确定的履约进度为45%〔(8000-3500)÷(13500-3500)〕,应确认的收入为8675万元〔(15000-3500)×45%+3500〕,应确认的成本为8000万元〔(13500-3500)×45%+3500〕。

在某一时段内履行的履约义务在确定履约进度时,应关注以下几点:

1. 新收入准则并未考虑所有可能使用计量履约进度的方法,也未规定企业在何种情况下应使用某一种方法。实务中,产出法和投入法是企业通常采用的方法,企业在选择适用方法时应当根据所有的事实和证据,考虑已承诺商品或服务的性质及企业履约的性质,按照新收入准则的要求进行判断,但这并不意味着企业可以任意选择计量履约进度的方法。企业选择履约进度的方法应当与新收入准则明确规定的确定履约进度的目标保持一致,即能反映企业通过向客户转移对商品或服务的控制而履行履约义务的情况。

为了使企业对外提供财务报告有关收入确认具有可比性,对于在某一时段内履行的履约义务,企业应当将类似情况下的类似履约义务,采用相同的方法确定履约进度,而不应对类似情况下的类似履约义务采用不同的方法确定履约进度。如果企业对类似情况下的类似履约义务应用一种以上的方法计量其履约义务的履行情况,除会导致财务报告信息不可比外,实质上还规避了新收入准则有关识别履约义务的规定。但如果原确定履约进度的方法显著不合理,应按《企业会计准则第28号——会计政策、会计估计变更和差错更正》进行会计处理。

2. 每一资产负债表日,企业应当对履约进度重新进行估计,当客观环境(预计工作量、工作难度等)发生变化时,企业应重新评估履约进度是否发生变化,并将该变化作为会计估计变更进行会计处理,以确保履约进度能够客观反映合同履约情况的变化。例如,一些施工企业(挖掘隧道、打井等)对地质情况的预估可能会随着实际情况而发生变化,企业在履约过程中可能会发现完成合同的成本翻倍或者显著高于原预计的成本,这种情况下需要重新计量履约进度。又如,企业帮助客户建造地下仓库,在挖掘过程中可能会因天气、地质结构等因素与预期情况不同,而变更对预计总成本的估计,从而需要重新评估按照成本法计量的履约进度。

3. 新收入准则规定,对于在某一时段内履行的履约义务,企业只有在能够取得可靠的信息并能够合理计量履约进度(即能够采用最合适的计量方法)

时，才能够确认收入，即若企业无法获得可靠信息合理地计量履约义务的履约进度所应采用的恰当方法时，企业便无法合理地计量履约义务的履约进度，这种情况下若企业已经发生的成本预计能够得到补偿，应当按照已经发生的成本金额确认收入，直到履约进度能够合理确定为止。新收入准则这样规定，可能适用于合同的初始阶段，或者企业为客户提供一项新产品或服务而没有可依据的历史数据或经验或者相关判断数据有限时，以已发生的成本为限确认收入，至少反映了企业的履约进度。

4. 企业在确定履约进度时，应当扣除控制权尚未转移给客户的商品或服务。例如，企业为客户建造厂房（构成单项履约义务）购买的砖、瓦、木材、水泥等建筑材料，在尚未用于建造厂房前，如果这些建筑材料的控制权并未转移给客户，企业在计算建造厂房的履约进度时，不应包括这些建筑材料的成本，或者不应在计算履约进度时将这些建筑材料包括在内。

【例10】A 公司主营业务之一为向客户提供水泥窑施工图设计服务，设计内容涵盖工程项目建筑、结构、照明、动力、工艺等专业工作，根据合同大小的不同服务期间一般为几十天到 1 年。

合同通常约定 A 公司应按照合同规定的内容、进度要求及国家规定的文件数量提交质量合格的设计文件，并对其负责。设计费的支付方法如下：合同生效后三天内，发包公司支付设计费的 30% 作为定金，合同结算时，定金抵作设计费；A 公司完成施工图设计时，发包公司向 A 公司支付总设计费的 65%；全部土建及安装施工完成后，发包公司结清设计费，向 A 公司支付总设计费的 5%，不留尾款。合同约定，发包公司不履行合同时，A 公司不返还定金，且 A 公司有权要求发包公司赔偿实际经济损失（包括为该施工设计发生的成本）；A 公司不履行合同时，应双倍返还发包公司定金，同时返还已收取的设计费。

本例中，由于设计方案在整体完成之前客户很难获益，如果 A 公司中断设计，新接手的设计公司需重新执行部分已完成的工作，因此该业务不满足"客户在企业履约的同时即取得并消耗企业履约所带来的经济利益"的情形。在设计工作进行过程中，客户难以直接控制设计所产生的成果，因此也不满足"客户能够控制企业履约过程中在建的商品"。设计服务是根据发包方的具体要求提供的定制化服务，设计产出的成果具有"不可替代用途"。由于在发包公司不履行合同时，A 公司仅能取得施工设计所发生的成本，并不能补偿企业已经发生的成本和合理利润，不享有整个合同期间内有权就累计至今已完成的履约部分收取款项的权利,因此不满足"企业履约过程中所产出的商品或服务具有不可替代用途,且该企业在整个合同期间内有权就累计至今已完成的履约部分收取款项"。经上述分析,A公司该合同不符合在某一时段内履行履约义务的条件。

【例11】A公司是一家专用设备制造商,与B客户订立一项专用设备销售合同。根据合同安排,A公司将基于B客户的需求及设备所使用的技术类型,设计生产一套专用设备交付给B客户。合同约定的付款进度为:在合同开始时预先支付合同价格的10%;在合同期内定期支付合同价格的50%;在建造完成且设备已通过既定的性能测试时支付合同价格的40%。如果B客户终止合同,A公司有权保留已从B客户收取的进度款,如果已收取的进度款不足以补偿已发生成本的125%,有权就不足部分的差额向客户要求补偿。A公司专用设备的毛利率为15%~25%。

本例中,专用设备是根据B客户的需求及设备所使用的技术类型设计生产的,仅能供B客户使用,该专用设备具有"不可替代用途"。由于B客户终止合同时,A公司有权取得为该专用设备设计生产制造发生成本的125%,即:毛利率为25%,代表了A公司专用设备的合理毛利水平(A公司专用设备的毛利率为15%~25%),A公司享有整个合同期间内有权就累计至今已完成的履约部分收取款项权利,因此满足"企业履约过程中所产出的商品或服务具有不可替代用途,且该企业在整个合同期间内有权就累计至今已完成的履约部分收取款项"的条件。经上述分析表明A公司应在一段时间内确认专用设备的销售收入。

【例12】A公司是一家主题乐园,为吸引人流量,推出了年卡业务,客户办理一张3600元的年卡,即享受一年内每天在主题乐园游玩的权利。

本例中,A公司承诺随时准备在客户需要时为其提供主题乐园游玩服务,随着时间的流逝,A公司随时提供乐园游玩服务的承诺逐渐得到履行,满足"客户在企业履约的同时即取得并消耗企业履约所带来的经济利益",应在一段时间内确认收入。

5. 如果一项履约义务中包含多项商品或服务,应考虑企业对所承诺商品或服务的组合履约义务整体承诺的性质,以及履行该义务所需工作的性质,为此企业应考虑其决定商品或服务不可明确区分,并且将其整合为一项履约义务的原因。若企业认为对于整合的履约义务使用单一方法计量其履约进度不能如实反映合同的经济实质,可能表明企业没有能够识别出合适的履约义务(即可能不仅存在一项履约义务，而且存在多项履约义务）；若企业识别为一项履约义务是恰当的，在某些情况下需要判断整合履约义务选择计量履约进度方法的合理性。例如，企业为客户提供软件许可和安装服务，但需对软件进行重大修改以增加重要的新功能，以便能够与客户其他定制化软件进行整合（安装、连接）。企业认为，软件和服务不能与定制化安装服务单独区分，将软件和安装整合认定为一项履约义务，该履约义务符合在某一时段内履行的条件，故企业按某一时段内履行履约义务确认收入。假定软件许可是可明确区分的，因为在某一时点转让其控制权。本例中，因为提供定制化软件和安装服务整体构成单项履约义务，定制化软件也应在某一时段内履行的履约义务，履约进度的计量方法应基于能够反映企业完成该服务的进度，即是完成该整合履约义务的进度。因此，该例中所有的收入应在提供服务的某一时段内确认收入，而在这种情况下，国际会计准则委员会（IASB）认为，基于向客户转让的每一商品或服务的估计价值的产出法是不恰当的，因为产出法会将定制化软件许可和安装服务作为两项单项履约义务进行会计处理，而忽略了会计计量的单元（即单项履约义务）。鉴于此，本例中定制化软件许可也不能在转让软件时确认收入，因为企业承诺的商品或服务的性质是提供定制化软件并安装整合服务，尽管该定制化软件许可也是其中重要的组成部分，但企业承诺的商品或服务的性质是对定制化软件的整合，其安装服务也是很重要的组成部分，在此情形下，基础的定制化软件许可可能不是最主要的部分。

五、在某一时点履行的履约义务收入的确认

如果不属于在某一时段内履行的履约义务，则应属于在某一时点履行的履约义务。新收入准则第十三条规定，对于在某一时点履行的履约义务，企业应当在客户取得相关商品或服务控制权时点确认收入（即客户是否能够主导该商品或服务的使用并从中获得几乎全部的经济利益，包括有能力阻止其他方主导该商品或服务的使用并从中获得经济利益）。客户拥有商品或服务的现时权利、能够主导该商品或服务的使用，以及能够获得该商品或服务几乎全部的经济利益，是客户取得商品或服务控制权应包含的三要素。

在判断控制权转移的时点，首先应根据控制的定义，同时考虑下列情形：

（一）企业就该商品或服务享有现时收款权利，即客户就该商品或服务负有现时付款义务。当企业就该商品或服务享有现时收款权利时，可能表明客户

已经有能力主导该商品或服务的使用并从中获得几乎全部的经济利益,或者有能力阻止其他方主导该商品或服务的使用并从中获得经济利益。

新收入准则就收入确认"五步法"的分析和判断思路中,第一步为"识别客户合同",其中"企业因向客户转让商品而有权取得的对价很可能收回"是满足合同成立条件之一,这是合同开始日确定合同是否成立的必要条件。判断合同是否成立时评估的"对价很可能收回"的条件,主要强调钱是能收回的,不太关注控制权转移的时点;而企业就该商品或服务享有现时收款权利是关注控制权转移的时点,考虑的是企业是否已经有权向客户主张其收款的权利,是判断控制权何时转移的重要因素。即判断合同是否成立时考虑的对价是否"很可能收回"与"企业就该商品或服务享有现时收款权利"二者是有所区别的,而且只有在合同成立的情况下,才会在判断控制权是否转移的时点时考虑"现时收款权利"。

企业与客户签订的合同中通常有向客户交付商品或提供服务的时间限定、付款方式的条款,企业在判断是否就该商品或服务享有现时收款权利时,应当根据合同条款并结合过往与客户交易的经验、政府有关政策以及其他方面取得的信息等因素进行综合分析。例如,企业已按合同约定将商品送达客户指定地点并经客户验收符合合同要求的规格、品种、质量,企业开出增值税发票并经客户认定符合合同价格的规定承诺付款,通常表明企业能够满足有现时收款的权利。又如,在合同开始日,企业评估合同成立,其后如果后续款项的可回收性发生重大变化,企业可能需要重新评估合同是否成立。在合同成立的基础上,当企业按照与客户签订的合同完成其履约义务,客户已经控制了该商品或服务后,因客户经营情况发生变化等原因(如客户所在国政策突然发生巨大变化等),可能导致企业不具有现时收款的权利。

(二)企业已将该商品或服务的法定所有权转移给客户,即客户已拥有该商品的法定所有权。商品或服务的法定所有权通常表明其由哪一方主导这些商品或服务的使用,并能从中获得这些商品或服务几乎所有的经济利益,或者使其他企业无法获得这些经济利益的能力。因此,商品或服务法定所有权的转移通常表明客户已取得对该商品或服务的控制。如果企业为了确保能收取合同对价(为了防止客户不付款)而保留商品或服务的法定所有权,则并不妨碍客户取得该商品或服务的控制。

(三)企业已将该商品实物转移给客户,即客户已占有该商品实物。客户对商品的实际占有可能表明客户已具有主导该商品的使用并能从中获得几乎所有的经济利益，或者能够限制其他企业无法获得该等经济利益的能力。实务中，某些情况下客户虽然占有了某项商品的实物，但并不意味着一定取得了该商品的控制权（如特定委托代销）。例如，如果企业将商品提供给客户试用或者测评，且客户并未承诺在试用期结束前支付任何对价，这种情况下，在客户接受该商品或者在试用期结束之前，虽然实物转移给了客户，但该商品的控制权并未转移给客户；反之，在某些合同交易安排下，企业可能会持有由客户控制的商品实物，但并不意味着企业取得了该商品的控制权（如售后代管商品）。值得说明的是，原收入准则中提及的"交款提货"的情形，是指客户已经支付了货款，取得了提货单，这种情况下，有些属于售后代管的情形（如客户已经取得了商品的控制权并支付了货款，但应客户要求暂由企业代为保管）；实务中也存在一些特定的交易，如钢贸的标准仓单交易，其提货单已经是可以交易的物权凭证，相当于存货，可能未必属于新收入准则所提及的"售后代管商品"的情形。

（四）企业已将该商品或服务所有权上的主要风险和报酬转移给客户，即客户已取得该商品或服务所有权上的主要风险和报酬。其中，与商品或服务所有权有关的风险主要是指商品或服务可能发生减值或毁损等形成的损失；与其有关的报酬主要是指商品或服务价值增值或通过使用商品等形成的经济利益。企业将商品或服务所有权上的主要风险和报酬转移给客户，通常表明客户已取得主导该商品或服务的使用，并能从中获得几乎所有的经济利益，或者能够限制其他企业无法获得该等经济利益的能力。但是，在评估商品或服务所有权上的主要风险和报酬是否转移时，仅应考虑企业已履行的单项履约义务所承诺的商品或服务的风险，不应考虑导致企业除已转让商品或服务之外产生其他单项履约义务的风险。例如，甲公司与乙公司签订的合同约定，甲公司为乙公司提供设备安装以及后续维护服务，设备安装和后续维护服务各自构成单项履约义务。企业在为乙公司提供设备安装且乙公司验收合格后完成了该项履约义务，虽然后续存在对乙公司的设备提供维护服务的履约义务的相关风险，但是，由于对后续设备的维护服务构成单项履约义务，故该单项履约义务保留的风险并不影响之前的主要风险和报酬转移给客户的判断，即对商品或服务所有权上的主要风险和报酬的转移仅限于对已履行履约义务的商品或服务的评估。

判断企业是否已将商品或服务所有权上的主要风险和报酬转移给客户，应当关注交易的实质，如果与商品或服务所有权有关的任何损失均不需要企业承担，与其有关的任何经济利益也不归企业所有，通常意味着其主要风险和报酬转移给了客户。例如，对于大多数零售商店而言，当零售商店出售其商品给客户，同时将该商品所有权凭证（如开出增值税发票）交付实物后，在不考虑其他因素的情况下，商品所有权上的主要风险和报酬通常随之转移。

（五）客户已接受该商品或服务（该商品或服务已经客户验收）。如果客户已经接受了企业提供的商品或服务，可能表明客户已经取得了该商品或服务的控制权（如客户已验收企业所提供的商品）。合同中有关客户验收的条款，主要是当存在企业为客户提供的商品或服务不符合合同约定的品种、规格或者已接受的商品或服务存在瑕疵等情况下，客户可以根据合同约定解除合同，或者要求企业提供退换、赔偿等补救措施。企业在评估客户何时取得对商品或服务的控制时，应当考虑合同中有关客户验收的条款，即如果客户已经验收了企业的商品或服务，表明客户认同企业所提供的商品或服务符合合同约定的品种、规格、质量等要求；若合同中包含允许客户在商品或服务不符合约定规格的情况下解除合同或要求企业采取补救措施的条款，企业在评估客户何时获得对商品或服务的控制时应对此类条款加以考虑。

如果客户的验收过程仅为一项例行程序，且企业能够客观地确定已按照合同约定的标准和条件将商品或服务的控制权转移给客户时，则企业在判断客户取得商品或服务的控制时点时可不予考虑客户验收条款（如商品质量遵循行业通用标准，验收程序仅为简单清点数量）。例如，甲公司与乙公司签订的合同约定，甲公司为乙公司提供一批 Y 商品，合同规定了 Y 商品的长度和重量，同时规定当甲公司将该批 Y 商品运抵乙公司时，乙公司应检查该商品是否符合合同约定的长度和重量并对此进行验收。本例中，合同约定的验收 Y 商品的条件是一个客观标准，如果 Y 商品的长度和重量在运输过程中不会发生改变，甲公司在乙公司验收前能够客观确定其是否满足合同约定的标准（假定甲公司在 Y 商品出库时按合同约定的标准检查确认无误），乙公司对所收到 Y 商品的验收可能只是一项例行程序。因此，甲公司可在该批 Y 商品出库时确认收入。

实务中，企业应当根据过去对执行类似商品或服务合同积累的经验以及客户验收的结果取得相应证据，以证明客户对商品或服务的验收只是一项例行程序。例如，乙公司为甲公司的常年客户，甲公司为乙公司提供 M 商品（属于标准化产品）已有十年。乙公司对甲公司提供的属于标准化的 M 商品的质量较为信任，从以往经验看，甲公司提供的 M 商品从未发生任何质量（品种、规格、残次、重量、长度等）问题，虽然双方合同规定，乙公司对甲公司提供的 M 商品需经验收程序，但从两年前开始，乙公司对甲公司提供的 M 商品已免予验收，而甲公司在产品发出前会进行严格检查。在这种情况下，虽然合同条款中约定乙公司需履行验收程序，但实务中乙公司基于对甲公司提供的 M 商品质量的信任，已确信甲公司提供的 M 商品能够满足合同约定的标准和条件，且已对甲公司提供的 M 商品免予验收，这些证据表明乙公司对 M 商品的验收只是一项例行程序。如果企业提供的商品或服务在客户验收之前确认收入，还应当考虑是否存在剩余的履约义务（如设备安装），并且评估是否应当对其单独进行会计处理。

如果企业无法客观地确定向客户提供的商品或服务是否符合合同规定的标准或条件的，因企业无法确定客户是否有能力主导该商品或服务的使用并获得其几乎全部的经济利益，则企业在客户验收之前无法得出客户已获得该商品或服务控制权的结论。例如，甲公司与乙公司签订的合同约定，甲公司根据乙公司提供的技术标准专门为其定制一套设备（假定不属于在一段时间内履行的履约义务），合同同时约定，甲公司为乙公司专门定制的该套设备制造完成交付时，需要经过乙公司验收确认。在这种情况下，表明乙公司的验收并不是一项例行程序，甲公司不能在乙公司对该套设备验收并确认合格前确认收入。实务中，定制化程度越高的商品或服务，越难以证明客户验收仅仅是一项例行程序；另外，如果客户在验收完成之前，企业无法确定其商品或服务是否能够满足客户的主观标准（如客户在收到企业为其提供的商品时，基于对企业销售人员个人的信誉主观判断），在这种情况下，企业应当在客户完成验收并接受该商品或服务时才能确认收入。

对于在某一时点履行的履约义务，企业在判断客户是否已取得商品或服务控制权时，上述五个情形中并没有哪一个或哪几个情形是决定性的。实务中，企业应当根据合同条款、上述五个情形表明的相关事实和证据、其他表明客户已取得商品控制权的情形，结合交易实质综合分析，从而判断企业是否将商品或服务的控制权转移给客户以及何时转移，并从客户角度评估客户是否有能力主导该商品或服务的使用并获得其几乎全部的经济利益的能力，或者能够限制其他企业无法获得该等经济利益的能力，从而具体确定收入的确认时点。

【例 13】 甲公司为大型设备制造企业。2020 年 6 月 1 日，甲公司与乙公司签订的合同约定，甲公司为乙公司建造 10 台大型设备，设备设计方案由乙公司提供，如需修改设计方案，应经过乙公司同意。合同同时约定，乙公司应于合同成立日支付合同价格总额 5% 的保证金；如果甲公司未按合同约定完成该批大型设备的建造，甲公司应退回所收取的保证金，如果乙公司违约，保证金不再退回；该保证金在最后一次合同价款结算时（不包括保留合同价格总额6%的质量保证金）一并结算。另外，按照合同价格总额的6%作为质量保证金，在甲公司交付该批大型设备并经过乙公司验收确认后的半年内支付。该合同价格总额为10000万元（不含增值税），甲公司应于2022年12月31日前完成该批大型设备的建造并经过乙公司验收确认（验收不是一项例行程序）。合同成立日，乙公司支付保证金500万元。各方在合同执行期间，均未发生违约事项。

情况1：假定（1）上述合同约定，除合同成立日乙公司支付500万元保证金外，剩余合同价格至甲公司履约义务完成并经过乙公司验收确认后支付；（2）截至2020年12月31日，甲公司已完成的履约进度为30%。

在这种情况下，尽管甲公司已收到500万元保证金（在该批大型设备控制权转移前，甲公司无需退回已收到的保证金；如果乙公司违约，甲公司可不退回保证金），甲公司并不具有就累计至今已完成的履约部分收取款项的权利，不符合新收入准则第十一条（三）"该企业在整个合同期间内有权就累计至今已完成的履约部分收取款项"的条件，即乙公司不能在甲公司履约过程中控制在建的该批大型设备，故不能按某一时段内履行的履约义务确认收入，应在甲公司完成该批大型设备的建造并经过乙公司验收确认时确认收入（作为在某一时点履行的履约义务确认收入）。

情况2：假定（1）上述合同约定，除合同成立日乙公司支付500万元保证金外，双方每半年结算一次合同价款，乙公司将根据其经确认的履约进度支付合同价款（包括成本加合理利润）；（2）截至2020年12月31日，甲公司已完成的履约进度为30%。

在这种情况下，从甲公司角度分析，合同开始日已收到保证金500万元，虽然可以按照每半年根据其履约进度结算收取合同价款，但甲公司仍不能在合同期内任何时点取得收取成本加合理利润的能力，即不具有就累计至今已完成的履约部分收取款项的权利。从乙公司角度分析，乙公司除支付合同价格5%的保证金和保留6%质量保证金外，乙公司具有按照履约进度支付合同价款的义务，但是，乙公司在甲公司制造该批设备过程中并不能实际占有其实物，也不能主导其使用（自用、出售或以其他方式处置该资产），不能控制该批设备，不能表明乙公司已具有主导该批大型设备的使用并能从中获得几乎所有的经济利益，或者能够限制其他企业无法获得该等经济利益的能力。因此，甲公司对该合同不能按某一时段内履行的履约义务确认收入，应按在某一时点履行的履约义务确认收入。

情况3：假定（1）上述合同约定，除合同成立日乙公司支付500万元保证金外，双方每半年结算一次合同价款，乙公司将根据其经确认的履约进度支付合同价款（包括成本加合理利润）；（2）合同规定，如果乙公司取消合同（乙公司不要这批大型设备），甲公司不仅有权保留已收到的款项，还有权根据实际进度要求客户补足已发生的相应成本和合理利润；（3）截至2020年12月31日，甲公司已完成的履约进度为30%。

在这种情况下，甲公司于合同开始日已收到保证金500万元，并按照履约进度每半年与乙公司结算合同价款，结算的合同价款包括已发生的成本加合理利润；同时，如果乙公司取消合同（乙公司不要这批大型设备），甲公司不仅有权保留已收到的款项，还有权根据实际进度要求客户补足已发生的相应成本和合理利润，在不考虑其他因素情况下，这些合同条款可能表明甲公司能够在整个合同期间内就累计至今已完成的履约部分收取款项，但是还需判断该批设备是否具有不可替代用途，以及乙公司是否有能力在甲公司制造过程中控制该批设备等因素，从而判断甲公司对该合同是按某一时段内履行的履约义务，还是按某一时点履行的履约义务。

【例14】 甲公司为房地产开发企业，其自行开发商品房并对外出售。2020年1月5日，甲公司开发某小区的商品房，截至2022年1月20日，该小区的商品房开发完成，达到预定可使用或可销售状态。

本例中，甲公司作为房地产开发企业，自行开发完成的商品房与其他制造企业生产的产品性质相同，均为企业在日常活动中持有以备出售的商品，即使甲公司开发的商品房尚未达到预定可使用或可销售状态，也属于其在日常活动中处于生产过程中的在产品，应作为存货处理。甲公司出售其开发的商品房，应按在某一时点履行的履约义务确认收入。

假定甲公司在开发商品房前预销售（合同成立），客户每套商品房支付100万元的预付款，如果商品房建造完成交付客户时，客户要求退房，则100万元预付款不予退还，但如因甲公司原因导致客户放弃购房（如商品房质量问题），则甲公司应双倍退回客户预付款；其他条件同上。在这种情况下，尽管客户预付了部分购房款，且每一套商品房都有固定并确定的房号，不具有可替代性，但客户预付的款项不足以覆盖甲公司在合同期内任何时点的成本加合理利润，甲公司不具有就累计至今已完成的履约部分收取款项的权利。因此，甲公司应按在某一时点履行的履约义务确认收入。

假定甲公司在开发商品房前预销售（合同成立），收取客户预订的每套商品房的全款，但如客户选择不再购买甲公司所建造的商品房，甲公司扣除全部房款的20%作为违约金，其余款项退回给客户。在这种情况下，尽管客户支付了拟购商品房的全款，且每一套商品房都有固定并确定的房号，不具有可替代性，但一旦客户退房，甲公司除收取房款20%的违约金外，其收取的款项仍不足以覆盖合同期内任何时点发生的成本加合理利润，甲公司仍不具有就累计至今已完成的履约部分收取款项的权利。因此，甲公司应按在某一时点履行的履约义务确认收入。

值得关注的是，合同开始日对于不符合新收入准则关于合同成立需满足的五项条件的合同，企业只有在不再负有向客户转让商品的剩余义务，且已向客户收取的对价无需退回时，才能将已收取的对价确认为收入；否则，应当将已收取的对价作为负债进行会计处理（如在合同开始日不满足合同成立条件而预收的款项）。

六、收入确认应关注的问题

（一）在收入确认的"五步法"中，非常关键的是第五步收入的确认，即第五步是当企业转让合同中承诺的商品或服务时或者在转让过程中确认收入，也就是客户在企业转让所承诺的商品或服务的时点或者过程中获得商品或服务的控制权，能够主导该商品或服务的使用并从中获得几乎全部的经济利益。因而，收入确认的时间（商品或服务的控制权转让的时点或过程中）非常关键。

企业应在合同开始日确定其所承诺的商品或服务的控制权是在某一时段内转移还是在某一时点转移。实务中，究竟是在企业转让所承诺的商品或服务的过程中，还是在转让时点确认收入，最关键的是应判断合同中所承诺的商品或服务控制权的转移是在某一时段内，还是在某一时点。新收入准则要求企业首先确定合同中的每一单项履约义务的控制权是否在某一时段内转移，并对此进行了详细规定，如果商品或服务的控制权不是在某一时段内转移，则属于在某一时点转移其控制权，即首先确定是否在某一时段内履行履约义务。如果是，说明客户在企业履行履约义务的过程中将商品或服务的控制权转移给客户，应在履约义务过程中确认收入；如果不是，则说明客户在企业履约义务完成控制权转移时点确认收入。企业是在某一时段内转移所承诺商品或服务的控制权

（履约过程中确认收入），还是在某一时点转移所承诺商品或服务的控制权（控制权转移时点确认收入），可以根据图1进行判断。

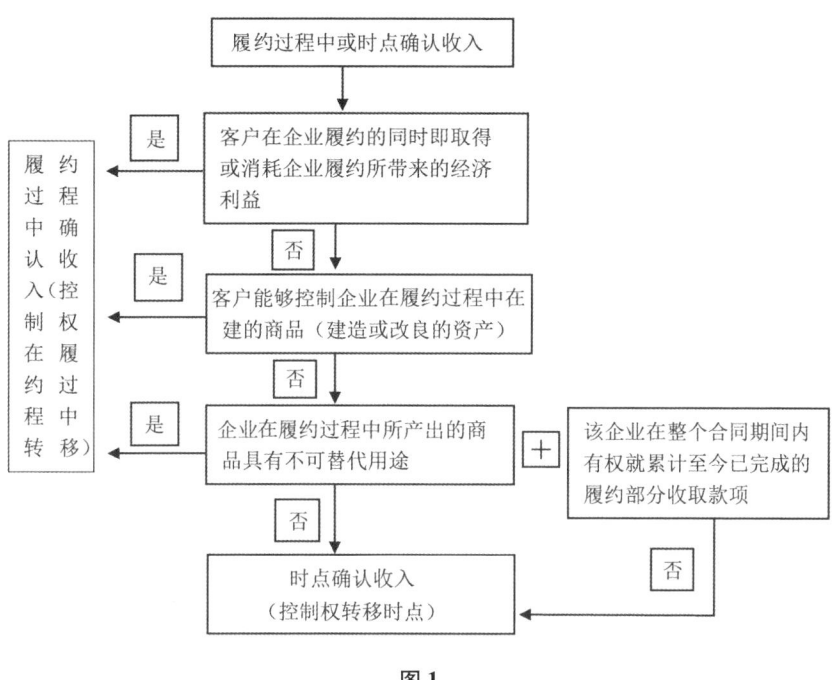

图1

（二）企业对某一时段内履行的履约义务，应视履约义务的类型考虑计量履约的进度，当企业随时准备为客户提供商品或服务，且预期客户在合同期内将均衡地取得并消耗企业履约所带来的经济利益，可能比较恰当的方法是以时间为基础计量履约进度，从而按直线法确认收入；但某些情况下可能并不恰当，如对于年度清扫积雪合同，因冬季下雪才需要清扫积雪，其他季节通常预期不会下雪，清扫积雪工作在一年内是不均衡发生的，客户取得收益的模式和企业履约所做的工作若按直线法分配收入不能反映企业的履约情况，采用直线法是不恰当的。当企业不知道或者不能合理估计客户如何或者何时要求履约，则以时间为基础计量履约进度从而按直线法分配收入可能是恰当的。如企业承诺为客户提供非特定软件的更新或升级，但不能预测提供更新和升级的时间，则企业承诺所提供服务的性质是随时准备为客户提供软件更新或升级，客户在合同期间内可能可从企业随时提供更新或升级的承诺中均衡受益，在这种情况下，以时间为基础计量履约进度而按直线法分配收入是合理的。

七、在某一时点履行的履约义务的特定情况

在某一时点履行的履约义务，企业应当在客户取得商品或服务控制权时点确认收入，而控制权转移关键在于判断客户取得商品或服务控制权的时点，新收入准则给出了一些判断迹象，"企业已将该商品实物转移给客户"是其中应考虑的迹象之一。实务中，当企业已将商品的实物交与客户，客户实际上占有了某项商品的实物，但并不意味着客户一定取得了该商品的控制权；反之，当企业尚未将商品的实物交与客户，虽然客户没有实际占有某项商品的实物，但客户可能已经取得了该商品的控制权。

（一）委托代销安排。这一安排是指委托方与受托方签订代销合同或协议，委托受托方（如经销商或分销商）向终端客户销售商品。实务中，委托代销安排可能会涉及不同的情形：一是委托方与受托方签订合同或协议，委托方按合同或协议收取代销的货款，实际售价由受托方自定，实际售价与合同或协议价之间的差额归受托方所有。如果委托方与受托方之间的协议明确标明，受托方在取得代销商品后，何时出售、以何种方式出售、出售给谁均由受托方决定，无论商品是否能够卖出、是否获利均与委托方无关，则委托方和受托方之间的代销商品交易与委托方直接销售商品给受托方没有实质区别，即委托方在将商品实物转移给受托方时，商品的控制权已转移给受托方，受托方能够主导该商品的使用并从中获得几乎所有的经济利益，或者能够阻止其他企业获得这些经济利益。二是委托方与受托方签订合同或协议，受托方接受委托为委托方代销商品，如果委托方与受托方之间的协议明确标明，委托方在将商品的实物转移给受托方后，委托方仍然保留商品的调配权，商品能否卖出、是否获利均与受托方无关，受托方仅按合同或协议收取代销手续费，表明商品的控制权并未转移给受托方，委托方并不能在将商品实物转移给受托方时确认收入。三是委托方与受托方签订合同或协议，受托方接受委托为委托方代销商品，如果委托方与受托方之间的协议明确标明，受托方对于未售出的商品可以退回给委托方，或受托方因代销商品出现亏损时可以要求委托方补偿，这种情况下，商品相关的风险仍由委托方承担，商品的控制权是否转移需要结合其他具体因素综合判断。四是委托方与受托方签订合同或协议约定，受托方在将受托的商品最终出售后才向委托方付款，即商品未最终出售前受托方不具有支付给委托方商品价款的义务，这种情况下需要具体分析合同中对商品价款支付的约定仅为

对价款支付时间的安排，还是表明受托方不承担相关商品的风险，需要结合其他因素综合判断商品的控制权是否转移。值得注意的是，上述各种情形在实务中还应视合同、相关事实具体考虑商品的控制权是否转移给受托方。

在委托代销安排下，企业应当评估受托方在企业向其转移商品实物时是否已获得对该商品的控制权，如果受托方并未获得对该商品的控制权，通常并不应在委托方向受托方转移商品实物的时点确认销售商品的收入，受托方应当在商品实际销售后（如经销商或分销商已向终端客户销售该商品），按确定的交易价格（如按合同或协议约定的方法计算确定的手续费）确认收入。一项安排是否属于委托代销安排，可以通过下列迹象（包括但不限于）进行判断：(1) 在特定事件发生之前，企业拥有对商品的控制（如经销商或分销商在向最终客户销售或指定期间到期前），如上述第二种情形。(2) 企业能够要求将委托代销的商品退回或者将其销售给其他方（如其他经销方）。(3) 尽管受托方可能被要求向企业支付一定金额的押金，但受托方并没有对这些商品无条件付款的义务，如上述第四种情形。在委托代销安排下，委托方在将商品转移给受托方时通常不应确认收入，受托方也不作购进商品处理，受托方将商品销售后，向委托方开具代销清单，委托方收到代销清单时，再按确定的交易价格确认销售商品收入；受托方应按合同或协议约定的方法计算确定的手续费确认收入。

【例15】甲公司和乙公司均为增值税一般纳税人。2021年8月1日，甲公司与乙公司签订的合同约定：(1) 甲公司委托乙公司销售其生产的5000件Y产品，每件Y产品对外销售价格为250元（不含增值税），甲公司应于合同成立日将5000件Y产品交付给乙公司。(2) 2021年年底，甲公司根据乙公司提供的代销清单按为其代销Y产品的销售价格的5%支付手续费（不含增值税），并按实际销售Y产品的销售价格和增值税额扣除手续费后的金额支付给甲公司，合同成立日至2021年年底双方结算价款期间，乙公司不具有付款的义务。(3) 5000件Y产品在乙公司尚未代甲公司售出前，即为甲公司保管该批Y产品期间，因Y产品发生丢失、损坏（不含因自然灾害导致的毁损），乙公司有义务按销售价格向甲公司赔偿损失。(4) 乙公司不承担包销责任，若5000件Y产品在2021年12月31日前尚未全部对外出售，乙公司有权将剩余Y产品退回给甲公司；如果需要，甲公司也可以将交付乙公司代销的5000件Y产品中调取部分Y产品给其他代销方。甲公司每件Y产品的销售成本为120元，销售Y产品适用的增值税税率为13%（假定甲公司将Y产品交付给乙公司时，增值税纳税义务尚未发生）；乙公司收取代销 Y 产品的手续费适用的增值税税率为 6%；不考虑其他因素。

2021 年 8 月 5 日，合同成立，甲公司将 5000 件 Y 产品交付给乙公司，并经乙公司验收。截至 2021 年 12 月 31 日：（1）乙公司已对外销售 Y 产品 4500 件，已对外（终端客户）开出的增值税专用发票总计金额为 127.125 万元，其中，销售 Y 产品价格合计为 112.5 万元，增值税合计为 14.625 万元。（2）剩余 500 件退回给甲公司（乙公司保管 Y 商品期间，未发生丢失、损失等情形）。(3) 乙公司向甲公司开具代销清单，并向甲公司开具收取手续费的增值税专用发票总计金额为 5.9625 万元，其中，手续费合计 5.625 万元，增值税合计 0.3375 万元。（4）甲公司收到代销清单和手续费发票，并向乙公司开具销售 4500 件 Y 产品的增值税专用发票总计金额为 127.125 万元，其中，销售 Y 产品价格合计为 112.5 万元，增值税合计为 14.625 万元，当日双方结算了相关款项。

本例中，甲公司将 5000 件 Y 产品交付乙公司时，乙公司实际占有了 Y 产品的实物，但是，乙公司仅负责按与甲公司签订合同中约定的价格出售 5000 件 Y 产品，除乙公司因在保管 Y 产品期间发生丢失、损坏（不含因自然灾害导致的毁损）原因需赔偿外，Y 产品是否能够卖出、是否获利均与乙公司无关，没有实际对外出售的 Y 产品可以退回给甲公司，并且甲公司也可以将交付乙公司代销的 Y 产品中调取部分给其他代销方。同时，在合同成立日至 2021 年年底期间，乙公司不具有付款义务，乙公司只能根据实际销售 Y 产品的销售价格的 5% 收取手续费。这些情形表明虽然甲公司将 Y 产品的实物交付了乙公司，但乙公司并不控制 Y 产品，不能主导 5000 件 Y 产品的使用所带来的经济利益，也不能阻止其他企业使用 5000 件 Y 产品。因此，甲公司将 5000 件 Y 产品的实物交付给乙公司时不能确认收入，而应在乙公司将 Y 产品销售给最终客户时确认收入（属于某一时点履行的履约义务）。根据上述资料，甲公司和乙公司的会计处理如下（单位：元，下同）：

1. 甲公司的会计处理。

（1）甲公司将 5000 件 Y 产品的实物交付给乙公司

借：发出商品——乙公司　　　　　　　　　　　　600000
　　贷：库存商品——Y 产品　　　　　　　　　　　　600000

（2）甲公司收到乙公司代销清单并确认 4500 件 Y 产品的销售

借：应收账款——乙公司　　　　　　　　　　　　1271250

贷：主营业务收入——Y产品		1125000
应交税费——应交增值税（销项税额）		146250

借：主营业务成本——Y产品　　　　　　　　　　　540000
　　贷：发出商品——Y产品　　　　　　　　　　　540000

（3）收到退回的500件Y商品

借：库存商品　　　　　　　　　　　　　　　　　60000
　　贷：发出商品——乙公司　　　　　　　　　　60000

（4）支付手续费并结算相关款项

借：销售费用——代销手续费　　　　　　　　　　56250
　　应交税费——应交增值税（进项税额）　　　　3375
　　贷：应收账款——乙公司　　　　　　　　　　59625

（5）收到乙公司支付的款项（销售价格和增值税）

借：银行存款　　　　　　　　　　　　　　　　　1211625
　　贷：应收账款——乙公司　　　　　　　　　　1211625

2. 乙公司的会计处理。

（1）收到代销的5000件Y产品

借：受托代销商品——甲公司　　　　　　　　　　1250000
　　贷：受托代销商品款——甲公司　　　　　　　1250000

（2）对外销售4500件Y产品

借：银行存款　　　　　　　　　　　　　　　　　1271250
　　贷：受托代销商品——甲公司　　　　　　　　1125000
　　　　应交税费——应交增值税（销项税额）　　146250

（3）收到甲公司开出的增值税专用发票

借：受托代销商品款　　　　　　　　　　　　　　1125000
　　应交税费——应交增值税（进项税额）　　　　146250
　　贷：应付账款——甲公司　　　　　　　　　　1271250

（4）退回500件Y产品

借：受托代销商品款——甲公司　　　　　　　　　125000
　　贷：受托代销商品——甲公司　　　　　　　　125000

（5）支付款项并计算代销手续费

借：应付账款　　　　　　　　　　　　　　　　　1271250
　　贷：其他（或主营）业务收入——代销手续费　56250

应交税费——应交增值税（销项税额）　　　　　　3375
银行存款　　　　　　　　　　　　　　　　　　　1211625

【例16】沿用〔例15〕，假定甲公司与乙公司签订的合同约定，甲公司向乙公司交付5000件Y产品，委托乙公司对外销售，其中，2000件由乙公司包销，3000件由乙公司代销。2000件由乙公司包销的Y产品对外销售价格由乙公司确定，甲公司按每件230元的价格向乙公司供货。包销的Y产品发生的丢失、毁损、降价（每件低于230元）出售或者滞留在仓库无法出售等可能发生的损失均由乙公司承担。为甲公司代销的3000件Y产品的相关合同条款以及其他条件同例15。

假定，2021年8月5日，甲公司将5000件Y产品交付给乙公司，并开出2000件Y产品的增值税专用发票。截至2021年12月31日，乙公司包销的2000件Y产品已全部对外出售，每件销售价格为250元；为甲公司代销的Y产品已对外出售2800件，乙公司已对外（终端客户）开出的增值税专用发票金额总计为79.1万元，其中销售价格合计为70万元，增值税额为9.1万元，同时，乙公司将代销清单提交给甲公司，并经甲公司确认；甲公司向乙公司开具相同金额的增值税专用发票金额总计为79.1万元，其中销售价格合计为70万元，增值税额为9.1万元，并收到乙公司开具的代销Y产品按合同约定计算的手续费增值税专用发票金额总计为3.71万元，其中手续费合计为3.5万元，增值税额为0.21万元。

本例中，甲公司与乙公司签订的合同中，甲公司有两项履约义务，一是向乙公司提供2000件Y产品，该项履约义务是甲公司将2000件Y产品交付给乙公司，由乙公司包销，乙公司对外销售价格由其确定，2000件Y产品所发生的损失或收益均由乙公司承担或享有，乙公司实质上已取得该2000件Y产品的控制权。因此，甲公司应在将2000件Y产品交付给乙公司并经乙公司验收，开出增值税专用发票时确认收入（属于某一时点履行的履约义务）；乙公司作为购入2000件Y产品处理，对外出售时确认收入。二是甲公司委托乙公司销售3000件Y产品，2021年年底将未实际对外销售的Y产品退回给甲公司，甲公司根据乙公司实际销售数量支付一定比例的手续费，至于3000件Y产品能否出售、是否发生损失、是否能获得预期的经济利益，不由乙公司控制，乙公司没有实际取得3000件Y产品的控制权。因此，甲公司将3000件Y产品的实物交付给乙公司时不能确认收入，而应在乙公司将Y产品销售给最终客户时确认收入（属于某一时点履行的履约义务）。

(二)售后代管商品安排。售后代管商品是指根据企业与客户签订的合同,已经就销售的商品向客户收款或取得了收款权利,但是直到在未来某一时点将该商品交付给客户之前仍然继续持有该商品实物的安排。

在售后代管商品安排下判断客户是否取得商品控制权时,除了应当考虑客户是否取得商品控制权的迹象之外,还应当同时满足下列四项条件:

1. 该安排必须具有商业实质(如客户可能会因为缺乏足够的仓储空间或生产进度延迟而要求与销售方订立此类合同,即该安排是应客户的要求而订立)。

2. 属于客户的商品必须能够单独识别(如属于客户的售后代管商品是单独存放在指定地点)。

3. 售后代管的商品应当可以随时交付给客户。

4. 企业不能自行使用该商品或将该商品提供给其他客户,即企业不具有使用售后代管商品或将该商品提供给其他客户的能力。

通常情况下,越是通用的、可以和其他商品互相替换的商品,可能越难以满足上述条件。在满足上述条件的情况下,企业对售后代管商品确认了收入的,应当考虑其是否承担其他履约义务(如保管服务等),如果企业承担了其他履约义务,应当将部分交易价格分摊至该履约义务。

对于售后代管的商品,企业仍然持有商品的实物(客户并未实际占有商品的实物),在这种情况下,企业应评估客户何时获得对商品的控制,如果客户已经取得了对该商品的控制权,尽管客户并未实际占有商品的实物,其依然有能力主导该商品的使用并从中获得几乎全部的经济利益,以及阻止其他企业获得这些经济利益,表明企业不再控制该商品,企业仅为客户提供了代管服务,而客户只是决定暂不行使实物占有的权利。

【例17】甲公司为面料生产企业,乙公司为服装加工企业,均为增值税一般纳税人,销售商品适用的增值税税率均为13%,提供商品保管服务适用的增值税税率为6%。2021年7月1日,甲公司与乙公司签订的合同约定,甲公司为乙公司定制一批特殊面料并于2021年9月1日前生产完成,乙公司将派技术人员到甲公司检验并验收该批面料的质量、数量等,该批面料的合同价格总额为2000万元(不含增值税)。因乙公司仓储能力有限,考虑到甲公司与乙公司相邻(相隔只需半小时路程),乙公司加工服装所需该批面料仅需提前1小时到甲公司仓储提货即可。为此,在乙公司的要求下,双方在合同中附有甲公司代为乙公司暂时保管该批面料的条款,乙公司将随服装加工生产进度提前2小时通知甲公司,由乙公司到甲公司仓库提货。假定,甲公司为乙公司定制该批特殊面料构成单项履约义务，销售该批特殊面料属于某一时点履行的履约义务，甲公司为提供类似定制面料的市场价格为1800万元（不含增值税）；甲公司为乙公司暂时保管该批面料也构成单项履约义务，甲公司提供类似仓储保管服务的市场价格为300万元（不含增值税），甲公司预计提供保管服务的期限约为2个月。该合同中，甲公司给予乙公司的折扣共计100万元。甲公司为乙公司定制的该批特殊面料只能用于乙公司加工某特定服装。不考虑其他因素。

甲公司于2021年8月25日已完成该批面料的生产，生产成本为1000万元；2021年8月28日，该批面料经过乙公司技术人员检验合格并有验收记录，当日，甲公司开出提供面料的增值税专用发票并交给乙公司；甲公司在其仓库内特定地方存放乙公司该批面料，并单独标识；乙公司于2021年9月1日支付了面料价款（包括面料的价格及增值税额）。截至2021年9月1日，乙公司尚未到甲公司仓库提货。

2021年9月30日和2021年10月30日，乙公司分两次平均提取该面料，同时，甲公司按其给予乙公司保管该批面料给予的折扣价，分两次开出保管费增值税专用发票；乙公司按合同约定支付了保管费（假定相关增值税进项税额可以抵扣）。

本例中，甲公司与乙公司签订的合同中，甲公司为乙公司定制一批特殊面料且代为保管，构成两项履约义务。其中，向乙公司销售定制面料的履约义务已于2021年8月25日完成生产，2021年8月28日经过乙公司技术人员检验合格并有验收记录，甲公司开出了增值税专用发票。虽然该批面料的实物仍存放在甲公司，但该批面料是应乙公司要求而暂时由甲公司代为保管，已经乙公司技术人员检验合格并验收，并且甲公司存放在其仓库的特定地点能够单独识别，乙公司可以随时到甲公司仓库提货，甲公司不能将该批面料向其他客户提供，甲公司实质上不再拥有该批商品的控制权，满足售后代管商品安排下客户取得商品控制权的所有条件，即乙公司实质上控制了该批面料。因此，甲公司应于该批面料控制权转移时点（2021年8月28日）确认收入。甲公司第二项履约义务为代为乙公司保管该批面料，该保管服务实际上是企业在履约的同时客户即取得并消耗其履约所带来的经济利益，符合按某一时段履行履约义务的条件。为此，甲公司应将2000万元的合同价格总额（交易价格）分摊至两项履约义务，提供面料应分摊的交易价格为1714.29万元［2000×1800÷（1800+300）］，为乙公司保管该批面料应分摊的交易价格为285.71万元［2000×300÷

(1800＋300)]。

理论上,企业收取保管费应按照保管期限的长短计算(如货物保管 1 天收取多少费用),因此保管费应在保管期内按照履约进度确认收入。假设在乙公司将上述面料全部提走之前,用于存放该批面料的区域面积不会因部分提货而减少,保管费按照保管期限计算(即每日、每月收取多少费用),所以在保管期内可以按天或者按月平均确认收入。本例中,甲公司在合同开始日估计的保管期为 2 个月,并按 2 个月进行收费。则甲公司可以在 2 个月内平均确认保管收入。因为甲公司提供的保管义务是"随时供乙公司来提货",甲公司不知道乙公司何时来提货,故可以假设保管义务是均衡发生的,而不与乙公司提货的实际进度挂钩。甲公司和乙公司的会计处理如下:

1. 甲公司的会计处理。

(1)2021 年 8 月 28 日,甲公司确认该批面料的收入

借:应收账款——乙公司　　　　　　　　　　19371477
　　贷:主营业务收入　　　　　　　　　　　　17142900
　　　　应交税费——应交增值税(销项税额)　　2228577
借:主营业务成本　　　　　　　　　　　　　10000000
　　贷:库存商品——Y 商品　　　　　　　　　10000000

同时,应在备查簿中记录为乙公司代保管该批面料的数量、金额等,并做好实物保管工作。

(2)2021 年 9 月 1 日,收到乙公司支付的款项

借:银行存款　　　　　　　　　　　　　　　19371477
　　贷:应收账款——乙公司　　　　　　　　　19371477

(3)2021 年 9 月 30 日,甲公司按照估计的保管期分期确认收入

借:银行存款　　　　　　　　　　　　　　　1514263
　　贷:其他业务收入(2857100×50%)　　　　1428550
　　　　应交税费——应交增值税(销项税额)　　85713

(4)2021 年 10 月 30 日,乙公司再次从甲公司仓库提货,其会计处理同上述(3)

2. 乙公司的会计处理。

(1)2021 年 8 月 28 日,乙公司验收该批面料

借:原材料——甲公司仓库　　　　　　　　　17142900
　　应交税费——应交增值税(进项税额)　　　2228577

　　　　贷：应付账款——甲公司　　　　　　　　　　　19371477

（2）2021年9月1日，支付价款

　　借：应付账款——乙公司　　　　　　　　　　　19371477

　　　　贷：银行存款　　　　　　　　　　　　　　　19371477

（3）2021年9月30日，乙公司从甲公司仓库提货

　　借：原材料——在库　　　　　　　　　　　　　　8571450

　　　　贷：原材料——甲公司仓库　　　　　　　　　　8571450

　　借：管理费用　　　　　　　　　　　　　　　　　1428550

　　　　应交税费——应交增值税（进项税额）　　　　　85713

　　　　贷：银行存款　　　　　　　　　　　　　　　　1514263

（4）2021年10月30日，乙公司再次从甲公司仓库提货，其会计处理同上述（3）

值得说明的是，客户支付给企业的保管商品发生的仓储费用，是否应计入原材料成本。按照《企业会计准则第1号——存货》第六条规定，"存货的采购成本，包括购买价款、相关税费、运输费、装卸费、保险费以及其他可归属于存货采购成本的费用"，第九条规定，除在生产过程中为达到下一个生产阶段所必需的仓储费用外，企业发生的存货仓储费用不计入存货成本。本例中，因为乙公司已经控制了原材料并且原材料也已经达到了预定可使用状态，原材料放在乙公司自己的仓库里还是放在租赁的仓库（甲公司仓库）里，会计处理都是一样的，即不能计入采购原材料的成本。但仓储费能否计入"服装（产成品）"的成本？按照新收入准则规定，除非仓储环节是企业（本例为乙公司）进行下一步生产的必要阶段，仓储费才能计入相关产成品的成本。通常情况下，仓储费不能计入生产产品的成本（如本例的仓储费不能计入乙公司制造服装的成本），但某些企业发生的仓储费是企业进行下一步生产的必要阶段（如酿酒过程中发生的仓储费），则可将发生的仓储费计入所生产产品的成本。

【例18】 A公司专门从事生产和销售某种车型小轿车发动机，为各汽车制造厂提供该种小轿车发动机。2021年10月25日，A公司与B公司签订合同约定，A公司为B公司提供8000台小轿车发动机，并于2021年12月31日前将该批发动机的控制权转移给B公司。因B公司没有能放置8000台发动机的仓储空间，应B公司要求，双方在合同中约定，A公司在2022年1月至5月按照B公司的指令发货，将该批发动机分两次运送至B公司指定的地点。截至

2021年12月31日，A公司库存的上述发动机2万台，其中8000台为销售给B公司。但是，A公司将8000台销售给B公司的库存发动机，与其余1.2万台库存发动机一并存放在仓库统一管理，当B公司要求A公司发货时，A公司可以根据B公司要求的数量从所有存货中随意选择8000台发动机发货，即库存2万台发动机可以互相替换。假定，A公司根据B公司指令，于2022年1月10日和2022年4月10日，分别将3000台、5000台发动机发往B公司，B公司于发货当日收到并验收入库，A公司根据B公司确认入库的发动机，按照合同约定价格分别开出增值税专用发票；A公司销售8000台发动机并根据B公司指令发货构成单项履约义务。

本例中，由于B公司仓储能力有限，应B公司要求，A公司与B公司在合同中约定按照B公司指定时间发货，并将该批发动机分两次运送至B公司指定地点，在尚未收到B公司发货指令前，该批发动机保存在A公司仓储，由A公司负责保管。但是，一是B公司所购8000台发动机在A公司仓库中没有单独存放在指定地点保管（即B公司所购发动机不能单独识别）；二是A公司在向B公司交付8000台发动机前，能够自行调配该批发动机，将其提供给其他客户（出售给B公司的8000台发动机与A公司的其他发动机可以互相替换），故2021年12月31日，8000台发动机的控制权没有转移给B公司。甲公司应于2022年1月10日和2022年4月10日分别确认收入。

收入准则解释

——合同成本

一、合同取得成本

(一) 合同取得成本会计处理的一般原则

原收入准则对于与收入合同相关成本的会计处理仅提供了有限的指引,如原《企业会计准则第 15 号——建造合同》规定:"因订立合同而发生的有关费用,应当直接计入当期损益",并且在相关讲解中特别说明:"建造承包商为订立合同而发生的差旅费、投标费等,能够单独区分和可靠计量且合同很可能订立的,应当予以归集,待取得合同时计入合同成本;未满足上述条件的,应当计入当期损益"。实务中,因会计准则指引有限,对于取得合同所发生的成本,有些企业按照其他准则的原则采用资本化的方法,有些企业则采用费用化的方法,导致实务处理存在差异。国际会计准则理事会(IASB)在制定《国际财务报告准则第 15 号——客户合同收入》(IFRS15)时,考虑到如将企业取得合同的所有成本均在发生时确认为费用,可能会对财务报表使用者产生误导。例如,如果在某些长期服务合同开始时将销售佣金全额确认为费用,而实务中企业与客户签订合同确定的合同定价实质上包含了合同取得成本且预计能够收回的,将会导致一项符合资产定义和确认条件的支出没有确认为资产的情形。为此,新收入准则规定,企业为取得合同发生的增量成本预期能够收回的,应当作为合同取得成本确认为一项资产。增量成本,是指企业不取得合同就不会发生的成本,如销售佣金等。与原收入准则(建造合同准则)不同的是,新收入准则将企业为取得合同而发生的差旅费、投标费等确认为费用,将为取得合同而发生的增量成本(如销售佣金)在符合条件情况下确认为一项资产。例如，高尔夫球俱乐部接纳会员，按每取得一个会员实际支付的入会金额的一定比例给予推销人员的提成，属于增量成本，即高尔夫球俱乐部不取得会员就不会发生给予推销人员的提成支出，该提成预期会从高尔夫球俱乐部未来为会员提供的服务的收入中得到补偿。

企业无论是否取得合同均会发生的取得合同成本不应资本化确认为资产，应于发生时确认为当期费用，即企业为取得合同发生的、除预期能够收回的增量成本之外的其他支出，应当在发生时计入当期损益，除非无论是否取得合同此类成本均已明确是可向客户收取的以外（如合同约定由客户承担的投标费用）。例如，企业为投标发生的差旅费、投标费、标书印刷费、外部律师费、广告费、支付给销售人员的工资，以及为准备投标资料发生的其他相关费用等，这些费用虽然是企业为取得合同而发生的，但企业只要参与投标活动均会发生这些费用，且这些费用并不一定确保企业最终能够取得合同，即企业无论是否能够取得合同均需发生的费用不属于增量成本的概念。

【例1】甲公司拟通过竞标方式选择供应商为其提供某项金融投资咨询服务，为此，甲公司2020年11月1日在其网站上公开招标，要求包括为其提供目前及未来证券市场趋势、投资策略、投资组合方式等内容的一份详细的研究报告，时间自2021年12月1日至2022年3月31日。甲公司于2020年11月25日组织专家对投标单位进行评估并选出为其提供服务的供应商。

根据甲公司竞标要求，乙公司在规定时间向甲公司提供其投标文书，甲公司于2020年11月25日通过专家评估选择乙公司为其提供金融投资咨询服务。双方于2020年11月30日签订了咨询服务合同，合同价格总额为50万元（不含增值税）。假定，甲公司与乙公司不存在关联关系，以前年度也未曾发生业务往来。

乙公司为取得甲公司咨询服务合同累计发生支出3.5万元，其中，发生差旅费1.2万元，标书印刷费0.1万元，投标费0.2万元，支付销售人员佣金1.2万元，聘请相关机构收集甲公司投资相关信息0.8万元。另外，乙公司根据年度考核情况给予其内部高级管理人员以外的个人支付年度奖金30万元，并按实现净利润的2%支付给高级管理人员激励10万元。乙公司预计上述费用能够收回。

本例中，乙公司为取得甲公司咨询服务合同发生的差旅费、标书印刷费、投标费、收集甲公司投资相关信息发生支出合计2.3万元（1.2+0.1+0.2+0.8），这些费用无论是否取得合同都会发生，不属于合同取得成本的组成部分，应在其发生时直接计入当期损益（销售费用）。乙公司因取得甲公司咨询服务合同而向销售人员支付的佣金1.2万元，是乙公司不取得该合同就不会发生的成本，属于为取得该合同发生的增量成本，并预期能够通过为甲公司提供的金融咨询服务取得的50万元收回，该项增量成本应确认为一项资产。

至于乙公司根据年度考核情况给予其内部高级管理人员以外的个人支付年度奖金和按实现净利润的2%支付给高级管理人员激励合计40万元，该奖金或激励主要取决于乙公司的整体盈利情况、个人业绩、内部考核等（尽管取得甲公司合同也构成乙公司整体盈利、个人业绩考核的一部分）因素，但并不与取得甲公司咨询服务合同直接相关，即乙公司支付给其个人或高级管理人员的奖金或激励并非可直接归属于可辨认的特定合同，不属于为取得合同而发生的增量成本。

【例2】丙公司为扩大销售量，拟定内部销售人员奖励政策包括：(1) 销售人员每取得一份新合同，可以获得合同价格总额0.1%的提成；(2) 销售人员在现有合同基础上每份合同每续约一次，可以获得续约合同价格总额0.05%的提成；(3) 因客户在原合同基础上进行变更的，如果客户向丙公司支付额外的对价以额外购买其产品的，丙公司根据每份合同变更后新增合同金额的0.02%给销售人员提成。2020年度，丙公司因推销其产品，实际发生支出10.8万元，其中，为投标而发生的差旅费2万元，为解决合同纠纷聘请外部律师费2.5万元，标书印刷费0.3万元，取得新合同给予销售人员提成3.5万元，因合同续约给予销售人员提成1.7万元，因合同变更给予销售人员的提成0.8万元。乙公司预计发生的上述费用可以通过未来向客户提供产品收取的对价收回。

根据上述增量成本的概念，本例中，只有支付给销售人员提成才构成增量成本，丙公司为取得新增合同、续约合同、在原合同基础上变更增加合同金额给予销售人员的提成合计为6万元（3.5＋1.7＋0.8）为合同增量成本，而发生的投标差旅费、为解决合同纠纷聘请外部律师费、标书印刷费不属于增量成本，应直接计入当期损益。由于丙公司给予销售人员的提成预计能够收回，丙公司应当将为取得的新增合同而给予销售人员的提成3.5万元确认为一项资产，因合同续约而给予销售人员的提成1.7万元应在每次续约且合同成立时确认为一项资产，因合同变更给予销售人员的提成0.8万元在合同变更且变更的合同成立时确认为一项资产。

(二) 合同取得成本会计处理应特别关注的几个问题

1. 实务中，企业是否支付佣金取决于企业能否取得若干合同或者能够执行若干合同等因素，企业可能难以确定其支付的佣金是否属于为取得合同而发生的增量成本。为此，IASB 曾考虑是否应允许对合同取得成本的会计处理作为一项会计政策，由企业自主选择对合同取得成本是确认一项资产还是将其确认为当期费用并同时披露该会计政策的选择，这一做法符合此前美国公认会计原则中针对公共主体的收入确认要求。但是，IASB 经研究后认为，在 IFRS15 中引入会计政策选择将削弱会计信息的可比性，因而无法实现新收入准则旨在改进各类企业和各行业之间的可比性的关键目标。因此，IASB 决定不允许企业针对合同取得成本作为会计政策选择，即符合增量成本的概念且预期能够收回的合同取得成本，应资本化确认为一项资产，否则确认为当期费用。同时，新收入准则允许企业对于合同取得成本采用简化处理方法，即对于合同取得成本形成的资产，其摊销期限不超过一年的，可以在发生时计入当期损益。

2. 新收入准则规定的合同取得成本，仅为企业取得合同所发生的增量成本，该增量成本为能够明确辨认与合同相关的成本，并且企业预期能够收回这些成本的，才能作为一项资产进行会计处理。该合同取得成本除包括初始取得合同所发生的增量成本，也包括因现有合同续约或发生合同变更需要支付的额外增量成本，这是因为如果不发生合同续约、合同变更就不会支付相应的成本。企业取得合同所发生的增量成本，除销售佣金外，可能还包括其他属于增量成本且预期能够收回的成本。

实务中，有些企业设置的销售目标比较笼统，难以对应到具体合同。IASB 认为，能够作为增量成本的情形是按区间给予的提成，比如少于 10 个合同不给予提成，达到 10~19 个合同则全部合同都提成 2%，达到 20 个以上则全部合同都提成 5%。这种情况下，企业虽然设置了总目标，但对每个销售人员来说，每单合同的提成比例其实是一样的，佣金仍然可以对应到具体合同。

3. 只有企业为取得合同预期能够收回的增量成本才能资本化确认为一项资产；如果企业为取得合同预期不能收回的增量成本，应当费用化确认为当期费用，除非无论是否取得合同此类成本均已明确是可向客户收取的。

4. 合同变更发生的增量成本，无论相关合同变更属于哪种情形（新收入准则第八条所述的合同变更情形），均应当将应支付的增量成本视同为取得合同（变更后的合同）发生的增量成本进行会计处理。

5. 如果企业为取得合同发生的、除预期能够收回的增量成本之外的其他支出明确由客户承担的，则不属于企业为取得合同而发生的增量成本。实务中，某些合同安排可能会约定企业取得合同发生的部分费用由客户承担，在这种情况下，由客户承担的这些费用并非是企业为取得合同而发生的直接成本，也不是企业为取得合同而发生的增量成本。例如，招标方承诺投标方为投标而发生的住宿费用由其负担，因投标方并未承担该住宿费用，无论投标方是否获得此合同，投标方账面不会反映相关费用，如果投标方垫付了相关费用，则应反映为对招标方的应收款项。

6. 如果企业所涉及的合同取得成本的安排比较复杂的，企业应当根据合同条款、事实进行判断，对发生的合同取得成本进行恰当的会计处理（如首先应判断该合同取得成本能否资本化，能够符合资本化条件形成资产的，应确定资本化的时间和金额，同时识别所对应的合同和判断适当的摊销方法和期间）。当企业发生的合同取得成本与多份合同相关，可以按照各项合同价格总额的一定比例（或其他更合理的方法）分摊合同取得成本，并在各项合同履约时或履约过程中分摊合同取得成本。某些情况下企业支付的佣金金额取决于客户未来的履约情况；或者取决于累计取得的合同数量或金额等。例如，企业内部规定，只有取得合同金额累计达到500万元（多份合同）时才向销售人员支付佣金，佣金的比例是合同金额的1%。企业应当估计能否达到该销售金额，如果预计能达标，则在销售人员签订每一份合同时，就要按照1%的比例计提合同取得成本。合同取得成本是否资本化确认为一项资产，可以根据图1进行判断。

【例3】沿用例2，假定丙公司除新增合同、合同续约、修改合同增加的合同金额所给予销售人员提成外，还按照当年所有已履约合同的累计合同金额的0.1%给予销售人员提成；另外，向销售部门的负责人酌情支付年度奖金2万元。

本例中，丙公司按照当年已履约所有新增合同、续约合同和修改合同增加的合同金额计算的累计合同金额的0.1%给予销售人员提成，属于丙公司为取得合同而发生的增量成本，该增量成本与多份合同相关，可以按照每份合同价格总额（交易价格）的比例分摊至每一合同。向销售部门的负责人酌情支付的年度奖金2万元，是基于对销售部门业绩的年度考核、销售部门负责人年度个人的业绩情况给予的综合奖金，不属于为取得合同或续约合同而发生的增量成本。

7. 企业为取得合同需要支付的佣金在履行合同的过程中分期支付，并且

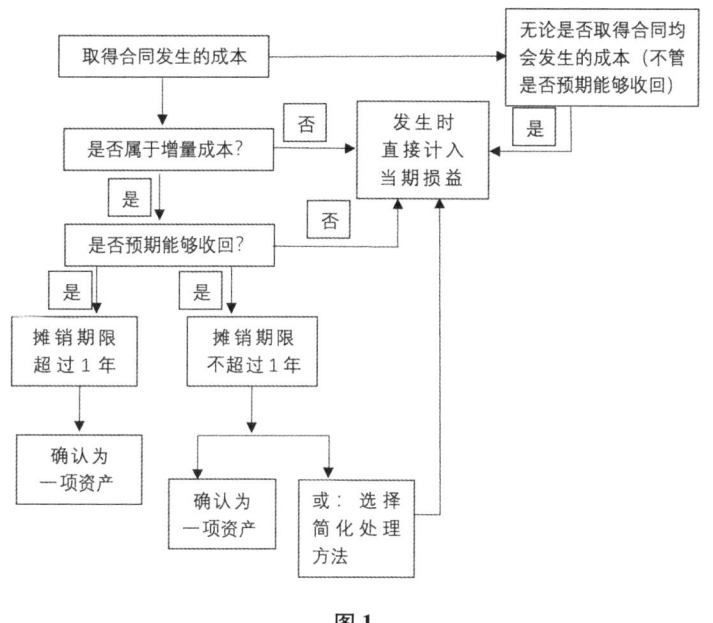

图 1

客户违约时企业无需支付剩余佣金的，应分情况进行处理：

（1）合同开始日经评估满足合同成立条件的（即满足新收入准则第五条规定的五项条件），如果企业预期该合同支付的佣金能够从客户支付的对价中获得补偿，并且取得合同后，收取佣金的一方不再为企业提供任何相关服务，企业应当将应支付的佣金全额作为合同取得成本，确认为一项资产。例如，企业通过某中介机构取得一份合同，按与中介机构的协议约定应支付给该中介机构佣金15万元，佣金随着客户的回款金额分期支付，若客户违约，则剩余佣金无需支付；中介机构为企业取得合同后不再为其提供任何服务。这种情况下，如果企业预期所支付的佣金能够从所取得的合同中得到补偿，应将应支付的15万元佣金确认为一项资产。

（2）合同开始日经评估满足合同成立条件的（即满足新收入准则第五条规定的五项条件），如果后续期间，客户的履约情况发生变化，企业应当重新评估该合同是否依然成立，如果合同依然成立，企业还应当考虑已确认为资产的合同取得成本是否发生减值，如发生减值的，按合同取得成本减值进行会计处理；如果经重新评估合同不再成立，可能需要分析具体情况，比如合同因对方违约取消，评估违约金或赔偿款能否覆盖合同成本等因素，并考虑是否发生减值。

（3）根据合同约定，如果客户违约企业将收回已经支付佣金的，应先重新评估合同是否成立，对于尚未摊销的合同取得成本进行减值测试。但是在做减值的时候，会同时考虑从销售人员那里收回的佣金和执行剩余合同预期有权从客户收到的对价中是否能够弥补合同取得成本。例如，甲公司与乙公司新签订一份服务合同约定，甲公司为乙公司提供一项服务，合同价格总额1000万元，合同同时约定，乙公司按照甲公司履约进度付款。为取得该合同，甲公司支付销售人员佣金10万元并在合同成立时一次性支付（假定甲公司与其销售人员约定，如果合同对价不能执行的，需退回部分已支付的佣金），为此，甲公司确认一项资产（合同取得成本）。乙公司在甲公司履约50%前均能按照履约进度付款，甲公司已按履约进度确认了50%的收入，并且摊销了50%的合同取得成本。其后，因乙公司信用状况开始恶化，不能再按甲公司的履约进度支付合同对价，因而甲公司重新评估该合同，经重新评估后认为该合同不再成立，不能再确认收入。在这种情况下，甲公司对合同取得成本的账面余额进行减值测试时，应当考虑销售人员退回的佣金对合同取得成本减值的影响，本例中假定销售人员应退回佣金3万元，则合同取得成本应计提的减值为2万元（合同取得成本的账面价值5万元－退回的佣金3万元），对于销售人员应退回的佣金从合同取得成本转入"其他应收款"。

8. 企业因取得合同而发生的合同取得成本，确认为一项资产，在账务处理时，应设置"合同取得成本"科目进行单独核算，该科目核算企业为取得合同发生的、预期能够收回的增量成本，包括初始取得合同所发生的增量成本，也包括因现有合同续约或发生合同变更需要支付的额外增量成本，但不包括由客户承担的费用。

二、合同履约成本

（一）合同履约成本会计处理的一般原则

企业编制的利润表（综合收益表）中，营业收入的指标非常重要，因此，企业按照新收入准则确认和计量的收入金额，应能客观反映企业因履行合同义务预期交付商品或服务而有权获得的对价。然而，利润表中确认利润的金额与确认收入的金额同样重要，在确认和计量收入的同时，不可避免地会涉及确认和计量与收入相关的成本。原收入准则中也涉及了某些合同成本的确认和计量规定（如原《企业会计准则第 15 号——建造合同》中规定了合同成本的构成、确认和计量要求）。由于其他会计准则也涉及某些资产成本的确认和计量规定（如存货成本的确定），而某些履约合同成本的确认和计量并未有相应会计准则的规定，因此新收入准则对企业为履行合同而发生的成本分以下情况处理：

1. 企业履行合同而发生的成本，属于其他会计准则规范范围的，应当按照相关企业会计准则的规定进行会计处理。例如，企业履行合同而发生的成本，属于《企业会计准则第 1 号——存货》（以下简称存货准则）、《企业会计准则第 4 号——固定资产》（以下简称固定资产准则）、《企业会计准则第 5 号——无形资产》（以下简称无形资产准则）等规范范围的，应当分别按照上述有关存货准则、固定资产准则、无形资产准则关于成本确认和计量的规定进行会计处理，按这些准则规定企业发生的不应计入资产成本的费用不应确认为一项资产。例如，企业为了让自己的员工更好地为客户提供服务，对自己的员工提供有关了解客户设备的操作方法的培训而发生的费用，因企业无法控制这些员工所带来的预期未来经济利益，其发生的培训费用不符合无形资产的定义，根据无形资产准则，培训费不能确认为一项无形资产。

2. 企业履行合同而发生的成本，不属于其他会计准则规范范围，并且同时满足下列条件的，应当作为合同履约成本确认为一项资产：

（1）该成本与一份当前或预期取得的合同直接相关，包括直接人工、直接材料、制造费用或类似费用、明确由客户承担的成本以及仅因该合同而发生的其他成本。

直接人工包括企业为履行客户合同而支付给直接为该合同客户提供服务人员的工资、奖金等；直接材料包括企业为履行客户合同而耗用的原材料、燃料、其他辅助材料、零配件、半成品的成本，以及发生的周转材料等的摊销或租赁费用；制造费用或类似费用包括企业为组织和管理与为履行客户合同相关的生产、施工、服务等活动发生的费用，如生产车间管理人员的职工薪酬、劳动保护费、固定资产折旧费及不符合资本化条件的修理费、物料消耗、水电费、取暖费、办公费、差旅费、财产保险费、工程保修费、排污费、临时设施摊销费等。

明确由客户承担的成本。例如，A 公司为 B 公司提供咨询服务，根据新收入准则，应在某一时点确认收入。合同约定，A 公司为 B 公司提供咨询服务前期需进行的调研费用由 B 公司承担，该项调研支出是 A 公司提供咨询服务所发生的费用,应计入合同履约成本,由 B 公司承担的该调研费用将作为支付 A 公司对价的一部分。

仅因该合同而发生的其他成本。包括支付给分包商的成本、机械使用费、设计和技术援助费用、施工现场二次搬运费、生产工具和用具使用费、检验试验费、工程定位复测费、工程点交费用、场地清理费等。

值得注意的是,该成本与一份当前或预期取得的合同直接相关,即与企业预期取得且能够明确识别的合同相关(如现有合同续约后的合同、尚未获得批准的特定合同等)。实务中常常会出现合同尚未获得批准但企业已开始为客户生产或建造或提供服务的情况,即合同签订并经批准滞后于企业提供商品或服务。例如,某公司中标后就开始为客户提供服务,因而发生了相关支出,但合同细节双方尚在商讨还未正式签约。

另外,属于新收入准则规范范围内、为履约进行生产准备活动而发生的成本,如果该生产准备活动(如企业为履约需预先调动设备和人员、准备生产场地、设计新工艺等活动)并不是客户合同中所承诺的一项商品或服务,则该发生的成本应当作为合同履约成本进行会计处理。但是,企业为履行合同而开展的初始活动通常不构成履约义务(如为订立合同而发生差旅费等行政费用),不应确认为合同履约成本,除非该活动向客户转让了可明确承诺的商品或服务。

(2)该成本增加了企业未来用于履行(包括持续履行)履约义务的资源。例如,甲公司与乙公司签订的合同约定,甲公司为乙公司订制大型专用设备。甲公司为履行与乙公司的合同,专门搭建了建造该大型专用设备所需的基础平台,该基础平台不仅能为建造乙公司大型专用设备所用,也可以用于其他公司订制类似设备所需,或者也可用于甲公司自身建造大型通用设备,但向乙公司提供的其定制的大型专用设备则不包括该基础平台。在这种情况下,甲公司履行合同义务而建造的基础平台所发生的成本,实质上增加了企业未来用于履行履约义务的资源,在满足固定资产确认其他条件的基础上可以确认为甲公司的一项固定资产。而如上所述,企业对自己的员工提供培训而发生的费用,因企业无法控制这些员工所带来的预期未来经济利益(如这些员工离职等),企业为对自己的员工进行培训而发生的成本并未增加企业未来履行履约义务的资源,因而不能确认为一项资产。

(3)该成本预期能够收回。这里的成本是指只有与合同直接相关的成本才应纳入相关资产的成本(如企业为履行客户合同而发生的直接材料)。通常情况下，企业与客户签订的合同所确定的交易价格不仅能够收回因履约而发生的成本，而且能够取得合理利润，但在某些情况下，企业与客户签订的合同可能是一项亏损合同，此时，企业在履行履约义务时所发生的成本预期大于合同确定的交易价格而产生的亏损，应按照亏损合同会计处理的原则进行处理。

为了避免企业将收入和成本平均分摊至合同存续期而平滑整个合同期间的利润，新收入准则实质上规定了只有满足资产定义的成本才能确认为一项资产，也就是企业为履行客户合同而发生的相关成本，只有能够形成用于在未来履行履约义务的资源且预计可收回的成本才满足确认为资产的条件；如果未来履行履约义务时不能形成用于在未来履行履约义务的资源或者预计不能收回相关成本，不符合资产确认条件的，不能确认为一项资产（如企业为履行客户合同而发生的经营亏损、企业在履约合同时发生的非正常消耗）。

企业为履行合同发生的合同履约成本，单独设置"合同履约成本"科目，核算企业为履行当前或预期取得的合同所发生的、不属于其他企业会计准则规范范围，并且按照新收入准则应当确认为一项资产的成本，企业因履行合同而产生的毛利不在该科目核算。在具体进行账务处理时，企业可按合同性质，在"合同履约成本"科目下分别设置"服务成本""工程施工"等明细科目进行核算。

【例4】2020年6月15日，甲公司与乙公司签订的合同约定，甲公司为乙公司提供全球同行业的相关信息资料，包括数据信息和其他重要的非数据信息，合同期限为5年，每年合同固定价格为300万元（不含增值税）。合同于2020年6月30日经双方管理层批准，双方约定甲公司应于2020年10月1日起开始向乙公司提供同行业相关信息资料。

为履行与乙公司的合同，甲公司首先需搭建一个信息技术平台，该信息技术平台由相关硬件和软件组成。为此，甲公司与丙公司签订的合同约定，由丙公司为搭建的信息技术平台提供整体设计方案、相关硬件设备和软件系统并进行整合、测试，合同价格总额为780万元（不含增值税），其中整体设计方案价格为130万元，硬件设备价格为450万元，软件系统价格为200万元；甲公司预计该信息技术平台可以使用15年，预计软件系统可以使用6年。丙公司于2020年8月10日为甲公司设计方案，搭建信息技术平台、提供相关硬件和软件系统并整合、测试，经甲公司验收达到预定可使用状态。假定甲公司搭建的信息技术平台以及相关的硬件和软件均符合资产定义和确认条件。

甲公司对其搭建的信息技术平台只为客户提供信息服务，客户需要甲公司提供相关信息时，甲公司需要提供设计方案，将其信息技术平台与客户信息系统对接并测试。2020年，甲公司为乙公司提供信息服务累计发生成本330万元，其中，设计费50万元、购买硬件和软件以及测试发生的成本120万元、人工成本80万元、收集信息成本50万元、其他成本30万元。本例不考虑增值税及其他因素。

本例中，甲公司为履行合同发生的各种成本，应分别情况处理：甲公司为支付丙公司为其搭建的信息技术平台提供整体设计方案、相关硬件设备和软件系统并进行整合、测试的780万元，属于甲公司为能给予客户提供信息所需的基础平台，并不出售给乙公司，也不会出售给其他客户，该平台不仅为乙公司提供服务，未来还可以为其他客户提供类似服务。甲公司为搭建该信息技术平台所发生的支出，符合资产定义和确认条件，应分别按照固定资产和无形资产准则进行会计处理。甲公司为此发生的780万元支出，其中信息技术平台整体设计130万元可以确认为无形资产，取得硬件设备支付450万元确认为固定资产，取得软件系统支付的200万元确认为无形资产，并按各自的预期使用期限进行折旧或摊销。2020年，甲公司为履行合同义务发生的设计费、购买硬件和软件测试费、人工成本、收集信息成本和其他成本330万元，确认为合同履约成本。

值得注意的是，企业在生产某些产品或者提供服务的过程中，鉴于对生产或服务过程技术、流程等掌握情况，先期的成本会比较高，随着时间的推移其生产技术、流程等改进会提高生产或服务效率，由此成本也可能会逐渐下降，这种情况可能并非与客户合同有关。针对上述情况，新收入准则已经涵盖了在同时满足"企业具有交付指定数量单位的单项履约义务"以及"该履约义务是在一段时间内履行"两个条件的情况下的情形，即企业应选择一种能够反映其在某一时段内向客户转让商品或服务的计量进度的方法来确认收入，而企业很可能选择一种方法（如投入法）以对相对于较晚生产的产品而言，对较早生产的产品确认更多收入和费用，以反映企业在合同早期的履约具有更高价值，因为如果企业只出售一个单位数量，理论上企业向客户收取的价格将会高于客户购买多个单位数量时所支付的平均单价。因此，企业选择的向其客户转让指定数量单位的商品或服务的计量进度的方法确认收入并结转相应的成本处理方法是恰当的。满足上述两个条件情况之外的情形，可能适用于其他相关准则的规定，如对生产标准化产品的企业而言，可以按照存货准则的规定选择一种销售产品成本的计量方法（如加权平均法等）。

（二）预期先期亏损的合同

实务中，企业与客户签订的某些合同中所能取得的对价金额不仅不能获得合理利润，还不能补偿其所发生的成本（亏损合同），在这种情况下，首先应考虑先期亏损合同与后续其他合同是否应进行合同合并。如需合同合并，应根据合并后的合同进行判断并进行相应的会计处理。如不应合并，但预期先期合同的亏损可以由后续合同收回时，可考虑亏损的部分是否符合资本化条件，如不符合资本化条件，即使从经营的延续性看该业务整体上是盈利的，也仍然需要在亏损合同发生时根据准则确认相关损失。在多数情况下，若合同中的履约义务要求交付产品的，与该产品相关的成本应根据存货准则规定的成本确认和计量方法进行会计处理，在产品的控制权转移给客户时，其相关的成本结转至当期损益。因此，当企业与客户签订的合同中明确知道向客户转移一项可明确区分的商品或服务的控制权时会发生亏损，应根据存货准则的规定先确认存货减值损失，超过该合同下已确认存货金额的亏损计入当期损益。

【例5】甲公司与乙医院签订的合同约定，甲公司销售给乙医院一台医用测试设备，并同时赠送1万份与该设备一起使用的配套试剂，销售合同价格总额为1200万元（不含增值税），假定医用测试设备和配套试剂都是可明确区分的，甲公司销售一台医用测试设备的单独售价为1000万元，1万份配套试剂的单独售价为600万元（每份试剂600元）；销售一台医用设备的销售成本为800万元，1万份配套试剂的销售成本为480万元（每份试剂成本480元）。合同同时给予了乙医院一项选择权，即如果乙医院继续购买与该设备相关的配套试剂，甲公司将按照每个配套试剂0.055万元（每份试剂550元，不含增值税）的价格出售给乙医院。甲公司基本确定乙医院将会在以后3年内购买8万个配套试剂。

本例中，从甲公司与乙医院签订的合同看，该合同为一份亏损合同，即甲公司可获得的对价1200万元，减去成本1280万元（800＋480），亏损80万元。但因合同中给予乙医院未来3年继续购买配套试剂的选择权，且继续购买每份试剂的单位销售价格550元低于600元的市场价格。因乙医院购买了甲公司的医用测试设备，当赠送的1万份配套试剂使用完后，乙医院为继续使用从甲公司购买的该医用测试设备，在市场中没有比甲公司更好使用的相关试剂的情况下，必然会继续购买甲公司的配套试剂，为此甲公司基本确定乙医院将会在未来3年内继续购买8万个配套试剂。因此，从整体上看，如果乙医院行使该购买选择权，并且3年内购买了8万份配套试剂的情况下，甲公司为销售设备及其配套试剂是有利益可得的，按本例所给资料计算可获得的毛利为480万元［(1200+8×550)–(800+480+8×480)］。然而，甲公司在签订设备销售合同时，并未与乙医院签署试剂销售合同，甲公司不能将该份亏损合同与后续预期签订的合同一并计算利润，因为对乙公司而言，合同中承诺甲公司将以低于市场价格的价格销售试剂仅为提供给乙医院的一项选择权，并非合同中承诺的商品或服务。因此，不应将该合同的80万元亏损结转至以后3年。假定该合同签订后立即履行，相关设备和1万份设备的控制权已转移，则应在甲公司将医用测试设备和配套试剂的控制权转移给乙医院时确认收入1200万元时，按存货准则规定将销售成本1280万元结转至当期损益，并确认80万元的亏损。

（三）不应确认为合同履约成本的支出

企业发生的下列各项支出，应当在其发生时计入当期损益：

1. 管理费用，除非这些费用明确由客户承担。例如，企业聘请会计师事务所进行年报审计发生的审计费用应计入企业的管理费用。

2. 非正常消耗的直接材料、直接人工和制造费用（或类似费用），这些支出是为履行合同而发生的，但在合同价格中通常不会包括这些非正常消耗发生的支出。例如，企业在履约过程中发生的超过正常范围内的废品损失属于非正常消耗。

3. 与履约义务中已全部履行或已部分履行相关的支出，即该支出与企业过去的履约活动相关。例如，企业发生了与已履行履约义务的合同相关的产品调换费用（假定该调换不属于质保的范围）。

4. 无法在尚未履行的与已全部履行或已部分履行的履约义务之间区分的相关支出。例如，企业为客户提供服务的过程中与客户一起召开会议，总结以往服务成果并对后续服务做出具体安排，该会议发生的会议费用无法区分与已履约或未履约部分相关，应计入当期损益。

新收入准则明确了不属于其他会计准则规范范围的合同履约成本确认为一项资产的条件，并且规定了合同履约成本不仅包括直接人工、直接材料、制造费用（或类似费用），还包括由客户承担的成本以及仅因该合同而发生的其他成本；原收入准则（建造合同准则）则指出合同成本包括从合同签订开始至合同完成止所发生的、与执行合同有关的直接费用和间接费用，不包括管理费用、销售费用和财务费用，并且考虑到由于工程领用材料时已将领用材料的价值直接计入了工程成本，材料下脚料已包括在合同成本中，因此规定了合同完成后处置残余物资取得的收益等与合同有关的零星收益，应当冲减合同成本。

三、企业提供运输服务的会计处理

实务中，企业与客户签订的合同中，存在企业在向客户销售商品的同时有义务将商品运送至客户指定地点的条款，在原收入准则下，通常企业不会将因销售商品将商品运送至客户指定地点作为一项额外服务进行会计处理，而视同销售商品的组成部分一并进行会计处理；新收入准则下，对于企业向客户销售商品的同时将商品运送至客户指定地点的活动，应根据相关商品控制权转移时点判断该运输活动是否构成单项履约义务，分别进行会计处理。

（一）不构成单项履约义务。企业销售商品或提供服务的同时为客户提供商品的运输服务不构成单项履约义务的，应作为企业为履行合同而从事的相关活动。通常情况下，企业将商品或服务的控制权转移给客户之前，为履行客户合同而发生的运输活动不构成单项履约义务，而是企业为履行合同而从事的相关活动的组成部分，其发生的相关成本应当作为合同履约成本，采用与商品或服务收入确认相同的基础进行摊销计入当期损益。例如，甲公司与乙公司签订的合同中约定，甲公司应将为乙公司提供的原材料运送至乙公司指定的地点（如乙公司仓库所在地或者乙公司指定的生产地点等）后，原材料的控制权转移给乙公司，合同中并未要求对价中包含该运输服务。甲公司通常会为客户所需商品运送至客户指定地点而不收取任何费用。甲公司为乙公司提供原材料并运送至乙公司指定地点构成单项履约义务，运输服务本身不构成单项履约义务。

（二）构成单项履约义务。企业销售商品或提供服务的同时为客户提供商品的运输服务构成单项履约义务的，应在该单项履约义务完成时确认收入。通常情况下，企业将商品或服务的控制权转移给客户之后发生的运输活动可能表明企业向客户提供了一项运输服务。在这种情况下，企业应当考虑该项服务是否构成单项履约义务，构成单项履约义务的，按新收入准则的原则在完成该单项履约义务时确认收入；如果不构成单项履约义务，若企业作为运输服务的代理人，应将与运输费用相关的收付款项作为代收代付进行处理。例如，甲公司与乙公司签订的合同约定，甲公司为乙公司提供一批其生产的产品，合同约定，甲公司提供产品的合同价格总额为 1000 万元（不含增值税），乙公司在甲公司仓库对该批产品进行验收后，产品的控制权转移至乙公司；协议同时约定，甲公司为乙公司的该批产品提供运输服务，提供运输服务的合同价格总额为 100 万元。这种情况下，甲公司提供的产品在运送至乙公司前控制权已经转移，产品的控制权转移至乙公司后再提供运输服务，表明该合同有两项履约义务，即甲公司为乙公司提供产品和为乙公司提供其所购产品的运输服务。

值得说明的是，为了严格遵循新收入准则确定的原则，识别合同中的单项履约义务并在各单项履约义务履行时（或过程中）确认收入，以确保不同行业、企业之间收入确认的可比性。企业商品或服务控制权转移给客户后发生的运输活动应当根据合同及相关事实判断是否构成单项履约义务，并按上述原则分别进行相关的会计处理。

四、合同成本的摊销

资产是预期能为企业带来经济利益的资源，企业发生且符合资产定义的支出应确认为一项资产，除货币性资产外，对于企业按取得成本确认的存货、固定资产、无形资产等资产，应在未来使用（销售、生产、处置等）过程中确认为当期销售成本，或分期摊销计入相关资产的成本或当期损益，或将产生的利得或损失计入当期损益。企业为取得合同而发生的合同取得成本或因履行客户合同发生的合同履约成本而确认的资产，应当采用与该资产相关的商品或服务收入确认相同的基础（即在履约义务履行的时点或按照履约义务的履约进度）进行摊销，计入当期损益。具体会计处理原则如下：

（一）为便于实务操作，对于合同取得成本形成的资产，其摊销期限不超过 1 年的，新收入准则允许企业进行选择，即在这些成本发生时计入当期损益（简化处理方法）。企业采用该简化处理方法的，应当对所有类似合同采用一致的方法。

（二）合同取得成本摊销期限超过 1 年的，通常应采用与该资产相关的商品或服务收入确认相同的基础（即在履约义务履行的时点或按照履约义务的履约进度）进行摊销，其摊销金额计入当期损益（销售费用）。

【例6】2020 年 11 月 10 日，甲公司与乙公司签订的合同约定，甲公司向乙公司提供 12000 件其生产的 A 产品，甲公司应于 2021 年 5 月 1 日、2021 年 6 月 1 日和 2022 年 7 月 10 日分别将 5000 件、3000 件、4000 件 A 产品的控制权转移给乙公司。合同价格总额为60000万元（每件A产品的合同价格为5万元，不含增值税），合同价款（含增值税）根据产品控制权转移时点（经过乙公司验收入库）支付。根据甲公司的销售策略，为取得与乙公司的合同支付相关销售人员的佣金600万元。甲公司对该合同按在某一时点确认收入，根据该合同，甲公司于A产品的控制权转移给乙公司的时点开出增值税专用发票。甲公司按照合同约定的时间分三次按时交付了12000万件A产品，乙公司分三次取得所购买A产品的控制权。假定：甲公司为增值税一般纳税人，销售产品适用的增值税税率为13%；甲公司预期其发生的合同取得成本能够从与乙公司签订的合同所取得的收益中收回。

本例中，甲公司应于2021年5月1日、2021年6月1日和2022年7月10日分别确认销售A产品的收入25000万元、15000万元和20000万元；同时，除了分别确认销售A产品的成本外，对于甲公司为取得该合同发生的合同取得成本600万元，因其预期能够通过履行与乙公司合同而收回该成本而确认的资产，还应按该资产（合同取得成本）相关的A产品收入确认相同的基础（确认收入的时点）进行摊销，分摊合同取得成本分别为250万元（600×5000÷12000）、150万元（600×3000÷12000）和200万元（600×4000÷12000），甲公司应将合同取得成本的摊销金额分别计入收入确认当期的销售费用。

【例7】2020年6月1日，丙公司与丁公司签订的合同约定，丙公司在丁公司拥有的土地上为其建造一栋办公楼，合同价格总额为18000万元（不含增值税），丙公司应于2022年3月31日前完成该办公楼的建造，达到合同约定的可使用状态。丁公司除按照合同价格总额的10%作为质量保证金外，合同期间将按照丙公司履行合同的履约进度分期支付合同价款。为取得该合同，丙公司支付相关佣金180万元。假定丙公司履行该合同符合在某一时段内履行的履约义务的条件，2020年12月31日、2021年6月30日、2021年12月31日计算的合同履约进度分别为30%、40%、30%；丙公司预期能够收回为取得该合同而发生的成本180万元。

本例中，丙公司预期能够收回为取得与丁公司合同支付的佣金180万元而确认为一项资产（合同取得成本），假定不存在与该合同取得成本相关的预期后续合同，合同取得成本180万元确认的资产应在合同期间内按照其履约进度分期摊销计入各期销售费用。甲公司于2020年12月31日、2021年6月30日、2021年12月31日按其履约合同的履约进度计算应确认的收入分别为

5400万元、7200万元和5400万元；同时，除了分别结转计入损益的相关合同履约成本外，应分摊的合同取得成本并计入相关期间销售费用的金额分别为54万元、72万元和54万元。

（三）为了与会计准则有关资产在其使用寿命内进行摊销的概念相一致，企业在确定与合同成本有关的资产摊销期限和方式时，如果该资产与一份预期将要取得的合同（如续约后的合同）相关，在确定相关摊销期限和方式时，应当考虑该预期将要取得的合同的影响。例如，甲公司与乙公司签订了为期2年的服务合同，根据对销售人员的奖励措施规定，每取得一份合同按照合同价格总额（不含增值税）的0.5%支付销售人员佣金，为此，甲公司发生合同取得成本100万元。根据合同约定，如果甲公司为乙公司提供的服务经过乙公司评估达到满意度时，乙公司将与甲公司再续签1年的服务合同。在这种情况下，如果甲公司预期其为乙公司提供的服务能够达到乙公司要求的满意度，则甲公司在合同开始日确定合同取得成本摊销时，除应考虑与该资产相关的服务收入确认相同的基础进行摊销（摊销方式）外，还应考虑合同取得成本的摊销期限，摊销期限应包括初始合同期限与预期合同续约可能的期限，即在3年内与相关服务收入确认相同的基础进行摊销。

如果企业预期客户会续约，且企业续约合同支付的佣金与初始合同不相当（如合同支付的佣金比取得初始合同支付的佣金显著减少），若初始合同不超过1年，而考虑了合同续约和变更的影响后，企业对于合同取得成本的预计摊销期限会长于初始合同期限，在这种情况下，对合同取得成本则不符合采用简化处理方法的规定。

（四）对于企业合同取得成本确认资产的摊销，还应关注几个方面：

1. 企业发生的应资本化的合同成本应采用与该资产相关的商品或服务收入确认相同的基础进行摊销，计入损益。同时，需要额外考虑是否有预期取得的合同，如预期合同续约，则适当延长摊销期限。

值得关注的是，通常而言，企业发生的合同取得成本所确认的资产，不应直接采用与客户的平均寿命周期相关的摊销期限。尽管实务中某些情况下可能会与客户的平均寿命周期相关，在这种情况下，应考虑所提供商品或服务的生命周期（如技术、商品或服务的其他属性）等情况预计适当的摊销期限。

2. 企业应当评估客户是否会续约，如果企业预期客户将会续约（根据合同条款、历史信息等），当企业续约支付的佣金与初始合同不相当（如续约不再支付佣金），包括初始合同和续约合同发生的佣金而确认的资产应于比原合同期限更长的期限内摊销。

对于合同取得成本，如果合同续约时，企业仍需要支付与取得初始合同相当的佣金，这表明取得初始合同时支付的佣金与未来预期取得的合同无关，该佣金只能在初始合同的期限内进行摊销。例如，甲公司与乙公司签订了为期2年的服务合同，甲公司按照合同价格总额（不含增值税）的0.5%支付销售人员佣金，发生合同取得成本120万元，如果合同续签（1年或2年），甲公司对每份续签的合同按照续签合同价格总额的0.5%支付销售人员佣金。假定合同开始日，甲公司预期该合同执行2年后乙公司会再续签2年，而原合同执行结束前，甲公司为乙公司提供服务的合同又续签2年，甲公司按续签合同价格总额计算支付的佣金为120万元。这种情况下，由于甲公司续签合同的佣金与初始合同支付的佣金相当，表明初始合同支付的佣金120万元与未来续签合同支付的佣金120万元无关。因此，甲公司应将首次取得为乙公司提供服务的合同所发生的120万元佣金，在2年的服务期间内按照与提供服务收入确认相同的基础进行摊销；续签发生的120万元佣金在续签合同期间内（续签合同确定的2年期间）按照与其提供服务收入确认相同的基础进行摊销。如果合同续约时，企业需要支付与取得初始合同不相当的佣金，这表明取得初始合同时支付的佣金与未来预期取得的合同相关，在确定摊销期限时，企业应考虑初始合同与预期合同续约和变更的影响，并在预计期限内进行摊销。

企业为合同续约仍需支付的佣金是否与初始合同相当，需要根据具体情况进行判断。评估续约合同所发生的佣金是否与取得初始合同所支付的佣金相当，不应基于取得初始合同和合同续约所作出的努力程度，而应确定佣金是仅与初始合同相关，还是不仅与初始合同相关，还与预期将要取得的合同（续约合同）相关，同时应确定该佣金所确认的资产与合同中哪些商品或服务相关（包括初始合同和预期续约合同中的商品或服务）。通常情况下，如果初始合同和续约合同均按照合同价格总额的相同比例支付佣金，则认为续约佣金与初始合同佣金是相当的。

实务中可能续约合同相对于为取得初始合同而付出的努力会少些，因此，续约合同支付的佣金可能会低于初始合同的佣金，如果有合理的理由说明续约合同支付的佣金比初始签约合同略低能够合理反映续约成本的，也可能表明这两份合同的佣金水平是相当的。假定上例中，甲公司规定对续约合同按照续约合同价格总额的0.48%支付给销售人员相应的佣金（与原合同佣金近似，也可能表明是相当的），这种情况下，虽然续约合同支付给销售人员的佣金比取得初始合同按合同价格总额的 0.5% 支付的佣金少，但仍可能表明初始合同与续约合同的佣金水平是相当的。

如果续约支付的佣金与初始合同佣金相比差异较大（如初始合同按合同价格总额的 5% 支付佣金，续约合同按合同价格总额的 2% 支付佣金），则认为续约佣金与初始合同佣金不相当。假定上例中，甲公司规定对续约合同按照续约合同价格总额的 0.2% 支付给销售人员相应的佣金，可能表明初始合同与续约合同的佣金水平不相当。

3. 企业应于合同开始日，根据历史经验、客户情况、合同条款等信息预期续约合同的可能性，如果预期合同将会续约，应对初始合同发生的资本化的合同取得成本确认的资产，在初始合同和预期续约合同的期限内预计摊销期限并进行摊销。

【例8】2020 年 1 月 1 日，甲公司与乙公司签订的合同约定，甲公司为乙公司提供为期 5 年的合同，该合同规定，甲公司每年向乙公司提供 500 件 M 产品；同时合同中有续约选择权条款，即如果甲公司与乙公司后续续签 2 年合同，甲公司将按续约时的单独售价给予乙公司所购买 M 产品 10% 的折扣。为初始取得该合同，甲公司按照合同价格总额的 8% 支付给销售人员佣金 160 万元。按照甲公司现有支付佣金政策，如果合同续约，将按照合同价格总额的 2% 支付给销售人员佣金。甲公司预期乙公司会与其续约 2 年合同，预计支付佣金 14.4 万元。

上述合同执行 2 年后，2022 年 1 月 1 日，甲公司按照同行业相同或类似合同所提供产品支付的佣金比例，将续约合同调整为与初始合同相同的比例，甲公司对原预计与乙公司续约合同按照合同价格总额的 2% 调整为与初始合同相同的比例 8% 计算的金额支付佣金。

假定，甲公司根据其所提供产品的技术特性，预期该产品的生命周期为 7～9 年，甲公司预期乙公司会续签 2 年合同。甲公司对合同取得时发生的且资本化的佣金按初始合同 5 年与预期续约合同 2 年合计 7 年的期限摊销；同时，根据乙公司的实际情况，估计乙公司尚可经营 15 年（乙公司剩余生命周期）。

本例中，甲公司为与乙公司签订的初始合同发生佣金 160 万元，预期乙公司会与其续约，预计应支付销售人员佣金 14.4 万元。甲公司认为，因初始合同支付的佣金比例与续约合同支付的佣金比例不成合理比例，判断初始合同支付的佣金与续约合同支付的佣金不相当。因此，将初始合同和预期续约合同相关的佣金资本化金额 160 万元确认为资产（合同取得成本），在考虑预计摊销期限时，考虑到甲公司初始合同与续约合同以及所提供产品的技术特性，确定按 7 年进行摊销。为此，甲公司对资本化的合同取得成本 160 万元按其履约进度在 7 年内摊销，因甲公司每年向乙公司提供 500 件 M 产品，故甲公司认为按照所提供产品的数量进行摊销是恰当的。甲公司 7 年累计向乙公司提供的 M 产品 3500 件，每年应摊销的金额为 22.86 万元［160 ×（500 ÷ 3500）］。

合同执行 2 年后，2022 年 1 月 1 日，甲公司调整了续约合同佣金的比例，调整后的续约佣金比例与初始合同采用相同的比例，表明初始合同佣金确认的资产与初始合同期限后期间不相关，不能继续再按 7 年的期限摊销，应重新调整为 5 年，剩余摊销期限为 3 年。这种情况下，应按会计估计变更进行会计处理。因此，甲公司应于 2022 年调整摊销期限和摊销金额，当年应摊销的金额为 38.09 万元［(160 – 22.86 × 2) ÷ 3］。

需要说明的是，本例对合同取得成本的分摊方法是按照履约进度（即数量）比例进行分摊的，实务中可能不是唯一的摊销方法，企业应当考虑按履约义务的履约进度采用恰当合理的方法进行摊销。

4. 某些情况下，企业与客户签订的合同中包含多项履约义务，如果合同中多项履约义务均在同一时点履行，合同取得成本形成的资产也可以不用分摊至各单项履约义务，合同取得成本于该合同中多项履约义务在同一时点履行时摊销；如果合同中多项履约义务均在某一时段内履行，且履约进度基本相似，合同取得成本形成的资产也可以不用分摊至各单项履约义务，企业可以确定一种履约进度方法将合同取得成本形成的资产进行分摊。

企业与客户签订的合同中包含多项履约义务，并且这些履约义务在不同的时点或时段内履行，在确定该合同取得成本确认资产的摊销方式时，可以基于各项履约义务分摊的交易价格相对比例，将该项资产分摊至各单项履约义务，再以与该履约义务（可明确区分的商品或服务）的收入确认相同的基础进行摊销；或者企业无需将合同取得成本形成的资产分摊至合同中的各单项履约义务，企业可以考虑合同中包含的所有履约义务采用恰当的方法确定合同的完成情况进行摊销，该摊销方法应能反映该资产随着商品或服务的转移而被"耗用"的情况（如可以通过设置权重等方式衡量出总体完成进度并以此为基础进行计算，如果其中有某一个履约义务明显重要，而其他履约义务在合同层面不重大，可以以某一个履约义务的进度来进行分摊），并以此为基础对该资产进行摊销。通常情况下，上述两种方法的结果可能是近似，如果差异太大，应考虑后一种方法的合理性并作出恰当的调整，以如实反映该种分摊方法随着商品或服务的转移而被"耗用"的情况。比如说，一份合同中既包括销售商品也包括提供劳务，销售商品按在某一时点确认收入，提供劳务按在某一时段确认收入，合同价格总额为 1000 万元（不含增值税），合同期限 3 年。假定，第 1 年年末销售商品和提供劳务确认的总收入是 300 万元，合同取得成本的摊销比例可以按照 30% 进行摊销。

【例 9】2020 年 5 月 8 日，甲公司与乙公司签订的合同约定，甲公司为乙公司提供其生产的 10 台 Y 设备，同时为该 10 台设备提供为期 3 年的维护保养服务，合同价格总额为 6500 万元（不含增值税）。假定 2020 年 6 月 30 日，甲公司将该批设备的控制权转移给乙公司。甲公司销售 10 台 Y 设备和提供为期 3 年的维护保养服务均构成单项履约义务，甲公司销售 10 台 Y 设备的市场价格为 5500 万元，为客户提供 10 台 Y 设备 3 年维护保养服务的市场价格为 1375 万元；甲公司为取得该合同支付佣金 200 万元，该成本预期能够从与乙公司签订的合同收取的对价中收回，由此确认为一项资产。本例不考虑相关税费及其他因素。

本例中，甲公司应按销售 10 台 Y 设备和为 10 台 Y 设备提供为期 3 年维护保养服务各自的单独售价的相对比例，将合同价格总额分摊至两项履约义务。甲公司销售 10 台 Y 设备应分摊的交易价格为 5200 万元［6500×5500÷(5500+1375)］，为 10 台 Y 设备提供为期 3 年维护保养服务应分摊的交易价格为 1300 万元［6500×1375÷(5500+1375)］。甲公司销售 10 台 Y 设备应分摊的合同取得成本为 160 万元（200×5200÷6500），为 10 台 Y 设备提供为期 3 年维护保养服务应分摊的合同取得成本为 40 万元（200×1300÷6500）。甲公司于将 10 台 Y 设备的控制权转移给乙公司的时点（确认收入的时点），将该项履约义务分摊的合同取得成本 160 万元计入当期销售费用，为销售 10 台 Y 设备提供为期 3 年维护保养服务，应在履行服务的期间内分摊计入当期销售费用。

（五）企业在合同履行期间内增加支付的佣金，如符合资本化条件，且与合同续约无关，该佣金应与初始合同佣金的剩余金额（尚未摊销完毕的原合同佣金的余额，即合同取得成本的账面价值）合并，在合同剩余期间内摊销。例如，2019 年 12 月 25 日，A 公司与 B 公司签订了从 2020 年 1 月 1 日起的为期 3 年的服务合同，根据当时 A 公司支付佣金的政策，支付给销售人员佣金 90 万元。假定该合同符合客户在企业履约的同时即取得并消耗企业履约所带来的经济利益的条件，应按在某一时段内履行的履约义务确认收入。2020 年 6 月 30 日，A 公司的管理层调整了取得合同支付佣金的策略，并自 2020 年 1 月

1 日起开始执行的合同都按调整后策略支付佣金。为此，A 公司因与 B 公司签订的合同应支付的佣金调整为 120 万元（较原支付的 90 万元调增 30 万元）。这种情况下，佣金的调整是因 A 公司的内部策略调整所致，与续签合同不相关，如果增加的佣金也符合合同取得成本的确认条件，应将增调的 30 万元佣金与原合同支付佣金的账面价值一并在未来履约期间（2.5 年）内进行摊销，即原 90 万元的摊余价值（账面价值，不考虑减值）为 75 万元（90 - 已摊销 6 个月的金额 90÷3÷2），加上调增的 30 万元佣金，合计 105 万元在未来履约 2.5 年的期间与收入确认相同的基础进行摊销，每半年的摊销金额为 21 万元（105÷2.5÷2）。

（六）资产负债表日，企业应当根据向客户转让与合同成本形成的资产相关的商品或服务的预期时间变化，对该资产的摊销情况进行复核，如果预期摊销时间发生重大变化应及时进行调整更新，以反映企业与该合同成本确认的资产相关的向客户转让商品或服务预期时间的重大变化，此类变化应作为会计估计变更，按照《企业会计准则第 28 号——会计政策、会计估计变更和差错更正》有关会计估计变更规定的原则进行会计处理。

（七）合同履约成本应当在确认商品或服务收入时结转计入"主营业务成本"或"其他业务成本"科目。

五、合同成本的减值

企业为取得合同而发生的合同取得成本或因履行客户合同发生的合同履约成本而确认的资产，如果发生减值，应当计提减值准备，并计入当期损益（资产减值损失）。与合同成本有关的资产，其账面价值高于下列两项的差额的，超出部分应当计提减值准备，并确认为资产减值损失：（1）企业因转让与该资产相关的商品或服务预期能够取得的剩余对价；（2）为转让该相关商品或服务估计将要发生的成本。上述"预期能够取得的剩余对价"应按照确定交易价格的原则预计其能够取得的对价金额（有关可变对价估计的限制要求除外）。

企业在确定预期能够取得的剩余对价金额时，应当考虑：（1）因不确定性过大导致未来现金流量无法纳入收入的确认之中，企业应评估客户信用风险以及预计可变对价金额是否能够收到，如果客户信用风险发生变化，企业预计可变对价金额可能受到影响的，应调整该对价金额以反映客户因信用风险对能够取得的对价金额的影响。这是因为取得合同成本和履约合同成本的减值计量的目标不同于收入计量的目标，减值计量的目标是确定因取得合同和履行合同的成本形成的资产账面价值是否能够收回，这一计量目标应与其他会计准则中的其他减值方法（如《企业会计准则第8号——资产减值》，以下简称资产减值准则）保持一致。(2) 与同一客户预期合同续约和展期的可能性，即如果企业预期合同续约，其应当包括续约相关的对价以及续约的预期成本（如销售佣金等）。

以前期间减值的因素之后发生变化，使得企业因转让与该资产相关的商品或服务预期能够取得的剩余对价，减去为转让该相关商品或服务估计将要发生的成本的金额高于该资产账面价值的，应当转回原已计提的资产减值准备，并计入当期损益，但转回后的资产账面价值不应超过假定不计提减值准备情况下该资产在转回日的账面价值。

在确定与合同成本有关的资产的减值损失时，企业应当首先对按照其他相关企业会计准则确认的、与合同有关的其他资产（如存货）的减值损失；然后，按照上述原则确定与合同成本有关的资产的减值损失。企业按照资产减值准则测试相关资产组的减值情况时，应当将按照上述减值测试的要求确定与合同成本有关的资产减值后的新账面价值计入相关资产组的账面价值。

六、合同成本的列报

在财务报表中，合同取得成本和合同履约成本分别以下情况进行列报：

（一）摊销期限不超过1年。按照新收入准则规定，在初始确认时摊销期限不超过1年（或一个正常营业周期）的，若属于合同取得成本，其期末账面价值在资产负债表的资产项目下的"其他流动资产"项目列报；若属于合同履约成本，其期末账面价值在资产负债表的资产项目下的"存货"项目列报。

（二）摊销期限超过1年。按照新收入准则规定，在初始确认时摊销期限超过1年（或一个正常营业周期）的，合同取得成本和合同履约成本，其期末账面价值在资产负债表的资产项目下的"其他非流动资产"项目列报。

收入准则解释

——特定交易的会计处理

一、附有销售退回条款的销售

附有销售退回条款的销售（以下简称销售退回），是指客户依照有关合同有权退货的销售方式。销售退回条款可能会在相关合同中明确约定（如合同中明确约定，若企业所提供的商品不符合合同条款约定的质量、品种等，客户有权退货；或者合同约定若客户对所购商品的颜色或款式不满意可以退货等），也可能是隐含的退货权，该隐含的退货权可能来自企业销售过程中向客户作出的声明或者承诺（如企业通过广告所作出的承诺等），也可能来自法律法规的要求（如根据《产品质量法》规定，对不具备产品应当具备的使用性能而事先未作说明的，或不符合在产品或者其包装上注明采用的产品标准的，或不符合以产品说明、实物样品等方式表明的质量状况的，销售者应当负责修理、更换、退货；《消费者权益保护法》规定，经营者提供的商品或者服务不符合质量要求的，没有国家规定和当事人约定的，消费者可以自收到商品之日起七日内退货，七日后符合法定解除合同条件的，消费者可以及时退货）或企业以往的习惯做法（如企业多年来允许客户对其销售的商品在 3 个月内无条件退货）。

（一）新收入准则关于销售退回会计处理的基本原则

企业将商品的控制权转让给客户之后，才可能会因为各种原因允许客户选择退货，客户取得商品控制权之前退回该商品不属于销售退回。新收入准则关于销售退回会计处理的基本原则如下：

1. 企业在允许客户退货的期间内随时准备接受退货的承诺，不构成单项履约义务。从销售退回概念考虑，附有商品退货条款的商品销售，至少包含两项履约义务，即为客户提供商品以及在退货期内随时接受客户退回商品的义务。国际会计准则理事会（IASB）认为，如果不将随时为客户退货提供的服务确认为一项单项履约义务，企业会在客户取得商品的控制权时确认合同的所有收入和利润，这样处理可能无法如实反映企业履行合同的履约情况。但考虑到，若将随时为客户退货提供的服务单独确认为一项单项履约义务，按新收入准则通常需要估计该项服务的单独售价，而且在多数情况下预计退货的数量仅占总销售量的很小比例，且通常退货期较短（如7天、30天等），为避免企业向财务报表使用者提供的增量信息将导致不合理的复杂性和更多的成本，新收入准则不将为客户退货提供的服务作为一项单项履约义务。由于这一规定可能会影响收入确认的金额，为此，新收入准则要求企业应当遵循可变对价（包括将可变对价计入交易价格的限制要求）的处理原则来确定其预期有权收取的对价金额，即交易价格不应包含预期将会被退回的商品的对价金额。

2. 预计销售退回的可能性。企业允许客户退货期间内随时退货的承诺，实际上是企业对其销售商品的数量不确定导致收入确认金额的不确定，只有在退货权失效后，企业才能确切获悉销售的实际数量，因而新收入准则不应就企业预期因客户行使退货权而未实际销售的商品确认收入，而应确认为一项负债，企业只有在与退货权相关的不确定性消除、已确认的累计收入金额极可能不会发生重大转回时才应确认收入。同时，企业允许客户退货实质上为客户提供了一项退货权，该退货权赋予企业向客户收回商品的合同权利，该权利应确认为一项资产。

客户选择退货时，可能有权要求返还其已经支付的全部或部分对价、抵减其对企业已经产生或将会产生的欠款或者要求换取其他商品。为此，新收入准则规定，对于附有销售退回条款的销售，企业应当在客户取得相关商品控制权时，预期因销售退回将退还的金额，按照因向客户转让商品而预期有权收取的对价金额（不包含预期因销售退回将退还的金额）确认收入，按照预期因销售退回将退还的金额确认负债；同时，企业按照预期将退回商品转让时的账面价值，扣除收回该商品预计发生的成本（包括退回商品的价值减损）后的余额，确认为一项资产，按照所转让商品转让时的账面价值，扣除上述资产成本的净额结转成本。如果企业确实无法将附有销售退货权的商品所取得的全部对价确认为收入的，企业应将所取得对价中的一部分确认为一项退款负债。

为增加财务报表的透明度并确保在减值测试时考虑所确认的退货资产，因预期销售退回而确认的资产和负债应在资产负债表中分别列示，而不应相互抵销后列示。

3. 每一资产负债表日，企业应当根据所掌握的最新信息，重新估计未来销售退回情况，并对原确认的与退货相关的资产和负债重新进行计量。如有变化，应当作为会计估计变更进行会计处理。

企业对已确认收入的售出商品发生的销售退回属于资产负债表日后事项的，应当按照有关资产负债表日后事项的相关规定进行会计处理。

4. 科目设置和账务处理。企业应当设置"应收退货成本"科目，核算销售商品时预期将退回商品的账面价值，扣除收回该商品预计发生的成本（包括退回商品的价值减损）后的余额。同时，在"预计负债"科目下设置"应付退货款"明细科目，核算企业按照预期因销售退回将退还的金额。

销售退回的具体账务处理为：在客户取得相关商品的控制权时，按照已收或应收合同价款，借记"银行存款""应收账款""应收票据""合同资产"等科目，按照因向客户转让商品而预期有权收取的对价金额（不包含预期因销售退回将退还的金额），贷记"主营业务收入""其他业务收入"等科目，按照应交纳的增值税销项税额，贷记"应交税费——应交增值税（销项税额）"或"应交税费——简易计税"科目，按照预期因销售退回将退还的金额，贷记"预计负债——应付退货款"等科目，按照预期将退回商品转让时的账面价值，扣除收回该商品预计发生的成本（包括退回商品的价值减损）后的余额，借记"应收退货成本"科目，按照已转让商品转让时的账面价值，贷记"库存商品"等科目，按其差额，借记"主营业务成本""其他业务成本"等科目。

其后，在资产负债表日对退货率进行重新评估，如重新评估的退货率小于原估计的退货率，应按预期减少退货率而减少退还客户的金额，借记"预计负债——应付退货款"科目，贷记"主营业务收入""其他业务收入"等科目；按预期减少退货率而应确认的销售成本，借记"主营业务成本""其他业务成本"等科目，贷记"应收退货成本"科目。如重新评估的退货率大于原估计的退货率，应按预期增加退货率而增加退还客户的金额，借记"主营业务收入""其他业务收入"等科目，贷记"预计负债——应付退货款"科目；按预期增加退货率而减少所销售的商品成本，借记"应收退货成本"科目，贷记"主营业务成本""其他业务成本"等科目。

实际退货时，按实际退回商品的成本，借记"库存商品"科目，按红字增值税专用发票上注明的增值税销项税额，借记"应交税费——应交增值税（销项税额）"或"应交税费——简易计税"科目，按预期退货需退还客户的金额而确认的预计负债账面余额，借记"预计负债——应付退货款"科目，按实际退回商品的成本，贷记"应收退货成本"科目，按预期退货率大于实际退货率而预期有权收取的对价金额，贷记"主营业务收入""其他业务收入"等科目，按实际退还客户的金额，贷记"银行存款"科目；同时，按预期退货率大于实际退货率而实际销售的商品成本，借记"主营业务成本""其他业务成本"等科目，贷记"应收退货成本"科目。

【例1】甲公司为增值税一般纳税人，销售货物适用的增值税税率为13%，提供运输服务的增值税税率为9%。2×21年9月1日，甲公司与乙公司签订购销合同，该合同约定：（1）甲公司为乙公司特制A产品500件，合同价格总额为7900万元（不含增值税）。（2）因乙公司仓库有限，无法放置从甲公司购入的500件A产品，故要求将500件A产品由甲公司提供保管。（3）根据销售合同的约定，乙公司可以在产品控制权转移时起的3个月内退回该批A产品。（4）乙公司因生产需要A产品时，应提前通知甲公司，并请甲公司将500件A产品运送至乙公司指定地点。（5）2×21年9月5日，该购销合同经甲公司和乙公司管理层批准。

假定：（1）2×21年10月10日，甲公司制造完成乙公司所需的500件A产品，并将该批A产品放置在仓库特定地点且能单独识别。甲公司制造完成500件A产品并单独保管时，该批A产品的控制权转移给乙公司。（2）该批A产品的制造成本合计为5000万元（每件制造成本为10万元）。（3）甲公司为乙公司特制A产品，并且提供运输服务构成两项履约义务，不考虑甲公司保管A产品的服务。甲公司为客户特制类似500件A产品的单独售价为7600万元，为客户提供运输服务的单独售价为400万元。（4）甲公司根据乙公司要求于2×21年10月12日将500件A产品运送至指定地点，发生运输成本120万元（均以银行存款支付）。（5）甲公司根据历史经验，估计该批A产品的退货率为8%。（6）甲公司于2×21年10月10日，将500件A产品的控制权转移给乙公司时开出销售商品的增值税专用发票，2×21年10月12日将该批A产品运送至乙公司指定地点时开出运输服务的增值税专用发票（本例中的运输服务按时点确认收入）。（7）2×21年12月30日，乙公司通过银行转账支付该批A产品的合同价款及增值税额。（8）2×21年12月31日，甲公司根据与乙公司就该批 A 产品使用等的沟通情况,对估计退货率进行重新评估,经重新评估后的估计该批 A 产品的退货率为5%。(9)2×22 年 1 月 10 日,甲公司收到乙公司退回的 15 件 A 产品,并获得税务机关开具的红字增值税发票;当日,甲公司通过银行转账退回了相关产品价款及增值税额。(10)甲公司 2×21 年度财务报告于 2×22 年 2 月 28 日经批准报出。(11)甲公司按分摊后的交易价格和退货率计算退货金额,并且按分摊后的交易价格计算增值税销项税额。(12)本例不考虑除增值税以外的其他税费及其他因素。

根据上述资料,甲公司的会计处理如下(单位:万元,下同):

(1)2×21 年 9 月 5 日(合同开始日),确定合同交易价格及各单项履约义务的交易价格。

甲公司与乙公司的合同交易价格为固定价格,合同价格总额为 7900 万元,因该合同涉及销售商品和提供运输服务两项单项履约义务,故应按销售商品和提供运输服务的单独售价的相对比例,将交易价格分摊至各单项履约义务。

甲公司为乙公司特制 500 件 A 产品应分摊的交易价格 = 7900 × 7600 ÷ (7600 + 400) = 7505(万元)

甲公司为乙公司提供运输服务应分摊的交易价格 = 7900 × 400 ÷ (7600 + 400) = 395(万元)

(2)预期退货、确认收入。

根据上述资料,甲公司销售给乙公司的 500 件 A 产品属于在某一时点履行的履约义务,应于 2×21 年 10 月 10 日将 500 件 A 产品的控制权转移给乙公司时确认销售商品收入;为乙公司提供的运输服务于 2×21 年 10 月 12 日确认运输服务收入。

甲公司估计的退货率为8%,应在相关产品的控制权转移时点按估计退回 A 产品在转让时的账面价值 400 万元(500 × 8% × 10)确认为一项资产;按预计退回将退还的金额 600.4 万元(7505 × 8%)确认为负债;按向乙公司转让 A 产品预期有权收取的对价金额(不包括预期销售退回将退还的金额)确认 6904.6 万元(7505 × 92%)的收入;履行运输服务义务时确认 395 万元的收入。

①2×21 年 10 月 10 日,确认销售 A 产品有权收取的对价金额并确认收入、结转成本、预计退货。

借:应收账款——乙公司　　　　　　　　　　　　8480.65
　　贷:主营业务收入——A 产品　　　　　　　　　　6904.6

　　　　应交税费——应交增值税（销项税额）　　　　975.65
　　　　预计负债——应付退货款　　　　　　　　　　600.4
　结转成本：
　　借：主营业务成本——A产品　　　　　　　　　　4600
　　　　应收退货成本——乙公司（A产品）　　　　　400
　　　　贷：库存商品　　　　　　　　　　　　　　　5000
②2×21年10月12日，确认运输服务收入。
　借：应收账款——乙公司　　　　　　　　　　　　430.55
　　　贷：其他业务收入——运输服务　　　　　　　　395
　　　　　应交税费——应交增值税（销项税额）　　　35.55
　结转成本：
　　借：其他业务成本　　　　　　　　　　　　　　　120
　　　　贷：银行存款　　　　　　　　　　　　　　　120
③2×21年12月30日收到乙公司支付的款项。
　借：银行存款　　　　　　　　　　　　　　　　　8911.2
　　　贷：应收账款——乙公司　　　　　　　　　　8911.2

（3）2×21年12月31日，调整估计退货率（由8%调整为5%）。

年末，根据重新评估的估计退货率，调整相关的收入、成本，以及原因估计销售退回确认的相关资产和负债。

　　借：预计负债——应付退货款　　　　　　　　　225.15
　　　　贷：主营业务收入（7505×3%）　　　　　　225.15
　　借：主营业务成本　　　　　　　　　　　　　　150
　　　　贷：应收退货成本——乙公司（A产品）（500×10×3%）　150

（4）甲公司2×21年度财务报表于2×22年2月28日经批准对外报出，甲公司于2×22年1月10日收到乙公司退回的15件A产品。

①假定乙公司在使用该批A产品过程中逐渐发现存在质量问题并再确定是否退货，甲公司于资产负债表日（2×21年12月31日）与乙公司沟通退货情况时，乙公司尚不能完全确定退货的数量，但估计会有5%或者更低的退货率。为此，甲公司将预期退货率调整为5%，期后实际退货数量与资产负债表日预期退货率存在偏差，是对资产负债表日已经存在的情况提供了新的或进一步的证据的事项，应作为资产负债表日后调整事项处理，相应调整2×21年度相关的收入、成本，以及资产负债表相关资产、负债的年末数。其账务处理为

(下述账务处理也可以通过"以前年度损益调整"科目)：

借：预计负债——应付退货款 150.1
　　贷：主营业务收入（7505×2%） 150.1
借：主营业务成本 100
　　贷：应收退货成本——乙公司（A 产品）（5000×2%） 100

2×22 年 1 月 10 日，收到退回的 15 件 A 产品时的账务处理为：

借：应交税费——应交增值税（销项税额）（7505×3%×13%）
　　　　　　　　　　　　　　　　　　　　29.2695
　　预计负债——应付退货款（600.4－225.15－150.1） 225.15
　　库存商品——A 产品（5000×3%） 150
　　贷：应收退货成本——乙公司（A 产品）（400－150－100） 150
　　　　银行存款（7505×3%×1.13） 254.4195

②假定资产负债表日（2×21 年 12 月 31 日），根据甲公司与乙公司沟通，以及该批 A 产品历史退货率等情况，估计退货率为 5%的，期后实际退货情况是资产负债表日后新发生的事项，与资产负债表日存在状况无关，应作为资产负债表日后非调整事项处理，即在实际退回商品的当年（2×22 年）进行相应的会计处理。

借：应交税费——应交增值税（销项税额）（7505×3%×13%）
　　　　　　　　　　　　　　　　　　　　29.2695
　　预计负债——应付退货款（600.4－225.15） 375.25
　　库存商品——A 产品（5000×3%） 150
　　主营业务成本——A 产品（5000×2%） 100
　　贷：应收退货成本——乙公司（A 产品）（400－150） 250
　　　　主营业务收入（7505×2%） 150.1
　　　　银行存款（7505×3%×1.13） 254.4195

5. 附有销售退回条款的销售，在客户要求退货时，如果企业有权向客户收取一定金额的退货费，则企业在估计预期有权收取的对价金额时，应当将该退货费包括在估计的可变对价中（即交易价格），同时，减少预计应退回客户的款项；如果企业因客户退回商品而发生相关成本的，应当按预计退货率及预计发生的成本计算的金额作为收入确认当期的销售成本，同时减少应收退货成本。其后，如果退货率、退货成本等发生变化的，作为会计估计变更进行会计处理时，相应调整确认的收入、成本金额，以及应收退货成本、预计退货而退回给客户的金额。企业取得客户承诺支付的退货费应按相关税法规定，计算交纳相关税费（如增值税）。

【例2】沿用例1，假定按照甲公司与乙公司签订的购销合同约定，如果发生退货，乙公司应支付6%的退货费，即按照A产品的交易价格7505万元、退货率和6%计算的金额支付退货费。假定：（1）甲公司预计每件退货将发生的成本为2万元；（2）退货费不属于增值税应税行为，不交纳增值税。根据所给资料，甲公司的会计处理如下：

（1）预计退货应收取的退货费、应确认收入金额。

预计退货应收取的退货费 = 7505 × 8% × 6% = 36.024（万元）

销售A产品应确认收入金额 = 7505 × 92% + 7505 × 8% × 6% = 6940.624（万元）

（2）2×21年10月10日，确认销售A产品收入有权收取的对价金额并确认收入（包括预计退货应收取的退货费）、结转成本、预计退货。

借：应收账款——乙公司　　　　　　　　　　　8480.65
　　贷：主营业务收入——A产品　　　　　　　6940.624
　　　　应交税费——应交增值税（销项税额）　975.65
　　　　预计负债——应付退货款（600.4 − 36.024）　564.376

结转成本：

借：主营业务成本——A产品（4600 + 500 × 8% × 2）　4680
　　应收退货成本——乙公司（A产品）(400 − 500 × 8% × 2)　320
　　贷：库存商品　　　　　　　　　　　　　　5000

（3）2×21年12月31日，调整估计退货率（由8%调整为5%），调整应收的退货费、相关的收入、成本，以及原因估计销售退回确认的相关资产和负债。

借：预计负债——应付退货款　　　　　　　　　211.641
　　贷：主营业务收入（7505 × 3% − 7505 × 3% × 6%）　211.641

借：主营业务成本——A产品　　　　　　　　　150
　　贷：应收退货成本——乙公司（A产品）(5000 × 3%)　150

借：应收退货成本——乙公司（A产品）　　　　30
　　贷：主营业务成本——A产品（500 × 3% × 2）　30

（4）2×22年1月10日，收到退回的15件A产品。

①假定期后退货数量表明甲公司为资产负债表日（2×21年12月31日）

已经存在的情况提供了新的或进一步证据的事项（即估计的退货率应调整为3%），应作为资产负债表日后调整事项处理，相应调整2×21年度相关的收入、成本，以及资产负债表相关资产、负债的年末数。其账务处理为：

　　借：预计负债——应付退货款　　　　　　　　　　　　141.094
　　　　贷：主营业务收入（7505×2%－7505×2%×6%）　141.094
　　借：主营业务成本　　　　　　　　　　　　　　　　　80
　　　　贷：应收退货成本——乙公司（A产品）（5000×2%－500×2%×2）
　　　　　　　　　　　　　　　　　　　　　　　　　　　80

2×21年1月10日，实际发生销售退回时的账务处理：

　　借：库存商品——A产品（5000×3%－500×3%×2）　　120
　　　　贷：应收退货成本——乙公司（A产品）（320－150＋30－80）
　　　　　　　　　　　　　　　　　　　　　　　　　　　120
　　借：应交税费——应交增值税（销项税额）（7505×3%×13%）
　　　　　　　　　　　　　　　　　　　　　　　　　　　29.2695
　　　　预计负债——应付退货款（564.376－211.641－141.094）
　　　　　　　　　　　　　　　　　　　　　　　　　　　211.6410
　　　　贷：银行存款（7505×3%×1.13－7505×3%×6%）　240.9105

本例中：

甲公司销售商品应确认的收入合计金额＝7505×97%＋7505×3%×6%＝7279.85＋13.509＝7293.359（万元），该金额等于上述账务处理中金额的合计7293.359万元（6940.624＋211.641＋141.094）；对应的增值税销项税额946.3805万元（7505×97%×13%），该金额等于上述账务处理中金额的合计946.3805万元（975.65－29.2695）。

销售商品应确认的营业成本合计金额＝5000×97%＋500×3%×2＝4850＋30＝4880（万元），该金额等于上述账务处理中金额的合计4880万元（4680＋150－30＋80）；销售商品的价税合计＝7293.359＋946.3805＝8239.7395（万元），等于现金流量（银行存款）8239.7395万元（8480.65－240.9105）。

②假定期后实际退货数量表明甲公司资产负债表日（2×21年12月31日）后新发生的事项，应作为资产负债表日后非调整事项处理，即在实际退回商品的当年（2×22年）进行相应的会计处理。

借：应交税费——应交增值税（销项税额）（7505×3%×13%）

                  29.2695

  预计负债——应付退货款（564.376－211.641） 352.735

  库存商品——A产品（5000×3%－500×3%×2） 120

  主营业务成本——A产品（5000×2%－500×2%×2） 80

 贷：应收退货成本——乙公司（A产品）（320＋30－150） 200

  主营业务收入——A产品（7505×2%－7505×2%×6%）

                  141.094

银行存款   240.9105

（5）其他账务处理同例1。

6. 附有无条件退回条款的销售，如果实务中不能合理估计退货的可能性（如企业推出的新产品，在市场推广期间允许无条件退货，且无法获得退货率的可靠信息），对于已收取的对价金额应确认为负债，并对合同进行持续评估。对于确实不能合理估计退货可能性从而一直无法合理估计退货可能性的交易，假定不存在其他影响合同成立的因素，则于退货期满后根据实际退货情况，按照预期有权收取的对价金额确定交易价格。

【例3】甲公司向市场推出一款新产品（B产品），并向乙公司销售B产品500件，合同价格总额为7505万元，合同约定乙公司可以在2个月内无条件退货。甲公司已于2×21年11月20日将该批B产品的控制权转移给乙公司，并按合同约定于2×21年12月25日将该批B产品运送至乙公司指定地点（假定运输服务不构成单项履约义务）。因甲公司销售给乙公司的B产品是刚上市的新产品，没有销售B产品退货率的历史数据，也不存在其他可参考的市场信息，故不能合理估计该批B产品退货的可能性，也不满足可变对价计入交易价格的限制要求。2×22年1月20日退货期满时，实际退回15件B产品。假定甲公司向乙公司销售500件B产品的合同成立；销售该批B产品的成本为5000万元，销售B产品适用的增值税税率为13%；甲公司收到乙公司支付的合同价款及增值税时，销售商品的增值税纳税义务尚未发生。2×21年12月30日，甲公司收到乙公司支付的款项。2×21年年末，甲公司没有获得可靠信息预计所销售B产品的退货率。甲公司相关的账务处理如下：

（1）2×21年11月20日，甲公司将该批B产品的控制权转移给乙公司。

本例中，甲公司给予乙公司2个月的退货权，因甲公司不能合理估计该批B产品的退货率，故甲公司在将该批B产品的控制权转移给乙公司时确认收入的金额为零，应在退货期满后，根据实际退货情况，按照预期有权收取的对价金额确定交易价格。

  借：发出商品——乙公司（B产品）   5000
    贷：库存商品   5000

（2）2×21年12月30日收到乙公司支付的款项。

  借：银行存款   8480.63
    贷：合同负债   7505
      应交税费——待转销项税额   975.65

（3）2×22年1月20日，退货期满，乙公司实际退回B产品15件，应确认收入7279.85万元（7505×97%）。

  借：合同负债——乙公司   7279.85
    应交税费——待转销项税额   946.3805
    贷：主营业务收入   7279.85
      应交税费——应交增值税（销项税额） 946.3805
  借：主营业务成本   4850
    库存商品   150
    贷：发出商品——乙公司（B产品）   5000

（4）转账支付乙公司退回A产品的价款。

  借：合同负债——乙公司（7505-7279.85）   225.15
    应交税费——待转销项税额（7505×3%×13%） 29.2695
    贷：银行存款（7505×3%×1.13）   254.4195

注：上述甲公司于2×21年12月30日收到乙公司支付的全部价款和增值税时，因销售商品的增值税纳税义务尚未发生，收入也尚未确认，按照新收入准则对合同负债的规定，尚未向客户履行转让商品的义务而已收或应收客户对价中的增值税部分，不符合合同负债的定义，不应确认为合同负债；同时考虑到《增值税会计处理规定》中在"应交税费"科目下设置的"待转销项税额"明细科目，尽管是核算一般纳税人销售货物、加工修理修配劳务、服务、无形资产或不动产，已确认相关收入（或利得）但尚未发生增值税纳税义务而需于以后期间确认为销项税额的增值税额，但在纳税义务尚未发生且按新收入准则也未确认收入而已收取客户的增值税的，也可以借用"应交税费——待转销项税额"科目进行核算。

7. 企业与客户签订的合同条款不同，可能涉及不同的销售退回情况，如果客户以一项商品换取类型、质量、状况及价格均相同的另一项商品，不作为销售退回处理；如果合同约定客户可以将质量有瑕疵的商品退回以换取合格的商品，企业应按照附有质量保证条款的销售进行会计处理。实务中，企业与客户合同的条款中可能存在多种情况，如允许客户在一定期限内退货（如客户购买黑色上衣可以在一定期间内调换其他颜色，同时还附有退货条款等），对于具有类似特征的合同组合，企业也可以在确定退货率、坏账率、合同存续期间等方面运用组合法进行估计。

（二）原收入准则与新收入准则有关销售退回会计处理的主要区别

新收入准则有关销售退回的会计处理，与原收入准则的主要区别包括：

1. 销售退回定义表述有所区别。原收入准则下区分销售退回与附有销售退回条件的商品销售，其中附有销售退回条件的商品销售，是指购买方依照有关协议有权退货的销售方式。在这种销售方式下，企业根据以往经验能够合理估计退货可能性且确认与退货相关负债的，通常应在发出商品时确认收入；企业不能合理估计退货可能性的，通常应在售出商品退货期满时确认收入，会计处理上与新收入准则有相似之处。而对于销售退回，是指企业售出的商品由于质量、品种不符合要求等原因而发生的退货；新收入准则所述的附有销售退回条件的商品销售，是指购买方依照有关协议有权退货的销售方式。尽管新收入准则和原收入准则就销售退回的定义表述有所不同，但总体而言均是指商品销售之后所销售商品的退回。

2. 会计处理原则不同。原收入准则对于销售退回分别不同情况进行会计处理：对于未确认收入的售出商品发生销售退回的，企业应按已记入"发出商品"科目的商品成本金额，借记"库存商品"科目，贷记"发出商品"科目；对于已确认收入的售出商品发生退回的，企业应在发生时冲减当期销售商品收入，同时冲减当期销售商品成本；如该项销售退回已发生现金折扣的，应同时调整相关财务费用的金额；如该项销售退回允许扣减增值税额的，应同时调整"应交税费——应交增值税（销项税额）"或"应交税费——简易计税"科目的相应金额。原收入准则对于附有销售退回条件的商品销售，企业根据以往经验能够合理估计退货可能性且确认与退货相关负债的，通常应在发出商品时确认收入；企业不能合理估计退货可能性的，通常应在售出商品退货期满时确认收入。

新收入准则要求预计退货的可能性，并将预计的销售退回在确认销售时按预期退货率计算的商品成本确认为一项资产,同时按预期退货率计算的预计需退还客户的商品价款确认为一项负债;特殊情况下,对于不能合理估计退货可能性的商品销售,需要分析评估是否符合新收入准则规定的满足合同成立(合同开始日)的条件中的"企业因向客户转让商品而有权取得的对价很可能收回",并对合同进行持续评估。此外,即使满足合同成立的条件,还需评估是否符合将可变对价计入交易价格的限制要求。

3. 期末处理不同。新收入准则要求企业于每一资产负债表日,企业应当重新估计未来销售退回情况,如有变化,应当作为会计估计变更进行会计处理。新收入准则就附有销售退回条款的销售的期末处理,与原收入准则中附有销售退回条件的商品销售的期末处理原则基本相同,但与原收入准则中的销售退回的处理原则不同。

另外,资产负债表日后事项期间销售退回的处理新收入准则与原收入准则基本相同,即均需根据资产负债表日后事项的原则进行会计处理。

【例4】甲公司为增值税一般纳税人,销售商品适用的增值税税率为13%。2×21年8月18日,甲公司与乙公司签订的购销合同约定,甲公司向乙公司销售其生产的一批B产品,合同价格总额为1000万元(不含增值税)。合同同时约定:(1)甲公司应于2×21年9月20日前发出该批B产品,乙公司收到该批B产品并经在3日内验收合格后(实质性验收),将该批B产品的控制权转移给乙公司。(2)在该批B产品的控制权转移后,甲公司和乙公司约定的现金折扣条件为(不考虑增值税):2/10,1/20,n/30。(3)乙公司可以在6个月内无条件退回该批B产品。2×21年8月20日,合同经甲公司和乙公司管理层批准,合同符合合同开始日的所有条件。

假定:(1)甲公司估计乙公司将于10日内支付款项,根据历史资料估计该批B产品的退货率为10%,为此,甲公司估计该合同的可变对价金额(交易价格)为882万元(1000×98%×90%),且符合可变对价计入交易价格的限制要求。(2)甲公司于2×21年9月10日发出该批B产品;乙公司于2×21年9月15日收到所购入的该批B产品,并于2×21年9月16日验收入库,乙公司控制了该批B产品,当日甲公司开出了增值税专用发票上注明的销售价格为1000万元,增值税额130万元。该批B产品的销售成本为520万元。(3)2×21的9月20日,甲公司获悉乙公司将于10日内付款;2×21年9月25日甲公司收到乙公司通过银行转账支付的扣除现金折扣后的全部合同价款及增值税1107.4万元(1000×98%×1.13),税法规定现金折扣在实际发生时作为财务费用扣除。(4) 2×21年12月31日,甲公司根据乙公司使用该批B产品的情况,以及与乙公司沟通退货数量,预计退货率为9%。(5) 2×22年2月5日,该批B产品被乙公司退回8%,并收到税务部门开具的红字增值税专用发票,甲公司于2×22年2月20日退还乙公司退回该批B产品8%的款项。(6) 本例不考虑除增值税以外的其他税费及其他因素。根据上述资料,按新收入准则和原收入准则的会计处理的区别如表1所示。

表1　　　　新收入准则与原收入准则会计处理的主要区别　　　　　　　单位:万元

2×21年度/项目	新收入准则	原收入准则
8月20日	估计可变对价金额882万元	无需估计可变对价
9月10日发出该批B产品	借:发出商品　　520 　贷:库存商品　　520	借:发出商品　　520 　贷:库存商品　　520
9月16日确认收入	借:应收账款　　1130 　贷:主营业务收入　　882 　　预计负债(应付退货款)　　98 　　应交税费——应交增值税(销项税额)　　130 　　预计负债——可变对价20	借:应收账款　　1130 　贷:主营业务收入　　1000 　　应交税费——应交增值税(销项税额)　　130
同时,结转销售成本	借:主营业务成本　　468 　　应收退货成本　　52 　贷:发出商品　　520	借:主营业务成本　　520 　贷:发出商品　　520 估计销售退回: 借:主营业务收入　　100 　贷:主营业务成本　　52 　　预计负债　　48
9月20日,确认乙公司将于10日内付款	借:预计负债——可变对价20 　贷:其他应付款　　20	借:预计负债——可变对价20 　贷:其他应付款　　20
9月25日收到款项	借:银行存款　　1110 　　其他应付款　　20 　贷:应收账款　　1130	借:银行存款　　1110 　　财务费用　　20 　贷:应收账款　　1130
12月31日,调整退货率	借:预计负债　　9.8 　贷:主营业务收入　　9.8 借:主营业务成本　　5.2 　贷:应收退货成本　　5.2	借:主营业务成本　　5.2 　　预计负债　　4.8 　贷:主营业务收入　　10

续表

2×22年度/项目	新收入准则	原收入准则
2月5日退回所售B产品的8%	借：库存商品　　　　　41.6 　　应交税费——应交增值税（销项税额）　　　　　10.4 　　预计负债——应付退货款 　　　　　　　　　　　88.2 　贷：应收退货成本　　　41.6 　　　主营业务收入　　　9.8 　　　其他应付款　　　　88.8 借：主营业务成本　　　　5.4 　贷：应收退货成本　　　5.4	借：库存商品　　　　　41.6 　　应交税费——应交增值税（销项税额）（80×13%） 　　　　　　　　　　　10.4 　　主营业务成本　　　　5.2 　　预计负债　　　　　43.2 　贷：其他应付款　　　　88.8 　　　财务费用（20×8%） 　　　　　　　　　　　1.6 　　　主营业务收入　　　10
2月20日	借：其他应付款　　　　88.8 　贷：银行存款　　　　　88.8	借：其他应付款　　　　88.8 　贷：银行存款　　　　　88.8

值得说明的是，本例中，考虑到20万元的现金折扣是甲公司预计乙公司会得到的2%现金折扣，甲公司在开出增值税专用发票时尚未确定乙公司是否能够获得该2%现金折扣，故在增值税专用发票上注明的销售B产品的价款为未扣除现金折扣的金额1000万元，并全额计算增值税销项税额。同时，甲公司在按新收入准则预计可变对价时，将预计乙公司会在10日内支付款项从而获得的现金折扣20万元计入可变对价，在进行账务处理时，甲公司将预计乙公司获得的现金折扣20万元先计入预计负债（可变对价），待甲公司确定乙公司可获得20万元现金折扣时，再从预计负债（可变对价）转入其他应付款。

二、主要责任人和代理人

新收入准则要求企业在向客户转让商品或服务时评估企业是作为主要责任人还是代理人。若企业向客户销售商品或提供服务涉及其他方参与其中的，企业应当确定其自身在该交易中的身份是主要责任人还是代理人，用以确定企业是以预期有权收取的对价金额的总额确认收入，还是以预期有权收取的在偿付供应商的商品或服务后的净额确认收入。如为主要责任人，应按预期有权收取的对价金额的总额（应收或已收）确认收入；如为代理人，应按预期有权收取的佣金或手续费的金额确认收入，该金额应当按照已收或应收对价总额扣除应支付给其他相关方的价款后的净额，或者按照既定的佣金金额或比例等确定。

（一）主要责任人或代理人的判断原则

新收入准则要求企业确定其是主要责任人还是代理人，主要原因在于就履约义务而言，主要责任人和代理人所履行的义务和承担的责任是不同的。主要责任人在商品或服务转让给客户之前控制商品或服务，其履约义务是向客户转让这些商品或服务，所以应按预期有权收取的对价金额的总额确认收入；而代理人在商品或服务转让给客户之前并未控制该商品或服务，其责任主要是在主要责任人与客户之间出售商品或服务过程中提供协助，因此，归属于代理人履约义务的交易价格是代理人因提供此类服务而收取的费用或佣金。判断企业是主要责任人还是代理人，应当确定其承诺商品或服务的性质，并可根据以下两项原则进行判断：

1. 识别拟向客户提供的特定商品或服务（包括可以对由第三方提供的商品或服务享有的权利）。这是确定企业作为主要责任人还是代理人的基础。如果企业向客户销售商品或服务涉及其他方参与的，企业应当确定其承诺的性质是企业自行提供特定商品或服务的履约义务，还是安排第三方提供此类商品或服务。如果企业承诺自行向客户提供特定商品或服务的，其身份是主要责任人，其中可能包括企业委托第三方（包括分销商）代为提供特定商品或服务；如果企业承诺安排他人提供特定商品或服务的，即为他人提供协助的，其身份是代理人。这里的特定商品或服务，是指向客户提供的可明确区分的商品或服务，或者可明确区分的一揽子商品或服务，根据前述可明确区分的商品或服务的内容，该特定商品或服务也包括享有由其他方提供的商品或服务的权利。例如，一家旅行社与旅客在合同中约定，承诺为旅客提供乘坐航班的权利（即机票），而非承诺协助旅客购票或协助航空公司出售机票，则该旅行社可能为主要责任人。

值得注意的是，企业应当就其向客户承诺的每一项特定商品或服务确定其是主要责任人还是代理人。若企业与客户订立的合同中涉及多项特定商品或服务时，对于某些商品或服务而言，企业可能是主要责任人，而对于其他商品或服务而言，企业可能是代理人。例如，甲公司与乙公司签订的合同中约定，甲公司为乙公司提供其生产的一批Y产品，并提供后续维护服务，甲公司在该合同中有两项履约义务，即提供Y产品和后续维护服务。甲公司主要从事生产并对外销售Y产品，而为销售该批Y产品提供的后续维护服务则由甲公司提供后续服务商的清单和各家报价、服务内容，由乙公司自行选择。为此，该合同中，两项履约义务对于甲公司而言分别处于不同的身份：出售 Y 产品的履约义务，甲公司的身份为主要责任人；为 Y 产品提供后续维护服务的履约义务，甲公司可能为代理人。

2. 评估商品或服务的控制权。企业在判断其是主要责任人或代理人时，还应当评估特定商品或服务在转让给客户之前，企业是否控制该商品或服务。若是，表明企业的承诺是自行向客户提供该商品或服务，或委托另一方（包括分包商）代其提供该商品或服务，在这种情况下，企业为主要责任人；若否，则企业无法向客户提供该商品或服务，表明企业的承诺是安排他人向客户提供该商品或服务，是为他人提供协助，在这种情况下，企业为代理人。企业作为代理人的，其身份是安排第三方向客户提供商品或服务，其本身并未承诺向最终客户提供特定商品或服务，因此，向最终客户提供特定商品或服务并非代理人的履约义务。如上例中，旅行社向旅客销售机票，如果旅行社事先从航空公司购买一定数量的折扣机票并对外销售，而未售出的机票不能退还给航空公司的，旅行社可自行决定机票自用（如给购买旅行产品的客户使用）或者自主定价对外出售。在这种情况下，由于旅行社事先从航空公司购入了机票且未售出的机票不能退还给航空公司，表明旅行社承担了该机票几乎全部的风险并享有该机票几乎全部的报酬，也表明旅行社具有能够控制该机票的能力，即表明旅行社在向旅客销售机票前能够控制该机票。

（二）企业作为主要责任人的情形

企业向客户销售商品或提供服务涉及其他方参与其中的情况下，应从企业向客户提供的特定商品或服务（履约义务），以及商品或服务的控制权角度评估企业是主要责任人还是代理人。存在下列情形的，企业应作为主要责任人：

1. 企业自第三方取得商品或其他资产控制权后，再转让给客户。例如，企业向第三方购入某项商品，并取得该商品控制权确认为企业的存货，然后再出售给其客户。值得注意的是，这里的商品或其他资产也包括企业向客户转让的未来享有由其他方提供服务的权利。为此，企业应当判断该权利在转让给客户前是否由企业控制，同时应考虑该权利是仅在转让给客户时才产生，还是在转让给客户之前就已经存在，并且企业始终能够主导其使用。如果该权利在转让给客户之前已经存在，企业能够对第三方向其客户提供的特定服务享有权利，则企业能够控制该权利，随后企业可以将享有的对该项服务的权利转让给客户；反之，如果该权利在转让给客户之前不存在，则企业实质上并不能在该权利转让给客户之前控制该权利。

在应用控制原则时，如何判断企业在向客户提供服务前能控制该项服务是实务中比较困难的问题，因为通常情况下，只有企业在向客户提供服务时，才会存在该项服务。

实务中，客户合同中作为主要责任人身份的企业，涉及由第三方提供服务的合同可能包括：（1）根据合同约定，企业能够对第三方向其客户提供的特定服务享有权利（如企业购买航空公司的特定航班且不可退还的机票，并转售给其客户）。（2）根据合同约定，由第三方提供的服务与企业向客户承诺的其他商品或服务无法明确区分，且企业主导该服务以用于整合产出组合项目（即合同规定的特定商品或服务）。这种情况即符合下述所述的"企业自第三方取得商品控制权后，通过重大的服务将该商品与其他商品整合成某组合产出转让给客户"的情形。（3）根据合同约定，企业主导第三方在履行企业的履约义务过程中向客户提供服务。这种情况是企业与客户签订合同并委托第三方（分包商）代表企业履行合同中的履约义务，在此类合同中，企业应评估其是否控制了分包商提供的特定服务。企业可以通过与分包商签订合同并规定由分包商提供服务来控制其提供的特定服务。如果企业能主导分包商代表其向客户提供服务，即表明相当于企业利用其自身资源履行合同而非委托第三方履行合同，企业对该客户合同的服务承担责任。如果企业向客户提供的特定服务由第三方提供且企业并无能力主导该服务，在这种情况下，企业很可能是协助或者安排第三方提供服务，而非控制分包商提供的服务，企业通常是代理人。

2. 企业能够主导第三方代表其向客户提供服务（本条只适用于服务）。合同中如企业作为主要责任人身份，可以自行履行履约义务，也可以委托第三方代表企业（如分包商、其他服务提供商等）履行部分或全部履约义务，如果企业能够主导该第三方代表其向客户提供服务，表明其在第三方向该企业的客户提供相关服务之前能够控制该服务。

实务中，即使不能控制服务本身，但如果能控制所享有服务的权利，也属于主要责任人。例如，上述旅行社先从航空公司购入机票控制该机票的使用，再转售给其客户，旅行社在向旅客销售机票前能够控制该机票，而旅行社向客户销售机票代表了旅客可以乘坐某特定航班的权利。即虽然旅行社本身并不提供飞行服务，并不能控制服务本身，但能够通过控制特定航班的机票从而控制航空公司提供服务的权利（即"企业自第三方取得商品或其他资产控制权后，再转让给客户"的情形）。又如，甲公司与乙公司签订合同约定，甲公司为乙公司的办公楼提供维护服务，合同期限 3 年，乙公司每年年初支付给甲公司 100 万元，甲公司收到乙公司支付的款项时开具增值税专用发票；甲公司对乙公司办公楼的维护服务质量承担责任。甲公司为履行与客户合同（甲公司取得的任何客户办公楼的维护服务合同），与丙公司签订合同约定，由甲公司提供维护办公楼的具体标准和要求，委托丙公司对甲公司取得的客户办公楼执行具体维护服务。在这种情况下，甲公司向乙公司提供的特定服务是为乙公司的办公楼维护服务，甲公司取得了享有丙公司服务的权利，但并未将其为客户办公楼提供维护服务的权利转让给丙公司，而是能够主导或者要求丙公司为甲公司自己的客户提供服务，甲公司承担了为客户提供办公楼维护服务的主要责任（无论是甲公司自身履行办公楼的维护服务，还是委托第三方服务，甲公司均对合同中承诺的履行的义务承担责任，对确保办公楼维护服务的履约及乙公司的验收承担责任）；同时，甲公司委托丙公司具体执行办公楼维护服务，甲公司对客户提供服务的价格拥有自主定价权。即甲公司保留主导对该办公楼维护服务的权利以及取得该权利几乎全部的经济利益（如甲公司可以决定丙公司对于甲公司取得的任何客户的办公楼提供具体的维护服务；也可以为甲公司自身的办公楼提供维护服务；也可以决定客户委托的办公楼维护服务的定价标准、维护范围和维护标准等），甲公司从丙公司提供的对办公楼维护服务的权利并非是乙公司合同中的指定商品或服务。因此，甲公司在特定服务（为乙公司办公楼提供维护服务）提供给客户（乙公司）之前控制该服务（也就是企业能够主导第三方代表其向客户提供服务）。

3. 企业自第三方取得商品控制权后，通过提供重大服务将该商品与其他商品整合成某组合项目转让给客户。如果企业提供重大服务，将两项或多项商品（包括由第三方提供的商品）或服务整合成客户在合同中约定的特定商品或服务，则企业在将该特定商品或服务转让给客户前控制该特定商品或服务。即当企业提供重大整合服务时，企业首先控制了该特定商品或服务（组合项目）的投入，包括已控制了自第三方提供的作为特定商品或服务的投入商品或服务，企业通过主导投入的使用并形成组合产出（即特定商品或服务）。在这种情况下，由第三方提供的投入是企业履行合同的成本；反之，如果第三方提供重大整合服务，则很可能是第三方主导该特定商品或服务的投入。

【例5】甲公司与某航空公司签订的协议约定，甲公司可以低于航空公司直接对外出售价格20%的价格购买一定数量的机票，并在购买机票时向航空公司支付对价；协议同时约定，甲公司购买一定数量的机票后，无论其能否转售，均不得退票。航空公司将为从甲公司购买机票的旅客以及自行直接对外销售的乘客提供飞行服务，并承担因其航班晚点、取消等原因向乘客支付的赔偿。甲公司从该航空公司购买一定数量的机票后，可自主决定自用或对外销售，且自行决定对外销售机票的价格。

本例中，为确定甲公司的履约义务是由其本身提供特定商品或服务（即确定甲公司是否为主要责任人），还是安排第三方提供此类商品或服务（即确定企业是否为代理人），甲公司应识别向客户提供的特定商品或服务，并评估在向客户转让商品或服务之前是否控制该商品或服务。甲公司向航空公司购买一定数量的特定航班的折价机票后，无论是否能够对外转售均不得退票，且可自行决定对外销售机票的价格，表明甲公司承诺向航空公司购买的每一张机票均使其控制了随后向客户转让且乘坐指定航班的权利，该权利以机票的形式体现。因此，甲公司确定向客户提供的特定商品或服务是其控制的该权利，该权利是为其乘客提供搭乘特定航班的权利，能够主导该机票的使用且能够获得其几乎全部的经济利益。在该合同中，甲公司为主要责任人。

【例6】因新冠疫情影响，甲购物网站推出以小区为单位的蔬菜团购业务。甲购物网站向各有关蔬菜供应商（如种植蔬菜的农场）采购蔬菜，并根据不同蔬菜品种组合搭配，每份组合蔬菜分为10斤、5斤，分别由6种和3种不同的蔬菜组成，甲购物网站根据每份组合蔬菜的品种、数量自行确定该份蔬菜的价格，根据各小区团购所需份数配送。甲购物网站负责各种蔬菜的配送、质量、数量、价格以及相关赔偿等事宜，未出售的蔬菜由甲购物网站降价出售或以赠品等方式进行处理。

本例中，甲购物网站负责蔬菜的采购、配送、质量保证、赔偿等事宜，对未出售的蔬菜发生的损失自行承担。疫情期间由甲购物网站接纳的各小区团购蔬菜，是甲购物网站向客户提供的特定商品，该特定商品在转让给客户前已由甲购物网站控制，即甲购物网站能够自主决定每份蔬菜的销售价格、承担蔬菜销售过程中的风险以及与存货相关的风险，能够主导该特定商品的使用并从中获取几乎全部的经济利益。因此，甲购物网站为主要责任人。

【例7】甲公司与乙公司签订合同约定，甲公司为乙公司设计并建造专用设备，该专用设备由乙公司提供基本的技术要求，甲公司根据乙公司的基本技术要求进行具体的设计工作，承担因设计原因引发的任何问题；另外，甲公司必须保证该专用设备符合设计方案及符合国家规定的相关建造质量标准；在合同中，双方确定了合同价格，并商定待该专用设备的控制权转移给乙公司时，由甲公司按商定的价格向乙公司开具增值税专用发票。假定该专用设备的设计和建造高度相关，为单项履约义务。

为履行与乙公司合同义务，甲公司与丙公司签订合同约定，由丙公司根据甲公司提供的专用设备设计方案进行具体的建造工作，待该专用设备建造完成达到合同约定的预定可使用状态并经乙公司验收合格后，由丙公司直接交付给乙公司，因专用设备建造质量引起的问题由丙公司承担维修责任。但若在建造过程中发现因设计问题需修订设计方案从而产生对丙公司建造专用设备的调整，由甲公司承担相应的责任。合同同时约定，在丙公司将专用设备的控制权转移给乙公司后，甲公司按合同约定向丙公司支付相应的价款。

本例中，甲公司承诺乙公司设计并建造专用设备，尽管甲公司将专用设备的建造转包给丙公司，但由于专用设备的设计和建造高度相关，不可明确区分，设计和建造构成单项履约义务。因甲公司对合同承担总体管理责任，包括对专用设备的设计、建造的专用设备符合国家规定的质量标准等，因而甲公司通过对专用设备的设计与建造的整合，为乙公司提供组合产出的重大服务，即甲公司主导了丙公司制造专用设备的服务，通过其重大整合将专用设备转让给客户前控制了该专用设备。在该合同中，甲公司的身份为主要责任人。

（三）判断时应考虑的相关事实和情况

通常情况下，作为主要责任人身份的企业，可能会自行履行提供特定商品或服务的履约义务，或委托第三方（如分包商）代其履行部分或全部该履约义务，但均能享有履约义务几乎所有的经济利益或承担相应的损失。在具体判断向客户转让商品或服务前是否拥有对该商品或服务的控制权时，企业不应仅局限于合同的法律形式，应当综合考虑所有相关事实和情况，这些事实和情况包括但不限于：

1. 企业承担向客户转让商品的主要责任。这种情况主要是对特定商品或服务的可接收性承担责任（如对保证商品或服务符合客户的规格、品质要求承担主要责任）。在存在第三方参与向客户提供特定商品或服务时，如果企业对履行特定商品或服务的承诺承担主要责任，可能表明第三方是在代表企业提供该特定商品或服务。企业在评估是否承担向客户转让商品或服务的主要责任时，应当从客户的角度进行评估，即客户认为哪一方承担了主要责任（如客户认为谁对商品的质量或性能负责、谁负责提供售后服务、谁负责解决客户投诉等）。

2. 企业在转让商品之前或之后承担了该商品的存货风险。如果企业在取得客户合同之前获得或承诺获得特定商品或服务（如企业在向客户转让特定商品之前先购入该商品，确认为企业自身的存货，承担与该存货相关的所有风险，享有与该存货相关的几乎全部的利益），可能表明企业有能力在将该商品或服务转让给客户之前主导该商品或服务的使用并从中获得几乎全部的经济利益。在附有销售退回条款的销售中，企业出售商品给客户之后，根据其与客户合同的约定，客户有无条件退货权，这种情况下通常表明企业在出售该商品之后仍承担了该商品的存货风险。

3. 企业有权自主决定所交易商品或提供服务的价格。企业有对商品或服务的自主定价权，可能表明企业有能力主导该商品的使用并从中获得几乎全部的经济利益。但在某些情况下，代理人可能拥有自主定价权（代理人可能在定价方面拥有一定的灵活性，如在主要责任人规定的某一价格范围内自主决定价格，以通过安排其他方向客户提供商品或服务来产生额外收入），以便其在代表主要责任人向客户提供商品或服务时，能够在市场中具有一定的竞争力，吸引更多的客户，同时能够赚取更多的收入。例如，作为主要责任人的甲公司将其生产的一批 Y 商品由其中间商（代理人）代为销售。根据合同约定，中间商按其实际销售价格的 5% 收取佣金。甲公司确定该中间商对外销售的价格为 7500 万元至 8000 万元之间，假设该中间商以 7800 万元对外销售。在这种情况下，代理人通过向主要责任人的客户提供一定折扣优惠，以激励该客户购买主要责任人的 Y 商品时，即使代理人有一定的定价能力，也并不表明其身份是主要责任人，代理人只是放弃了一部分自己应当赚取的佣金或手续费而已。

4. 其他相关事实和情况。在确定主要责任人或代理人时，还应根据其他相关事实和情况进行判断（如相同或类似合同所作的判断、企业以往交易的商业惯例等）。

企业在评估其为主要责任人还是代理人时，还需注意以下几个问题：

（1）企业在判断其是主要责任人还是代理人时，应以该企业在特定商品转让给客户之前是否能够控制该商品或服务为主要原则，上述事实和情况不能取代控制权的评估，也不能凌驾于控制权评估之上，更不是单独或额外的评估，不能将其视为在所有情况下均须满足条件或需考虑的因素。上述相关事实和情况并无权重之分，其中一项或几项也不能被孤立地用于支持某一结论。企业应当根据服务性质、合同条款约定以及其他具体情况，进行综合判断。在不同的合同安排下，上述不同的事实和情况可能为判断企业是主要责任人或是代理人提供了相关事实和支持证据。

（2）企业本身制造某商品或提供某服务的，在将其制造的商品或服务提供给客户前，企业已经控制了该商品或服务，而企业在没有另一方参与的情况下能够直接向客户转让商品或为客户提供服务。这种情况下，企业无需评估承诺的性质，即可认定为主要责任人。

（3）当企业仅仅是在特定商品或服务的法定所有权转移给客户之前，暂时性地获得该商品或服务的法定所有权时，并不意味着企业一定控制了该商品或服务。

（4）如果由中间商担任向最终客户提供商品或服务的主要责任人，且企业向该中间商转让商品或服务（无论是单项商品或服务，还是一揽子可明确区分的商品或服务的组成部分），则企业的客户是该中间商。

（5）如果第三方承担了企业的履约义务并享有合同中的权利，从而使企业不再负有自行向其客户转让特定商品或服务的履约义务，表明企业不再是主要责任人，则企业不应按照主要责任人确认收入，应评价其履约义务是否是为该第三方取得合同，即企业是否为代理人，如为代理人，应按代理人收入确认的原则确认相应的收入。

（四）主要责任人或代理人收入的计量

企业作为主要责任人的，应当按照其自行履行向客户提供商品或服务义务而有权收取的对价金额的总额确认收入；企业作为代理人的，应当按照其因安排他人向客户提供特定商品或服务而有权收取的佣金或手续费的金额确认收入，该金额可能是按照既定的佣金金额或比例确定，也可能是按照已收或应收对价金额的总额扣除应支付给提供该特定商品或服务的其他方的价款后的净额确定。

实务中，如果企业作为主要责任人，通过中间商向其客户提供特定商品或服务，该中间商代表企业向最终客户销售商品或提供服务时，在一定程度上可灵活定价。在这种情况下，作为主要责任人的企业，应当预计能够利用所有其了解的相关事实和情况来判断并确定其有权向客户收取的对价金额。

【例8】甲公司从事零售百货商场经营，采取自营业务模式。自营业务模式的特点为：（1）该商场自己与供应商签订购货合同，从供应商直接进货，取得购入商品的控制权。（2）购入的商品作为甲公司自身的存货进行管理。

(3) 甲公司有权确定存货的销售价格、商品的打折幅度、打折商品的范围以及是单个出售还是组合出售等商场促销活动的所有细节。(4) 甲公司承担所销售商品的售后服务并承担相应的费用。

在这种业务模式下，甲公司在商品出售之前已经控制该商品，其有能力主导所购入商品的使用（如自己使用或出售，或者单个出售还是组合出售等）并获取几乎全部的经济利益（如存货使用或出售或通过其他处置方式获得的经济利益），并承担所有与存货相关的风险（如客户退回商品、商品保管不善等原因导致的商品受损或报废、毁损和灭失等）。因此，甲公司为主要责任人。

【例9】甲公司从事零售百货商场的经营，采用联营业务模式（不包含租赁）。联营业务模式的主要特点为：(1) 甲公司有权分配百货商场中的专柜，供应商在甲公司分配的专柜中向顾客销售商品，甲公司根据约定的分成比例与供应商进行结算，部分供应商对商场收取的分成有保底承诺。(2) 甲公司与供应商签订合同，约定各自的权利义务。在商品向顾客售出之前，所有权属于供应商，供应商负责保管商品，并承担商品毁损和灭失的风险。供应商有权决定商品的上架和下架时间，以及在不同的门店或专柜之间调换货物。商品的出售价格主要由供应商制定，为了避免供应商定价过高或过度打折，从而保证该商品在甲公司商场的整体商业定位不会产生不利影响，以及确保该商品在甲公司商场专柜销售的价格不会远高于其他商场，对于供应商制定的销售价格，需要经过百货商场的审核。对于供应商拟在专柜中销售的新增商品品牌需要经过甲公司认可，对于滞销或过季的商品应按合同约定及时下架。(3) 甲公司举办商场促销活动时，促销方案和价格主要由甲公司主导，供应商可以选择参加或不参加，若参加，则可能需要与甲公司共同承担相关费用。(4) 在甲公司商场专柜中的销售人员由供应商直接委派，但需要接受商场的培训，遵循商场的管理要求并接受甲公司的监督。(5) 甲公司为供应商提供经营场地以及相应的综合管理服务，监督进店的商品，并提供统一收银等服务。消费者在甲公司商场购物时，通常取得以甲公司抬头开具的增值税发票。(6) 供应商在甲公司商场售出的商品出现质量问题，甲公司负责先行赔付，随后再根据与供应商的协议约定向供应商进行追偿。

本例中，甲公司应当按照新收入准则中有关主要责任人和代理人的原则判断其是主要责任人还是代理人，并确定收入确认金额。在甲公司采用的联营模式下，消费者直接在供应商的专柜购买商品，在此之前，商品的所有权归属于供应商，供应商有权主导商品的销售活动（决定商品的上架和下架时间，是否在不同的门店、专柜之间调换货物,主导商品定价以及促销方式等),并获取与销售商品相关的几乎全部的经济利益,也承担因商品滞销或打折销售等造成的损失。相反,在商品销售给消费者之前,甲公司不能决定如何销售这些商品,不能自行或者要求供应商将商品用于其他用途,也不能禁止供应商把商品用于其他用途;尽管甲公司可能有权对供应商销售的商品进行干预(新增商品品牌需要经过百货商场认可,滞销或过季的商品应及时下架等),但其目的主要是为了维护百货商场的商业定位和形象,并不表明百货商场能够主导这些商品的销售。另外,虽然按照商品的销售金额由甲公司统一向消费者开具增值税发票,但这仅是一种结算方式,而非确定收入确认金额的原则。鉴于此,特定商品在销售给消费者之前由供应商控制,供应商有权主导商品的使用并获取几乎全部的经济利益,而甲公司并未取得特定商品的控制权,其身份是协助供应商销售特定商品,应认定为代理人,甲公司应按照净额确认收入。

【例10】甲公司经营某购物网站,其经营特点为:(1)甲公司仅提供购物网站,消费者可以在该网站上购买各种商品。(2)在该平台上销售的各种商品均由供应商直接提供销售,商品的宣传(形状和功能)、定价、发货、售后服务等均由供应商自行负责。(3)甲公司负责协助供应商和消费者结算货款(如消费者支付的购货款先通过该平台,待消费者确认收货后再将款项支付给供应商),并按每笔交易额的5%收取佣金。

本例中,甲公司实质上仅提供一个购物平台,以便供应商销售特定商品并帮助消费者结算货款,除此之外甲公司不提供任何其他特定商品。在该特定商品转移给消费者之前,甲公司没有能力主导这些特定商品的使用,也不能阻止供应商向消费者转移这些商品,表明供应商在甲公司的购物平台上将特定商品销售给消费者之前,甲公司并不控制这些特定商品,甲公司的义务是安排供应商向消费者提供所需商品并收取一定的佣金,在该交易中甲公司的身份为代理人。

【例11】甲公司与乙公司签订两份合同,第一份为原材料销售合同,合同约定甲公司将原材料销售给乙公司并委托乙公司加工成一批 M 商品;第二份为采购合同,合同约定甲公司从乙公司购买乙公司加工后的 M 商品。

本例中,甲公司应根据合同条款和业务实质判断乙公司是否已经取得待加工原材料的控制权,即乙公司是否有权主导该原材料的使用并获得几乎全部经济利益,如确定原材料的性质是否为乙公司的产品所特有、乙公司是否有权按照自身意愿使用或处置该原材料、是否承担除因其保管不善之外导致该原材料毁损灭失的风险、是否承担该原材料价格变动的风险、是否能够取得与该原材料所有权有关的报酬等。如果乙公司并未取得待加工原材料的控制权，该原材料仍然属于甲公司的存货，甲公司不应确认销售原材料的收入，而应将整个业务作为购买乙公司加工服务进行会计处理；相应地，乙公司实质上是为甲公司提供受托加工服务，应当按照净额确认受托加工服务费收入。

三、附有客户额外购买选择权的销售

企业与客户签订的某些合同中，会在向客户销售商品或提供服务的同时授予客户某项选择权，允许客户可以据此免费或者以折扣价格购买企业额外的商品或服务，包括销售激励措施、客户奖励积分、续约选择权或针对未来商品或服务的其他折扣（如折扣券）等。

（一）考虑企业是否向客户提供了一项重大权利

在某些附有客户额外购买选择权的合同中，客户支付的对价中可能包括该项额外购买选择权（尽管某些情况下是以隐含方式作为支付对价的一部分），企业应将交易价格分摊至该购买选择权，这种情况下，表明该额外购买选择权构成单项履约义务；但在另外一些附有客户额外购买选择权的合同中，客户支付的对价中并未包括该项额外购买选择权，仅是对客户的一种促销要约，并非是合同的一部分，其交易价格也不应分摊至该额外购买选择权，即表明该额外购买选择权并不构成单项履约义务。因此，新收入准则规定，对于附有客户额外购买选择权的销售，企业应当评估该选择权是否向客户提供了一项重大权利，并分别进行会计处理。

1. 企业向客户提供了一项重大权利的，该额外购买选择权构成单项履约义务。如果合同中拟定的额外购买选择权条款，只有在与客户订立了一项合同的前提下，客户才能取得商品或服务的额外购买选择权（不订立这一合同就无法获得该额外购买选择权），并且客户行使该选择权购买企业的额外商品或服务时，能够享受到超过该地区或该市场中其他同类客户所能够享有的折扣，通常认为该选择权向客户提供了一项重大权利，应当作为单项履约义务。企业是否向客户提供了一项重大权利，应根据其金额和性质综合判断。

例如，Y餐厅实施一项面向客户的激励计划，如客户到Y餐厅用餐，客户每消费200元，可获得Y餐厅给予的10元餐券，该餐券有效期3年，到期后尚未使用的餐券自动作废。若客户在3年内再次到Y餐厅用餐消费超过200元的，可抵扣10元的餐券，但一次最多使用5张餐券（即最多可抵扣50元餐费）。又如，A电讯运营商推出一项针对客户的奖励计划，对于其提供服务的手机用户每使用话费（或流量）1元可获得1个积分，每个积分的单独售价为0.01元，积分可累积使用，若手机用户累积获得3000个积分，可兑换1公斤东北大米或30元的话费充值。Y餐厅给予客户的餐券是给予客户再次赴Y餐厅以折扣价用餐的选择权，A电讯运营商授予客户的奖励积分是鼓励客户行使购买其提供的电讯服务或兑换大米的选择权。上述两个例子中，虽然针对每个客户而言，其每笔消费获得的餐券、话费积分相对于其消费金额而言并不重大，但餐券在3年内可累积使用，企业基于其历史数据表明某些客户根据其偏好可能会持续到Y餐厅用餐以获得每次用餐最多抵扣50元的优惠。而A电讯运营商给予客户的话费积分无到期日且可累积使用，根据企业的历史信息表明客户通常能够累积足够的积分来免费换取大米或获得话费充值。上述两个例子可能表明企业向客户提供了重大权利。

【例12】 S公司与N公司签订的合同约定，S公司向N公司销售P产品1000件，合同价格总额为2000万元（不含增值税）；S公司为了做促销，合同同时约定，如果N公司再次购买S公司的P产品，N公司将获得该产品单独售价的50%的折扣，且使用期限为3年，超过3年未使用的折扣自动作废。S公司通常情况下会给予初次购买P产品的客户按照产品单独售价的5%~10%的折扣，而同一客户再次购买P产品的，则给予50%的折扣。

本例中，S公司做促销，对购买P产品的客户给予5%~10%的折扣（不论新老客户），而针对老客户（如N公司），则能享受5折的优惠。这种情况下，N公司实质上享受到超过其他购买P产品的新客户所能够享有的折扣，表明S公司为N公司提供的额外购买选择权是一项重大权利。

在与客户签订附有额外购买选择权的合同时，如果企业向客户提供了一项重大权利的，该额外购买选择权则构成单项履约义务。在这种情况下，该合同下客户承诺支付的价款（对价）实际上购买了两项单独的商品或服务，一是客户在该合同下原本购买的商品或服务；二是客户可以免费或者以折扣价格购买额外商品的权利。企业应根据新收入准则的规定，按照各单项履约义务的单独售价的相对比例将交易价格分摊至各单项履约义务。其中，分摊至该额外购买选择权的交易价格与未来的商品或服务相关，企业应在客户未来行使该选择权取得相关商品或服务的控制权时，或在该选择权失效时确认为收入。

企业在将交易价格分摊至各单项履约义务时,在某些情况下,企业可以直接观察到额外购买选择权的单独售价;但在多数情况下,可能无法直接观察到客户取得额外商品或服务的选择权的单独售价,则需要对该额外购买选择权的单独售价进行估计,该估计应当综合考虑客户行使和不行使该额外购买选择权所能获得的折扣的差异,以及客户行使该选择权的可能性等全部相关信息,用以反映客户在行使该选择权时可获得的折扣。

2. 企业未向客户提供一项重大权利的,该额外购买选择权不构成单项履约义务。如果合同中拟定的额外购买选择权条款,使客户能以按商品或服务的单独售价购买额外的商品或服务,则该选择权并未向客户提供重大权利;即使该额外购买选择权需通过订立之前的合同,使客户能以按商品或服务的单独售价购买额外的商品或服务才能行使,该选择权也并未表明企业向客户提供重大权利。在这种情况下,企业仅是在合同中提出了一项促销要约,该要约是客户在行使该选择权购买额外商品或服务时,能够获得企业按所销售商品或服务单独售价计算的正常范围内折扣的优惠,而并非表明企业给予客户提供了重大权利。因此,对于合同中附有的购买额外商品或服务选择权,若该额外购买选择权表明客户拥有按商品或服务的单独售价购买或接受企业的商品或服务的,企业应于客户行使该选择权时,作为一项新合同的订立,按照新收入准则规定的原则进行会计处理。例如,A 电信公司推出一项套餐促销计划,该计划为向客户销售一部手机和两年的手机通信服务,该通信服务包括国内主叫语音通话 300 分钟(固定分钟)、国内移动数据流量 6G(固定流量),A 电信公司按月收取固定费用,客户通过 A 电信公司的该套餐,可以从手机和电信公司提供的通信服务或其与客户易于获得的其他资源一起使用中获益。另外,客户可以根据需要在任何月份按照约定的价格购买语音服务和移动数据流量,假定该约定的价格与其他客户单独购买语音服务和移动数据流量时的价格相同,则表明 A 电信公司向客户提供的该额外购买选择权并不构成一项重大权利。在这种情况下,只有在客户行使选择权购买额外的商品或服务时才需要进行相应的会计处理。又如,M 公司从事生产和销售床上用品,其在 A 地区推出的销售计划为:客户首次购买床上用品四件套,按其单独售价支付价款;客户第二次购买床上用品四件套,给予按单独售价 5% 的折扣;客户第三次购买的,给予按单独售价 8% 的折扣;其后再购买的,均给予单独售价 10% 的折扣。M 公司在 A 地区销售其生产的床上用品,通常会给予客户单独售价 2% ~10% 的折扣。本例中,客户购买床上用品四件套所享受的折扣,未超过 A 地区市场中其他同类客户所能享有的折扣,M 公司给予客户购买床上用品四件套的额外购买选择权并不构成一项重大权利。

【例 13】 甲公司以 0.8 万元的价格向客户销售其生产的 Y 产品,对于购买 Y 产品的客户,甲公司同时给予客户在 3 个月内购买甲公司生产的任一产品单独售价(不含增值税)45% 的折扣券,该折扣券只能使用一次。当年有多个客户购买 Y 产品,甲公司对外销售 Y 产品的单独售价为 0.8 万元,根据历史经验数据,甲公司预计有 90% 的客户会在 3 个月内购买甲公司生产的任一产品,额外购买甲公司任一产品的单独售价为 0.6 万元。同时,甲公司计划推出季节性促销活动,计划在未来 3 个月内针对甲公司生产的所有产品提供单独售价 10% 的折扣,上述两项优惠不能叠加使用。假定:使用折扣券的客户,第一个月有 30% 的客户使用折扣券,第二个月有 40% 的客户使用折扣券,第三个月有 18% 的客户使用折扣券,3 个月后未使用的折扣券作废。本例不考虑增值税等相关税费。

本例中,购买 Y 产品的客户在 3 个月内购买甲公司生产的任一产品能够获得 45% 的折扣券,该折扣远高于甲公司给予所有客户购买其生产的任一产品 10% 的折扣。因此,甲公司给予购买 Y 产品的客户一项重大权利,应作为单项履约义务。根据预计客户使用折扣券的可能性以及额外购买的金额,甲公司估计该折扣券的单独售价为 0.189 万元〔0.6×90%×(45%−10%)〕。由于甲公司销售 Y 产品并提供给客户折扣券,构成两项履约义务,应按 Y 产品和折扣券的单独售价的相对比例对交易价格进行分摊,Y 产品应分摊的交易价格为 0.647118 万元〔0.8×0.8÷(0.8+0.189)〕,折扣券应分摊的交易价格为 0.152882 万元〔0.8×0.189÷(0.8+0.189)〕。甲公司的账务处理如下(金额单位:元,下同):

借:银行存款 8000
　　贷:合同负债 1528.82
　　　　主营业务收入 6471.18

第一个月,有 30% 的客户使用折扣券。

借:合同负债〔1528.82×(30%÷90%)〕 509.61
　　贷:主营业务收入 509.61

第二个月有 40% 的客户使用折扣券。

借:合同负债〔1528.82×(40%÷90%)〕 679.48
　　贷:主营业务收入 679.48

第三个月有 18% 的客户使用折扣券，3 个月后未使用的折扣券作废。

  借：合同负债（1528.82 - 509.61 - 679.48）   339.73
    贷：主营业务收入   339.73

  假定第一个月有 30% 的客户使用折扣券，第二个月有 62% 的客户使用了折扣券，两个月累计有 92% 的客户使用了折扣券，甲公司重新估计认为应有 95% 的客户会使用折扣券，第二个月的账务处理如下：

  借：合同负债   970.93
    贷：主营业务收入（92% ÷ 95% × 1528.82 - 509.61） 970.93

  上例中的"合同负债"科目，核算企业已收或应收客户对价而应向客户转让商品或服务的义务。企业在向客户转让商品或服务之前，客户已经支付了合同对价或企业已经取得了无条件收取合同对价权利的，企业应当在客户实际支付款项与到期应支付款项孰早时点，按照该已收或应收的金额，借记"银行存款""应收账款""应收票据"等科目，贷记"合同负债"科目；企业向客户转让商品或服务时，借记"合同负债"科目，贷记"主营业务收入""其他业务收入"等科目。企业因转让商品或服务收到的预收款适用"合同负债"科目，不再使用"预收账款"科目及"递延收益"科目。"合同负债"科目期末贷方余额反映企业在向客户转让商品或服务之前，已经收到的合同对价或已经取得的无条件收取合同对价权利的金额。根据新收入准则对合同负债的规定，尚未向客户履行转让商品或提供服务的义务而已收或应收客户对价中的增值税部分，因不符合合同负债的定义，不应确认为合同负债。

  【例 14】甲公司于 2×20 年 12 月 25 日推出一项会员客户奖励积分计划，根据该计划，自 2×21 年 1 月 1 日起，会员客户在甲公司每消费 10 元可获得 1 个积分，每个积分从次月开始在会员客户购物时可抵减 1 元，客户当年获得的积分可以使用 2 年，2 年后客户未使用的积分作废。2×21 年度，甲公司共向其会员客户销售商品收取现金 5000 万元，这些客户共获得 500 万个积分。甲公司根据历史经验，估计该积分的兑换率为 90%。截至 2×21 年 11 月底，甲公司会员客户购物时使用了 300 万个积分，抵减购物款 300 万元。假定：(1) 上述金额均不含增值税；(2) 本例不考虑相关税费；(3) 甲公司销售商品应收取的对价金额已收存银行；(4) 甲公司授予会员客户的积分为客户提供了一项重大权利，截至 2×21 年 12 月 31 日已累计兑换 450 万个积分，甲公司重新估计兑换率为 95%。甲公司的会计处理如下：

(1) 将交易价格分摊至各单项履约义务。

本例中，甲公司授予会员客户的积分为客户提供了一项重大权利，应作为单项履约义务，即客户支付的款项中的部分付款实际上是针对后续进一步购买商品的不可返还的预付款，甲公司2×21年度销售商品和授予会员客户的积分构成两项履约义务，应按各单项履约义务的单独售价的相对比例对交易价格进行分摊。甲公司销售商品的单独售价合计为5000万元，每个积分的单独售价为1元，考虑到估计的兑换率为90%，甲公司估计积分的单独售价为450万元（500×90%×1）。甲公司应按积分单独售价的相对比例分摊交易价格：

销售商品应分摊的交易价格＝5000×[5000÷(5000+450)]＝4587.15596（万元）

积分应分摊的交易价格＝5000×[450÷(5000+450)]＝412.84404（万元）

(2) 2×21年度，甲公司销售商品在控制权转移时确认收入。

借：银行存款　　　　　　　　　　　　　　　　50000000
　　贷：主营业务收入　　　　　　　　　　　　　45871559.6
　　　　合同负债　　　　　　　　　　　　　　　4128440.4

(3) 截至2×21年11月底，会员客户使用积分抵减购物款300万元，应于会员客户抵减购物款时确认收入。

2×21年度会员客户兑换积分应确认的收入金额＝300÷450×421.84404＝281.22936（万元）

借：合同负债　　　　　　　　　　　　　　　　2812293.6
　　贷：主营业务收入　　　　　　　　　　　　　2812293.6

(4) 截至2×21年12月31日，已累计兑换450万个积分，甲公司重新估计兑换率为95%。

甲公司2×21年12月应确认的积分兑换收入＝450÷(500×95%)×421.84404－281.22936＝118.412362（万元）

借：合同负债　　　　　　　　　　　　　　　　1184123.62
　　贷：主营业务收入　　　　　　　　　　　　　1184123.62

值得注意的是：

(1) 企业向客户授予奖励积分，该积分可能有多种兑换方式，如该积分只能用于兑换本企业提供的商品或服务，或者只能用于兑换第三方的商品或服务，或者客户可以在两者进行选择。某些情况下，企业与其他企业一起合作给客户提供相关的积分，如银行与航空公司合作，由银行给客户提供信用卡，客户使用信用卡时可以获得该航空公司的里程积分，足够的里程积分可以兑换该航空公司的任一航班。企业授予客户的奖励积分为客户提供了重大权利从而构成单项履约义务时，企业应当根据具体情况确定收入确认的时点和金额：

①如果该积分只能用于兑换本企业提供的商品或服务，通常情况下，企业只能在将商品或服务转让给客户或该积分失效时，确认与积分相关的收入。例如，某百货商场（甲公司）2×20年1月1日推出一项客户奖励积分计划，规定客户每消费1元授予1个积分，该积分每年年底可以兑换甲公司商场内部分商品（不包括出租柜台销售的商品），如500个积分可以兑换10包餐巾纸、1000个积分可以兑换一盒鸡蛋、1500个积分可以兑换一款卡通玩具等，未兑换的积分于次年1月底作废。本例中，甲公司授予客户的积分只能兑换商场内的商品，应在积分兑换的商品转让给客户或者该积分失效时，将与积分相关的金额确认为收入。

②如果该积分只能用于兑换第三方商品或服务，企业应当分析对于该项履约义务而言，其身份是主要责任人还是代理人，若是代理人身份，通常应在完成代理服务时（如协助客户自第三方兑换完积分时）按照其有权收取的佣金等确认收入。

③客户可以选择兑换由本企业或第三方提供的商品或服务，在客户选择如何兑换积分或该积分失效之前，企业需要随时准备为客户兑换积分所需的商品或服务，当客户选择兑换本企业的商品或服务时，企业通常只能在将相关的商品或服务的控制权转让给客户或该积分失效时确认相关收入，当客户选择兑换第三方提供的商品或服务时，企业需要分析其是主要责任人还是代理人，并进行相应的会计处理。例如，甲航空公司对其会员（客户）每次乘坐飞机的里程给予积分，积分2年内有效，超过2年未兑换的积分自动作废。每个积分的单独售价为0.1元。消费者获得且累积达到一定里程的积分可以兑换甲航空公司的任一航班的机票，也可以兑换丙公司生产的一个标准行李箱。客户使用里程积分兑换甲航空公司的机票或兑换丙公司的行李箱后，不得退还已兑换的里程积分。在这种情况下，如果客户选择兑换甲航空公司的机票，甲航空公司只能在客户使用该里程积分兑换机票时确认与其相关的收入；如果客户选择兑换丙公司生产的标准行李箱，若甲航空公司为主要责任人，该里程兑换的行李箱相当于甲航空公司先购入行李箱，再以其授予给客户的积分兑换该行李箱，甲航空公司应在客户兑换行李箱时确认与积分相关的收入；或者客户放弃所获得的里程积分（积分失效）时确认与积分相关的收入。

(2) 合同开始日，企业应根据历史经验、相关事实和信息，估计积分兑换率、积分的单独售价等，计算积分应分摊的交易价格。期末，根据客户实际兑换的积分情况重新估计兑换率，如重新估计的兑换率发生变动，不再调整合同开始日已经分摊的积分交易价格，但应调整与当期积分相关的收入金额。

【例15】甲公司为电信服务运营企业。2×21年发生如下业务：（1）2×21年11月1日，甲公司与乙公司签订合同约定：从合同签订的次月1日起，甲公司为乙公司提供网络接入和运营服务；乙公司每月向甲公司支付服务费300万元，并同意在其游戏平台的页面上呈现甲公司的品牌标识。乙公司在其运营的游戏平台的页面上提供类似品牌广告的收费为每月75万元。2×21年12月1日，甲公司收到乙公司从银行转账支付的300万元。（2）2×21年11月30日，甲公司董事会批准了管理层提出的客户忠诚度计划，该计划为：客户在甲公司消费价值满100元的通话服务时，甲公司将在下月向其免费提供价值10元的通话服务（假定为向客户提供了一项重大权利）。2×21年12月，甲公司为客户提供了价值15000万元的通话服务（假定均符合下月享受免费通话服务的条件），甲公司已收到全部款项。（3）2×21年12月10日，甲公司推出预缴话费送手机活动，客户只需预缴话费4000元，即可免费获得市价为1600元、成本为1200元的一部手机，并从参加活动的下月起未来24个月内每月享受价值120元、成本为90元的通话服务。当月共有5万名客户参与了此项活动。假定客户不会流失，甲公司在2年内会持续为客户提供服务，不考虑货币时间价值以及税费等其他因素。针对上述业务，甲公司的会计处理如下：

（1）甲公司与乙公司签订的合同中，乙公司同意在其游戏平台的页面上呈现甲公司的品牌标识，是乙公司向甲公司提供的服务，应视为甲公司取得的非现金对价确认收入。同时，甲公司通过乙公司的游戏平台页面呈现其公司的品牌标识，应视为甲公司所做的广告，其发生的广告支出应确认为当期费用。

2×21年12月甲公司与乙公司合同应确认的收入 = 300 + 75 = 375（万元）

借：银行存款　　　　　　　　　　　　　　　3000000
　　销售费用　　　　　　　　　　　　　　　　750000
　　贷：主营业务收入　　　　　　　　　　　　3750000

（2）根据甲公司的客户忠诚度计划，2×21年12月，甲公司取得15000万元的通话服务收入，同时，甲公司向客户提供了一项重大权利，也就是消费价值满100元的通话服务的客户将在下月免费获得价值10元的通话服务，该重大权利应作为单项履约义务。甲公司2×21年度12月收取的通话服务收入为15000万元，实质上既向客户提供了当月的通话服务，又承诺在下个月免费为满足条件的客户提供奖励的通话服务，即构成两项单项履约义务。甲公司应当在当月提供的服务和下月需要提供的免费服务之间按它们的单独售价的相对比例进行分配。

2×21年12月甲公司向客户提供通话服务应确认的收入金额 = 100÷(100 + 10)×15000 = 13636.3636（万元）

甲公司应于下月向客户提供通话服务的金额 = 10÷(100 + 10)×15000 = 1363.6364（万元）

借：银行存款　　　　　　　　　　　　　　150000000
　　贷：主营业务收入　　　　　　　　　　　136363636
　　　　合同负债　　　　　　　　　　　　　136363636

（3）2×21年12月10日，甲公司推出的预缴话费业务实质上是销售手机和提供通讯服务的混合合同，包括手机销售和通讯服务两项单独的履约义务，甲公司应当将收到的价款在手机销售和通讯服务之间按它们独立售价的相对比例进行分配。手机销售收入应在当月一次性确认，通讯服务应随着服务的提供逐期确认。

2×21年12月甲公司应确认的收入金额 = 4000×50000×1600÷(1600 + 120×24) = 7142.8571（万元）

甲公司未来24个月应履行的义务 = 4000×50000×2880÷(1600 + 120×24) = 12857.1429（万元）

借：银行存款　　　　　　　　　　　　　　200000000
　　贷：主营业务收入　　　　　　　　　　　71428571
　　　　合同负债　　　　　　　　　　　　　128571429
借：主营业务成本　　　　　　　　　　　　　60000000
　　贷：库存商品　　　　　　　　　　　　　60000000

（二）简化处理方法

实务中，企业向客户提供重大权利的情况下，通常存在一系列的选择权，为行使合同中的任一续约选择权，客户必须已经行使了合同中所有之前的选择权。国际会计准则理事会（IASB）认为，确定一系列选择权的单独售价必须考虑合同的全部潜在条款、识别各类输入值（如各续约期内商品或服务的单独售价以及客户在以后期间续约的可能性），以确定应当递延至以后期间的初始交易价格金额,在实务中较为复杂。鉴于此,IASB 认为,新收入准则应当提供一份单独售价的实用替代方法,该替代方法要求企业在交易价格的初始计量中包含其预计提供的可选商品或服务(及相应客户的对价),企业将含续约选择权的合同视为包含预期条款的一份合同(即包括预期续约期)而非包含一系列选择权的一份合同。新收入准则实际上将合同中的选择权区分续约选择权与取得额外商品或服务的其他选择权两项标准,第一项标准是与续约选择权相关的额外商品或服务必须与初始合同提供的商品或服务类似,即企业继续提供其已提供的商品或服务。因此,将与此类选择权相关的商品或服务视为初始合同的一部分。第二项标准是后续合同中的额外商品或服务必须按照初始合同条款提供。由于企业无法变更这些条款和条件,企业的行为将受到限制,尤其是企业不能超出初始合同列明的参数变更额外商品或服务的价格。上述两项标准与客户奖励积分和折扣券等例子有所不同,因为客户奖励积分和很多折扣券所提供的服务可能具有不同的性质。例如,航空公司给予客户按其飞行里程奖励积分兑换航班,这种情况下,航空公司并未受到限制,因为客户在用其飞行里程奖励积分兑换航班时,只需要有足够的积分数量,即可兑换任何特定航班(航空公司并未要求客户只能兑换其指定的航班)。类似地,在企业提供折扣券时,企业通常不会对客户可能使用折扣券兑换商品或服务时,对所兑换的商品或服务的价格作出限制。因此,IASB 在新收入准则中规定,作为估计额外购买选择权单独售价的一种可选择的实务简化处理方法,当客户享有取得未来商品或服务的重大权利时,如果客户行使该权利购买的额外商品或服务类似于初始合同下购买的商品或服务,并且企业将按照初始合同条款提供该额外商品或服务的,则企业可以无需估计该选择权的单独售价,而是直接将其预计将提供的额外商品或服务的数量以及预计将收取的相应对价金额纳入初始合同(作为初始合同的一部分),并进行相应的会计处理。

【例16】 2×20 年 12 月 30 日,甲公司与乙公司签订一份为期 1 年的购销合同,该合同约定,甲公司以每件 0.1 万元的价格向乙公司销售至少 500 件 Y 产品,合同自 2×21 年 1 月 1 日成立;合同同时约定,乙公司可以选择在合同到期时按初始合同相同的条款续约 1 年。由于甲公司生产的 Y 产品在市场上拥有较大需求量,通常情况下,甲公司预计 2×22 年该 Y 产品将提价 15%,并且在以后 3 年内每年还会提价 10%。考虑到若乙公司行使该续约选择权,与甲公司续约 1 年合同,乙公司将获得按照初始合同确定的每件 0.1 万元的价格购买 Y 产品,该价格将远低于当年的市场价格,该续约选择权向乙公司提供了一项重大权利。因此，甲公司预计乙公司基本确定会续约合同，且预计乙公司购买 Y 产品的数量为 600 件。2×21 年，甲公司销售给乙公司 Y 产品 800 件，甲公司按 Y 产品控制权转移时点确认收入。

本例中，甲公司向乙公司提供的续约选择权形成一项重大权利，如果乙公司行使该额外购买选择权购买甲公司生产的 Y 产品，不仅购买价格与初始合同相同（每件 0.1 万元），而且所购买的 Y 产品也与初始合同相同。在这种情况下，甲公司无需估计该额外购买选择权的单独售价，而是预计将提供的额外商品的数量以及预计将收取的相应对价金额 60 万元（600×0.1）作为初始合同的组成部分。合同开始日，甲公司根据其对乙公司续约选择权的估计，估计该合同的交易价格为 140 万元（800×0.1+600×0.1）。甲公司 2×21 年应确认销售给乙公司 Y 产品的收入为 80 万元（800×0.1）。当乙公司行使初始合同续约选择权且实际购买 Y 产品 600 件时，甲公司再按当期实际销售 Y 产品数量与每件 0.1 万元价格计算的金额确认收入。

【例 17】2×20 年 1 月 1 日，甲公司推出一项新服务，与 200 位客户签订了为期 1 年的服务合同，每份合同的价格总额均为 20000 元（不含增值税），合同均于签订当日经合同各方管理层批准，客户均于当日支付了合同价款。为推广该服务，甲公司与 200 位客户签订的合同条款中同时约定：（1）每一客户有权在 2×20 年年末选择以同样的价格续约 1 年，并在合同续签当日支付 20000 元；（2）每一客户有权在 2×21 年年末选择以同样的价格再续约 1 年，并在合同续签当日支付 20000 元。假定：（1）甲公司计划于 2×21 年 1 月 1 日起对新签订的 1 年期该项服务合同的客户的收费标准为 30000 元（不含增值税）；（2）对于 2×22 年 1 月 1 日起新签订的 1 年期该项服务合同的客户的收费标准为 40000 元（不含增值税）；（3）2×20 年 1 月 1 日与甲公司签订的该项 1 年期服务合同的客户，如果 2×20 年年末或 2×21 年年末没有续约但其后又向甲公司购买该项服务的，均按 2×21 年或者 2×22 年经确定调整后 1 年期服务合同价格支付价款，即应按照 30000 元或者 40000 元等较高的价格支付合同价款；（4）甲公司提供该项服务属于在一段时间内履行的履约义务，并按照成本法确定履约进度；（5）2×20 年 1 月 1 日合同成立日，甲公司估计有 90% 的客户会在 2×20 年年末选择续约，该 90% 的客户中又有 80% 的客户会在 2×21 年年末再次选择续约；（6）2×20 年至 2×22 年，甲公司预计的每份合同成本分别为 5500 元、6500 元和 8000 元；（7）不考虑相关税费。

本例中，对于甲公司推出的这项新服务，只有 2×20 年 1 月 1 日与甲公签订合同的客户才有权选择续约，并且客户行使该权利续约时所能享受的价格远低于该项服务当时的市场价格。因此，甲公司认为该续约选择权向客户提供了一项重大权利，即该续约选择权向客户提供了在不订立合同的情况下无法获得的重大权利。每位客户在2×20年1月1日支付的20000元中的部分付款，实际上是为获得后续服务而不可返还的预付款，则甲公司提供该续约选择权的承诺是一项单项履约义务。

鉴于客户行使该续约选择权所能获得的合同价格与初始合同相同，并且甲公司将按照初始合同条款为客户提供相同的服务，符合简化处理的条件，则甲公司无需估计该续约选择权的单独售价，而是直接将预计为客户提供的额外服务以及预计将收取的相应对价金额纳入初始合同进行会计处理。为此，甲公司的会计处理如下：

（1）合同开始日，甲公司估计客户每份合同的交易价格。甲公司估计每份合同交易价格 = 20000 + 20000 × 90% + 20000 × 90% × 80% = 20000 + 18000 + 14400 = 52400（元）。

（2）预计每份合同各年应分摊的交易价格（见表2）。

表2   金额单位：元

年度	预计成本	考虑续约可能性调整后的成本	分摊的交易价格
2×20年	5500	5500（5500×100%）	16843.95（5500÷17110×52400）
2×21年	6500	5850（6500×90%）	17915.84（5850÷17110×52400）
2×22年	8000	5760（8000×90%×80%）	17640.21（52400－16843.95－17915.84）
合计	20000	17110	52400

（3）假定客户实际选择续约的情况与甲公司的估计一致。甲公司在各年收款、确认收入以及年末合同负债的情况如表3所示。

表3   金额单位：元

年度	收取款项	应确认的收入金额	合同负债
2×20年	7600000	3368790（16843.95×200）	4231210（7600000－3368790）
2×21年	2880000	3583168（17915.84×200）	3528042（4231210+2880000－3583168）
2×22年	—	3528042（17640.21×200）	—
合计	10480000	10480000	

2×20 年会计分录：

借：银行存款　　　　　　　　　　　　　　　　　7600000
　　贷：主营业务收入　　　　　　　　　　　　　　3368790
　　　　合同负债　　　　　　　　　　　　　　　　4231210

2×21 年会计分录：

借：银行存款　　　　　　　　　　　　　　　　　2880000
　　贷：合同负债　　　　　　　　　　　　　　　　2880000
借：合同负债　　　　　　　　　　　　　　　　　3583168
　　贷：主营业务收入　　　　　　　　　　　　　　3583168

2×22 年会计分录：

借：合同负债　　　　　　　　　　　　　　　　　3528042
　　贷：主营业务收入　　　　　　　　　　　　　　3528042

（4）假定客户实际选择续约的情况与甲公司估计的不一致，则甲公司需要根据实际情况对交易价格、履约进度以及各年确认的收入进行相应调整。假定 2×20 年年底，客户实际续约为 90%（与原估计的续约率相同），2×21 年年底，客户实际续约率为 75%（与原估计的续约率不同），2×21 年年底甲公司应作如下调整：

收取款项合计 = 200 × 20000 + 200 × 20000 × 90% + 200 × 20000 × 90% × 75% = 4000000 + 3600000 + 2700000 = 10300000（元）

2×20 年收取的款项 = 200 × 20000 + 200 × 20000 × 90% = 4000000 + 3600000 = 7600000（元）

2×21 年收取的款项 = 200 × 20000 × 90% × 75% = 2700000（元）

每份合同的交易价格 = 10300000 ÷ 200 = 51500（元）

经调整续约率后，每份合同调整的履约进度及分摊的交易价格如表 4 所示。

表 4　　　　　　　　　　　　　　　　　　　　　　　　　　　　　　金额单位：元

年度	预计成本	考虑续约可能性调整后的成本	分摊的交易价格
2×20 年	5500	5500（5500×100%）	16910.45（5500÷16750×51500）
2×21 年	6500	5850（6500×90%）	17986.57（5850÷16750×51500）
2×22 年	8000	5400（8000×90%×75%）	16602.98（51500 − 16910.45 − 17986.57）
合计	20000	16750	51500

甲公司在各年收款、确认收入以及年末合同负债的情况如表5所示。

表5　　　　　　　　　　　　　　　　　　　　　　　　　　　　　　　金额单位：元

年度	收取款项	应（已）确认的收入金额	合同负债
2×20年	7600000	3368790	4231210（7600000－3368790）
2×21年	2700000	3610614〔（16910.45＋17986.57）×200－3368790〕	3320596（4231210＋2700000－3610614）
2×22年	—	3320596（16602.98×200）	—
合计	10300000	10300000	—

值得关注的是，证监会发布的《监管规则适用指引——会计类第2号》对实务中关于销售返利的会计处理作出了说明，即企业对客户的销售返利形式多样，有现金返利、货物返利等，返利的条款安排也各不相同。企业应当基于返利的形式和合同条款的约定，考虑相关条款安排是否会导致企业未来需要向客户提供可明确区分的商品或服务，在此基础上判断相关返利属于可变对价还是提供给客户的一项重大权利。一般而言，对基于客户采购情况等给予的现金返利，企业应当按照可变对价原则进行会计处理；对基于客户一定采购数量的实物返利或仅适用于未来采购的价格折扣，企业应当按照附有额外购买选择权的销售进行会计处理，评估该返利是否构成一项重大权利，以确定是否将其作为单项履约义务并分摊交易对价。

四、授予知识产权许可

授予知识产权许可，是指企业授予客户对企业知识产权享有相应权利。常见知识产权许可包括软件及技术，电影、音乐及其他媒体和娱乐形式的版权，特许经营权、专利权、商标权和其他版权等。与其他类型的合同一样，如果与客户之间的合同除包括其他已承诺的商品或服务外，还承诺授予一个或多个许可，这些承诺可能在合同中明确约定，也可能隐含于企业已公开宣布的政策、特定声明或者企业以往的习惯做法中。

（一）判断授予知识产权许可是否构成单项履约义务

根据新收入准则第三十六条要求，企业与客户之间的合同除包括其他已承诺的商品或服务外，还承诺授予一个或多个许可的，企业应当评估授予客户的知识产权许可是否构成单项履约义务。如果企业授予客户的知识产权许可与合同中其他已承诺的商品或服务可明确区分，该授予客户的知识产权许可构成单项履约义务；如果不可明确区分，则企业应将授予的知识产权许可的承诺与其他已承诺的商品或服务合并为一项单项履约义务进行会计处理。知识产权许可与所售商品或服务不可明确区分的情形包括：

1. 该知识产权许可构成有形商品的组成部分并且对于该商品的正常使用不可或缺。例如，企业向客户销售电动车，该电动车内嵌入相关自动化软件，电动车只有安装了该软件后才能正常使用。这种情况下，电动车（有形商品）中嵌入的自动化软件对该电动车的功能有重大影响，由于该自动化软件许可与电动车整合在一起，客户无法从单独使用该自动化软件许可中获益，即知识产权许可是企业生产该电动车的一项投入，企业产出的是电动车而非仅为自动化软件本身。

2. 客户只有将该知识产权许可和相关服务一起使用才能够从中获益。例如，企业授予客户知识产权许可（如企业提供学术论文查询库等），但只有通过企业提供的在线服务才能访问相关内容。在这种情况下，客户并未获得对知识产权许可的控制。

【例18】甲公司专门收集上市公司相关财务数据和重大信息，形成信息库并对外提供查询服务，客户只需支付固定金额的款项即可随时查询该信息库。2×21年1月1日，甲公司与100个客户签订了合同，每位客户支付10万元，甲公司可为客户提供1年使用该信息库的权利。

本例中，甲公司授予客户其所建的信息库查询的权利（甲公司授予其知识产权许可，由付费的客户查询信息库），该知识产权许可必须与甲公司建立的信息库一起使用才能够从中获益，客户并不控制该信息库，不能单独使用所获得的、由甲公司授予的知识产权，也不能从该被授予的知识产权许可单独使用中获益，而必须与甲公司控制的信息库一起使用才可获益。

（二）判断授予知识产权许可属于在某一时段内履行的履约义务，还是在某一时点履行的履约义务

新收入准则第三十六条规定，企业向客户授予知识产权许可的，应当按照本准则第九条和第十条规定评估该知识产权许可是否构成单项履约义务，构成单项履约义务的，应当按新收入准则第十一条至第十三条的规定，进一步确定

该单项履约义务是在某一时段内履行还是在某一时点履行。为了评估客户何时取得对所授予知识产权许可的控制，企业在确定其所授予的知识产权许可是在某一时段内还是某一时点履行的履约义务时，应当考虑企业向客户授予的知识产权许可所承诺的性质，包括是客户获取了企业授予的知识产权存在于整个许可有效期内的权利（获取知识产权的权利），还是客户使用企业知识产权的权利存在于授予许可的时点（使用知识产权的权利）。在确定企业授予知识产权许可的承诺的性质时，企业应当考虑客户能否在授予知识产权许可的时点主导该知识产权许可的使用，并从中获得几乎所有剩余利益。

1. 授予知识产权许可属于在某一时段履行的履约义务

企业向客户授予的知识产权许可，同时满足下列三项条件的，应当作为某一时段内履行的履约义务确认相关收入；否则，应当作为在某一时点履行的履约义务确认相关收入。

（1）合同要求或客户能够合理预期企业将从事对该项知识产权有重大影响的活动。企业向客户授予知识产权许可后，可能还会从事一些对该知识产权进行宣传推广、价值维护、继续开发升级或能够影响知识产权价值的日常事务等相关后续活动，这些活动可能会在企业与客户的合同中明确约定，也可能是客户基于企业的商业惯例、企业公开宣布的政策、特定声明而合理预期企业将会从事这些活动，只有对该知识产权具有重大影响的活动才符合本项条件。如果企业的活动不会对客户享有权利的知识产权产生重大影响，表明客户能主导该知识产权的使用并取得来自该知识产权许可的几乎所有剩余利益；反之，若客户享有相关权利的知识产权在许可有效期内会发生变化，则表明客户无法在授予该知识产权许可的时点主导其使用，也不能获得该知识产权许可几乎所有剩余利益。这一项条件主要说明，若企业向客户授予知识产权许可后持续涉入该知识产权，并且实施对客户享有相关权利的知识产权产生重大影响的活动，则知识产权将发生变化（如改变知识产权的功能），该变化可能会影响客户享有权利的知识产权的标准，即企业的这些活动可能会影响该知识产权向客户提供利益的能力。若企业与客户之间约定共享该知识产权的经济利益，可能表明客户能够合理预期企业将从事对该项知识产权有重大影响的活动。例如，企业与客户签订的合同约定，企业授予客户特许权，并按客户使用特许权生产产品的销售量的一定比例收取特许权使用费。在这种情况下，企业与客户之间共享该特许权的经济利益，企业为了使该特许权产生更大的利益，可能会从事对该特许权的再开发等有重大影响的活动。

企业将从事对该项知识产权有重大影响的活动，主要是企业从事能够影响这些知识产权许可向客户提供利益的能力的活动。企业从事的活动存在下列情况之一的，将会对该知识产权有重大影响。

一是企业从事对该知识产权的活动预期将显著改变该项知识产权的形式（如知识产权的外观设计和内容）或功能，如功能升级或扩展，使该功能完成预定任务的能力得以提高）。在某些合同中，向客户提供利益的能力源自于客户享有权利的知识产权的形式或功能，如果对该知识产权预期进行的活动将对该知识产权的形式或功能产生重大影响，则认为此类活动对客户取得来自该知识产权的利益的能力有重大影响。例如，企业授予客户的专利技术，合同约定企业将会持续开发该专利技术提升其功能，并承诺免费为客户提供升级功能后的专利技术，客户可以获取持续使用该专利技术以及从企业后续提升功能的活动中获益。

二是客户从该项知识产权中获益的能力在很大程度上来源于或取决于这些活动，即客户从企业授予的知识产权中获益的能力源自该知识产权的价值，如果对该知识产权预期进行的活动不能对形式或功能作出重大改变，客户取得该知识产权的利益的能力几乎源自或取决于授予该知识产权许可后企业的活动，则此类活动也将视为对该知识产权有重大影响（此类活动并不会将商品或服务转移至客户）。在这种情况下，此类活动无须改变知识产权的形式或功能即可对客户获得来自该知识产权的利益的能力有重大影响。例如，企业授予客户使用其商标，客户从该商标获得的利益源自于该商标本身的价值，以及企业为维护或提升其商标价值而持续从事的活动。又如，企业授予客户其创建的服装品牌，企业为维护或提升该品牌价值需要持续从事相关活动（如宣传推广、提升热度、聘请著名设计师、推出时装秀等），客户能够从该品牌的现有价值以及后续价值提升中获益。

当知识产权具有重大独立功能，且该知识产权绝大部分的经济利益来源于该独立功能时，若企业对该知识产权进行的活动对该独立功能作出重大改变而显著改变了该知识产权的形式或功能的，则表明企业的活动对该知识产权具有重大影响；若企业活动并未对该独立功能作出重大改变，则企业的活动将不会对客户从该知识产权获得利益的能力产生重大影响，仅表明客户获取的是知识产权转移时对该知识产权现状的权利，这种情况则不满足本项条件的标准。具有重大独立功能的知识产权主要包括软件、生物合成物或药物配方以及已完成的媒体内容（如电影、电视节目以及音乐录音）版权等。

美国财务会计准则委员会（FASB）基于知识产权的性质，采用替代方法将知识产权分为两类，以确定知识产权许可是构成获取的权利还是使用的权利，同时确定企业的活动是否对客户享有权利的知识产权产生重大影响：第一类，功能性知识产权，是指具有重大单独功能且其效用（即其提供利益或价值的能力）大部分源自重大单独功能的知识产权。在这种情况下，客户通常取得的是使用知识产权的权利的许可，除非由于企业的活动不会将商品或服务转移至客户，而预期在许可期间知识产权的功能发生重大改变，且客户在合同上或实务上必须使用更新后的知识产权。第二类，象征性知识产权，是指不具有重大单独功能的知识产权。象征性知识产权几乎所有效用源自于与企业过去或持续开展的活动（包括其正常营业活动）关联。在这种情况下，客户取得的是获取知识产权的权利的许可。

（2）该活动对客户将产生有利或不利影响。影响知识产权发生变化的主要因素是合同要求或客户合理预期企业实施不直接向客户转让商品或服务的活动（即这些活动不符合履约义务的定义）的情况，这类活动可能是企业持续和正常的活动及商业惯例的一部分。然而，这类活动还会影响客户获得相关知识产权的权利，以及通过该知识产权所享有的利益，从而对客户构成有利或不利影响。在这种情况下，客户实质上将在整个许可有效期内使用最新形式的知识产权。当针对授予的知识产权的活动不会对客户产生影响时，企业仅仅改变其自身拥有的资产，虽然这些活动可能影响企业提供未来知识产权许可的能力，但不会影响客户所控制或使用该知识产权的内容。

（3）该活动不会导致向客户转让某项商品或服务。新收入准则要求识别合同中的履约义务，如果企业与客户合同中，企业授予客户的知识产权许可与其他承诺的商品或服务可明确区分，该合同中各单项履约义务转让的性质和模式不会影响合同中其他已承诺商品或服务转让的时间，因而也不会影响企业识别授予客户知识产权权利的性质。因此，企业向客户授予知识产权许可，并且承诺从事与该许可相关的某些后续活动时，如果这些活动本身构成了单项履约义务，则企业在评估授予知识产权许可是否属于在某一时段内履行的履约义务时不应予以考虑。例如，企业向客户签订的合同中，承诺向客户提供一款自行研发的软件，并承诺为该软件提供后续的更新服务，如果企业将该后续更新服务识别为一项可明确区分的商品或服务，构成单项履约义务，企业在确定软件控制权何时转移给客户时，不会考虑合同中为客户提供后续软件更新服务的承诺。

同时满足上述三项条件的，因认为客户将在企业履约的同时取得并消耗通过企业履约（即提供获取其知识产权的权利）所带来的利益，企业应将授予的知识产权许可的承诺作为在某一段时段内履行的履约义务进行会计处理。企业应当按照新收入准则有关确定履约进度的规定，选择一种适当的方法计量所授予知识产权权利的履约义务的履约进度。

在判断某项知识产权许可是属于在某一时段内履行的履约义务还是在某一时点履行的履约义务时，企业不应考虑下列因素：

第一，时间、地域或使用方面的限制。这是因为这些限制界定了已承诺的知识产权许可的属性，而非界定企业是在某一时点还是在某一时段内履行其履约义务。例如，企业授予客户 1 年内在其影院播放某个电影的权利，且约定每月只能播放一次，在这种情况下，合同中的该限制确定了客户所获取的资产（即 1 年内该电影的 12 次播放），而非相关知识产权（即相关电影）的性质。

第二，企业就其拥有的知识产权的有效性以及防止未经授权使用该知识产权许可所提供的保证。这是因为这类承诺是企业就知识产权的合法性和有效性作出的声明的一部分，且保护知识产权的承诺并不构成履约义务，该保护行为是为了保护企业知识产权资产的价值，并且就所转让的知识产权许可符合合同约定的具体要求而向客户提供保证。

【例19】甲公司从事高端设备的设计和生产流程的研发。2×20 年 1 月 1 日，甲公司与乙公司签订的合同约定，甲公司向乙公司提供 M 设备的设计和生产流程的知识产权许可，有效期为 5 年。因甲公司从事该领域的技术发展迅速，合同同时约定，甲公司应在 5 年内持续为乙公司提供其对 M 设备的设计和生产流程相关的进一步研发成果的更新。当日，合同经双方管理层批准并开始实施。

本例中，甲公司向乙公司授予 M 设备的设计和生产流程的知识产权许可，乙公司能够从中获益的项目包括：（1）在不获得更新的情况下通过单独使用该知识产权许可获益。（2）5 年内获得甲公司对 M 设备的设计和生产流程的任何进一步研发成果的更新，乙公司获得该知识产权的相关更新，是乙公司在技术快速发展的行业中继续使用该知识产权不可或缺的一部分，即乙公司能够从该知识产权的初始许可与更新一起使用中获益。因此，知识产权许可与更新满足新收入准则关于"客户能够从该商品本身或从该商品与其他易于获得资源一起使用中受益"的条件。同时，乙公司可以在不更新的情况下从单独使用该知识产权许可中获取利益，但因该知识产权许可的更新是乙公司在快速变更的技术环境中继续使用该知识产权不可或缺的一部分，如果在5年期内不能获得对该知识产权的更新，乙公司从该知识产权许可中获得的利益将会非常有限。因此，甲公司授予乙公司该知识产权许可及提供预期更新的承诺实际上是共同履行向乙公司交付组合项目的投入，即合同中甲公司承诺的性质是提供在合同的5年有效期内持续获得对企业与M商品的设计和生产流程相关的知识产权的权利，因此，不能满足新收入准则关于"企业向客户转让该商品的承诺与合同中其他承诺可单独区分"的条件，即甲公司授予乙公司的知识产权许可和可供使用时将提供的更新的承诺无法单独区分，应作为一项履约义务。

因甲公司承诺向乙公司转让的M设备的设计和生产流程的知识产权许可的性质，是在合同的5年有效期内乙公司能够持续获得甲公司与该知识产权相关的权利，且合同要求并且乙公司能够合理预期甲公司将从事对该项知识产权所进行的活动，将对乙公司从该知识产权获益能力产生重大影响，即乙公司将在甲公司履约的同时取得并消耗甲公司履约提供的利益，因此，甲公司对于授予该知识产权许可属于在某一时段内履行的履约义务。

2. 授予知识产权许可属于在某一时点履行的履约义务

未同时满足上述三项条件，即授予知识产权许可不属于在某一时段内履行的履约义务的，则企业承诺的性质是提供企业的知识产权的使用权，该知识产权存在于向客户授予许可的时点。这意味着客户能够在知识产权许可转让的时点主导其使用并能从中获得几乎所有的剩余利益，企业应将提供给客户知识产权许可的承诺作为在某一时点履行的履约义务进行会计处理。但是，与提供知识产权使用权的许可相关的收入不得在客户能够使用该许可并从中获益的期间开始之前确认。例如，企业授予客户在一定期间内使用其研发的某款软件，在企业向客户提供与该款软件相关的密钥之前，客户无法使用该软件。因此，企业在向客户提供该密钥之前虽然已经得到授权，但也不应确认收入。

【例20】甲公司为一家制药公司，其拥有某项经审核批准的中成药配方的专利权。2×21年1月1日，甲公司与乙公司签订合同约定，甲公司授予乙公司该中成药专利权，并承诺为乙公司生产该中成药，授予期限5年。因该中成药生产流程比较成熟，已对外销售数年，甲公司后续不会实施支持该药品的任何活动，同时甲公司也授予其他若干企业生产该中成药。

本例中，由于该中成药在市场上存在多家生产企业，乙公司能够从该知识产权许可之外的易于获得的资源一起使用中获益，并且在合同开始时甲公司向乙公司转让的该知识产权许可能够通过甲公司生产并提供的该中成药一起使用中获益，符合新收入准则第十条关于"客户能够从该商品本身或从该商品与其他易于获得资源一起使用中受益"的条件；同时，由于知识产权许可可以单独购买，而不会对乙公司从该许可获益的能力产生重大影响，并且甲公司对该知识产权许可以及提供中成药成品均不会对此作出重大修改或定制，也不存在将这些项目整合作为一项组合产出的重大服务；另外，因甲公司可以独立向乙公司履行后续生产中成药成品的承诺，可以单独履行转让该知识产权许可的承诺，甲公司授予的该知识产权许可及提供的中成药的成品之间并非高度依赖或高度关联。因此，甲公司授予乙公司的该知识产权许可的承诺与提供中成药成品服务的承诺可以明确区分，该合同具有授予专利许可和生产服务（提供中成药成品）两项履约义务。

甲公司授予的知识产权许可为已经审核批准的一款成熟且已对外销售数年的专利，后续不会实施支持该中成药专利的任何活动。该中成药专利具有治疗某种疾病的重大单独功能，乙公司从该功能中取得中成药专利的大部分利益而不是通过甲公司的后续持续活动中取得利益，而乙公司并不需要合理预期甲公司将会实施对该享有权利的知识产权产生重大影响的活动。因此，甲公司向乙公司授予该知识产权许可承诺的性质，是按照其向乙公司授予该许可的时点许可存在的形式和功能，即是提供知识产权的使用权，甲公司应将该许可作为在某一时点履行的履约义务进行会计处理。

【例21】甲公司为一家音乐唱片公司。2×20年1月1日，甲公司与乙公司签订合同约定，甲公司将某一著名乐队演奏的古典交响乐唱片授予乙公司，授予期限3年，乙公司取得3年内在国内的电视、广播、网络和广告等商业渠道上使用该交响乐唱片的权利，合同约定甲公司每年初有权收取该知识产权许可的固定对价金额为800万元。该合同不可撤销，不考虑重大融资成分及其他因素。

本例中，首先，应评估甲公司承诺向乙公司提供的商品和服务是否可明确区分。从该合同看，甲公司唯一的履约义务是授予乙公司知识产权许可，该许可可允许乙公司3年内在国内的电视、广播、网络和广告等商业渠道上使用该知识产权的权利。其次，应评估授予知识产权许可承诺的性质。由于甲公司并没有改变授予知识产权许可的唱片的任何合同义务或隐含义务，授予该许可的唱片具有重大单独功能（即播放的能力），乙公司从唱片获得利益的能力并非主要来源于甲公司的持续活动，并且合同中也并未要求甲公司后续实施对唱片会产生重大影响的活动的要求。因此，甲公司授予该唱片知识产权许可的性质是向乙公司提供该知识产权的使用权，授予许可的承诺是在某一时点履行的履约义务，甲公司应在乙公司能够主导该知识产权的使用并获得其几乎全部剩余利益的时点确认全部收入。

【例 22】 甲公司为影视制作企业，主要制作电影或电视剧等影视作品，并通过向电视台、网络视频公司销售其制作的影视作品取得收入。2×20 年 11 月，甲公司制作完成 A 电影。

2×20 年 12 月 2 日，甲公司与 B 电视台签订销售合同，将 A 电影的首映权销售给 B 电视台，售价为 10000 万元（不含增值税），合同规定自 2×21 年 1 月 1 日起开始播映。当日，甲公司将 A 电影的母带交付 B 电视台，交付母带后不再负有其他进一步义务。2×20 年 12 月 10 日，甲公司收到 B 电视台支付的 10000 万元款项。

2×20 年 12 月 16 日，甲公司与 C 网络平台签订播放合同，将 A 电影授权 C 网络平台播放，合同约定：C 网络平台的首播时间应在 B 电视台首播时间之后，即自 2×21 年 1 月 2 日开始；甲公司授权 C 网络平台播映权期限为 5 年，自开始播放日算起；C 网络平台应向甲公司支付 2000 万元的授权使用费，该使用费在合同签订 5 日内支付；甲公司向 C 网络平台交付电影母带后，应保证该电影在合同签署之日起 1 年内在省级电视台黄金时段播出且收视排名在前 6 名，否则应退回 C 网络平台所支付授权使用费的 40%。当日，甲公司向 C 网络平台交付了 A 电影母带。甲公司在与 C 网络平台签订合同后，无法合理估计其在 1 年内能否满足合同中规定的对 A 电影的热度要求。

2×20 年 12 月 20 日，甲公司收到 C 网络平台支付的授权使用费 2000 万元。假定，2×21 年度，甲公司满足了与 C 网络平台合同中约定的有关 1 年内 A 电影热度要求。假定甲公司将制作完成的 A 电影作为存货核算，该存货账面价值为 4200 万元，按照不同渠道销售的预计收入比例结转存货成本。甲公司预计电视台渠道销售收入占 A 电影销售收入的 40%，网络平台渠道销售收入占 15%，其他渠道销售收入占 45%。每一渠道仅授权给唯一被许可方。不考虑相关税费及其他因素。

本例中，按照合同规定，甲公司向 B 电视台交付 A 电影母带构成一项单项履约义务，在合同签订当日，甲公司虽然在按照合同规定交付了 A 电影母带后，不再负有进一步的履约义务，但电视台自 2×21 年 1 月 1 日起才能播映，在此之前未取得对电影的控制权。甲公司的会计处理如下（单位：元，下同）：

(1) 2×20年12月10日,收到B电视台支付的款项。

借：银行存款　　　　　　　　　　　　　　　100000000
　　贷：合同负债　　　　　　　　　　　　　　　100000000

(2) 2×21年1月1日确认收入。

借：合同负债　　　　　　　　　　　　　　　100000000
　　贷：主营业务收入　　　　　　　　　　　　　100000000
借：主营业务成本　　　　　　　　　　　　　16800000
　　贷：库存商品（4200×40%）　　　　　　　　16800000

甲公司对C网络平台的授权将在2×20年1月2日开始,甲公司对C网络平台的授权属于向客户授予知识产权许可。由于按合同约定,甲公司应保证该电影在合同签署之日起1年内在省级电视台黄金时段播出且收视排名在前6名,必须满足合同约定的热度要求,但收视排名并非甲公司能控制的活动且该活动也未显著改变该电影播映权的形式或功能,因此不满足在一段时间内确认收入的条件,应当在控制权发生转移的时点确认收入,该时点为2×21年1月2日。因甲公司无法合理估计其在未来1年内是否能够满足合同规定的热度要求,应于2×21年1月2日按不满足热度要求情况下的金额确认收入,待满足要求时再将剩余的金额确认为收入。甲公司的会计处理如下：

(1) 2×20年12月20日收到C网络平台支付的款项

借：银行存款　　　　　　　　　　　　　　　20000000
　　贷：合同负债　　　　　　　　　　　　　　　20000000

(2) 2×21年1月2日

借：合同负债　　　　　　　　　　　　　　　12000000
　　贷：主营业务收入（2000×60%）　　　　　　12000000
借：主营业务成本　　　　　　　　　　　　　6300000
　　贷：库存商品（4200×15%）　　　　　　　　6300000

(3) 2×21年度,甲公司满足了与C网络平台合同中约定的有关1年内A电影热度要求

借：合同负债　　　　　　　　　　　　　　　8000000
　　贷：主营业务收入　　　　　　　　　　　　　8000000

（三）基于销售或使用情况的特许权使用费

实务中,企业与客户合同中对于其授予的知识产权许可是基于客户的销售

或使用情况收取特许权使用费作为获取的对价金额。例如，按照客户使用该知识产权所产生的销售额的一定比例或按销售数量与固定或可变的金额计算的金额收取特许权使用费。这种获取对价的方式是以客户的后续销售或使用情况为基础，企业确认收入的金额在客户后续销售或使用情况前存在不确定性。按照新收入准则规定，如果与可变对价相关的履约义务是在某一时点履行，则仅在与可变对价相关的不确定性消除时，已确认的累计收入金额极可能不会发生重大转回的情况下，企业才应将估计的可变对价纳入交易价格；反之，如果与可变对价相关的履约义务是在某一时段内履行，只要能够满足限制可变对价估计的目标，企业可将任何估计（即使是最低金额，该最低金额是满足"累计收入金额极可能不会发生重大转回"所确定的金额或更小的金额）纳入交易价格。国际会计准则理事会（IASB）认为，这样规定的理由是，对于在某一时点履行的履约义务，确认可能被调增或调减的收入并不能恰当地反映服务的对价，而且未来对交易价格作出的任何调整以及导致调整确认的收入，与企业在这一期间内的履约之间几乎没有相关性；反之，如果履约义务是在某一时段内履行的，初始确认部分（而非全部）估计的可变对价可能受到企业未来履约的影响。因此，未来对交易价格的调整说明了企业的后续履约是有利（即导致最低金额增加）还是不利的（即导致最低金额发生未预期的转回），也说明企业提供的这些信息是有用的。IASB 同时认为，基于销售或使用情况的特许权使用费采用更加简便的确认收入的方法，使所列报的财务信息更具相关性，但这种方法只针对基于销售或使用情况的特许权使用费收入的确认，企业不应将其类推应用至其他类型的已承诺商品或服务或可变对价。所以，新收入准则同时规定，对可变对价进行估计的要求不适用于企业向客户授予知识产权许可并约定按客户实际销售或使用情况收取特许使用费的情况。

如果特许权使用费仅与知识产权许可相关，或者知识产权许可是特许权相关的主要项目（如企业可合理预期客户认为知识产权许可的价值远超过特许权使用费涉及的其他商品或服务的价值，则知识产权许可可能是与特许权使用费相关的主要项目），则适用于基于销售或使用情况的特许权使用费的简便会计处理方法。新收入准则第三十七条规定，企业向客户授予知识产权许可，并约定按客户实际销售或使用情况收取特许权使用费的，应当在下列两项孰晚的时点确认收入：（1）客户后续销售或使用行为实际发生。这条规定进一步限制在有关收入的金额不确定性因素消除前确认收入。（2）企业履行相关履约义务。这条规定实际上是新收入准则关于企业应在履行履约义务完成时或在履行履约义务过程中确认收入的主要原则之一。这一规定也称为"特许权使用费的限制",该规定是限制在履行履约义务的时点能确认为收入的金额,或者在履行履约义务的过程中确认为收入的金额,而非限制所分摊的交易价格总额。对特许权使用费收入确认的规定,是新收入准则对以客户合同为基础收入确认基本原则的一项例外,以降低基于销售或使用情况计算收取的特许权使用费在估计可变对价时过多的不确定性因素导致收入确认金额的不确定性,提高财务信息的相关性。但是,如果这种方法与企业履行履约义务的进度计量的收入确认不一致,会加速全部或部分与特许权使用费有关的履约义务的收入确认,导致收入确认早于企业履行履约义务的进度,则需评估这种方法的合理性或评估计量履约进度方法的适当性。

若符合特许权使用费的限制条件,则基于销售或使用情况的特许权使用费方可适用于简便会计处理方法,即特许使用费的限制规定适用于与知识产权许可相关的部分占有主导地位的安排,同样适用于特许权使用费主要与合同中两项或多项所承诺的知识产权许可(非单一知识产权许可)相关的情况,因为财务报表使用者很有可能将此类安排视为许可协议。但是,知识产权许可相关的部分是否占有主导地位需要通过相关合同安排、事实以及以往的类似安排进行判断。同时,IASB 认为,当以时间为基础计量履约进度能适当反映企业对授予客户的知识产权许可的履行结果时,则随着客户的销售发生时或在客户的销售发生时,确认以销售为基础的特许权使用费一般而言是适当的。这是因为,特许权使用费限制的目的是为避免企业在不确定性消除(即当客户的后续销售或使用发生时)前,就不确定的金额确认收入。而若不符合特许权使用费的限制条件,仍按新收入准则有关估计可变对价的原则进行会计处理。

值得注意的是,新收入准则要求,企业使用上述例外规定时,应当对特许权使用费整体采用该规定,而不应当将特许权使用费进行分拆,即部分采用该例外规定进行会计处理,其他部分按照估计可变对价的一般原则进行会计处理。IASB 认为,分拆处理一是较为复杂,二是将会导致企业在合同开始时确认某一金额,该金额既不反映企业基于履行结果预期有权收取的对价金额,也不反映法律上企业在该期间有权收取的对价金额,且并不表明企业在财务报表中提供的这些额外信息是有用的。

【例 23】甲公司是一家生产通信设备的公司。2×20 年 1 月 1 日,甲公司与乙公司签订授予专利技术许可合同,许可乙公司在 5 年内使用自己的专利技术生产 Y 产品。根据合同约定,甲公司每年向乙公司收取的专利技术许可费,按照乙公司使用该专利技术生产的Y产品销售额的1%计算的金额确定，于第二年年初收取。合同于当日生效。根据以往年度的经验和做法，乙公司可合理预期甲公司不会实施对该专利技术产生重大影响的活动。2×20年度，乙公司使用该专利技术生产的Y产品实际取得的销售额为20000万元。

本例中，合同仅包含一项履约义务，即授予乙公司使用其专利技术许可，属于在5年内履行的履约义务，由于乙公司合理预期甲公司不会实施就所授予的专利技术许可进行重大影响的活动，授予的专利技术许可属于在某一时点履行的履约义务。对于合同约定按乙公司实际销售或使用情况收取的特许权使用费，应在下列两项孰晚的时点确认收入：一是客户后续销售或使用行为实际发生；二是企业履行相关履约义务。本例中，2×20年1月1日甲公司授予乙公司该专利许可并允许乙公司在5年内使用，且后续不会对该专利技术进行重大影响的活动，表明甲公司已经履行了合同承诺的履约义务，满足"企业履行相关履约义务"的条件；甲公司按照乙公司生产的Y产品销售额的1%计算收取的对价金额，即只有确知乙公司2×20年度Y产品销售额时才能够计算应收取的对价金额。因此，甲公司应于上述两项孰晚的时点确认收入，即应于2×20年年末确认收入，应确认的收入金额为200万元（20000×1%）。

【例24】2×21年7月1日，甲公司与乙公司签订合同约定，甲公司授予乙公司特许经营权许可，期限为10年；甲公司允许乙公司在10年内使用其商标和出售其产品的权利；此外，甲公司承诺向乙公司提供经营专卖店的必要设备。设备的合同价格为220万元，在设备交付时支付；授予的特许经营权许可按乙公司月销售额的4%计算，当月应收取的对价于下月初结算。甲公司对外销售该类设备的单独售价为220万元。

本例中，甲公司作为商标的持有方和特许经营权的授予方，按照一般的商业惯例，为了维护其商标的价值而必须进行的活动，包括分析消费者偏好，实施产品改良、定价策略、市场营销活动和提高经营效率以支持特许经营的品牌，但这些活动是甲公司授予知识产权许可承诺的一部分，并非是向乙公司直接转让商品或服务。从上述合同可见，乙公司能够从单独使用每项商品或服务（即知识产权许可和提供的设备）或将其与易于获得的其他资源一起使用中获益，设备可为特许经营权所使用或对外出售，授予的特许经营权许可的承诺与转让设备的承诺可单独区分；此外，甲公司可以独立地履行各项承诺（授予特许经营权许可和转让设备），特许经营权许可和设备相互之间并非高度依赖或高度关联。因此，甲公司就该合同具有两项履约义务，即特许经营权许可和销售设备。

本例的交易价格包括固定对价和可变对价。甲公司对外销售该设备的单独售价为 220 万元,甲公司授予乙公司特许经营权许可应收取的对价金额为乙公司月销售额的 4%。由于可变对价与授予乙公司特许经营权许可的承诺相关,因此,应将可变对价全部分摊至特许经营权许可,而固定对价与甲公司对外销售该设备的单独售价相同,应分摊至设备。

本例中,乙公司可合理预期甲公司将实施对该商标有重大影响的相关活动以提升该商标的价值,乙公司从该授予的商标许可的权利中享有利益的能力主要来源于或依赖于甲公司预期实施的相关活动,甲公司所获得的部分收益取决于特许经营的代理是否能获得预期收益;同时,甲公司对该商标进行的相关活动可能导致乙公司面临因这些活动产生的有利或不利因素的影响,且这些活动发生时并不会向客户转让商品或服务。因此,甲公司授予该商标许可的性质是提供在整个商标许可有效期内按照该许可的当前形式获得甲公司商标的权利,该商标许可的承诺为在某一时段内履行的履约义务;由于特许经营权许可费是基于乙公司的销售情况收取,应在乙公司销售行为发生时确认收入。而销售设备则属于在某一时点履行的履约义务,应在设备控制权转移时确认收入。

【例 25】甲公司从事游乐场经营,该游乐场中有各种具有知识产权的卡通人物形象。乙公司是一家服装设计和制作公司。2×21 年 1 月 1 日,甲公司与乙公司签订合同约定,甲公司将其拥有知识产权的卡通人物形象授予乙公司,允许乙公司在 2 年内可以在其设计并制作的服装、帽子、包等产品上使用这些卡通人物形象。合同同时约定,甲公司为维护或提升这些卡通人物形象或价值,将会进一步设计与此配套的新卡通人物形象,或对原卡通人物形象在形式上作一些变更,乙公司可以使用原版的卡通人物形象,一旦有新版卡通人物形象,必须使用新版卡通人物形象;另外,甲公司除收取一次性固定对价 500 万元外,按乙公司使用该卡通人物产生的销售额的 5% 按月收取特许权使用费。

本例中,首先,应当评估甲公司在该合同中承诺的履约义务。根据该合同,甲公司认定其承诺的只有一项履约义务,即授予乙公司知识产权许可,而与该许可相关的甲公司所从事的额外活动并未直接向乙公司转让商品或服务,而是甲公司授予该许可的承诺的一部分。

其次,应当评估甲公司授予乙公司知识产权许可的性质。从上述合同可见,第一,乙公司能合理预期甲公司将实施对该授予的知识产权产生重大影响的活动,即甲公司将会进一步设计与此配套的新卡通人物形象,或者对原卡通人物形象在形式上作出变更，乙公司可以从使用原版的卡通人物形象中获益，但其获利的能力主要来自于甲公司预期的活动（设计新版卡通人物形象）。第二，合同要求乙公司必须使用甲公司创作的最新版卡通人物形象，而这些最新版卡通人物形象能否让市场接受以及接受度如何，会直接对乙公司产生有利或不利影响。第三，尽管乙公司可以从甲公司对该知识产权许可的活动中获益，但这些活动发生时并没有导致向乙公司转让任何商品或服务。因此，甲公司授予乙公司该知识产权许可承诺的性质为向客户提供享有在整个许可有效期内的知识产权的权利，相应地，甲公司对该许可应作为在某一时段内履行的履约义务，按其履约进度确认收入。因合同规定乙公司在一段时期内（2年）可以无限制地使用该许可，甲公司应按时间进度确定履约进度。即甲公司授予该知识产权许可应收取的固定对价金额500万元，应在其许可有效期内按其履约进度确认收入；对于按乙公司月销售额5%收取的该许可对价部分，应于乙公司使用该许可在销售发生时将特许权使用费确认为收入。

五、附有质量保证条款的销售

企业给予客户所提供的商品或服务的质量保证通常是根据法律法规规定、合同条款约定或者本企业以往的习惯做法（一种商业惯例）。这些质量保证的性质可能因行业或客户而不同，某些质量保证是企业向客户保证其所提供的服务符合既定标准，从而确保客户能够预期正常使用这些产品或服务（如某些质量保证条款可能是对企业售出的商品或提供的服务给予保修，或更换有瑕疵的商品，或提供标准的质量保证服务等）；而某些质量保证是向客户提供产品或服务符合既定标准之外的服务。质量保证的共同特征是企业承诺按照质量保证条款或条件随时更换或维修所售商品或所提供的服务，以保障客户的利益，即保证弥补商品或服务转让时存在的瑕疵，或确保客户取得所售商品或服务的控制权后在使用过程中发生故障时能够得到企业的响应。因此，会计处理应当能够反映不同性质的质量保证条款对企业财务报表的影响，并能够通过会计处理表达不同性质的质量保证条款的事实和经济实质。

关于附有质量保证条款的销售，企业应按如下原则进行会计处理：

（一）根据不同性质的质量保证分别进行会计处理

实务中，企业对所售商品或服务承诺给予客户的质量保证通常分为如下两类：

1. 保证类质量保证。该类质量保证是为了向客户保证所销售的商品符合既定标准。在保证类质量保证下，企业对于其销售的商品或提供的服务承诺在约定期内保修，若产品或服务在正常使用过程中出现质量或与之相关的其他属于正常范围的问题，企业负有更换产品、免费进行修理等责任，而企业为更换、修理这些商品或服务会产生追加成本，这些成本与企业对客户以往的履约相关，应在其履行履约义务确认收入时（或过程中）确认相关费用，按照《企业会计准则第13号——或有事项》（以下简称或有事项准则）规定的原则进行相应的会计处理，即企业应当于确认收入的当期，预计因销售商品或提供服务有可能更换、修理产生的追加成本金额，并确认为预计负债。

2. 服务类质量保证。该类质量保证是在向客户保证所销售的商品或服务符合既定标准之外提供了一项单独的服务，即构成企业单项履约义务。企业可以单独出售或与客户单独约定，从而客户能够选择是否购买此类质量保证保障，此类质量保证是可明确区分的服务，表明该质量保证是企业向客户提供商品或服务符合既定标准之外提供了一项单独服务的客观证据。根据新收入准则有关确定单项履约义务的规定，应作为企业的一项单项履约义务，将交易价格分摊至该单项履约义务，并于该单项履约义务履行时（或过程中）确认与之相关的收入。企业应当关注如下几个方面：

（1）实务中，可能企业并未单独出售或与客户单独约定有关质量保证，但如果相关事实和情况表明该质量保证（或质量保证的一部分）向客户提供了除企业过往履约而向客户提供的保证类质量保证之外的服务，企业也应将其识别为一项单项履约义务，按新收入准则有关单项履约义务的规定进行会计处理。

（2）如果企业同时承诺了保证类和服务类的质量保证，应当分别对其进行会计处理；但如果无法对这两类质量保证进行合理区分，应当将这两类质量保证合并为单项履约义务，按新收入准则规定的原则进行会计处理。

（3）如果企业销售的商品给客户造成伤害或损失，按照相关法律规定企业需承担相应赔偿责任，但由于企业与客户的合同中的履约义务是向客户转让某项商品，而企业承担的这类赔偿责任不属于合同中的履约义务，则不应确认为一项单项履约义务，应按或有事项准则进行会计处理。例如，假定法律规定对生产制造企业向客户提供的商品按预期目的使用而可能造成的损失承担责任，这些情形不会形成企业的单项履约义务，应按或有事项准则进行会计处理。

（二）评估质量保证是否属于服务类质量保证应考虑的因素

企业在评估一项质量保证是否属于是在向客户保证所销售的商品或服务符合既定标准之外提供了一项单独的服务时，应当考虑如下因素：

1. 法定质量保证。如果法律要求企业提供质量保证，该规定要求企业自销售商品或提供服务起，当客户在规定期间内使用商品或服务发现缺陷或瑕疵的，应提供维修或更换服务，这类法定质量保证看似类似服务类质量保证，因其涵盖企业销售商品提供服务之后产生的缺陷，而不仅仅是销售商品或提供服务时存在的瑕疵，但从实质上看，法律规定的质量保证仅为有效保证这类质量保证的实施，即这类法定质量保证的目标是保护客户免于承担购买瑕疵商品或接受有缺陷的服务的风险，并非要求企业确定在其销售商品或提供服务时该商品或服务是否存在缺陷或瑕疵，而是假定如果商品或服务在规定的期间（视商品的性质不同）内显现出缺陷或瑕疵，则可合理推论在销售商品或提供服务时已存在缺陷或瑕疵。因此，法定质量保证并非为客户提供一项单独的服务，应作为保证类质量保证进行会计处理。

2. 质量保证期限。企业提供质量保证的期限越长，越有可能表明企业向客户提供了保证商品或服务符合既定标准之外的服务，企业承诺提供的质量保证越有可能构成单项履约义务。

3. 企业承诺履行任务的性质。如果企业有必要履行某些特定的任务以保证所销售的商品或提供的服务符合既定标准（如企业负责运输被客户退回的瑕疵商品），则这些特定的任务可能不构成单项履约义务。

【例26】2×21年5月30日，甲公司与丁公司签订销售合同，向丁公司销售500件B产品。根据合同约定，甲公司应于2×21年12月31日前向丁公司交付B产品；如果该批产品在1年之内发生质量问题，甲公司负责免费维修，但如因丁公司保管不善或使用不当造成损坏，甲公司不提供免费维修服务；B产品质保期满后，甲公司可以为该批产品提供未来3年的维修服务，但丁公司需另外支付维修服务费用300万元。合同价格总额为10100万元（不含增值税），其中，销售500件B产品的价格为9800万元，为该批产品提供未来3年维修服务的价格为300万元。2×21年12月20日，甲公司按照合同约定发出B产品，丁公司于2×21年12月30日收到该批B产品，并于2×21年12月31日验收入库，500件B产品的控制权转移给丁公司，当日通过银行转账支付了货款。假定：甲公司销售500件B产品的销售成本为6500万元，为丁公司提供未来3年维修服务每年发生的以银行存款支付的费用为60万元。本例不考虑相关税费、退货率及其他因素。

甲公司根据以前年度维修B产品记录以及公司技术部门的预测，销售给丁公司的B产品中80%不会发生质量问题、15%可能发生较小质量问题、5%可能发生较大质量问题。如果发生较小的质量问题，发生的维修费用为销售收入的1%；如果发生较大的质量问题，发生的维修费用为销售收入的2%。假定，2×22年度，甲公司因销售该批B产品发生的维修费用为22.5万元，均以银行存款支付。甲公司的会计处理如下（分录中的金额单位：元，下同）：

（1）甲公司销售B产品的合同附有两项单项履约义务，一是销售500件B产品并提供质保期内的维修服务；二是质量保证期满后提供未来3年的B产品维修服务。该合同中的每一项履约义务均可单独区分，并按合同约定各自单独履行义务。假定合同中约定的价格能够代表每项履约义务的单独售价，甲公司销售B产品应分摊的合同价格为9800万元；质保期满后未来3年的维修服务价格为300万元。

（2）2×21年12月31日，甲公司将500件B产品的控制权转移给丁公司时确认收入，并结转相关的成本。

借：银行存款　　　　　　　　　　　　　　　　9800000
　　贷：主营业务收入　　　　　　　　　　　　　　98000000
借：主营业务成本　　　　　　　　　　　　　　　65000000
　　贷：库存商品　　　　　　　　　　　　　　　　65000000

（3）甲公司销售B产品在1年的质保期内因质量问题提供的维修服务，应当按照或有事项的会计处理原则进行确认和计量，即甲公司应于2×21年12月31日预计销售500件B产品提供维修服务将要发生的成本并确认为预计负债。

甲公司预计应计提的维修服务成本应确认的负债 = 9800×（0×80% + 1%×15% + 2%×5%）= 24.5（万元）

借：销售费用——产品质量保证（或主营业务成本）　　245000
　　贷：预计负债——产品质量保证　　　　　　　　　　245000

值得说明的是，上述计提的质量保证费用，是计入销售费用（在利润表的销售费用项目列报）还是计入主营业务成本（或其他业务成本，下同。在利润表的营业成本项目中列报），实务中存在不同的观点。一种观点认为按照或有事项会计处理原则，因为企业销售收入已经确认，不再存在后续的履约义务，产品质量问题产生的售后维修服务，属于销售完成后发生的费用，应计入销售费用；另一种观点认为应该计入主营业务成本，因为该费用是企业因履约过程中质量不合格导致的额外成本。笔者认为，计入销售费用与我国目前或有事项准则的规定一致，但如果从新收入准则角度分析，企业在商品控制权转移时，确认销售收入、结转相应的销售成本，同时确认相关的质量保证费用并计提预计负债计入主营业务成本，与新收入准则确定的原则似更加恰当，在利润表中列报的信息也更加清晰。因此，此处账务处理时借记"销售费用"或"主营业务成本"科目，表明两者均可，以反映目前实务中的不同观点。然而计入销售费用或计入主营业务成本会影响企业的销售毛利，但不影响企业的营业利润，通常情况下这种影响金额不会非常重大。

（4）2×22年度发生维修费用。

借：预计负债——产品质量保证　　　　　　　225000
　　贷：银行存款　　　　　　　　　　　　　　225000

1年后甲公司不再提供对该批B产品的质量保证服务，2×22年12月31日，原计入且尚未使用的预计负债（产品质量保证）的余额应当结转，转入当期销售费用（或主营业务成本）：

借：预计负债——产品质量保证　　　　　　　20000
　　贷：销售费用（或主营业务成本）　　　　　20000

（5）质保期满后未来3年对甲公司销售给丁公司的B产品提供的维修服务，应当按照新收入准则的规定，于提供维修服务的各期确认相关收入。甲公司每年应确认收入100万元。

2×23年应确认为丁公司提供维修服务收入：

借：应收账款——丁公司　　　　　　　　　1000000
　　贷：其他业务收入　　　　　　　　　　　1000000
借：其他业务成本　　　　　　　　　　　　　600000
　　贷：银行存款　　　　　　　　　　　　　　600000

2×24年和2×25年，甲公司确认为丁公司提供维修服务收入的账务处理同上。

六、客户未行使的权利

通常情况下，企业向客户销售商品或提供劳务而预收的款项，实质上赋予了客户一项在未来从企业取得该商品或服务的权利，并使企业承担了随时向客户转让该商品或服务的义务,故企业应当将该预收的款项确认为负债(合同负债),待未来履行了相关履约义务(向客户转让相关商品或服务)时,终止确认合同负债,即从合同负债转为收入。

实务中,某些情况下企业预收的款项无需退回,但客户可能会放弃其全部或部分合同权利,这些未行使的权利通常称为"客户未行使的权利"。例如,客户持有的储值卡、礼品卡、销售激励措施产生的积分等的使用权利,因客户可能丢失、遗忘等原因没有使用或尚有部分未使用的权利,导致客户的这些权利全部或部分余值沉淀在企业。在这种情况下,应当分别进行会计处理:

一是企业预计将有权获得与客户所放弃的合同负债中未使用的权利金额(如客户储值卡中未使用的剩余金额,应当根据客户行使合同权利的模式按比例将其确认为收入。新收入准则这样规定,实际上增加了分摊至向客户转让的个别商品或服务的交易价格,该交易价格包括了企业估计客户未行使的权利所产生的收入。IASB 认为,新收入准则要求将交易价格分摊至客户选择权的要求隐含地说明了如何对客户未行使其针对商品或服务的全部合同权利的情况(即客户未行使的权利)进行会计处理的原则,但如果合同仅存在单项履约义务,企业无须分摊交易价格(即无须确定单独售价)时,IASB 表示,根据客户行使合同权利的模式按比例将预计客户未使用的权利金额确认为收入的方法,能够恰当地反映对客户未行使的权利收入确认的模式,且与客户选择权的收入确认模式相同。因为如果企业预计客户将行使其全部权利(即客户不存在未行使的权利),将增加企业销售商品或提供服务的价格(例如,若企业预计不存在客户未行使的权利,则航空公司销售的不可返还的机票的价格可能更高。假设企业预收每位乘客1000 元,将提供 2 次飞行;但企业合理估计客户只会乘机飞行 1 次,放弃另一次乘机飞行的机会,即企业为每位乘客提供 1 次飞行的收入是 1000 元。如果企业合理估计客户不会放弃任何一次乘机飞行的机会,则企业为每位客户提供一次飞行的收入是 500 元,企业的毛利率就会下降,理论上企业就应当预收更高的价格,如每位乘客预收 2000 元,提供 2 次飞行)。

二是企业预计无权获得未使用的权利金额,则企业只有在客户要求其履行剩余履约义务的可能性极低时,才能将预计未使用的权利金额确认为收入(将合同负债的剩余金额转为收入)。为了避免企业可能低估随时准备为客户提供未来商品或服务的履约义务,企业在确定其是否预期有权获得与客户所放弃的合同权利相关的未使用的权利金额时,应当考虑将估计的可变对价计入交易价格的限制要求，即仅当对客户未行使的权利金额确认的收入在后续极可能不会发生重大转回时，企业才应将客户所放弃的权利金额（包括全部或部分）确认为收入（将与客户放弃行使合同权利相关的合同负债的余额转为收入）。

三是对于企业所收取的、与客户未行使权利相关的对价，如果企业须将该对价款转交其他方（如根据相关法律规定，无人认领的财产需上交给政府），则企业应当确认为一项负债（合同负债），而不能确认为收入。

值得注意的是，对于尚未按合同履约而企业已收取客户的预付款项的，企业不能立即估计客户可能未行使的权利并将其确认为收入，否则企业所确认的收入将不能如实反映企业的履约情况，并且可能会低估企业随时准备为客户提供商品或服务的义务应收取的对价金额。

【例27】甲公司为一家经营连锁美容院的公司，为增值税一般纳税人，适用的增值税税率为6%。2×21年，甲公司向客户销售美容储值卡，每张储值卡500元（含增值税），当年共销售6000张储值卡。客户可以在甲公司经营的任何一家门店使用该储值卡进行消费。截至2×21年12月31日，客户使用该储值卡消费了150万元。甲公司根据历史数据，6000张储值卡总额中预期客户将会有10%的金额（约30万元）不会消费，形成客户未行使的权利。假定，按照增值税法规规定，甲公司在客户使用该储值卡消费时产生增值税纳税义务。

本例中，甲公司预计将有权获得与客户未行使的合同权利相关的金额为30万元，该金额应当按照客户行使合同权利的模式按比例确认为收入。甲公司的账务处理如下：

（1）销售储值卡收到的款项。

甲公司销售储值卡收取的款项 = 500×6000 = 300（万元）

应确认的合同负债 = 300÷（1+6%）= 283.0189（万元）

借：银行存款　　　　　　　　　　　　　　　　3000000
　　贷：合同负债　　　　　　　　　　　　　　　2830189
　　　　应交税费——待转销项税额　　　　　　　 169811

（2）确认2×21年收入，并结转相关的销项税额。

2×21年应确认的收入 = [150+30×150÷（300−30）]÷（1+6%）= 166.6667÷（1+6%）= 157.2327（万元）

借：合同负债　　　　　　　　　　　　　　　　1572327
　　贷：主营业务收入　　　　　　　　　　　　　1572327

借：应交税费——待转销项税额　　　　　　　　　　　94340
　　贷：应交税费——应交增值税（销项税额）　　　　　94340

七、售后回购

售后回购，是指企业销售商品的同时承诺或有权选择日后再将该商品购回的销售方式。售后回购协议可能包含在与客户签订的同一合同中，也可能存在于其他合同中（如企业与客户签订购销合同的同时，另外签订一份回购协议），购回的商品包括原销售给客户的商品、与该商品几乎相同的商品，或者以该商品作为组成部分的其他商品。但如果企业向客户转移商品的控制权后再决定回购该商品，不属于新收入准则所述的售后回购，这是因为企业回购商品的后续决定与之前存在的合同权利无关，并不影响企业在初始转让该商品时，客户能够主导该商品的使用并获得几乎所有剩余利益的能力，即企业与客户签订初始合同时，客户并非有向企业回售该商品的义务。在这种情况下，企业应当考虑客户初始是否获得了商品的控制权，并考虑新收入准则有关主要责任人和代理人的要求。

售后回购通常有三种形式：一是企业和客户约定企业有义务回购该商品，即存在远期合约；二是企业享有回购该商品的权利，即企业拥有回购选择权（看涨期权）；三是企业应客户要求有回购该商品的义务，即客户拥有回售选择权（看跌期权）。对于不同类型的售后回购交易，应当分下列两种情形分别进行会计处理。

（一）远期合约或看涨期权

企业因存在与客户的远期安排而负有回购义务（远期合约）或企业享有回购权利（看涨期权）的，由于在销售时点企业有义务向客户回购或者有权回购该商品，客户无法完整使用或消耗整项资产，也不能向其他企业出售该商品（除遵循回购协议外），而客户遵循回购协议所获得的出售利益是有限的。尽管客户可能已经持有该商品的实物，但实质上客户在销售时点并未取得相关商品控制权，导致客户主导该商品的使用并从中获取几乎全部经济利益的能力受到限制。因此，企业不应确认合同中附有远期安排或看涨期权而销售商品的收入。

理论上，如果企业同意按现行市场价格向客户回购实质上相同且易于从市场获得的商品，则客户主导该使用并获得该商品几乎全部经济利益的能力并未受到限制，即客户可以自己使用、出租或出售该商品，待企业履行回购义务时再从市场上购买相同商品进行履约，但国际会计准则理事会（IASB）认为，实务中不大可能订立此类交易合同。

就企业负有回购义务或企业享有回购权利的交易，其会计处理取决于回购金额与原售价之间的关系，即企业对于附有远期合约或看涨期权的交易，应当作为租赁交易或融资交易进行相应的会计处理，并分别以下情况进行会计处理：

1. 回购价格低于原售价的，应当视为租赁交易，按照《企业会计准则第21号——租赁》的相关规定进行会计处理。

2. 回购价格不低于原售价的，应当视为融资交易，企业继续将该商品确认为资产，在收到客户款项时确认金融负债，并将该款项和回购价格的差额在回购期间内确认为利息费用，或作为加工成本（如企业销售给客户某商品，同时约定客户加工该商品后，企业以原价加上加工成本的价格回购。这种情况下，只确认加工费成本，销售某商品而收到的"销售价款"应计入其他应付款）或持有成本（如在融资交易的情况下，出售的商品类似于抵押物存放在客户处，可能需要支付特定存储条件下的仓储费和保险费）。企业到期未行使回购权利的，应当在该回购权利到期时终止确认金融负债，同时确认收入。

值得注意的是，对于企业享有回购权利的交易，因看涨期权的存在有效地限制了客户控制商品的能力，企业无须考虑行使看涨期权的可能性；如果看涨期权不具有实质性，则在评估客户是否及何时获得商品的控制权时无须考虑该期权。

【例28】2×21年1月1日，甲公司与乙公司签订的合同约定，甲公司将其制造的一台设备销售给乙公司，销售价格为200万元（不含增值税），乙公司应于合同经双方管理层批准后支付合同价格；合同同时赋予甲公司于2×21年12月31日或之前以210万元的价格回购该设备的权利（一项看涨期权）。合同于当日经双方管理层批准，并符合合同成立的其他条件，乙公司通过银行转账支付了200万元合同价款。

本例中，由于甲公司有权回购该资产，2×21年1月1日甲公司并未将该设备的控制权转移给乙公司，乙公司主导该设备的使用及获取其几乎全部经济利益的能力受到限制，甲公司应作为融资交易进行会计处理。在会计处理时，首先，甲公司应将出售的设备仍确认为存货；其次，对于收到的200万元确认为金融负债；最后，由于回购价格210万元高于原售价10万元，在出售与回购该设备期间按实际利率计算确认利息费用,同时增加金融负债的账面价值。

假定,本例将回购价格改为180万元,说明乙公司实质上支付了20万元(200-180)的对价取得了该设备1年的使用权。甲公司应将该交易作为租赁交易进行会计处理。

(二) 看跌期权

企业负有应客户要求回购商品义务(一项看跌期权)的,应在合同开始日评估客户是否具有行使该要求权(回售权)的重大经济动因。如果客户有行使该权利的重大经济动因,尽管客户无义务返还该商品,也无义务随时准备将商品回售给企业(行使回售权),但因其具有行使该权利的重大经济动因,说明若客户不行使该回售权将很可能发生损失,则表明客户并未获得该商品的控制权。因为在这种情况下,看跌期权的存在实质上限制了客户主导该商品的使用并获得几乎全部经济利益的能力,即客户出售、使用、改良或消耗整个商品的能力。例如,合同约定的回购价格显著高于该商品在回购时的预计市场价格时,通常表明客户有行使该权利的重大经济动因。在判断客户是否具有行使该要求权利的重大经济动因时,企业应当综合考虑各种相关因素,包括回购价格与预计回购时市场价格之间的关系,以及截至权利到期前的剩余时间等。

如果客户行使这项权利将导致客户实际上为获得在一段时间内使用该商品的权利而向企业支付对价的,可能说明客户具有行使该权利的重大经济动因。对于附有看跌期权的售后回购,企业应当分别情况进行会计处理:

1. 客户具有行使该要求权重大经济动因的,企业应当将售后回购作为租赁交易或融资交易,按上述远期合约或看涨期权一致的原则进行会计处理。

2. 客户不具有行使该要求权重大经济动因的,企业应当将其作为附有销售退回条款的销售交易进行会计处理。

【例29】 2×21 年1月1日,甲公司与乙公司签订的合同约定,甲公司将其生产的一批设备销售给乙公司,销售价格为1500万元(不含增值税),乙公司应于合同经双方管理层批准后支付合同价格;合同同时约定,2×22 年12月31日或之前,乙公司有权以1300万元的价格将该批设备回售给甲公司(一项看跌期权)。合同于当日经双方管理层批准,并符合合同成立的其他条件,乙公司通过银行转账支付了1500万元合同价款。乙公司预计 2×22 年12月31该批设备的市场价格为1000万元。

本例中,因回购价格1300万元低于原售价1500万元,但显著超过该资产在回购日的预计市场价格 1000 万元，在不存在任何其他影响乙公司行使该回售权的情况下，判断乙公司具有行使该回售权的重大经济动因，而乙公司主导该批设备的使用并获得几乎全部经济利益的能力受到限制，表明该批设备的控制权并未转移至乙公司。甲公司应将该交易作为租赁交易进行会计处理。

值得注意的是，无论属于哪类售后回购交易，企业在比较回购价格和原销售价格时，应当考虑货币的时间价值。在企业有权要求回购或者客户有权要求企业回购的情况下，企业或者客户到期未行使权利的，应在该权利到期时终止确认相关负债，同时确认收入。

八、无需退回的初始费

无需退回的初始费通常包括入会费、接驳费、初装费、电信合同中的开通费、某些服务合同中的准备费（如为会员入会注册登记）及某些供货合同中的先期费用等（例如，对于某些产品特殊、产能紧张的行业，如稀有药材、特定规格的晶圆，企业与供应商签订产能保证合同，支付不可退回的产能保证金以确保未来能从供应商处采购一定数量的商品）。原收入准则在其应用指南中规定：申请入会费和会员费只能取得会籍，所有其他服务或商品都要另行收费，通常应在款项收回不存在重大不确定性时确认为收入。申请入会费和会员费能使会员在会员期内得到各种服务或出版物，或以低于非会员的价格购买商品或接受服务，企业通常应在整个受益期内分期确认为收入。新收入准则第四十条规定，无需退回的初始费应当计入交易价格，会计处理原则如下：

（一）总体原则

企业在合同开始（或接近合同开始）日，向客户收取的无需退回的初始费（如俱乐部的入会费等）应当计入交易价格。

（二）具体考虑

企业在收取该初始费时，应当评估该初始费是否与向客户转让已承诺的商品或服务相关。

1. 该初始费与向客户转让已承诺的商品或服务相关的，若该商品或服务构成单项履约义务，企业应当在转让该商品或服务的控制权时（或过程中），按照分摊至该商品或服务的交易价格确认收入;若该商品或服务不构成单项履约义务,企业应当在包含该商品或服务的单项履约义务履行时,按照分摊至该单项履约义务的交易价格于商品或服务的控制权转移时(或过程中)确认收入。

2. 该初始费与向客户转让已承诺的商品或服务不相关的,该初始费应当作为未来将转让商品或服务的预收款,在未来转让该商品或服务时(或过程中)确认为收入。

3. 企业为履行合同开展的初始活动。(1) 企业收取了无需退回的初始费,并且为履行合同需开展初始活动,但这些活动本身并没有向客户转让已承诺的商品或服务,若该初始费与未来将转让的已承诺商品或服务相关,应当在未来转让该商品或服务时确认为收入。如果企业开展的这些初始活动并未使企业履行了履约义务,则企业在计量履约进度时不应考虑这些初始活动及相关成本。(2) 企业为该初始活动发生的支出应当按照新收入准则有关合同履约成本确认为资产的有关规定确认为一项资产(新收入准则第二十六条规定)或计入当期损益(新收入准则第二十七条)。

【例30】甲公司从事高端餐饮经营服务。该公司推出一项客户会员卡计划,若在该餐厅用餐的客户先购买会员卡,可以享受消费金额20%的折扣,每张会员卡200元。

本例中,甲公司收到每位会员花费200元购买的会员卡款项,是企业收取的无需退回的初始费,该初始费与已向客户承诺转让的某项商品或服务不相关,并且甲公司向每位会员收取的200元会员卡费用没有相对应的履约义务(即不构成单项履约义务),而是与后续消费者在餐厅用餐所发生的消费价格相关(给予消费金额20%的折扣),因而应该在客户后续接受餐厅服务的期间进行分配。即甲公司应于合同开始日,将收取的会员费用(每张会员卡200元)作为未来客户用餐时(转让商品或服务)享受折扣而购买会员资格(打折资格)的支出,在未来转让该商品或服务期间内,按照合理的基础确认收入。

【例31】A公司为高尔夫球俱乐部,2×20年,该俱乐部推出一款5年会员卡项目,该项目要求申请加入会员的客户需在入会时一次性交纳3.98万元(不含增值税)的会员费,有效期5年,每年可以使用会员卡在俱乐部打最多不超过24场高尔夫球,会员打球时应事先预约,另外每场支付590元(不含增值税)打球费用。非该高尔夫球俱乐部会员的客户,每场球应支付1200元打球费用。不考虑货币时间价值、增值税等因素。

本例中，A公司向客户转让承诺的服务是为会员提供高尔夫球场场地、俱乐部相关设施的服务，A公司一次性收取且无需退回的每位会员费（初始费）3.98万元应当作为A公司在未来为客户提供服务的预收款，在未来为客户提供服务（或客户放弃接受服务）时确认为收入。在不考虑货币时间价值、增值税等因素的前提下，该3.98万元初始费应在5年内平均分摊，每年分摊确认收入0.796万元。假定某位客户第1年打满24场球，则A公司第1年为该客户提供的服务应确认2.2128万元的收入（0.059×24+0.796），该客户实际上每场球支付的价款为922元（22128÷24）；假定该客户第2年只打了20场球，则A公司第2年为该客户提供的服务应确认1.976万元（0.059×20+0.796）的收入，该客户实际上每场球支付的价款为988元（19760÷20）。

【例32】M公司经营连锁健身俱乐部，该俱乐部采取会员制方式，会员可以随时在M公司经营的全国各地健身俱乐部健身。客户到M公司经营的连锁健身俱乐部健身，需一次性支付会员费100元，除非丢失等原因补办会员卡需另支付100元外，该健身卡永久使用。M公司收取的会员费是补偿为客户注册登记、准备会籍资料、制作会员卡等初始活动所需发生的成本，并且无需返还给客户。此外，每位会员每年需向俱乐部交纳年费3000元，该年费也无需返还给客户，若会员不交纳年费，自动取消会员资格。

本例中，M公司向客户收取不予退回的入会费（每位100元），是补偿M公司为客户注册登记、准备会籍资料、制作会员卡等初始活动所需发生的成本，这些活动属于M公司发生的行政管理性质的准备工作，其本身没有向客户转让已承诺的服务，而是客户为健身支付款项的一部分，与未来俱乐部为会员提供的服务相关，应作为该俱乐部健身服务收入的预收款（合同负债），在未来俱乐部为会员提供服务的期间内分摊确认为收入，如会员没有按年支付年费，则该入会费于会员不再交纳年费（取消会员资格）时，将其未摊销的余额全部确认为当期收入。

下篇

权益法下超额亏损会计问题解析

《企业会计准则第 2 号——长期股权投资》明确规定，采用权益法核算时，投资方取得长期股权投资后，应当按照应享有或应分担的被投资单位实现的净损益和其他综合收益的份额，分别确认投资收益和其他综合收益，同时调整长期股权投资的账面价值。此外，准则也明确规定，投资方确认被投资单位发生的净亏损，应当以长期股权投资的账面价值以及其他实质上构成对被投资单位净投资的长期权益减记至零为限，投资方负有承担额外损失义务的除外。被投资单位以后实现净利润的，投资方在其收益分享额弥补未确认的亏损分担额后，恢复确认收益分享额。

然而，当被投资单位后续由于其他综合收益或其他权益增加导致其净资产增加时，投资方应当如何考虑前期未确认投资损失，实务中存在一定的争议。例如，甲公司持有乙公司 20% 股权，并对其具有重大影响，按权益法核算。甲公司对乙公司的初始投资成本为 1000 万元（假定不存在商誉），2018 年之前，乙公司因经营不善发生巨额亏损（除净亏损外，无其他权益变动），导致甲公司对乙公司的长期股权投资已经减记至零，并且存在未确认的投资损失 100 万元（乙公司的净资产为 –500 万元）。2018 年 1 月 1 日起，由于市场回暖，乙公司全年实现净损益 200 万元，其他综合收益增加 400 万元。在这种情况下甲公司 2018 年度应如何进行会计核算？本文就此会计处理问题提出一些个人观点。

一、会计处理一般原则

（一）投资单位应享有被投资单位净资产变动净额大于或等于前期未确认的亏损分担额

当被投资单位的净资产出现负数，投资单位的长期股权投资账面价值以及其他实质上构成对被投资单位净投资的长期权益减记至零为限（投资方负有承担额外损失义务的除外）。被投资单位以后实现净利润的，投资方在其收益分享额弥补前期未确认的亏损分担额后，恢复确认收益分享额。

1. 情况1。被投资单位实现净利润，其他综合收益或其他权益变动增加。上述例子中，乙公司的净资产已为-500万元，甲公司的长期股权投资已减记至零，但仍有未确认的100万元亏损分担额。2018年乙公司的净资产为100万元（-500+200+400）。甲公司的会计处理如下（单位：万元，下同）：

（1）2018年乙公司实现净利润以及增加的其他综合收益，甲公司按应享有的部分分别确认的投资收益和其他综合收益。

借：长期股权投资——乙公司（损益调整）　　　　40
　　　　　　　　　　　（其他综合收益）　　　　80
　　贷：投资收益　　　　　　　　　　　　　　　40
　　　　其他综合收益　　　　　　　　　　　　　80

（2）2018年乙公司增加净资产600万元，甲公司按其持股比例计算应享有的份额为120万元，120万元大于前期未确认的亏损分担额100万元，甲公司当期应全部确认前期未确认的亏损分担额100万元。

借：投资收益　　　　　　　　　　　　　　　　100
　　贷：长期股权投资——乙公司（损益调整）　　100

备查簿中未确认的亏损分担额为零。

（3）2018年年末甲公司应享有乙公司净资产的份额为20万元〔（-500+600）×20%〕；2018年年末甲公司对乙公司投资的账面价值为20万元〔1000-（1000-40+100）+80〕，即甲公司持有乙公司长期股权投资账面价值等于应享有乙公司净资产的份额。

（4）财务报表列报（见表1）。

2. 情况2。被投资单位发生净亏损，其他综合收益或其他权益变动增加。假定上述例子改为：2018年乙公司发生净亏损100万元，其他综合收益增加800万元，净资产为200万元。甲公司的会计处理如下：

（1）确认甲公司应承担的亏损额。

借：投资收益　　　　　　　　　　　　　　　　20
　　贷：长期股权投资——乙公司（损益调整）　　20

表1 单位：万元

项目	情况1	情况2	情况3
投资收益	-60	-120	50
净利润	-60	-120	50
其他综合收益	80	160	-20
综合收益	20	40	30
其他信息：			
长期股权投资账面价值	20	40	30
其中：投资成本	1000	1000	1000
损益调整	-1060	-1120	-950
其他综合收益	80	160	-20
应享有乙公司净资产份额	20	40	30

（2）确认甲公司应享有的其他综合收益。

借：长期股权投资——乙公司（其他综合收益）　　160
　　贷：其他综合收益　　　　　　　　　　　　　　　　160

（3）2018年乙公司增加的净资产700万元，甲公司按其持股比例计算应分享额为140万元，140万元大于前期未确认的亏损分担额100万元，甲公司当期应全部确认前期未确认的亏损分担额100万元。

借：投资收益　　　　　　　　　　　　　　　　　　100
　　贷：长期股权投资——乙公司（损益调整）　　　　　100

备查簿中未确认的亏损分担额为零。

（4）2018年年末甲公司应享有乙公司净资产的份额为40万元［（-500+700）×20%］；2018年年末甲公司对乙公司投资的账面价值为40万元［1000-（1000+20+100）+160］，即甲公司持有乙公司长期股权投资账面价值等于应享有乙公司净资产的份额。

（5）财务报表列报（见表1）。

3. 情况3。被投资单位实现净利润，其他综合收益或其他权益变动减少。假定上述例子改为：2018年乙公司实现净利润750万元，其他综合收益减少100万元，净资产为150万元。甲公司的会计处理如下：

（1）确认应享有的净利润份额。

借：长期股权投资——乙公司（损益调整）　　　　　150

贷：投资收益   150

（2）确认应承担的其他综合收益损失。

借：其他综合收益   20

　　贷：长期股权投资——乙公司（其他综合收益）   20

（3）2018年乙公司增加净资产650万元，甲公司按其持股比例计算应分享额为130万元，130万元大于前期未确认的亏损分担额100万元，甲公司当期应全部确认前期未确认的亏损分担额为100万元。

借：投资收益   100

　　贷：长期股权投资——乙公司（损益调整）   100

备查簿中未确认的亏损分担额为零。

（4）2018年年末甲公司应享有乙公司净资产的份额为30万元〔(-500+650)×20%〕；2018年年末甲公司对乙公司投资的账面价值为30万元〔1000-(1000-150+100)-20〕，即甲公司持有乙公司长期股权投资账面价值等于应享有乙公司净资产的份额。

（5）财务报表列报（见表1）。

4. 结论。当期投资单位应享有被投资单位净资产变动净额大于或等于前期未确认的亏损分担额，对于被投资单位净资产的变动，投资单位均按照被投资单位当期净资产变动中属于应分享被投资单位实现净利润（或应分担被投资单位发生的净亏损）的份额，确认投资收益（或损失）；属于应享有或应分担被投资单位其他综合收益份额，确认为其他综合收益（或损失）；属于应享有或应分担被投资单位其他权益变动的份额，确认其他权益变动，并调整长期股权投资账面价值中各项明细科目。同时当期应全额确认前期未确认的亏损分担额。

（二）投资单位应享有被投资单位净资产变动净额小于前期未确认的亏损分担额

1. 情况1。被投资单位当期实现净利润，其他综合收益或其他权益变动增加。假定上述例子中，2018年乙公司实现净利润100万元，其他综合收益增加200万元，净资产为-200万元。甲公司的会计处理如下：

（1）先确认当期乙公司实现净利润、其他综合收益增加应享有的份额。

借：长期股权投资——乙公司（损益调整）   20

　　　　　　　　　　　（其他综合收益）   40

　　贷：投资收益   20

其他综合收益　　　　　　　　　　　　　　　　　　　　　　　　　40

（2）确认前期未确认的亏损分担额。甲公司应按当期应享有被投资单位净资产变动净额的份额与前期未确认的亏损分担额孰低确认。本例中，前期未确认的亏损分担额为100万元，当期应享有被投资单位净资产变动份额60万元，两者孰低应确认60万元前未确认的亏损分担额。

借：投资收益　　　　　　　　　　　　　　　　　　　　　　　60
　　贷：长期股权投资——乙公司（损益调整）　　　　　　　　　60

甲公司对乙公司投资前期未确认的亏损分担额为40万元，在备查簿中记录。

（3）2018年年末甲公司应享有乙公司净资产份额为-40万元（-200×20%），等于甲公司未确认的亏损分担额；2018年年末甲公司长期股权投资账面价值为0万元〔1000-（1000-20+60）+40〕。

（4）财务报表列报（见表2）。

2. 情况2。被投资单位当期发生亏损，其他综合收益或其他权益变动增加。假定上述例子中，2018年乙公司发生净亏损120万元，其他综合收益增加400万元，净资产为-220万元。甲公司的会计处理如下：

（1）确认当期应承担的亏损。

借：投资收益　　　　　　　　　　　　　　　　　　　　　　　24
　　贷：长期股权投资——乙公司（损益调整）　　　　　　　　　24

（2）确认当期应享有的其他综合收益。

借：长期股权投资——乙公司（其他综合收益）　　　　　　　　80
　　贷：其他综合收益　　　　　　　　　　　　　　　　　　　80

（3）按当期应享有乙公司净资产变动的份额56万元与原未确认的亏损分担额100万元两者孰低，确认前期未确认的亏损分担额。

借：投资收益　　　　　　　　　　　　　　　　　　　　　　　56
　　贷：长期股权投资——乙公司（损益调整）　　　　　　　　　56

前期未确认的亏损分担额44万元（100-56）在备查簿中记录。

（4）2018年年末甲公司长期股权投资账面价值为0万元〔1000-（1000+24+56）+80〕；2018年年末甲公司应享有乙公司净资产份额为-44万元（-220×20%），等于甲公司未确认的亏损分担额。

（5）财务报表列报（见表2）。

3. 情况3。被投资单位当期实现净利润，其他综合收益或其他权益变动减少。假定上述例子中，2018年乙公司实现净利润500万元，其他综合收益损失200万元，净资产为-200万元。甲公司的会计处理如下：

（1）确认应享有的净利润份额。

借：长期股权投资——乙公司（损益调整）　　　100
　　贷：投资收益　　　　　　　　　　　　　　　　100

（2）确认应承担的其他综合收益损失。

借：其他综合收益　　　　　　　　　　　　　　　40
　　贷：长期股权投资——乙公司（其他综合收益）　　40

（3）按当期应享有乙公司净资产变动的份额60万元与前期未确认的亏损分担额100万元，两者孰低确认前期未确认的亏损分担额。

借：投资收益　　　　　　　　　　　　　　　　　60
　　贷：长期股权投资——乙公司（损益调整）　　　　60

前期未确认的亏损分担额40万元（100-60）在备查簿中记录。

（4）2018年年末甲公司应享有乙公司净资产份额为-40万元（-200×20%），等于甲公司未确认的亏损分担额；2018年年末甲公司长期股权投资账面价值为0万元［1000-（1000-100+60）-40］。

表2　　　　　　　　　　　　　　　　　　　　　　　　　　　　　　　　　单位：万元

项目	情况1	情况2	情况3
投资收益	-40	-80	40
净利润	-40	-80	40
其他综合收益	40	80	-40
综合收益	0	0	0
其他信息：			
长期股权投资账面价值	0	0	0
其中：投资成本	1000	1000	1000
损益调整	-1040	-1080	-960
其他综合收益	40	80	-40
应享有乙公司净资产份额	-40	-44	-40

（5）财务报表列报（见表2）。

4. 结论。当投资单位应享有被投资单位净资产变动净额小于前期未确认的亏损分担额时，先按被投资单位净资产变动项目分别确认相关投资损益、其他综合收益、其他权益变动；再按当期应享有被投资单位净资产变动净额份额与前期未确认的亏损分担额两者孰低，确认前期未确认的亏损分担额。在确认前期未确认的亏损分担额时，应根据前期未确认的亏损分担额的性质，分别确认投资损失、其他综合收益发生的损失、其他权益变动产生的损失。

（三）投资单位应享有被投资单位净资产变动为零

当投资单位应享有被投资单位净资产变动为零时，表明当期被投资单位的净资产总额未发生变动，但净资产内部可能发生变动，例如被投资单位当期实现了净利润，同时其他综合收益减少，且增减金额相等。

如果被投资单位当期净资产总额不变，但净资产内部发生变动时，由于净资产总额未变，不会影响前期未确认的亏损分担额于当期确认问题，故投资单位仅需按照应享有或应分担的被投资单位当期净资产内部变动实现净利润（或发生净亏损）、其他综合损益或其他权益变动分别确认投资收益、其他综合收益和其他权益变动，并调整长期股权投资账面价值中各明细科目，前期未确认的亏损分担额于当期不再确认，仍在备查簿中登记。

二、特殊情况下的会计处理

（一）被投资单位当期发生亏损，且其他综合收益或其他权益变动减少

当被投资单位发生亏损导致净资产出现负数，以后期间被投资单位实现净利润按照上述原则弥补前期未确认的亏损分担额。如果被投资单位当期发生亏损，且其他综合收益或其他权益变动减少，导致被投资单位净资产出现负数，投资单位是先确认被投资单位净亏损而应承担的损失，还是先确认被投资单位其他综合收益或其他权益变动减少而应承担的损失？现举例说明。

假定上例中，乙公司2017年发生亏损4000万元，其他综合收益减少1500万元，乙公司净资产为－500万元。2018年，乙公司实现净利润2000万元，其他综合收益减少800万元，净资产为700万元，不考虑其他因素。

1. 2017年的会计处理

分析：甲公司投资乙公司的初始投资成本为1000万元，2017年应承担乙公

司亏损 800 万元，应承担乙公司其他综合收益减少 300 万元，两者合计应承担乙公司损失 1100 万元，超过初始投资成本 100 万元，即超过甲公司对乙公司投资账面价值 1000 万元，甲公司当期仅应确认应承担的损失 1000 万元，未确认的亏损分担额 100 万元在备查簿中登记。甲公司的会计处理如下（金额单位：万元，下同）：

（1）确认应承担的乙公司亏损产生的亏损分担额。

借：投资收益　　　　　　　　　　　　　　　　　　800
　　贷：长期股权投资——乙公司（损益调整）　　　　800

（2）确认应承担的乙公司因其他综合收益产生的损失。

借：其他综合收益　　　　　　　　　　　　　　　　200
　　贷：长期股权投资——乙公司（其他综合收益）　　200

未确认的其他综合收益损失分担额 100 万元在备查簿中登记。

（3）2018 年年末甲公司应享有乙公司净资产份额为 -100 万元（-500 × 20%），等于甲公司未确认的其他综合收益损失额；2018 年年末长期股权投资账面价值为 0 万元 [1000 - (800 + 200)]。

（4）财务报表列报（见表3）。

表3　　　　　　　　　　　　　　　　　　　　　　　　　　　　　单位：万元

项目	2017 年	2018 年
投资收益	-800	400
净利润	-800	400
其他综合收益	-200	-260
综合收益	-1000	140
其他信息：		
长期股权投资账面价值	0	140
其中：投资成本	1000	1000
损益调整	-800	-400
其他综合收益	-200	-460
应享有乙公司净资产份额	-100	140

2. 2018 年的会计处理

分析：乙公司当年实现净利润 2000 万元，甲公司应享有 400 万元；乙公司其他综合收益减少 800 万元，应分担 160 万元；乙公司当年净资产增加 1200 万元，甲公司应享有 240 万元，超过前期未确认的其他综合收益损失分担额

100 万元，故应在当年全额确认前期未确认的其他综合收益损失分担额 100 万元。甲公司的会计处理如下：

(1) 确认应享有乙公司净利润的份额。

借：长期股权投资——乙公司（损益调整）　　　　400
　　贷：投资收益　　　　　　　　　　　　　　　　　　400

(2) 确认应分担乙公司其他综合收益损失。

借：其他综合收益　　　　　　　　　　　　　　　160
　　贷：长期股权投资——乙公司（其他综合收益）　　160

(3) 确认前期未确认的其他综合收益损失分担额。

借：其他综合收益　　　　　　　　　　　　　　　100
　　贷：长期股权投资——乙公司（其他综合收益）　　100

(4) 2018 年年末甲公司应享有乙公司净资产份额为 140 万元（700 × 20%）；2018 年年末长期股权投资账面价值为 140 万元［1000 -（800 - 400）-（200 + 160 + 100）］。

(5) 财务报表列报（见表3）。

3. 结论。如果被投资单位当期发生亏损，且其他综合收益或其他权益变动减少，导致被投资单位净资产出现负数，投资单位应先确认被投资单位净亏损应承担的损失，再确认被投资单位其他综合收益或其他权益变动减少应承担的损失，投资单位未确认的被投资单位其他综合收益或其他权益变动减少应承担的损失，在备查簿中登记。以后期间，被投资单位净资产变动、恢复长期股权投资的账面价值，以及前期未确认的亏损分担额，按上述原则进行会计处理。

（二）如何计算当期长期股权投资账面价值能减记至零的金额

当被投资单位发生亏损导致净资产出现负数时，以后期间被投资单位实现净利润按照上述一般原则弥补前期未确认的亏损分担额。如果被投资单位当期发生亏损，且其他综合收益或其他权益变动增加，导致被投资单位净资产出现负数，投资单位是在原长期股权投资账面价值基础上先确认被投资单位净亏损而应承担的损失，还是先确认被投资单位其他综合收益或其他权益变动增加而应享有的份额后计算的账面价值为基础，再确认应分担的被投资单位净亏损至长期股权投资账面价值为零？现举例说明。

假定上述例子中，乙公司 2017 年发生亏损 6000 万元，其他综合收益增加 500 万元，乙公司净资产为 -500 万元。2018 年，乙公司实现净利润 2000 万元,其他综合收益减少800万元,净资产为700万元。不考虑其他因素,计量单位为万元。

1. 2017年的会计处理

分析:乙公司当年发生亏损6000万元,甲公司应承担亏损1200万元,超过了长期股权投资账面价值1000万元,如果仅确认应承担的亏损1000万元,长期股权投资账面价值减至为零,未确认的亏损分担额为200万元。但这样处理将导致备查簿中记录的未确认亏损分担额为200万元,与应分担被投资单位净资产损失份额100万元不相等。原因是甲公司在当期确认亏损分担额时,没有考虑当期其他综合收益增加500万元,甲公司应享有100万元其他综合收益而增加的长期股权投资账面价值的事实。因此,应先确认应享有乙公司其他综合收益增加,经调整长期股权投资账面价值后,再确认应分担的亏损额。甲公司的会计处理如下:

(1) 确认应享有乙公司其他综合收益的份额。

借:长期股权投资——乙公司(其他综合收益)　　　　100
　　贷:其他综合收益　　　　　　　　　　　　　　　　　　100

(2) 确认应分担乙公司净亏损份额。

长期股权投资账面价值为1100万元(1000 + 100)。

借:投资收益　　　　　　　　　　　　　　　　　　　　1100
　　贷:长期股权投资——乙公司(损益调整)　　　　　　1100

(3) 2017年年末甲公司未确认的亏损分担额为100万元(6000×20% – 1100),在备查簿中登记。

(4) 2017年年末甲公司应享有乙公司净资产份额为 – 100万元(– 500 × 20%);2017年年末长期股权投资账面价值为0万元(1000 – 1100 + 100)。

(5) 财务报表列报(见表4)。

2. 2018年的会计处理

分析:乙公司当年实现净利润2000万元,甲公司应享有400万元;乙公司其他综合收益减少800万元,应分担160万元;乙公司当年净资产增加1200万元,甲公司应享有240万元,超过原未确认的亏损分担额100万元,故应在当年全额确认前期未确认的亏损分担额100万元。甲公司的会计处理如下:

(1) 确认应享有乙公司净利润的份额。

借:长期股权投资——乙公司(损益调整)　　　　　　400
　　贷:投资收益　　　　　　　　　　　　　　　　　　　　400

（2）确认应分担乙公司其他综合收益损失。

借：其他综合收益　　　　　　　　　　　　　　　　160
　　贷：长期股权投资——乙公司（其他综合收益）　　　160

（3）确认前期未确认的亏损分担额。

借：投资收益　　　　　　　　　　　　　　　　　　100
　　贷：长期股权投资——乙公司（其他综合收益）　　　100

（4）2018年年末甲公司应享有乙公司净资产份额为140万元（700×20%）；2018年年末长期股权投资账面价值为140万元［1000 - (1100 - 400 + 100) + (100 - 160)］。

（5）财务报表列报（见表4）。

表4　　　　　　　　　　　　　　　　　　　　　　　　　　　单位：万元

项目	2017年	2018年
投资收益	-1100	300
净利润	-1100	300
其他综合收益	100	-160
综合收益	-1000	140
其他信息：		
长期股权投资账面价值	0	140
其中：投资成本	1000	1000
损益调整	-1100	-800
其他综合收益	100	-60
应享有乙公司净资产份额	-100	140

3. 结论。如果被投资单位当期发生亏损，且其他综合收益或其他权益变动增加，或者被投资单位当期实现净利润但其他综合收益或其他权益变动减少，导致被投资单位净资产出现负数。在这种情况下，投资单位应先确认当期被投资单位净资产中增加的部分应享有的份额，调整长期股权投资的账面价值；按调整后的账面价值，作为其账面价值减记至零的金额的基础。

（三）商誉的处理

如果长期股权投资账面价值中包含商誉的，长期股权投资账面价值减记至零时也包括商誉，当今后恢复长期股权投资账面价值时，原长期股权投资中包含的商誉也按上述会计处理同一原则相应恢复。

三、涉及其他实质上构成对被投资单位的长期权益以及额外义务时的会计处理

例：甲公司持有乙公司20%的股权，并对其具有重大影响，按权益法核算。甲公司对乙公司的初始投资成本为1000万元（假定不存在商誉），其他实质上构成对乙公司长期权益的长期应收款20万元。2018年之前，乙公司因经营不善发生巨额亏损（除净亏损外，无其他权益变动），导致甲公司对乙公司的长期股权投资已经减记至零，并且继续确认损失20万元冲减长期应收款，但仍存在未确认的投资损失80万元（乙公司的净资产为－500万元）；另外，甲公司对乙公司承担额外义务10万元。2018年1月1日起，由于市场回暖，乙公司全年实现净损益200万元，同时，其他综合收益增加400万元。甲公司的会计处理如下（金额单位：万元，下同）：

1. 2017年的会计处理

（1）确认应承担的亏损分担额。

借：投资收益　　　　　　　　　　　　　　　　1020
　　贷：长期股权投资——乙公司（损益调整）　　1000
　　　　长期应收款——乙公司（投资损失）　　　　20

（2）确认承担的额外义务。

借：投资收益（或营业外支出）　　　　　　　　　10
　　贷：预计负债　　　　　　　　　　　　　　　10

（3）未确认的亏损分担额70万元（100 – 20 – 10）在备查簿中登记。

（4）2017年年末甲公司应享有乙公司净资产份额为 – 100万元（– 500 × 20%）；2017年年末甲公司对乙公司投资的账面价值为0万元（1000 – 1000）；2017年年末甲公司对乙公司实质上构成长期权益的长期应收款账面价值为0万元（20 – 20）。

（5）财务报表列报（见表5）。

表5　　　　　　　　　　　　　　　　　　　　　　　　　　　　　单位：万元

项目	2017年	2018年
投资收益	–1030	–30
净利润	–1030	–30

续表

项目	2017年	2018年
其他综合收益	0	80
综合收益	-1030	50
其他信息：		
长期股权投资账面价值	0	20
其中：投资成本	1000	1000
损益调整	-1000	-1060
其他综合收益	0	80
长期应收款账面价值	0	20
其中：长期权益	20	20
投资损失	-20	0
应享有乙公司净资产份额	-100	20

2. 2018年的会计处理

（1）确认应享有的乙公司实现的净利润。

借：预计负债　　　　　　　　　　　　　　　　10
　　长期应收款——乙公司（投资损失）　　　　20
　　长期股权投资——乙公司（损益调整）　　　10
　　　贷：投资收益　　　　　　　　　　　　　　　　40

（2）确认应享有的其他综合收益。

借：长期股权投资——乙公司（其他综合收益）　80
　　　贷：其他综合收益　　　　　　　　　　　　　　80

（3）确认前期未确认的亏损分担额。乙公司净资产变动净额为600万元，甲公司应享有乙公司净资产份额120万元，大于前期未确认的亏损分担额70万元，因此应全额确认前期未确认的亏损分担额。

借：投资收益　　　　　　　　　　　　　　　　70
　　　贷：长期股权投资——乙公司（损益调整）　　　70

（4）2018年年末甲公司应享有乙公司净资产份额为20万元（100×20%）；2018年年末甲公司对乙公司投资账面价值为20万元［1000-（1000-10+70）+80］；2018年年末甲公司对乙公司实质上构成长期权益的长期应收款账面价值为20万元（20-20+20）。

（5）财务报表列报（见表5）。

3. 结论。

(1) 涉及其他实质上构成对被投资单位的长期权益以及额外义务时,《企业会计准则第2号——长期股权投资》规定:"投资方确认被投资单位发生的净亏损,应当以长期股权投资的账面价值以及其他实质上构成对被投资单位净投资的长期权益减记至零为限,投资方负有承担额外损失义务的除外。""被投资单位以后实现净利润的,投资方在其他收益分享额弥补未确认的亏损分担额后,恢复确认收益分享额。""在确认了有关的投资损失以后,被投资单位以后期间实现盈利的,应按以上相反顺序分别减记已确认的预计负债、恢复其他长期权益和长期股权投资的账面价值,同时,确认投资收益。"

(2) 在这种情况下,第一,投资单位未确认的亏损分担额是指按顺序冲减长期股权投资账面价值、实质上构成被投资单位长期权益的应收债权、确认预计负债后尚未确认的应分担的投资损失、其他综合收益的损失、其他权益减少的份额;第二,在认定未确认的亏损分担额时,应当将长期股权投资、长期应收款和承担的额外义务合并考虑,并确认投资损失和冲减长期股权投资账面价值、长期应收款和计提预计负债,经上述处理后,投资单位应分担的被投资单位净资产为负的份额,不等于投资单位备查簿中记录的未确认的亏损分担额。以后期间,只有当投资单位应享有被投资单位当期的净资产变动净额的份额大于或等于前期未确认的亏损分担额时,恢复后的长期股权投资的账面价值才能等于应享有被投资单位净资产的份额。

四、中期财务报告涉及的问题

中期财务报告的处理原则与上述一致,但需在年度终了时再重新审视,以符合权益法核算的基本原则。

新金融工具准则下金融资产分类探析

2017 年，财政部修订发布了《企业会计准则第 22 号——金融工具确认和计量》（财会〔2017〕7 号）、《企业会计准则第 23 号——金融资产转移》（财会〔2017〕8 号）、《企业会计准则第 24 号——套期会计》（财会〔2017〕9 号）和《企业会计准则第 37 号——金融工具列报》（财会〔2017〕14 号）4 项准则，这是财政部贯彻落实中央经济工作会议防控金融风险、促进经济稳中求进的重要举措，也是我国企业会计准则体系修订完善、保持与国际财务报告准则持续全面趋同的重要成果。其中，金融资产分类的修订是本次金融工具系列准则修订的主要内容之一。

一、金融资产分类修订的背景

原金融工具准则下，金融资产划分为四类：以公允价值计量且其变动计入当期损益的金融资产、贷款和应收款项、可供出售金融资产和持有至到期投资。其中，以公允价值计量且其变动计入当期损益的金融资产，它的名称体现了该金融资产的会计计量属性；贷款和应收款项，它的名称体现了该金融资产的名称和具体内容；持有至到期投资或可供出售金融资产，它的名称体现了企业持有该金融资产的能力和意图。可以看出，原准则下金融资产四分类采用的是多元的判断标准和识别特征，容易引起实务中的理解偏差甚至是人为操纵，难以准确反映企业持有金融资产的风险和实质。例如，在原准则下，企业购入的一项债券，可以人为地决定分类到以公允价值计量且其变动计入当期损益的金融资产、可供出售金融资产或持有至到期投资，而不同的分类结果会导致不同的计量属性，并影响金融资产会计信息的可比性。又如，随着金融业务创新的不断发展以及金融产品的结构化设计，对于哪些金融资产为应收款项，实务中存在模糊地带。在原准则下，很多金融机构的报表项目中有一项为"应收款项类投资"，其中包括金融债券、企业债券、债权投资计划、资产支持证券、资产管理计划、理财产品和信托计划等，这些金融资产都分类为"贷款和应收款项"，以摊余成本计量，难以准确反映其风险和实质。

综上，随着金融创新和金融业务的不断发展，为解决金融资产分类会计处理实务中的新情况和新问题，迫切需要改变原分类规定中的复杂性、主观性、不可比性等问题。

二、新准则下金融资产的分类

（一）分类概述

修订金融工具准则时考虑到，金融工具会计复杂性的根本原因是其本身的复杂多变和结构化，金融工具可能设计得很复杂，但是会计准则应当确保对实质相同的金融工具采用相同的会计处理原则，以降低不必要的复杂性。因此其中一个关键点就是金融资产的分类不能太复杂或主观性太强。金融资产的分类成为简化整个金融工具会计的出发点。

新准则下各类金融资产的名称仅按照金融资产的计量属性来划分为以下三类：以摊余成本计量的金融资产、以公允价值计量且其变动计入其他综合收益的金融资产和以公允价值计量且其变动计入当期损益的金融资产。此外，对于非交易性权益工具投资，企业可以选择将其指定为以公允价值计量且其变动计入其他综合收益的金融资产。由此可见，新准则下的金融资产分类维度单一，不再以金融资产的名称或主观持有意图来进行分类，所有金融资产均以计量属性来划分。

（二）分类依据

新准则下金融资产的分类依据不再是多元的判断标准和识别特征，金融资产分类的判定依据有两个：一是业务模式，二是合同现金流量特征。

1. 业务模式

企业管理金融资产的业务模式，应当以企业关键管理人员决定的对金融资产进行管理的特定业务目标为基础确定，且这个业务模式是在一定组合层面上决定的，具体组合水平与企业管理金融资产的组合层级相一致。

所谓企业管理金融资产的业务模式，是指企业如何管理这个金融资产以产生现金流量。业务模式决定企业所管理金融资产的现金流量的来源是收取合同现金流量、出售金融资产还是两者兼有。业务模式具体分为三种：一是以收取合同现金流量为目标的业务模式。在该业务模式下，企业管理金融资产旨在通过在金融资产的存续期内收取合同付款来实现现金流量，而不是通过持有并出售金融资产产生整体回报。二是以收取合同现金流量和出售金融资产为目标的业务模式。在该业务模式下，企业的关键管理人员认为收取合同现金流量和出售金融资产对于其管理目标而言都是不可或缺的。三是其他业务模式。在该业务模式下，企业不是以收取合同现金流量为目标，也不是以收取合同现金流量和出售金融资产来实现其目标。例如，企业持有金融资产的目的是交易性的或者基于金融资产的公允价值作出决策并对其进行管理，在这种情况下，企业管理金融资产的目标是通过出售金融资产来实现现金流量。

2. 合同现金流量特征

合同现金流量特征的判定，是指企业应当判断这个金融资产的合同现金流量是否仅为对本金和以未偿付本金金额为基础的利息的支付。如果是，则能够通过合同现金流量测试；如果不是，则不能通过合同现金流量测试。本金是指金融资产在初始确认时的公允价值，此处的利息有特定含义，是指货币时间价值和信用风险的对价，还可能包括流动性风险以及一些其他成本（如管理费用），但不包括为所持有金融资产的其他风险或成本提供的对价。例如，金融资产的利息与某些权益价格指数或者商品价格指数挂钩；或者与债务人的一些经营业绩挂钩；或者利息的支付是一种剩余权益（具有权益特征的优先股和永续债的利息的支付），这些都不符合本文对于利息的定义。

因此可以看出，能通过合同现金流量测试的金融资产，都是一些"纯粹的债"。实务中，以下金融资产通常都不能通过合同现金流量测试：一是股票等权益工具投资。股票的合同现金流量源自收取被投资企业未来股利分配以及其清算时获得剩余收益的权利，股利及获得剩余收益的权利均不符合本金和利息的定义。二是基金等投资。常见的股票型基金、债券型基金、货币基金或混合基金，通常投资于动态管理的资产组合，投资者从该类投资中所取得的现金流量既包括投资期间基础资产产生的合同现金流量，也包括处置基础资产的现金流量。三是可转换债券等"非纯粹的债"。可转换债券除按一般债权类投资的特性到期收回本金、获取约定利息或收益外，还嵌入了一项转股权。通过嵌入衍生工具，企业获得的收益在本金和利息的基础上，会产生基于其他因素变动的不确定性，且可转换债券投资在新准则下应当作为一个整体进行核算，不再允许将转股权分拆。

此外，某些金融资产在合同中使用本金和利息描述现金流量，但此类合同可能并不符合准则中有关本金和利息的定义，不能通过合同现金流量测试。例如，某些合同（理财、信托、资产支持证券等）使用本金和利息描述合同现金流量，其债权人的索偿要求仅限于特定资产或产生于特定资产的现金流量，此时企业需要对特定的基础资产或其现金流量进行评估（即穿透），以确定金融资产是否能通过合同现金流量测试。

（三）分类条件

综上，能通过合同现金流量测试且业务模式为以收取合同现金流量为目标的金融资产，应当分类为以摊余成本计量的金融资产；能通过合同现金流量测试且业务模式为收取合同现金流量和出售金融资产为目标的金融资产，应当分类为以公允价值计量且其变动计入其他综合收益的金融资产；不符合前两类分类条件的金融资产，应当分类为以公允价值计量且其变动计入当期损益的金融资产。

在此基础上，企业还有两项指定权：一是对于分类为以摊余成本计量的金融资产和分类为以公允价值计量且其变动计入其他综合收益的金融资产，在初始确认时，如果能够消除或显著减少会计错配，企业可以将其指定为以公允价值计量且其变动计入当期损益的金融资产。例如，企业拥有某些金融资产且承担某些金融负债，这些金融资产和金融负债承担相同的利率风险，且公允价值变动方向相反、趋于相互抵销。但是，其中只有部分金融资产或金融负债（如交易性金融资产或交易性金融负债）以公允价值计量且其变动计入当期损益，此时会出现会计错配。如果将其余金融资产和金融负债均进行公允价值指定，可以消除或显著减少会计错配现象。二是对于非交易性权益工具投资，企业可以将其指定为以公允价值计量且其变动计入其他综合收益的金融资产。以上两项指定一经作出，不得撤销。

需要特别说明的是，对于发行方发行的可回售工具（如某些开放式基金的可随时赎回的基金份额），以及发行方仅在清算时才有义务向另一方按比例交付其净资产的金融工具（如属于有限寿命工具的封闭式基金、理财产品的份额、信托计划等寿命固定的结构化主体的份额），虽然发行方按照《企业会计准则第37号——金融工具列报》（财会〔2017〕14号）第三章的规定，在符合条件的情况下将其发行的特殊金融工具，在其个别财务报表中列报为权益工具，但因这些特殊金融工具对于发行方而言不满足权益工具的定义，因此，对于投资方而言不属于权益工具投资，投资方不能将其指定为以公允价值计量且其变动计入其他综合收益的金融资产。

（四）分类流程

金融资产分类流程总结如图1所示。

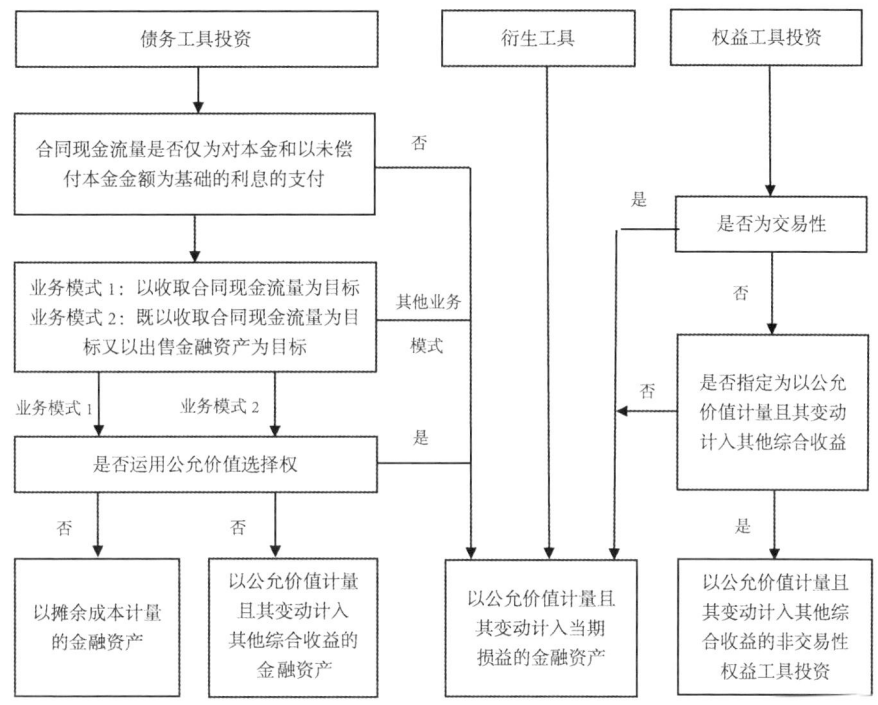

图1　金融资产分类流程

三、新准则下金融资产分类的会计处理

无论在原准则还是新准则下，金融资产的计量属性和会计处理从实质上没有变化，仍然是三种计量属性：以摊余成本计量；以公允价值计量且其变动计入当期损益；以公允价值计量且其变动计入其他综合收益。

（一）以摊余成本计量的金融资产的会计处理

以摊余成本计量的金融资产的会计处理，主要包括该金融资产实际利率的计算、摊余成本的确定、持有期间的收益确认及将其处置时损益的处理。以摊余成本计量的金融资产所产生的利得或损失,应当在终止确认、按照规定重分类、按照实际利率法摊销或确认减值时计入当期损益。

以摊余成本计量的债权投资相关的账务处理如下:

1. 企业取得的以摊余成本计量的债权投资,应按该投资的面值,借记"债权投资——成本"科目,按支付的价款中包含的已宣告但尚未领取的利息,借记"应收利息"科目,按实际支付的金额,贷记"银行存款"等科目,按其差额,借记或贷记"债权投资　利息调整"科目。

2. 资产负债表日,以摊余成本计量的债权投资为分期付息、一次还本债券投资的,应按票面利率计算确定的应收未收利息,借记"应收利息"科目,按该金融资产账面余额或摊余成本(当金融资产减值处于第三阶段时用摊余成本,下同)和实际利率(购入或源生的已发生信用减值的金融资产经信用调整的实际利率,下同)计算确定的利息收入,贷记"投资收益(或利息收入)"科目,按其差额,借记或贷记"债权投资——利息调整"科目。

以摊余成本计量的债权投资为一次还本付息债券投资的,应按票面利率计算确定的应收未收利息,借记"债权投资——应计利息"科目,按该金融资产账面余额或摊余成本和实际利率计算确定的利息收入,贷记"投资收益(或利息收入)"科目,按其差额,借记或贷记"债权投资——利息调整"科目。

3. 出售以摊余成本计量的债权投资,应按实际收到的金额,借记"银行存款"等科目,按其账面余额,贷记"债权投资——成本""债权投资——应计利息"科目,贷记或借记"债权投资——利息调整"科目,按其差额,贷记或借记"投资收益"科目。已计提信用减值准备的,还应同时结转信用减值准备。

企业持有的以摊余成本计量的应收款项、贷款等的账务处理原则,与债权投资大致相同,企业可使用"应收账款""贷款"等科目进行核算。

(二)以公允价值计量且其变动计入当期损益的会计处理

以公允价值计量且其变动计入当期损益的金融资产的会计处理,着重于反映该类金融资产公允价值的变化以及对企业财务状况和经营成果的影响。

相关的账务处理如下:

1. 企业取得以公允价值计量且其变动计入当期损益的金融资产,按其公允价值,借记"交易性金融资产——成本"科目,按发生的交易费用,借记"投资收益"科目,按已到付息期但尚未领取的利息或已宣告但尚未发放的现金股利，借记"应收利息"或"应收股利"科目，按实际支付的金额，贷记"银行存款"等科目。

2. 以公允价值计量且其变动计入当期损益的金融资产持有期间收到被投资单位发放的现金股利，或在资产负债表日按分期付息、一次还本债券投资的票面利率计算的利息，或上述股利或利息已宣告但未发放，借记"现金""银行存款""应收股利"或"应收利息"等科目，贷记"投资收益"科目。

3. 资产负债表日，以公允价值计量且其变动计入当期损益的金融资产的公允价值高于其账面余额的差额，借记"交易性金融资产——公允价值变动"科目，贷记"公允价值变动损益"科目（公允价值低于其账面余额的差额作相反的会计分录）。

4. 出售以公允价值计量且其变动计入当期损益的金融资产，应按实际收到的金额，借记"银行存款"等科目，按该金融资产的账面余额，贷记"交易性金融资产——成本"科目，贷记或借记"交易性金融资产——公允价值变动"等科目，按其差额，贷记或借记"投资收益"科目。

（三）以公允价值计量且其变动计入其他综合收益的会计处理

以公允价值计量且其变动计入其他综合收益的金融资产的会计处理，与以公允价值计量且其变动计入当期损益的金融资产的会计处理存在类似之处，如均要求按公允价值进行后续计量。区别在于：（1）以公允价值计量且其变动计入其他综合收益的金融资产所产生的利得或损失，除减值损失或利得和汇兑损益外，均应当计入其他综合收益，直至该金融资产终止确认或被重分类；以公允价值计量且其变动计入当期损益的金融资产，其产生的利得或损失和汇兑损益均计入当期损益。（2）以公允价值计量且其变动计入其他综合收益的金融资产终止确认时，之前计入其他综合收益的累计利得或损失从其他综合收益中转出，计入当期损益；以公允价值计量且其变动计入当期损益的金融资产终止确认时则将其终止确认所产生的利得或损失计入当期损益，不存在其他综合收益结转的处理。

相关的账务处理如下：

1. 企业取得以公允价值计量且其变动计入其他综合收益的金融资产，应按该金融资产投资的面值，借记"其他债权投资——成本"科目，按支付的价款中包含的已宣告但尚未领取的利息，借记"应收利息"科目，按实际支付的金额，贷记"银行存款"等科目，按其差额，借记或贷记"其他债权投资——利息调整"科目。

2. 资产负债表日，以公允价值计量且其变动计入其他综合收益的金融资产为分期付息、一次还本债券投资的，应按票面利率计算确定的应收未收利息，借记"应收利息"科目，按债券的账面余额或摊余成本和实际利率计算确定的利息收入，贷记"投资收益（或利息收入）"科目，按其差额，借记或贷记"其他债权投资——利息调整"科目。

以公允价值计量且其变动计入其他综合收益的金融资产为一次还本付息债券投资的，应按票面利率计算确定的应收未收利息，借记"其他债权投资——应计利息"科目，按债券的账面余额或摊余成本和实际利率计算确定的利息收入，贷记"投资收益（或利息收入）"科目，按其差额，借记或贷记"其他债权投资——利息调整"科目。

3. 资产负债表日，以公允价值计量且其变动计入其他综合收益的金融资产的公允价值高于其账面余额的差额，借记"其他债权投资——公允价值变动"科目，贷记"其他综合收益——其他债权投资公允价值变动"科目（公允价值低于其账面余额的差额作相反的会计分录）。确定以公允价值计量且其变动计入其他综合收益的金融资产发生减值的，应按减记的金额，借记"信用减值损失"科目，贷记"其他综合收益——信用减值准备"科目。

4. 出售以公允价值计量且其变动计入其他综合收益的金融资产，应按实际收到的金额，借记"银行存款"等科目，按其账面余额，贷记"其他债权投资——成本""其他债权投资——应计利息"科目，贷记或借记"其他债权投资——公允价值变动""其他债权投资——利息调整"科目，按应从其他综合收益中转出的公允价值累计变动额，借记或贷记"其他综合收益——其他债权投资公允价值变动"科目，按应从其他综合收益转出的信用减值准备累计金额，借记"其他综合收益——信用减值准备"科目，按其差额，贷记或借记"投资收益"科目。

（四）指定为以公允价值计量且其变动计入其他综合收益的非交易性权益工具投资的会计处理

指定为以公允价值计量且其变动计入其他综合收益的非交易性权益工具投资的会计处理，与分类为以公允价值计量且其变动计入其他综合收益的金融资产的会计处理有相同之处，但也有明显不同。相同之处在于公允价值的后续变动计入其他综合收益。区别在于：（1）指定为以公允价值计量且其变动计入其他综合收益的非交易性权益工具投资不需要计提减值准备；以公允价值计量且其变动计入其他综合收益的金融资产需要考虑减值。（2）指定为以公允价值计量且其变动计入其他综合收益的非交易性权益工具投资，除了获得的股利收入（作为投资成本部分收回的股利收入除外）计入当期损益外，其他相关的利得和损失（包括汇兑损益）均计入其他综合收益，且后续不得转入损益；以公允价值计量且其变动计入其他综合收益的金融资产所产生的利得或损失，除减值损失或利得和汇兑损益外，均应当计入其他综合收益，直至该金融资产终止确认或被重分类。（3）指定为以公允价值计量且其变动计入其他综合收益的非交易性权益工具投资，当终止确认时，之前计入其他综合收益的累计利得或损失从其他综合收益中转出，计入留存收益；以公允价值计量且其变动计入其他综合收益的金融资产终止确认时，之前计入其他综合收益的累计利得或损失从其他综合收益中转出，计入当期损益。另外，指定为以公允价值计量且其变动计入其他综合收益的非交易性权益工具投资，必须是符合权益工具定义的权益性投资；以公允价值计量且其变动计入其他综合收益的金融资产，必须是能通过合同现金流量测试的金融资产，通常都是一些"纯粹的债"。

相关的账务处理如下：

1. 企业取得指定为以公允价值计量且其变动计入其他综合收益的非交易性权益工具投资，应按该投资的公允价值与交易费用之和，借记"其他权益工具投资——成本"科目，按支付的价款中包含的已宣告但尚未发放的现金股利，借记"应收股利"科目，按实际支付的金额，贷记"银行存款"等科目。

2. 资产负债表日，指定为以公允价值计量且其变动计入其他综合收益的非交易性权益工具投资的公允价值高于其账面余额的差额，借记"其他权益工具投资——公允价值变动"科目，贷记"其他综合收益——其他权益工具投资公允价值变动"科目（公允价值低于其账面余额的差额作相反的会计分录）。

3. 出售指定为以公允价值计量且其变动计入其他综合收益的非交易性权益工具投资，应按实际收到的金额，借记"银行存款"等科目，按非交易性权益工具投资的账面成本金额，贷记"其他权益工具投资——成本"科目，按非交易性权益工具投资的账面公允价值变动金额，贷记或借记"其他权益工具投资——公允价值变动"科目，按应从其他综合收益中转出的公允价值累计变动额，借记或贷记"其他综合收益——其他权益工具投资公允价值变动"科目，按其差额，贷记或借记"盈余公积""利润分配——未分配利润"等科目。

四、新准则下金融资产分类的几点思考

（一）更多金融资产分类为公允价值变动计当期损益

新准则下，更多金融资产分类为以公允价值计量且其变动计入当期损益的金融资产：一是在原准则四分类下，金融资产的剩余类别为可供出售金融资产，即分不到其他三类的金融资产分类为可供出售金融资产，以公允价值计量且其变动计入其他综合收益。在新准则三分类下，金融资产的剩余类别为以公允价值计量且其变动计入当期损益的金融资产，即不满足分类为其他两类条件的，分类为以公允价值计量且其变动计入当期损益的金融资产。二是权益工具投资不能通过合同现金流量测试，只能分类为以公允价值计量且其变动计入当期损益的金融资产（或指定为以公允价值计量且其变动计入其他综合收益）。三是"非纯粹的债"和基金等投资不能通过合同现金流量测试，只能分类为以公允价值计量且其变动计入当期损益的金融资产。

（二）权益工具投资分类面临"两难"

企业投资的其他上市公司股票或者非上市公司股权，都属于权益工具投资。权益工具投资不能通过合同现金流量测试，因此分类为以公允价值计量且其变动计入当期损益的金融资产。同时，准则规定，初始确认时，企业可以将非交易性权益工具投资指定为以公允价值计量且其变动计入其他综合收益的金融资产，该指定一经作出，不得撤销。如果企业选择不指定，则持有权益工具投资期间，公允价值的后续变动计入当期损益，公允价值的波动可能会对企业当期净利润产生较大影响。如果企业选择指定，则持有权益工具投资期间，公允价值的后续变动计入其他综合收益，不影响各期净利润，但当其终止确认时，之前计入其他综合收益的累计利得或损失从其他综合收益中转出，计入留存收益，即相关利得或损失（除取得的股利外）不能再在净利润中体现。因此，企业面临"两难"，需在初始确认（或新旧准则转换日）时选择是否指定。但无论是否指定，权益工具投资的计量都可能会成为企业的"痛点"。

股权稀释会计处理相关问题的研究

股权稀释如何进行会计处理，学术界和实务界一直以来都存在不同的看法。本文所涉及的股权稀释是指，在权益法核算下，因被投资单位增资扩股，导致原投资方股权被稀释（下降）而依然对被投资单位具有重大影响仍采用权益法核算的情况。例如，由若干个投资方（1个以上）共同投资一家被投资单位，其中一个投资方对该被投资单位具有重大影响，采用权益法核算该投资，其他投资方对该被投资单位增资导致该投资方股权比例被稀释，但稀释后该投资方对被投资单位仍具有重大影响，继续采用权益法核算。

一、股权稀释会计处理的不同观点

对于股权稀释应当如何进行会计处理，存在不同的观点。下面，以《企业会计准则第2号——长期股权投资》（2014年修订）〔以下简称《2号准则（2014）》〕及其指南予以说明。

【例1】2×10年3月20日，A公司、B公司、C公司分别以现金200万元、400万元和400万元出资设立D公司，分别持有D公司20%、40%、40%的股权。A公司对D公司具有重大影响，采用权益法对有关长期股权投资进行核算。D公司自设立起至2×11年12月31日实现净损益1000万元，除此以外，无其他影响净资产（所有者权益）的事项。2×12年1月1日，经A公司、B公司、C公司协商，B公司对D公司增资800万元，增资后D公司净资产为2800万元，A公司、B公司、C公司分别持有D公司15%、50%、35%的股权。相关手续于当日完成。假定A公司与D公司适用的会计政策、会计期间相同，双方在当期及以前期间未发生其他内部交易。2×12年1月1日与2×11年12月31日，D公司的所有者权益相同，不考虑减值、相关税费等其他因素的影响。A 公司对 D 公司投资及 D 公司所有者权益有关计算见表 1。

表 1　　　A 公司对 D 公司投资及 D 公司所有者权益计算表　　　单位：万元

项目	A 公司长期股权投资	D 公司所有者权益
2×10 年 3 月 20 日投资	200（成本）	1000（资本或股本）
2×10~2×11 年 D 公司实现净利润增加	200（1000×20%）（损益调整）	1000（留存收益）
2×11 年 12 月 31 日	400（账面价值）	2000（所有者权益合计）
2×12 年 1 月 1 日，B 公司增资		800
		2800（增资后所有者权益合计）
2×12 年 1 月 1 日 A 公司应享有 D 公司增资后权益	420（2800×15%）	
D 公司增资后 A 公司长期股权投资账面价值增加	20〔420 − 400 或 800×15% − 400×（5%÷20%）〕	

在该例中，因 B 公司增资导致 A 公司持股比例由 20% 下降至 15%，但享有 D 公司增资后所有者权益的份额增加了 20 万元，该增加的 20 万元代表什么样的含义？有几种不同的观点：

一种观点认为，视同处置股权处理。即相当于 A 公司出售了原持有股权的四分之一（5% 股权），按照一般股权处置进行会计处理，这种观点与国际财务报告准则的基本原则一致。尽管国际会计准则理事会于 2012 年年底发布的《权益法：投资方应享有的被投资单位其他所有者权益变动（征求意见稿）》中提出，被投资单位其他权益变动（包括股权稀释）应在权益中确认，在该股权终止确认时转入当期损益，但国际会计准则理事会于 2014 年 5 月根据全球反馈意见决定终止该项目，目前国际财务报告准则对于此类事项的会计处理尚无明确规定。然而国际财务报告解释委员会（IFRIC）曾发布的决议中认为，股权稀释情况下，视同处置与直接处置长期股权投资的会计处理的原则应保持一致，并按照《国际会计准则第 28 号——联营和合营企业中的投资》（IAS28）有关股权终止确认的规定进行处理。在这种观点下，投资方按照稀释后剩余股权与被投资单位增资额计算所享有的份额，与长期股权投资账面价值中处置部分应结转（终止确认）金额之间的差额，确认为终止确认当期的损益。例 1 中，因 B 公司对 D 公司增资 800 万元而导致 A 公司对 D 公司长期股权投资账面价值增加 20 万元，确认投资收益。

一种观点认为，视为权益性交易。因 B 公司对 D 公司增资，导致 A 公司对 D 公司长期股权投资账面价值增加 20 万元，作为资本（或股本）溢价，确认为资本公积。但是，也有观点认为，B 公司增资 D 公司是否属于权益性交易还需要进一步认证，因为如果是被投资单位增资扩股引入新股东，如新股东与原股东不存在股东之间的关系，似乎权益性交易并不能表达股东投资的实质意义，股东的增资行为不应视为权益性交易，并且权益性交易目前也没有确切的定义。

还有一种观点认为，视同权益法下投资方对享有或分担被投资单位所有者权益的调整。因 B 公司对 D 公司增资，导致 A 公司对 D 公司长期股权投资账面价值增加 20 万元，作为权益法的调整，确认资本公积（其他资本公积）或其他综合收益，待 A 公司出售 D 公司股权时，再将原计入资本公积（其他资本公积）或其他综合收益的 20 万元转入出售当期的投资收益。

上述几种观点所导致的会计处理结果，对财务报表产生不同的影响，但三种观点下对当期所有者权益的影响相同。第一种观点下，股权稀释所产生的利得或损失影响当期损益；第二种观点下，股权稀释所产生的利得或损失作为资本溢价，不会影响当期和以后期间的损益，因为资本溢价属于股东投入资本所产生的溢价，其溢价部分不会结转计入损益；第三种观点下，股权稀释所产生的利得或损失不影响当期损益，而影响该股权终止确认时的损益。对于股东而言，都希望其投资能够获得丰厚的回报，无论何种原因导致其对被投资单位所持股权被稀释，虽然股权稀释后未失去对被投资单位的重大影响，并且由于其他股东增资原股东所享有的被投资单位所有者权益的份额可能增加，但股权稀释后会对投资回报产生影响（例如，按股份比例享有对净利润的分配会减少）。股权稀释应视为股东将其股份交换新股东或其他股东的资源，这种资源的交换导致的直接结果即是股东对被投资单位股权比例的下降，相当于股东出售其部分股权交换新股东或其他股东的资源。对于财务报表使用者而言，股权稀释作为资源交换的交易，在资源交换后交易已经产生结果，所产生的利得或损失体现在损益中，对财务报表使用者更加有用，表明原股东以部分股权交换新股东或其他股东的资源，财务报表使用者对新股东或其他股东投入被投资单位的资源的财务影响会产生更多的期待（虽然不影响当期的现金流量，但将对以后的现金流量产生影响）。因此，笔者认为，上述第一种观点更符合股东和财务报表使用者对财务报表影响的理解。

从我国会计准则规定的情况看，我国《企业会计准则第 2 号——长期股权投资》(财会〔2006〕3号)[以下简称《2号准则(2006)》]第十三条规定,"投资企业对被投资单位除净损益以外所有者权益的其他变动,应当调整长期股权投资的账面价值并计入所有者权益";在其应用指南(2006年)中解释,权益法下"对于被投资单位除净损益以外所有者权益的其他变动,在持股比例不变的情况下,企业按照持股比例计算应享有或应承担的部分,调整长期股权投资的账面价值,同时增加或减少资本公积(其他资本公积)"。可见,《2号准则(2006)》只考虑在持股比例不变情况下权益法的会计处理,并未对股权比例发生变动但仍然采用权益法(无论是投资方出售还是股权被稀释等情况)作出明确的会计处理。《2号准则(2014)》第十一条规定,对于采用权益法核算的长期股权投资"投资方对于被投资单位除净损益、其他综合收益和利润分配以外所有者权益的其他变动,应当调整长期股权投资的账面价值并计入所有者权益"。《2号准则(2014)》这样规定,并不代表准则不认可该交易实质为投资方用部分股权换取其他投资方的资源。准则仅仅是基于谨慎性的原则,要求投资方在实质处置股权前均将该"视同交换资源"的影响暂时计入权益,直至实际处置时转入损益。

可见,按照《2号准则(2014)》规定,例1中,因B公司对D公司增资,导致A公司对D公司长期股权投资账面价值增加20万元,作为权益法的调整处理,账务处理为(单位:元,下同):

借:长期股权投资——其他权益变动　　　　　　200000
　　贷:资本公积——其他资本公积　　　　　　　200000

二、股权稀释作为权益法调整处理的,在计算股权稀释所产生的利得或损失时对商誉影响的考虑

因《2号准则(2014)》规定对股权稀释产生的利得或损失作为权益法调整处理,也就是其他投资方对被投资单位增资导致投资方持股比例变动的,投资方应按所持股权比例计算应享有的份额,调整长期股权投资的账面价值,同时计入资本公积(其他资本公积)。在这种情况下,长期股权投资的账面价值调整的金额是否应考虑商誉的影响?在实务中存在不同的观点:

一种观点认为,从《2号准则(2014)》规定来看,因被投资单位增资而产生享有被投资单位净资产份额变化时,应将变化金额直接调整长期股权投资的账面价值并计入所有者权益,不需要按处置部分投资的核算方式按处置比例

依次调整长期股权投资的二级科目,因此也不考虑长期股权投资中内含商誉的影响。

另一种观点认为,股权稀释无论是作为权益法的调整,还是视同处置,其对长期股权投资的账面价值以及当期(或未来)影响损益的金额应当一致,均应考虑商誉的影响。事实上,长期股权投资初始投资成本中的内含商誉,实质上是投资成本的组成部分,在股权被稀释的情况下,如果视为长期股权投资部分终止确认,其处置所获得的对价与长期股权投资账面价值(包括成本)之间的差额确认损益。按照《2号准则(2014)》所隐含的观点,将股权稀释视同交换资源,其所产生的利得或损失暂计入资本公积,待该项股权投资终止确认时再转入损益的原则,其计算应计入资本公积(其他资本公积)的金额应与视同处置计入损益的金额相同,即权益法核算下,在计算股权稀释所产生的利得或损失时应考虑商誉的影响。

【例2】假定2×10年3月20日,A公司以现金240万元向非关联方购买D公司20%的股权,其他资料同例1。A公司对D公司投资及D公司可辨认净资产(可辨认净资产公允价值与其账面价值相等)有关计算见表2。

表2　　A公司对D公司投资及D公司可辨认净资产计算表　　　单位:万元

项目	A公司长投账面价值	D公司可辨认净资产
2×10年3月20日投资	240(成本)	1000
	其中:内含商誉40	
2×10~2×11年D公司实现净利润增加	200	1000
2×11年12月31日	440	2000
2×12年1月1日,B公司增资		800
		2800(增资后所有者权益合计)
2×12年1月1日A公司应享有D公司增资后权益	420(2800×15%)	

根据上述分析,按照第一种观点,不考虑商誉因素的影响,应计入资本公积的金额为损失20万元(440-420)。上述第二种观点,按照视同长期股权投资部分终止确认的处理原则。因B公司增加投资导致A公司持股比例从20%下降为15%,A公司应享有B公司对D公司800万元新增投资的份额为120万元(800×15%);同时,因持股比例下降四分之一,长期股权投资账面价

值减少 110 万元［440×（5%÷20%）］，两者差额 10 万元为利得。因此，作为权益法调整处理计入资本公积（其他资本公积）的金额也应为 10 万元。按照《2 号准则（2014）》的观点，其账务处理为：

借：长期股权投资——其他权益变动　　　　　　　100000
　　贷：资本公积——其他资本公积　　　　　　　　　　100000

三、因股权稀释导致投资方发生损失，资本公积不够冲减的会计处理

由于被投资单位增资扩股导致投资方股权被稀释，投资方在评估股权投资不存在减值情形后，对于因被投资单位增资扩股导致投资方按照稀释后剩余股权与被投资单位增资额计算所享有的份额，与应结转的长期股权投资账面价值之间的差额为损失的，按照《2 号准则（2014）》的规定计入资本公积（其他资本公积）借方，在资本公积贷方余额不足冲减时，应如何进行会计处理？在实务中也存在不同的观点：

一种观点认为，在资本公积贷方余额不足冲减的情况下，应当继续冲减资本公积，此时资本公积会出现负数。理由在于，在权益法下，股权稀释导致的投资方应享有的被投资单位所有者权益份额的调整，可能出现正数也可能出现负数，会计准则中没有规定当所有者权益的其他变动减少时，投资方不能按应分担的份额减少所有者权益的相关项目，所以资本公积出现负数也不违反权益法核算的原则。如同权益法下投资方享有被投资单位其他综合收益的变动一样，当投资方享有的被投资单位其他综合收益的变动份额是一项损失时，投资方也相应将该等金额计入其他综合收益的借方，即使该等损失导致其他综合收益出现借方余额，投资方也不会将该等借方余额转至其他科目（例如，当期损益或盈余公积、利润分配——未分配利润）。另外，由于《2 号准则（2014）》已经规定了该等股权稀释损益应计入资本公积，并没有进一步规定如果出现借方余额需要调整至其他科目，即无论该等股权稀释损失是否会导致资本公积出现借方余额，均是依据准则相关规定进行会计处理的结果。因此，即使资本公积出现借方余额，股权稀释损失仍应计入资本公积。

另一种观点认为，资本公积不够冲减的，应冲减留存收益。虽然《2 号准则（2014）》对因股权稀释导致投资方的资本公积出现借方余额，该等借方余额应该如何处理没有明确规定，但是《企业会计准则第 33 号——合并财务报

表》（2014 年修订）［以下简称《33 号准则（2014）》］应用指南中，对母公司合并层面因子公司的少数股东增资而稀释母公司拥有的股权比例时的会计处理作出了规定，即应将母公司原享有的净资产份额与增资后所享有份额之间的差额计入资本公积，资本公积不足冲减的，调整留存收益。权益法核算下的股权稀释损失与子公司的少数股东增资导致的母公司股权稀释损失类似，相关会计处理在《2 号准则（2014）》没有明确规定时，可参考《33 号准则（2014）》处理，即，在资本公积不足冲减时，调整留存收益。

鉴于现行有关长期股权投资、企业合并以及合并财务报表等准则中规定，对于企业发生的权益性交易调整资本公积（资本溢价），以资本公积（资本溢价）冲减至零为限，不足冲减的部分需调整留存收益。除此之外，现行会计准则对于其他情形下资本公积是否可以冲减为负数（出现借方余额）并无禁止性规定。因此，现行会计准则下并不禁止因股权稀释导致的损失，在资本公积贷方余额不足冲减时，可继续冲减资本公积至资本公积出现借方余额，并在资产负债表"资本公积"项目中以负数列报。

四、在股权投资确认减值损失时，以前期间因股权稀释计入资本公积的金额处理

如上述分析，投资方在确认股权稀释利得或损失时计入资本公积，其后股权投资发生减值，在计提减值准备时，是否需要将原计入资本公积中的股权稀释金额转出，计入当期损益？

【例3】乙公司为甲公司的联营企业，2×17 年年初，乙公司增资引入新股东，甲公司未同比例增资，导致甲公司对乙公司的持股比例下降，并且因乙公司增资导致甲公司享有乙公司增资后的权益份额减少。甲公司首先评估了对乙公司的投资不存在减值，并确认了股权稀释损失 100 万元计入资本公积，由此资本公积出现借方余额 100 万元（确认股权稀释损失前，甲公司资本公积为 0）。2×19 年年初，甲公司持有乙公司长期股权投资账面余额为 650 万元（未计提减值准备），由于乙公司所在行业发生了较大的不利变化，2×19 年乙公司生产经营出现了较大亏损。为此，甲公司再次对乙公司投资进行减值测试，经减值测试后认定可收回金额为 600 万元。则甲公司于 2×19 年确认对乙公司投资减值损失时，是否应当将 2×17 年确认并计入资本公积借方的股权稀释损失 100 万元转出，计入 2×19 年的损益（即，是确认 50 万元的减值损失，还是

确认150万元的减值损失)?对于这个问题,实务中也存在不同的观点:

一种观点认为,不应转入当期损益。其理由是:对于权益法核算下的股权稀释损益,《2号准则(2014)》要求计入资本公积(其他资本公积)。对于该项资本公积的转出时点,《2号准则(2014)》及其应用指南规定了以下三种情形:(1)长期股权投资全部被处置时,资本公积全部转入当期投资收益;(2)长期股权投资部分被处置,剩余股权仍具有重大影响时,按处置比例将处置部分的资本公积转入当期投资收益;(3)长期股权投资部分被处置,剩余股权不具有重大影响转为按金融工具准则核算时,资本公积全部转入当期投资收益。而计提资产减值准备不属于上述三种情形。因此,在这个时点把资本公积转入当期损益,缺乏准则依据。当甲公司在2×19年判断对乙公司的投资已经发生减值时,应确认50万元(650-600)的减值损失,账务处理为:

借:资产减值损失　　　　　　　　　　　　500000
　　贷:长期股权投资减值准备　　　　　　　　500000

另一种观点认为,应当转入当期损益。其理由是:《2号准则(2014)》应用指南的准则修订说明部分就股权稀释会计处理方法的选择作出了解释,即:"投资企业应当将被投资方其他权益变动计入所有者权益。主要理由:如果计入损益会影响投资者对会计主体正常盈利能力的判断。以我国创投企业为例,在被投资方不断引入其他投资方的情况下,创投企业应享有的被投资方权益往往因资本溢价而发生变动,在没有分红限制的情况下提前将这些权益变动计入损益,可能会导致未实现收益提前流出企业……"为此,准则在制定时要求先暂时计入权益,等相关损益实际实现(例如当投资被处置)时,再转入损益。《2号准则(2014)》的此项规定与2006年发布金融工具确认和计量准则有关可供出售金融资产的处理原则类似,即如可供出售金融资产的公允价值发生非暂时性下跌,应当将原计入其他综合收益的公允价值下降形成的累计损失一并转出计入当期损益。如果比照可供出售金融资产减值的处理原则,当甲公司在2×19年判断对乙公司的投资已经发生减值时,应当在确认对乙公司投资的减值损失时将原计入资本公积借方的股权稀释损失100万元转出计入当期损益,账务处理为:

借:资产减值损失　　　　　　　　　　　　1500000
　　贷:资本公积——其他资本公积　　　　　　1000000
　　　　长期股权投资减值准备　　　　　　　　500000

《2号准则(2014)》应用指南中解释,因被投资单位除净损益、其他综合收益和利润分配以外的其他所有者权益变动而确认的所有者权益,应当在终止采用权益法核算时全部转入当期损益。由于长期股权投资减值与股权稀释利得或损失确认资本公积的性质不同,在对长期股权投资进行减值测试并计提减值准备时,不能将因股权稀释计入资本公积的金额转入当期损益,但应在对长期股权投资进行减值测试时考虑股权稀释利得或损失计入资本公积的因素,并与长期股权投资的可收回金额进行比较以确定该股权投资应计提的减值损失金额,该减值损失金额应作为长期股权投资账面价值的减少(通常以长期股权投资账面价值减记至零为限),而不应对原股权稀释利得或损失计入资本公积的金额作出处理,因股权稀释确认的利得或损失计入资本公积的金额,应于该项长期股权投资终止确认时转入损益。即,甲公司应于2×19年计提减值时:

借:资产减值损失　　　　　　　　　　　　　　1500000
　　贷:长期股权投资减值准备　　　　　　　　　　1500000

另外,对于长期股权投资转为持有待售资产时是否应将原因股权稀释而确认的资本公积转出?根据《企业会计准则第42号——持有待售的非流动资产、处置组和终止经营》以及《财政部关于持有待售准则有关问题的解读》,分类为持有待售资产的对联营企业或合营企业的权益性投资,应当停止权益法核算,原权益法核算的相关其他综合收益等应当在持有待售资产终止确认时,按照《2号准则(2014)》有关处置长期股权投资的规定进行会计处理。即,当长期股权投资符合划分为持有待售类别而划分为持有待售资产时,并不表明原权益法下确认的其他综合收益或资本公积(其他资本公积)也于停止权益法核算时转入损益,而是应当于该持有待售资产出售(终止确认)时,将原权益法下确认的其他综合收益或资本公积(其他资本公积)(包括因股权稀释产生的利得或损失)中可结转损益的项目转入出售当期的损益。然而,当长期股权投资满足条件划为持有待售资产时,在计算公允价值减出售费用与账面价值两者孰低时,账面价值应当考虑原因股权稀释计入资本公积(其他资本公积)的金额。

【例4】2×18年1月1日,甲公司对乙联营企业投资的账面价值为100万元(未计提减值准备),原因股权稀释计入资本公积(其他资本公积)的利得为30万元;假定当日对乙联营企业的股权投资符合持有待售的条件,在划分为持有待售资产时,该股权的公允价值减出售费用的净额为90万元,而该长期股权投资的账面价值应为考虑了原因股权稀释而计入资本公积的利得后为70万元,低于公允价值减出售费用净额,在将长期股权投资划分为持有待售

资产时,仍应按 100 万元结转,其账务处理为:

  借:持有待售资产   1000000
    贷:长期股权投资   1000000

出售该股权投资时:

  借:银行存款   900000
    (假定公允价值和出售费用不变)资本公积——其他资本公积
                        300000
    贷:持有待售资产   1000000
      资产处置损益   200000

【例5】2×18年1月1日,甲公司对乙联营企业投资的账面价值为100万元(未计提减值准备),原因股权稀释计入资本公积(其他资本公积)的损失为30万元;假定当日对乙联营企业的股权投资符合持有待售的条件,在划分为持有待售资产时,该股权的公允价值减出售费用的净额为120万元,则划分为持有待售资产时,按长期股权投资的账面价值100万元,减去10万元(130-120)后的金额90万元计量持有待售资产的价值,其账务处理为:

  借:持有待售资产   900000
    资产减值损失   100000
    贷:长期股权投资   1000000

待出售该股权投资时:

  借:银行存款(假定公允价值和出售费用不变) 1200000
    贷:资本公积——其他资本公积   300000
      持有待售资产   900000

五、思考

(一)因股权稀释产生的一系列理论和实务问题,归根结底是源于股权稀释所产生的利得或损失是直接计入当期损益还是先暂计权益。如果于股权稀释发生的当期即将其利得或损失计入损益,也不会存在后续有关计入资本公积的金额是否需要考虑商誉的因素、因股权稀释产生的损失资本公积不够冲减的处理、对长期股权投资计提减值准备时因股权稀释的利得或损失而确认的资本公积是否应结转损益等问题。

(二)现行会计准则对因其子公司增资而导致投资方持股比例下降,从而丧失控制权但能实施共同控制或施加重大影响的，其会计处理按照《企业会计准则解释第 7 号》（财会〔2015〕19 号）的规定，区分个别财务报表和合并财务报表分别进行处理：在个别财务报表中，应当对该项长期股权投资从成本法转为权益法核算。首先，按照新的持股比例确认投资方应享有的原子公司因增资扩股而增加净资产的份额，与应结转持股比例下降部分所对应的长期股权投资原账面价值之间的差额计入当期损益；其次，按照新的持股比例视同自取得投资时即采用权益法核算进行调整。在合并财务报表中，应按照《33 号准则（2014）》有关规定进行会计处理。即，企业因处置部分股权投资等原因丧失了对被投资单位控制权的，在编制合并财务报表时，对于剩余股权，应当按照其在丧失控制权日的公允价值进行重新计量。处置股权取得的对价与剩余股权公允价值之和，减去按原持股比例计算应享有原有子公司自购买日或合并日开始持续计算的净资产的份额之间的差额，计入丧失控制权当期的投资收益，同时冲减商誉。与原有子公司股权投资相关的可结转损益的其他综合收益等，应当在丧失控制权时转为当期投资收益。可见，现行会计准则对股权稀释的会计处理原则并不一致。

综上，针对股权稀释的会计处理原则和方法，还需进一步研究和规范。

金融工具重分类解析

金融工具是指形成一方的金融资产,并形成其他方的金融负债或权益工具的合同。金融工具特别强调以合同为基础的权利和义务。一般来说,金融工具包括金融资产、金融负债和权益工具,也可能包括一些尚未确认的项目(如尚未确认的贷款承诺和财务担保合同)。其中,金融负债不允许重分类(即以摊余成本计量的金融负债和以公允价值计量且其变动计入当期损益的金融负债之间的重分类),权益工具只有一种计量属性(以历史成本计量,不确认公允价值变动),权益工具内部的重分类不涉及计量属性的改变。因此,金融工具的重分类主要包括金融资产的重分类,以及企业发行的金融负债(或企业持有的以自身权益工具结算的金融资产)和权益工具(或权益的借方)之间的重分类。

一、金融资产的重分类

无论是 2006 年发布的《企业会计准则第 22 号——金融工具确认和计量》(以下简称原准则)还是 2017 年修订的《企业会计准则第 22 号——金融工具确认和计量》(以下简称新准则),都不允许企业随意对金融资产进行重分类。企业在金融资产初始确认时,应当按规定对其进行分类。对金融资产的分类一经确定,不得随意变更。只有在满足一定条件的情况下,金融资产才可以进行重分类。

(一)原准则下金融资产的重分类

原准则规定,金融资产划分为四类:以公允价值计量且其变动计入当期损益的金融资产、贷款和应收款项、持有至到期投资和可供出售金融资产。其中,以公允价值计量且其变动计入当期损益的金融资产不能重分类为其他类金融资产，其他类金融资产也不能重分类为以公允价值计量且其变动计入当期损益的金融资产。贷款和应收款项这一类是按金融资产的名称、具体内容和性质在资产负债表中进行列报的，不涉及重分类的问题。

因此，原准则下，金融资产的重分类只涉及持有至到期投资和可供出售金融资产之间的重分类。通常企业将持有至到期投资提前处置或重分类，表明其违背了将投资持有至到期的最初意图。原准则规定，如果处置或重分类的金额占总额比例较大，企业应当将剩余的持有至到期投资重分类为可供出售金融资产，且两年之内不能重新划分为持有至到期投资。这个规定也称为"感染条款"，带有一定的惩罚性，其主要目的是使得企业在将金融资产分类为持有至到期时更加慎重，减少随意性，以及减少因金融资产重分类导致的损益波动。

实质上，从实务角度看，部分处置或重分类持有至到期投资后剩余的部分，才是企业可能真正想要持有至到期的，结果反而由于原准则的规定强制将剩余的持有至到期投资重分类为可供出售金融资产，不能完全体现持有该金融资产的意图，似有不合理之处。

（二）新准则下金融资产的重分类

1. 重分类的条件

企业改变其管理金融资产的业务模式时，应当按照规定对所有受影响的相关金融资产进行重分类。需要注意的是，此处所谓企业改变其管理金融资产的业务模式，并不是通常字面意义上理解的企业持有金融资产意图的改变。企业管理金融资产业务模式的变更，在新准则中所指的是一种极其少见的情形。只有当企业开始或终止某项对其经营影响重大的活动时（例如，当企业收购、处置或终止某一业务线时），其管理金融资产的业务模式才会发生变更。该变更源自外部或内部的变化，必须由企业的高级管理层进行决策，且其必须能够向外部各方证实该业务模式的变更对企业的经营非常重要。

例如，某银行的零售抵押贷款为以收取合同现金流量为目标的业务模式，经高级管理层研究决定终止其零售抵押贷款业务，该业务线不再接受新业务，并且该银行正在积极寻求出售其现有的抵押贷款组合，则该银行管理其零售抵押贷款的业务模式发生了变更。又如，甲公司近期收购了一家资产管理公司（乙公司），乙公司持有的一组债券投资组合的业务模式是以收取合同现金流量为目标。甲公司收购乙公司后，甲公司的高级管理层决定，将其持有原拟在短期内出售的一组债券投资（通过合同现金流测试的金融资产）组合不再以出售为目标,而是将该债券投资组合与乙资产管理公司持有的债券投资组合一起管理,以收取合同现金流量为目标,则甲公司管理该债券投资组合的业务模式发生了变更。

以下情形不属于业务模式变更:一是企业持有特定金融资产的意图改变。即使企业在市场状况发生重大变化的情况下改变对特定资产的持有意图,也不属于业务模式变更。二是金融资产特定市场暂时性消失从而暂时影响金融资产出售。三是金融资产在企业具有不同业务模式的各部门之间转移。例如,甲公司原分设固定收益部和投资部,因投资部也投资一些固定收益项目,故甲公司的高级管理层决定将投资部投资的固定收益项目转入固定收益部管理,这种情况不属于业务模式变更。

此外,需要注意以下两点:一是如果企业管理金融资产的业务模式没有发生变更,而金融资产的合同条款发生变更但未导致该金融资产终止确认的,不允许重分类。如果金融资产的合同条款发生变更导致原金融资产终止确认的,不涉及重分类问题,企业应当终止确认原金融资产,同时按照变更后的条款确认一项新金融资产。二是如果金融资产实际现金流量的实现方式不同于评估业务模式时的预期,只要企业在评估业务模式时已经考虑了当时所有可获得的相关信息,这一差异就不构成企业财务报表的前期差错,也不改变企业在该业务模式下持有的剩余金融资产的分类。但是,企业在评估新的金融资产的业务模式时,应当考虑这些信息。

2. 重分类的范围

虽然新准则未明确禁止任何一类金融资产进行重分类,但经分析,能够进行重分类的金融资产只有可能是其合同现金流量满足仅为对本金和以未偿付本金金额为基础的利息的支付的金融资产(即能通过合同现金流量测试的金融资产)。因为分类为以摊余成本计量的金融资产和以公允价值计量且其变动计入其他综合收益的金融资产都必须能够通过合同现金流量测试。简言之,能够进行重分类的金融资产范围为能够通过合同现金流量测试的债务工具投资。对于权益工具投资和不能够通过合同现金流量测试的金融资产,只能分类为以公允价值计量且其变动计入当期损益的金融资产或在初始确认时进行指定(例如,非交易性的权益工具投资在初始确认时可指定为以公允价值计量且其变动计入其他综合收益的金融资产,即其他权益工具投资),不涉及重分类问题。

3. 重分类日

需要特别注意的是,鉴于企业管理金融资产业务模式的变更是极其少见的情形，而且业务模式的变更是一个过程不是简单一个动作，通常在一个会计期间内难以变更，为避免管理层通过业务模式变更随意调节利润，且能够在一个会计期间内保持对金融资产业务模式的相对稳定而采用一致的会计处理方法，增加财务信息的可理解性，也便于实务操作，新准则对重分类日有特定的含义，即是指导致企业对金融资产进行重分类的业务模式发生变更后的首个报告期间的第一天，而非企业高级管理层决定业务模式发生变更的日期。例如，甲公司的高级管理层决定于2×18年5月20日改变其管理某金融资产的业务模式，则重分类日为2×18年7月1日（即下一个季度会计期间的期初）；又如，乙公司的高级管理层决定于2×18年11月10日改变其管理某金融资产的业务模式，则重分类日为2×19年1月1日；还比如，丙公司的高级管理层决定于2×18年8月21日改变其管理某金融资产的业务模式，因其不编制2×18年第四季度的财务报告，故重分类日为2×19年1月1日。

此外，企业业务模式的变更必须在重分类日之前生效。例如，某银行决定于2×18年11月10日终止其零售抵押贷款业务，并在2×19年1月1日对所有受影响的金融资产进行重分类。在2×18年11月10日之后，该银行不应开展新的零售抵押贷款业务。

4. 重分类的会计处理

鉴于对金融资产的重分类视为一项新的会计政策运用于所有受影响的金融资产，作为新的交易或事项采用一项会计政策，不作为会计政策变更。因此新准则规定，企业对金融资产进行重分类，应当自重分类日起采用未来适用法进行相关会计处理，不得对以前已经确认的利得或损失（包括减值损失或利得）或利息进行追溯调整。

（1）以摊余成本计量的金融资产（债权投资）的重分类。

①企业将一项以摊余成本计量的金融资产重分类为以公允价值计量且其变动计入当期损益的金融资产的，应当按照该资产在重分类日的公允价值进行计量。原账面价值与公允价值之间的差额计入当期损益。例如，企业将以摊余成本计量的债权投资重分类为以公允价值计量且其变动计入当期损益的金融资产时，应按重分类日该金融资产的公允价值，借记"交易性金融资产"科目，按该金融资产已计提的减值准备，借记"债权投资减值准备"科目，按该金融资产的成本，贷记"债权投资（成本）"科目，按该金融资产账面利息调整余额，借记或贷记"债权投资（利息调整）"科目，按其差额，借记或贷记"公允价值变动损益"科目。

【例1】2×17年1月1日，甲公司以公允价值1000万元购入一项5年期债券投资，因其满足现金流测试要求，根据甲公司管理此类金融资产的业务模式，甲公司高级管理层决定将其分类为以摊余成本计量的金融资产，该债券的面值为1250万元。2×18年10月15日，甲公司决定变更其管理债券投资组合的业务模式，其变更符合重分类的要求。因此，甲公司于2×19年1月1日将该债券从以摊余成本计量重分类为以公允价值计量且其变动计入当期损益，并计划随时出售。2×19年1月1日，该债券的期初摊余成本为1080万元，其中利息调整贷方余额为164万元，已确认的信用减值准备为6万元。重分类日，该债券的公允价值为1000万元，假设不考虑其他因素。甲公司应于2×19年1月1日重分类日作如下会计处理（单位：万元，下同）：

借：交易性金融资产　　　　　　　　　　　　1000
　　债权投资——利息调整　　　　　　　　　　164
　　债权投资减值准备　　　　　　　　　　　　　6
　　公允价值变动损益　　　　　　　　　　　　 80
　贷：债权投资——成本　　　　　　　　　　　1250

②企业将一项以摊余成本计量的金融资产重分类为以公允价值计量且其变动计入其他综合收益的金融资产（其他债权投资）的，应当按照该金融资产在重分类日的公允价值进行计量，原账面价值与公允价值之间的差额计入其他综合收益。该金融资产重分类不影响其实际利率和预期信用损失的计量。例如，企业将以摊余成本计量的债权投资重分类为以公允价值计量且其变动计入其他综合收益的金融资产（其他债权投资）时，应按重分类日该金融资产的成本，借记"其他债权投资（成本）"科目，按该金融资产已计提的减值准备，借记"债权投资减值准备"科目，按该金融资产的成本，贷记"债权投资（成本）"科目，按该金融资产账面利息调整余额，借记或贷记"债权投资（利息调整）"科目，按该金融资产账面利息调整金额，贷记或借记"其他债权投资（利息调整）"科目，按重分类日该金融资产的公允价值与该日其投资成本余额的差额，贷记或借记"其他债权投资（公允价值变动）"科目，按其差额，借记或贷记"其他综合收益（其他债权投资公允价值变动）"科目。

（2）以公允价值计量且其变动计入其他综合收益的金融资产（其他债权投资）的重分类。

①企业将一项以公允价值计量且其变动计入其他综合收益的金融资产重分类为以摊余成本计量的金融资产的，应当将之前计入其他综合收益的累计利得

或损失转出，调整该金融资产在重分类日的公允价值，并以调整后的金额作为新的账面价值，即视同该金融资产一直以摊余成本计量。该金融资产重分类不影响其实际利率和预期信用损失的计量。例如，企业将以公允价值计量且其变动计入其他综合收益的金融资产（其他债权投资）重分类为债权投资时，应按重分类日该金融资产的成本，借记"债权投资（成本）"科目，贷记"其他债权投资（成本）"科目；按该金融资产已计提的减值准备，借记"其他综合收益（信用减值准备）"科目，贷记"债权投资减值准备"科目；按该金融资产账面利息调整余额，借记或贷记"债权投资（利息调整）"科目，贷记或借记"其他债权投资（利息调整）"科目；按该金融资产账面公允价值变动金额，借记或贷记"其他债权投资（公允价值变动）"科目，贷记或借记"其他综合收益（其他债权投资公允价值变动）"科目。

【例2】2×17年1月1日，甲公司以公允价值1000万元购入一项5年期债券投资，因其满足现金流测试要求，根据甲公司管理此类金融资产的业务模式，甲公司高级管理层决定将其分类为以公允价值计量且其变动计入其他综合收益的金融资产（其他债权投资），该债券的面值为1250万元。2×18年10月15日，甲公司决定变更其管理债券投资组合的业务模式，其变更符合重分类的要求。因此，甲公司于2×19年1月1日将该债券从以公允价值计量且其变动计入其他综合收益的金融资产重分类为以摊余成本计量的金融资产。2×19年1月1日，该债券期初摊余成本为1080万元，其中，利息调整贷方余额为164万元，已确认的信用减值准备为6万元。该债券持有期间公允价值变动为80万元。假设不考虑其他因素。甲公司应于2×19年1月1日重分类日作如下会计处理：

借：债权投资——成本　　　　　　　　　　　　1250
　　其他债权投资——利息调整　　　　　　　　　164
　　其他债权投资——公允价值变动　　　　　　　 80
　　其他综合收益——信用减值准备　　　　　　　　6
　贷：其他债权投资——成本　　　　　　　　　　1250
　　　其他综合收益——其他债权投资公允价值变动　80
　　　债权投资——利息调整　　　　　　　　　　 164
　　　债权投资减值准备　　　　　　　　　　　　　6

②企业将一项以公允价值计量且其变动计入其他综合收益的金融资产重分类为以公允价值计量且其变动计入当期损益的金融资产的，应当继续以公允价值计量该金融资产；同时，企业应当将之前计入其他综合收益的累计利得或损

失从其他综合收益转入当期损益。企业应按重分类日该金融资产的公允价值，借记"交易性金融资产"科目，按该金融资产的账面成本，贷记"其他债权投资（成本）"科目，按该金融资产已计提的减值准备，借记"其他综合收益——信用减值准备"科目，按该金融资产利息调整余额，借记或贷记"其他债权投资（利息调整）"科目，按该金融资产账面公允价值变动金额，借记或贷记"其他综合收益（其他债权投资公允价值变动）"科目，按其差额，借记或贷记"公允价值变动损益"科目。

(3) 以公允价值计量且其变动计入当期损益的金融资产的重分类。

①企业将一项以公允价值计量且其变动计入当期损益的金融资产重分类为以摊余成本计量的金融资产的，应当以其在重分类日的公允价值作为新的账面余额。例如，企业将以公允价值计量且其变动计入当期损益的债权投资重分类为以摊余成本计量时，应按重分类日该金融资产的面值，借记"债权投资（成本）"科目，按重分类日该金融资产的公允价值与面值之间的差额，借记或贷记"债权投资（利息调整）"科目，按交易性金融资产的账面价值（假定重分类日账面价值与其公允价值相同），贷记"交易性金融资产"科目。

②企业将一项以公允价值计量且其变动计入当期损益的金融资产重分类为以公允价值计量且其变动计入其他综合收益的金融资产的，应当继续以公允价值计量该金融资产。例如，企业以一项以公允价值计量且其变动计入当期损益的债券投资重分类为以公允价值计量且共变动计入其他综合收益，企业应按重分类日该金融资产的面值，借记"其他债权投资（成本）"科目，按按重分类日该金融资产的公允价值与面值之间的差额，借记或贷记"其他债权投资（利息调整）"科目，按交易性金融资产的账面价值（假定重分类日账面价值与其公允价值相同），贷记"交易性金融资产"科目。

此外，对以公允价值计量且其变动计入当期损益的金融资产进行重分类的，企业应当根据该金融资产在重分类日的公允价值确定其实际利率。同时，企业应当自重分类日起对该金融资产适用金融资产减值的相关规定，并将重分类日视为初始确认日。

二、金融负债（或金融资产）和权益工具（或权益的借方）之间的重分类

由于发行的金融工具原合同条款约定的条件或事项随着时间的推移或经济

环境的改变而发生变化，可能会导致已发行金融工具的重分类。例如，企业拥有可回售工具和其他工具，可回售工具并非最次级类别，并不符合《企业会计准则第37号——金融工具列报》（2017）第十六条关于将可回售工具分类为权益工具的条件。如果企业赎回其已发行的全部其他工具后，发行在外的可回售工具符合了分类为权益工具的全部特征和全部条件，那么企业应从其赎回全部其他工具之日起将可回售工具重分类为权益工具。反之，如果原来被分类为权益工具的可回售工具因为更次级的新工具的发行，而不再满足分类为权益工具的条件，则企业应在新权益工具的发行日将可回售工具重分类为金融负债。又如，按照发行永续债的合同条款规定，如发行方在三年内其股票不能发行上市，则必须赎回所发行的永续债的本金及相关的利息，三年内其股票发行上市的则转为对发行方的普通股。如果发行方发行永续债的第二年其股票发行上市，则发行的永续债原确认的金融负债应重分类为权益工具（如果其他条款和条件均符合权益工具的特征）。

再比如，公司重组涉及业绩对赌的，协议一般约定业绩对赌期结束后，若标的公司在业绩对赌期间的净利润低于最低对赌业绩，则原股东应按照净利润差额除以原非公开发行股票的价格计算应返还的股份数量予以补偿；如果标的公司在业绩对赌期间的净利润高于最高对赌业绩，则原股东应按照超出对赌业绩的净利润部分除以原非公开发行股票的价格计算应额外支付的股份数量。标的公司经营业绩在资产负债表日已可确定，可由此计算应额外支付或者要求返还的股份数量，即用于结算的自身权益工具的数量已确定。此类对赌协议在初始确认时，或有对价应先作为金融资产或金融负债，并确认为以公允价值计量且其变动计入当期损益的金融资产或金融负债。当符合关于权益工具的分类原则时（应支付或回收的股数确定），通常距权益工具结算日还有一定期间，应当将金融资产或金融负债重分类为权益工具（原为金融资产的，重分类为权益的借方），不再确认后续公允价值变动。

需要注意的是，企业作为持有方持有的金融工具（通常确认为金融资产），如果是以自身权益工具结算的，也可能随着时间的推移导致其重分类为权益工具（借方）。上述例子中回收已经发行的股票作为补偿的对赌协议，就是实务中较为常见的一种情况。实务中原本已经分类为权益借方的（例如企业持有的以固定价格购买自身权益工具的看涨期权），随着时间的推移，不再满足分类为权益的条件，从而必须重分类为金融资产（衍生金融资产）的，则比较罕见。

发行方原分类为权益工具的金融工具，自不再被分类为权益工具之日起，发行方应当将其重分类为金融负债，以重分类日该工具的公允价值计量，重分类日权益工具的账面价值和金融负债的公允价值之间的差额确认为权益。企业将原分类为权益工具的金融工具重分类为以公允价值计量且其变动计入当期损益的金融负债时，按重分类日该权益工具的账面价值，借记"其他权益工具"科目，按重分类日该金融负债的公允价值，贷记"交易性金融负债"科目，按其差额，贷记或借记"资本公积——资本溢价（或股本溢价）"科目，如资本公积不够冲减的，依次冲减盈余公积和未分配利润。

发行方原分类为金融负债（或金融资产）的金融工具，自不再被分类为金融负债（或金融资产）之日起，发行方应当将其重分类为权益工具（或权益的借方），以重分类日金融负债（或金融资产）的账面价值计量。例如，企业将原分类为摊余成本计量的应付债券重分类为权益工具时，按该金融负债的面值，借记"应付债券（面值）"科目，按该金融负债的账面利息调整余额，借记或贷记"应付债券（利息调整）"科目，按该金融负债的账面价值，贷记"其他权益工具"等科目。

【例3】2×17年1月1日，甲公司以1000万元的价格发行一项永续债，并按规定将其分类为以摊余成本计量的金融负债，该债券的面值为1250万元。2×19年1月1日，由于该永续债不再满足被分类为金融负债的条件，而满足分类为权益工具的条件，甲公司将其重分类为权益工具。2×19年1月1日，该债券的公允价值为1000万元，期初摊余成本为1086万元，其中，利息调整借方余额为164万元。假设不考虑其他因素。甲公司应于2×19年1月1日该债券不再满足分类为金融负债条件并进行重分类为权益工具时，作如下会计处理：

借：应付债券——面值　　　　　　　　　　　　1250
　　贷：应付债券——利息调整　　　　　　　　　164
　　　　其他权益工具　　　　　　　　　　　　1086

三、金融工具重分类应关注的问题

（一）金融资产重分类范围小条件严

综上，能够进行内部重分类的金融资产仅为能够通过合同现金流量测试的债务工具投资,且重分类的条件(企业改变其管理金融资产的业务模式)为极其少见的情形。因此,企业在初始确认日(新准则施行日)应当审慎确定金融资产尤其是债务工具投资的分类,以免出现想重分类而不得的情形。

(二) 不同情形下重分类日不同

金融工具的重分类日,即为对金融工具进行重分类会计处理的日期。需要注意的是,金融资产的重分类日为导致企业对金融资产进行重分类的业务模式发生变更后的首个报告期间的第一天,而不是业务模式发生变更的日期。金融负债(或以自身权益工具进行结算的金融资产)和权益工具之间重分类会计处理的日期,虽然国际财务报告准则中有关金融工具准则没有明确规定,但我国新准则规定,金融负债(或以自身权益工具进行结算的金融资产)和权益工具之间重分类的日期为不满足原分类条件的日期,即不再满足分类为金融负债(或金融资产)或权益工具的条件而满足分类为权益工具或金融负债(或金融资产)的条件的日期。通常情况下,如果不满足原分类条件需要重分类期间较短,且不超过下一报告期间(跨期),可以无需重分类,直到该金融工具结算;如果不满足原分类条件需要重分类期间较长,且超过下一报告期间(跨期),则需要按我国新准则的要求进行重分类。

几个与资本化相关问题的会计处理研究

一、土地使用权相关会计问题

（一）企业取得土地使用权的会计处理

《中华人民共和国土地管理法》明确了我国实行土地的社会主义公有制，即全民所有制和劳动群众集体所有制。除国家在法律规定的范围内划拨国有土地使用权外，国家依法实行国有土地有偿使用制度。在我国，对于企业通过缴纳土地出让金等方式取得的土地使用权，按照《企业会计准则第6号——无形资产》（2006）[以下简称无形资产准则（2006）]的规定，会计处理中通常确认为无形资产，企业同时购入土地使用权和地上建筑物支付的价款应在建筑物与土地使用权之间进行分配，难以合理分配的，全部作为固定资产核算；自行开发建造地上建筑物的，土地使用权与地上建筑物应分别通过无形资产和固定资产（建设过程中通过在建工程核算）进行会计处理，如企业改变土地使用权用途，用于赚取租金或资本增值的，则将其转为投资性房地产；对于从事房地产经营业务的企业，如取得土地专门用于建造对外出售的房屋建筑物，取得土地使用权支付的对价或者账面价值计入所建造的房屋建筑物的成本。

对于企业取得的国家在法律规定的范围内划拨的国有土地使用权，区别两种情况处理：因按国家相关规定进行清产核资等原因，企业以前期间获得但未入账的划拨的国有土地使用权，按评估价值单独计价入账，作为固定资产核算但不计提折旧，同时增加资本公积（资本溢价或股本溢价）；企业以前期间获得并作为政府补助进行会计处理的，其土地使用权（已通过一级开发）按公允价值（公允价值不能可靠取得的按名义金额）进行初始计量，并作为无形资产核算。如果土地未经过一级开发直接划拨给企业，由企业支付的青苗补偿费通常确认为无形资产,并在划拨土地可使用期限内摊销计入损益或相关资产的成本;如果划拨土地可以永久使用(无使用期限),企业支付的青苗补偿费可视为使用期限不确定的无形资产进行后续计量,但如果后续确定了使用期限的,应在确定使用期限后的尚可使用期限内摊销。

(二)计算在建工程的借款费用资本化金额时,累计资产支出是否包括购买土地使用权的支出

《企业会计准则第 17 号——借款费用》(2006)〔以下简称借款费用准则(2006)〕第四条规定,"企业发生的借款费用,可直接归属于符合资本化条件的资产的购建或者生产的借款费用,应当予以资本化,计入相关资产成本;其他借款费用,应当在发生时根据其发生额确认为费用,计入当期损益""符合资本化条件的资产,是指需要经过相当长时间的购建或者生产活动才能达到预定可使用或者可销售状态的固定资产、投资性房地产和存货等资产"。借款费用准则(2006)第六条进一步规定,"为购建或者生产符合资本化条件的资产而占用了一般借款的,企业应当根据累计资产支出超过专门借款部分的资产支出加权平均数乘以所占用一般借款的资本化率,计算确定一般借款应予资本化的利息金额"。企业取得土地使用权并拟在该土地上建造地上建筑物,在建造地上建筑物过程中,如果在建工程占用了一般借款,在计算借款费用资本化金额时,是否允许将土地使用权占用的资金计入累计资产支出?例如,甲公司为扩大再生产,于 2×19 年 9 月 10 日以 3 亿元的价格取得一块土地使用权,该土地使用权登记手续于 2×19 年 9 月 25 日办理完成,甲公司拟在该土地上建立新的生产基地并于 2×19 年 10 月 1 日开工建设(假定满足借款费用开始资本化的条件),截至 2×19 年 12 月 31 日,已发生建造支出 1 亿元。假定甲公司没有专门借款,一般借款的规模一直保持在 10 亿元以上。在计算该生产基地应当资本化多少利息时,其累计资产支出是以建造支出 1 亿元为基础,还是允许将土地使用权的支出 3 亿元也包含在内,即以 4 亿元为基础?

在实务中,有的观点认为不应该考虑取得土地使用权的支出,理由是:甲公司在取得土地使用权后,可以自主地决定该土地使用权的使用并享有其经济利益,并在土地使用权达到预定可供用状态时开始摊销。另外,在我国,土地使用权作为一项无形资产,与在建工程在财务报表上是作为两项单独的资产进行核算的,土地使用权取得后即形成无形资产,而地上建筑物的建造则属于在建工程的核算范畴,其建造地上建筑物发生的相关累计支出在在建工程中反

映，故应当以构建地上建筑物时与在建工程直接相关的资产累计支出为基础计算应予资本化的借款费用。即，上述例子中应以 1 亿元资产支出为基础计算应予资本化的借款费用。也有观点认为可以考虑取得土地使用权的支出，理由是：企业取得土地使用权主要目的是在其上面建造建筑物工程，土地使用权与地上建筑物共同构成一个项目的整体，甲公司在考虑项目的总预算时，土地使用权支出也是其主要的成本之一。虽然在取得土地使用权后甲公司可以自主地决定其使用，但是甲公司的意图是在该土地使用权上面建造工程项目，土地使用权为甲公司带来经济效益亦需要在该项目达到预定可使用状态之后才开始。因此，在计算累计资产支出时应包括土地使用权的支出。即，上述例子中应以 4 亿元为基础计算应予资本化的借款费用。另外，还有观点认为，土地使用权的摊销应计入地上建筑物的建造成本，故累计资产支出应以 1 亿元加上土地使用权摊销的金额为基础计算应予资本化的借款费用。

对于上述问题，笔者认为其关键在于企业获得的土地使用权是否是一项借款费用准则（2006）中所指的"符合资本化条件的资产"。就此问题，有的观点认为，在我国，土地使用权通常在取得时已完成"七通一平"等工作，企业可以直接将其用于建造厂房等地上建筑物。也就是说，土地使用权不需要"经过相当长时间的购建"就能达到预定可使用状态，因此土地使用权本身不属于借款费用准则（2006）所指的"符合资本化条件的资产"。也有的观点认为，即使该土地使用权在取得时已经完成"七通一平"等工作，企业可以直接将其用于建造厂房等地上建筑物，但因为甲公司取得该土地使用权的目的就是为了建造一项特定的固定资产（例如新生产基地），获得该土地使用权是建造该特定资产的第一步，相关支出是建造该特定资产的必要支出之一，取得土地使用权与后续的工程建造是不可分割的整体，而作为一个整体的特定资产（其中包括土地使用权）是一项符合资本化条件的资产。因此，在计算该特定资产的一般借款费用资本化金额时，应考虑该特定资产建造过程中的全部必要支出，其中包括相关土地使用权支出。

笔者认为，取得土地使用权是否属于符合资本化条件的资产，并构成累计资产支出，还应考虑土地使用权是否与地上建筑物构成一个项目整体，且该项目是否整体完工才能达到预定可使用状态。首先，按我国相关规定，企业所有取得的土地使用权通常都有建造计划，如果没有取得土地使用权，则不可能有建筑物的建造，即，通常而言如果不建造地上建筑物就不会发生与土地使用权相关的支出，从这个角度看，土地使用权与地上建筑物构成一个项目整体。虽然在我国会计核算中将土地使用权与地上建筑物分别作为无形资产和固定资产核算，但并不表明两者分别使用并分别获得其预期的经济利益，而是作为一个整体使用才能创造预期的经济利益。其次，在我国，从事房地产经营业务的企业取得土地使用权的目的是建造房屋建筑物并出售（土地与地上建筑物一并出售），建造房屋建筑物所对应的土地使用权成本是使存货达到目前场所和状态的必要支出，属于存货成本的组成部分，在计算应当资本化计入存货成本的借款费用时，累计资产支出包括了与取得土地使用权所占用的资金；企业自行建造的并用于出租的房地产，虽然土地使用权成本与地上建筑物的建造成本均在投资性房地产科目中核算，并分别通过土地使用权与地上建筑物进行明细核算，但出租地上建筑物的同时，土地也随着地上建筑物一并出租，两者形成一个出租项目的整体发挥作用，在计算应当资本化计入建造并用于出租的地上建筑物的借款费用时应包括土地使用权所占用的资金。从经济实质角度看，企业将土地使用权用于自建厂房等固定资产时，虽然相关土地使用权作为无形资产核算而不是计入在建工程成本，但是该土地使用权与相关在建工程的关系及资金占用方式，与从事房地产经营业务的企业取得土地使用权用于建造对外出售的房屋建筑物没有本质区别，在计算借款费用资本化金额时，不应因土地使用方式的不同（自用或对外出售）而存在重大差异。也就是说，土地及其地上建筑物无论是出售、出租还是自用，其初始确认成本不应有所不同。另外，国际财务报告准则解释委员会曾于2018年9月在其解释委员会相关议题中对此问题进行过讨论，认为如果一个主体获得土地并开发，在其土地上建造地上建筑物，土地和地上建筑物均属于"符合资本化条件的资产"，且在整体完工才能达到预定用途。综上，笔者认为，在计算相关借款费用资本化金额时，该土地使用权支出与后续的建造支出均应作为累计资产支出一并予以考虑。

值得关注的是，通常情况下企业（非从事房地产经营业务的企业）取得土地使用权应于确认无形资产的当期按其取得成本，在预计可使用期限内采用系统合理的方法进行摊销。如果企业在取得的土地使用权上建造自用办公楼、厂房等，则土地使用权的摊销是否应计入在建项目的成本？有的观点认为，建造期间的土地使用权摊销金额（相当于当期土地的租金）和建造期间租入大型设备支付的租金具有类似的性质，如果租入大型设备的租金能够资本化计入在建工程，那么土地租金也应当可以资本化计入在建工程，它们均属于使地上建筑物达到预定可使用状态的必要支出，可直接归属于地上建筑物的建造成本，故将建造期间土地使用权的摊销资本化较为合理。也有观点认为，企业取得土地使用权时并不以自建地上建筑物为条件，取得土地使用权后无论是否建造地上建筑物均需要按期摊销，因此土地使用权摊销不属于直接归属于地上建筑物的建造成本，应将其计入各期的费用较为合理。根据无形资产准则（2006）指南中提供的指引，无形资产的摊销金额一般应当计入当期损益。某项无形资产包含的经济利益通过所生产的产品或其他资产实现的，其摊销金额应当计入相关资产的成本。另外，根据《企业会计准则第 4 号——固定资产》（2006）[以下简称固定资产准则（2006）]规定了固定资产在取得时应以成本进行初始计量，自行建造固定资产的成本，由建造该项资产达到预定可使用状态前所发生的必要支出构成。笔者认为，企业在土地使用权上建造建筑物在达到预定可使用状态前所发生的土地使用权摊销，也属于所建造的固定资产为达到预定可使用状态前所发生的必要支出的组成部分，应计入所建造固定资产的成本。但在计算借款费用资本化金额时，由于累计资产支出已包括了土地使用权占用的资金，因此，不应再包括所建造固定资产在达到预定可使用状态前计入其建造成本的土地使用权摊销金额，以避免重复计算。

二、装修期间租赁费的会计处理

在实务中，一些企业往往会通过租赁的形式获取相关资产的使用权，例如，租赁办公楼、大型施工设备等，有时企业会对租入的资产进行必要的装修或改造，以满足经营的需要。例如，甲公司计划在乙商场内开设一家零售门店。2×18 年 1 月 1 日，甲公司与乙商场签订了 10 年期的租赁合同（假设为经营租赁），租赁其位于乙商场首层的一块区域作为商铺，双方约定商铺的每季度租金为 200 万元，并于每季度开始时支付。甲公司为了使租赁的商铺符合自己品牌统一的装修风格，需要在正式入驻前对处于毛坯状态的商铺进行装修。经与乙商场协商，乙商场同意甲公司对所租赁的区域内按照符合自己品牌的装修风格进行装修。甲公司于 2×18 年第一季度进行了装修，并于 2×18 年 4 月 1 日正式在乙商场租赁的区域内开始营业。

上述案例所带来的会计问题主要有：（1）甲公司在 2×18 年第一季度装修（进行实质性装修）期间所发生租金支出如何进行会计处理（是资本化计入"长期待摊费用——装修支出"并于开始营业后按一定期限摊销，还是在发生时计入"销售费用——租金费用"）？（2）如果乙商场为了让甲公司顺利入驻，于合同开始日向其提供了 3 个月的免租期，即自 2×18 年 4 月 1 日起开始缴纳租金，甲公司在 2×18 年对所租赁区域在装修期间所发生的费用如何进行会计处理？

对于上述案例所产生的会计问题，在实务中存在不同观点：一种观点认为，装修期内的租金费用应当资本化，即计入"长期待摊费用——装修支出"并于开始营业后在装修预计使用年限内逐期摊销。理由是：首先，固定资产准则（2006）第八条规定，"外购固定资产的成本，包括购买价款、相关税费、使固定资产达到预定可使用状态前所发生的可归属于该项资产的运输费、装卸费、安装费和专业人员服务费等"，同时在固定资产准则（2006）应用指南中规定，企业以经营租赁方式租入的固定资产发生的改良支出，应予资本化，作为长期待摊费用，采用合理的方法进行摊销。按照固定资产准则（2006）及其指南的规定，甲公司在 2×18 年第一季度发生的租金费用是专门为了装修而发生的，装修期间的租金费用属于使装修达到预定可使用状态的必要支出，可归属于装修支出，因此可以资本化与其他装修支出一并计入"长期待摊费用——装修支出"，并按照装修的预计使用年限与资产租赁期限孰短的期限内，于开始营业后逐期摊销。其次，根据《企业会计准则第 21 号——租赁》（2006）[以下简称原租赁准则（2006）]和《企业会计准则解释第 1 号》（以下简称解释 1 号）明确规定，出租人提供免租期的，无论承租人还是出租人，都应将租金总额在不扣除免租期的整个租赁期内，按直线法或其他合理的方法进行分摊，免租期内应当确认租金费用或租金收入。如果装修期处于免租期，那么应当按照原租赁准则（2006）和解释 1 号的规定在免租期内分摊一定金额的租金费用，但是这部分免租期的租金由于上述的理由，同样可以资本化与其他装修支出一并计入"长期待摊费用——装修支出"，并按照装修的预计使用年限与资产租赁期限孰短的期限，于开始营业后逐期摊销。

另一种观点认为，装修期内的租金费用应当费用化，即在装修期间计入"销售费用——租金费用"。理由是：首先，承租人自租赁期开始日起即取得了控制租赁资产使用的权利，装修期间享有的使用权和经营期间享有的使用权是没有区别的。整个租赁期内承租人均可以按照自己的意愿使用租赁资产（包括空置、装修、自用、经营、转租等），无论企业是否进行装修，是否产生经营收益，企业均需要按期缴纳租金，故租金并非装修的增量成本，并不直接归属于装修成本，也不会为企业带来未来经济利益。因此应当在实际发生时计入"销售费用——租金费用"。其次，原租赁准则（2006）及解释 1 号之所以规定租金总额需在不扣除免租期的整个租赁期内进行分摊，意味着承租人享受的使用权在整个租赁期内是没有区别的,这支持了免租期的租赁费用并非装修的增量成本,不直接归属于装修成本的观点。另外,将免租期的租金资本化再在以后经营期内摊销的做法,有悖原租赁准则(2006)及解释1号上述规定的初衷。

笔者认为,租金费用是企业为取得控制租赁资产使用的权利而发生的支出,装修期间的租金费用属于使装修达到预定可使用状态的必要支出,可归属于装修支出,应予资本化与其他装修支出一并计入"长期待摊费用——装修支出"科目。

另外,企业施行财政部于2018年发布的《企业会计准则第21号——租赁》的,承租人于租赁期间发生的装修或更新改造费用与上述同一原则进行会计处理,即发生的装修或改造费用予以资本化计入长期待摊费用,并在租赁期限与装修或改造预计可使用期限两者孰短的期限内直线法摊销;对于装修或改造期间发生的使用权资产的摊销(租赁费用)也应资本化计入长期待摊费用。

政府补助相关会计问题研究

2017年5月10日,财政部发布了《企业会计准则第16号——政府补助》[财会〔2017〕15号,以下简称新政府补助准则(2017)],对2006年发布的《企业会计准则第16号——政府补助》[以下简称原政府补助准则(2006)]进行了修订。新政府补助准则(2017)相对于原政府补助准则(2006)主要作了如下改进:一是明确了准则的范围。企业来源于政府的资源区分政府投资、政府购买企业商品或接受服务和政府补助,只有符合新政府补助准则(2017)定义及特征的才按政府补助原则进行会计处理。二是提供了可选择的处理方法。原政府补助准则(2006)要求采用总额法对政府补助进行会计处理。新政府补助准则(2017)规定,对于企业获得的来源于政府的、属于政府补助范围的资源,可以采用总额法或净额法进行会计处理,以与国际财务报告准则进一步趋同。另外,对于一些特殊事项(贴息)可以选择采用简化处理方法或者按照金融工具准则进行会计处理。三是按确认计量标准确认政府补助。虽然原政府补助准则(2006)正文中规定了政府补助的确认条件为,同时满足了"企业能够满足政府补助所附条件"和"企业能够收到政府补助"的条件,但同时在指南中又规定,企业取得的各种政府补助为货币性资产的,通常按照实际收到时确认并按实际收到的金额计量;存在确凿证据表明该项补助是按照固定的定额标准拨付的,如按照实际销量或储备量与单位补贴定额计算的补助等,可以按照预计能收到的金额确认为应收款项,并按该预计的金额计量。新政府补助准则(2017)规定的政府补助确认条件与原政府补助准则(2006)相同,但同时在指南中规定,"政府补助为货币性资产的,应当按照收到或应收的金额计量;如果企业已经实际收到补助资金,应当按照实际收到的金额计量;如果资产负债表日企业尚未收到补助资金,但企业在符合了相关政策规定后就相应获得了收款权,且与之相关的经济利益很可能流入企业,企业应当在这项补助成为应收款时按照应收的金额计量。政府补助为非货币性资产的,应当按照公允价值计量;公允价值不能可靠取得的,按照名义金额计量"。四是调整了企业取得的政府补助在利润表上的列报顺序和项目名称。原政府补助准则(2006)规定,企业取得的政府补助一次或分次计入营业外收入,这种处理及列报方式不能真实表达企业的经营情况和实现的营业利润。新政府补助准则(2017)规定,企业取得的与企业日常活动相关的政府补助,应当按照经济业务实质,计入其他收益或冲减相关成本费用,与企业日常活动无关的政府补助,计入营业外收支。其他收益在利润表的营业利润项目之上单列项目列报,以便将与企业日常活动密切相关的政府补助与相关的费用列报匹配。

一、来源于政府资源性质的判断

企业来源于政府的资源不全部是政府补助,企业应当区分从政府取得的三类经济资源的性质,并判断是适用于新政府补助准则(2017),还是适用于其他准则。通常情况下,企业取得来源于政府的资源有政府拨付资源的相关文件,或者政府与企业签订的合同(协议),这些文件或合同通常会注明政府拨付企业资源的用途、企业获得政府资源应履行的义务或条件等。企业来源于政府的资源,如果政府相关文件中注明是政府对企业的资本性投入,有证据表明实质上是政府向企业投资或增资,政府成为企业的股东或者以股东的身份向企业增资,接受政府资源的企业应当将其作为政府的资本性投入,在确认资产的同时确认实收资本(或股本)或(和)资本公积(资本或股本溢价)。但在实务中,有时企业取得的政府相关文件中要求政府给予企业的资源计入资本公积的,企业需要进一步判断政府投入企业资源时政府的身份,只有政府确实是以股东身份给予企业资本性投入的,才不属于政府补助的范畴。

企业来源于政府的资源,如果政府相关文件或合同中表明,政府给予企业的资源是为购买企业生产的商品或接受企业的服务而支付的对价,也不属于政府补助的范畴。例如,国家为鼓励消费者购买甲公司生产的环保产品(A产品),对A产品实施限价政策,甲公司生产的A产品的市场销售价格为30万元/件,国家规定的销售价格为20万元/件,A产品的销售成本为25万元/件。根据国家相关政策,从2×18年1月1日起,甲公司每销售1件A产品,当地政府部门将给予补助10万元。2×18年度,甲公司共销售A产品1200件,获得政府给予的补助1.2亿元。在日常商业活动中,甲公司生产环保产品并出售是为了响应政府环保政策的要求,生产并销售A产品的销售价格除了补偿销售成本外,还应获得一定的利润(毛利),既能保证甲公司为环境保护继续生产并向社会持续供应A产品,又能为甲公司带来必要的收益,以对A产品有持续升级研发的能力和保证甲公司的持续经营。在这个例子中,因国家为鼓励消费者使用环保产品而对A产品实施限价政策,限价后按20万元/件销售A产品,导致甲公司每销售一件A产品亏损5万元,从而政府给予的补助1.2亿元,从性质上属于补偿限价产生的损失,以保证甲公司销售A产品的收入与市场价格相同,同时消费者又能以较低的价格购买A产品。因此,甲公司取得的来源于政府的1.2亿元补助,属于销售A产品收入的一部分,应按收入确认和计量原则进行会计处理。

企业来源于政府的资源,如果符合政府补助定义(企业从政府无偿取得货币性资产或非货币性资产)和特征(来源于政府的资源及无偿性),适用于新政府补助准则(2017)。例如,甲公司拟在乙地投资建设新能源汽车生产基地,于2×18年7月10日在当地经济开发区通过出让方式取得一宗土地,支付价款95000万元。政府为鼓励甲公司在本地区投资建设新能源汽车生产基地,当地政府承诺返还甲公司缴纳的部分税款,甲公司于2×18年7月30日收到当地政府返还缴纳的部分税款5000万元。又如,乙公司是一家高新技术企业,为购买科学实验需要的B设备,于2×19年5月10日,乙公司向政府相关部门递交了400万元补助的申请(假定符合申请条件),2×19年11月20日,乙公司收到政府拨付的购置B设备补助400万元。上述两个例子,甲公司收到的政府拨付的5000万元、乙公司收到的政府拨付的400万元,均来均源于政府的资源,且具有无偿性特征,应按政府补助原则进行会计处理。

综上,对于来源于政府的资源,企业应当根据交易或事项的经济实质判断是否属于政府补助。

二、总额法与净额法的选择

新政府补助准则(2017)规定,企业取得的政府补助除了允许采用总额法外,也可以选择采用净额法进行会计处理。总额法是在确认政府补助时,将其全额一次或分次单独在利润表中确认为收益,而不是作为相关资产账面价值或者成本费用等的扣减。净额法是将政府补助确认为对相关资产账面价值或者所补偿成本费用等的扣减。"总额法"和"净额法"是否构成一项会计政策，如作为一项会计政策，企业一旦选择就必须适用于所有政府补助（除财政贴息外）；如不属于一项会计政策，企业则可以根据具体补助项目自由选择总额法或净额法进行会计处理，即在同一期间内、同一会计主体取得的不同项目的政府补助，可以采用不同的方法进行处理。

笔者认为，总额法和净额法作为一项可选择的会计政策，一旦选择，一般不得随意变更，确需变更的，应当有合理的理由并在附注中说明。实务中，政府补助有不同的形式，如政府对企业的无偿拨款、税收返还、财政贴息，以及无偿给予非货币性资产等，同时政府补助的对象也具有多样性，如政府为鼓励企业研发某些高新技术而给予的补助、为鼓励企业制造某些高端设备等给予的补助等。对政府补助如何进行会计处理，关键在于所采用的会计政策应能更好地表达政府补助对企业财务状况和经营成果的影响，同时更有助于财务报表使用者理解政府补助对企业财务报表的影响。为此，对某些政府补助采用总额法进行会计处理，能够更好地反映企业的财务状况和经营成果并更有助于财务报表使用者的理解；某些政府补助采用净额法能更好地表达企业的财务状况和经营成果，更有助于财务报表使用者理解所反映的相关信息。鉴于政府补助形式和对象的多样性，不宜限制企业按照政府补助的性质选择总额法或净额法，国际财务报告准则也没有这种限制。因此，企业应当根据经济业务的实质，判断某一类政府补助应当采用总额法还是净额法进行会计处理。通常情况下，对同类或类似政府补助只能选用一种方法，并一贯地运用该方法，不得随意变更。也就是说，企业对于获得的不同性质的政府补助可以分别选择采用总额法或净额法，但同类或类似性质的政府补助，如果选择总额法的，应一贯地采用总额法进行会计处理，如果选择采用净额法的，也应贯彻同一原则。然而，有些政府补助只能采用一种方法，如对增值税即征即退则只能采用总额法而不能采用净额法进行会计处理。因为增值税为价外税，企业交纳增值税的同时退回所交纳的税款，应编制的会计分录为，借记"应交税费——应交增值税（已交税金）"科目或借记"应交税费——未交增值税"科目（小规模纳税人为借记"应交税费——应交增值税"科目），贷记"银行存款"科目；同时，借记"银行存款"科目，贷记"其他收益"科目。又如，政策性优惠贷款贴息，如果贷款贴息是直接给贷款企业的，贷款企业取得的政府贴息应按新政府补助准则（2017）要求直接冲减相关的借款费用，也就是准则要求只能采用净额法进行会计处理。

三、与生产性资产相关的政府补助,在总额法下相关递延收益何时计入损益

根据新政府补助准则(2017)规定,与资产相关的政府补助,可以采用净额法直接将确认的政府补助冲减资产账面价值,也可以采用总额法先确认递延收益,在相关资产使用寿命内按照系统合理的方法分期计入损益。由于新政府补助准则(2017)引入了净额法,实务中关于与生产性资产(例如生产设备等固定资产)相关的政府补助,在总额法下应当在所生产的存货实现销售时计入损益,还是在相关资产使用寿命内按系统合理的方法计入损益?在实务中存在不同观点。

一种观点认为,总额法与净额法仅为在政府补助的列报上存在差异,不应对当期损益金额产生不同的会计影响。如果政府补助与企业购建的生产性资产相关(如购买生产用设备、生产线等),在净额法下,政府补助直接冲减相关资产的初始确认成本,该政府补助也随同折旧一起计入存货成本,在存货销售时,通过结转存货成本计入销售当期的损益。在总额法下,由于该生产设备投入使用所计提的折旧费用并非直接计入当期损益,而是计入存货成本,待存货实现销售时,再间接地通过结转存货成本影响实现销售当期的损益。因此,为了与净额法下对损益的影响金额保持一致,在总额法下,应当对相关生产设备的折旧进行追踪,直到所生产的存货实现销售,结转存货成本时,才将与资产相关的政府补助所对应的递延收益金额计入损益,但此种追踪处理在实务中较难操作。

另一种观点认为,总额法与净额法的会计处理结果可以不一致。通常情况下,与资产相关的政府补助在总额法下应在相关资产使用寿命内采用系统合理的方法分期计入损益,在这种方法下,递延收益计入损益的时间很可能早于或晚于相关资产折旧影响损益的时间,会产生政府补助与之拟补偿的相关成本费用不配比的现象,且与净额法的处理在不同会计期间产生不同的结果。

笔者认为,理论上,总额法与净额法仅仅是政府补助在财务报表上的列报方式不同,不应产生不同会计期间对经营成果的不同影响,与生产性资产相关的政府补助无论是采用总额法,还是采用净额法计入损益的时间应当一致,但在总额法下实务操作中存在诸多难点,如需要跟踪获得政府补助的生产性资产使用与所生产的存货及销售之间的关系。按照新政府补助准则(2017)应用

指南规定，总额法下，企业在取得与资产相关的政府补助时应当按照补助的金额先计入"递延收益"科目，然后在相关资产使用寿命内按系统合理的方法将递延收益分期计入当期损益；如果相关长期资产投入使用后企业再取得与资产相关的政府补助，总额法下应当在相关资产的剩余使用寿命内按照系统合理的方法将递延收益分期计入当期收益。按照该指南规定的处理原则，总额法下与资产相关的政府补助确认的递延收益，无论是否属于生产性资产，均应于该资产使用寿命或剩余使用寿命内采用系统合理的方法分期计入各期损益，而不会计入相关存货的生产成本。实务中，总额法下与生产性资产相关的政府补助确认的递延收益，应在与政府补助相关的生产性资产的使用期限内采用系统合理的方法进行摊销并计入各期的损益，也就是说，既然生产性资产已经投入使用并开始生产产品且开始对外销售，虽然总额法下当期计提计入生产成本的折旧大于净额法，但确认的递延收益的摊销直接计入当期损益，与当期销售的产品结转的成本匹配。因此，理论上讲，政府补助的总额法与净额法会计处理的结果，在各个会计期间对损益的影响基本相同。但在实务操作中，如果当期生产完工的存货部分没有销售，或者当期销售了上期生产出来的存货等原因，总额法与净额法在各个会计期间的影响可能会存在一些差异。

四、政府补助与所得税

按照企业所得税法规相关规定，企业取得的各类财政性资金，除属于国家投资和资金使用后要求归还本金的以外，均应计入企业当年收入总额；同时又规定，对企业取得的由国务院财政、税务主管部门规定专项用途并经国务院批准的财政性资金准予作为不征税收入，在计算应纳税所得额时从收入总额中减除。不征税收入用于支出所形成的费用，不得在计算应纳税所得额时扣除；用于支出所形成的资产，其计算的折旧、摊销不得在计算应纳税所得额时扣除。企业按规定条件的财政性资金作不征税收入处理后，在 5 年（60 个月）内未发生支出且未缴回财政部门或其他拨付资金的政府部门的部分，应计入取得该资金第 6 年的应税收入总额；计入应税收入总额的财政性资金发生的支出，允许在计算应纳税所得额时扣除。

按照上述企业所得税法相关规定，企业取得的政府补助，首先应当确定是否属于不征税收入，如为不征税收入，无需缴纳企业所得税。例如，甲公司为购买某资产实际发生的成本为 100 万元，该资产预计使用 5 年，预计净残值为零。甲公司取得与该资产相关的政府补助20万元，假定该20万元的政府补助属于不征税收入，则该资产的折旧额在税前只能扣除80万元。该例子中，如果甲公司采用总额法对取得的政府补助进行会计处理的，会计上资产的初始计量金额为100万元，资产的计税基础为80万元，资产的账面价值大于计税基础产生20万元产生应纳税暂时性差异，这种情况下，满足《企业会计准则第18号——所得税》（2006）第十一条有关初始确认时不确认相关递延所得税负债的豁免条件，不确认资产的账面价值大于计税基础产生的应纳税暂时性差异的所得税影响；同时，因20万元政府补助属于不征税收入，会计上初始确认递延收益的账面价值20万元，计税基础20万元（负债的账面价值20万元 - 未来期间计算应纳税所得额时按照税法规定可予抵扣的金额0），不产生暂时性差异。值得注意的是，在与该政府补助相关的资产的使用期限内，与政府补助20万元相关的折旧费用不能从应纳税所得额中扣除，分期摊销计入损益的递延收益也不会计入应纳税所得额。企业在会计核算时应清晰记录与政府补助相关的收益及折旧，以便进行纳税调整。如果甲公司采用净额法对取得的政府补助进行会计处理的，则会计上初始确认时，资产的计量金额为80万元，计税基础为80万元，资产的账面价值等于计税基础，不产生暂时性差异。

上例中，如果甲公司取得的20万元政府补助属于征税收入。甲公司采用总额法对取得的政府补助进行会计处理的情况下，则会计上资产的初始计量金额为100万元，计税基础为100万元，资产的账面价值等于计税基础，不产生暂时性差异；同时，会计上确认递延收益20万元，因20万元政府补助属于征税收入，于取得政府补助的当期计入应纳税所得额缴纳了企业所得税，以后期间不会再缴纳所得税，故计税基础为零（负债的计税基础 = 账面价值20万元 - 未来期间计算应纳税所得额时按照税法规定可予抵扣的金额20万元），递延收益的账面价值大于计税基础，产生可抵扣暂时性差异，符合递延所得税资产确认条件的，应确认递延所得税资产并计入当期所得税费用。如果甲公司采用净额法对取得的政府补助进行会计处理的，会计上资产的初始计量金额为80万元，计税基础为100万元，资产的账面价值小于计税基础，产生20万元的可抵扣暂时性差异，在满足递延所得税资产确认条件的情况下，应确认可抵扣暂时性差异产生的递延所得税资产。

假定，上例中甲公司取得与收益相关的政府补助20万元，该收益相关的政府补助是为弥补甲公司当期发生的费用。如果该政府补助属于不征税收入，无论是总额法还是净额法，在计算应纳税所得额时从收入总额中减除，其所得税利益反映在当期净利润中；如果该政府补助属于征税收入，在当期计入应纳税所得额缴纳企业所得税。这种情况下，不会产生暂时性差异。

假定上例中甲公司取得的与收益相关的政府补助 20 万元，是为弥补以后期间发生的费用，企业在取得政府补助时确认为递延收益。如果该政府补助属于不征税收入，无论是总额法还是净额法，取得政府补助时确认递延收益 20 万元，计税基础为 20 万元，账面价值等于计税基础，不产生暂时性差异；如果该政府补助属于征税收入，政府补助 20 万元计入当期的应纳税所得额缴纳企业所得税，在总额法下，确认的递延收益的账面价值 20 万元，与计税基础零的差额，为可抵扣暂时性差异，符合递延所得税资产确认条件的，确认递延所得税资产并计入当期所得税费用；在净额法下，如符合递延所得税资产确认条件的，也应确认相关的递延所得税资产，待以后期间发生相关费用时，20 万元的递延收益冲减相关的费用，并结转相关的递延所得税资产。

五、关于中央企业对工业企业结构调整专项奖补资金的会计处理

根据《财政部关于印发〈工业企业结构调整专项奖补资金管理办法〉的通知》（财建〔2016〕253 号，以下简称253 号文），中央财政将安排工业企业结构调整专项奖补资金（以下简称专项奖补资金），用于支持地方政府和中央企业推动钢铁、煤炭等行业化解过剩产能。为此，财政部在《规范"三去一降一补"有关业务的会计处理规定》（财会〔2016〕17 号）中规定了企业收到专项奖补资金的会计处理。即中央企业在收到预拨的专项奖补资金时，暂通过"专项应付款"科目核算，借记"银行存款"等科目，贷记"专项应付款"科目。中央企业按要求开展化解产能相关工作后，按照253 号文规定的计算标准等，能够合理可靠地确定因完成任务所取得的专项奖补资金金额的，借记"专项应付款"科目，贷记有关损益科目；不能合理可靠地确定因完成任务所取得的专项奖补资金金额的，应当经财政部核查清算后，按照清算的有关金额，借记"专项应付款"科目，贷记有关损益科目；预拨的专项奖补资金小于企业估计应享有的金额的，不足部分的差额借记"其他应收款"；因未能完成有关任务而按规定向财政部缴回资金的，按缴回资金金额，借记"专项应付款"科目，贷记"银行存款"等科目。

笔者认为，上述专项奖补资金实质上也属于政府补助范畴，新政府补助准则（2017）发布后，专项奖补资金的会计处理也应按新政府补助准则（2017）的原则进行会计处理。也就是企业获得的专项奖补资金不再通过"专项应付款"科目进行处理，而应按新政府补助准则（2017）的规定区分与收益相关的政府补助和与资产相关的政府补助，并根据政府补助的性质选择采用总额法或净额法进行会计处理。

六、对长期资产进行减值测试时，涉及政府补助的会计处理

政府补助的总额法和净额法作为可选择的会计政策，与长期资产相关的政府补助，在总额法与净额法下对资产的初始计量金额不同。总额法下资产按照成本进行初始计量，净额法下按照资产的成本减去与其相关的政府补助后的净额计量，两种方法下在资产的后续计量时，计提的折旧金额也会不同。如果该资产后续计提减值的，总额法下的资产账面价值会高于净额法下的账面价值，在确定计提减值准备金额时，总额法与净额法下是否应当一致，即，总额法下是否应当考虑尚未摊销的递延收益余额对资产价值的影响。

例如，甲公司于2×17年12月购入并当月投入使用的一台环保设备，实际成本为500万元，预计使用寿命10年，采用年限平均法计提折旧，预计净残值为零。当地政府于当月向甲公司发放了100万元购置环保设备的补贴，甲公司将该补贴作为与资产相关的政府补助进行会计处理。2×18年12月31日，该项环保设备出现减值迹象，甲公司对其评估确定的可收回金额为400万元。(1) 如果甲公司采用总额法，则该项环保设备在2×17年12月31日的账面价值为500万元，后续每年折旧额为50万元；同时将100万元政府补助确认为递延收益，后续每年摊销的金额为10万元。2×18年12月31日，该项环保设备的账面价值为450万元，同时递延收益的账面余额为90万元。(2) 如果甲公司采用净额法，则将100万元政府补助直接冲减该项环保设备的账面价值，即该项环保设备在2×17年12月31日的账面价值为400万元，后续每年折旧额为40万元。2×18年12月31日，该项环保设备的账面价值为360万元。甲公司对上述环保设备进行减值测试时，需要将资产的账面价值与可收回金额进行比较（见表1）。

表1　　　　　　　资产的账面价值与可收回金额进行比较　　　　　　单位：万元

项目	总额法	净额法
设备成本（初始计量）	500	400
政府补助（递延收益）	100	
2×18年折旧	50	40
递延收益摊销（其他收益）	10	—
对营业利润影响	40	40
2×18年12月31日：		
计提减值前设备账面价值	450	360
递延收益账面余额	90	—
预计可收回金额	400	400

在采用不同的政府补助会计处理方法（总额法、净额法）下，甲公司进行资产减值测试时是否需要考虑政府补助的影响？存在几种观点。

观点1：总额法和净额法下对资产进行减值测试时，均不考虑（即剔除）政府补助的影响，两种方法对当期损益的影响金额保持一致。理由是：总额法和净额法仅为政府补助在列报上存在的差异，不应对当期损益金额产生不同的会计计量结果。新政府补助准则（2017）应用指南规定："采用总额法的，如果对应的长期资产在持有期间发生减值损失，递延收益的摊销仍保持不变，不受减值因素的影响"。如果甲公司采用总额法，则根据上述规定，甲公司需将环保设备的账面价值450万元与其可收回金额400万元进行比较，确认资产减值损失50万元，并且与之相关的递延收益90万元仍然采用直线法在剩余使用寿命内继续摊销。为了与总额法下资产减值的会计处理对损益的影响金额保持一致，如果甲公司采用净额法对上述政府补助进行核算，则应将该环保设备的账面价值剔除政府补助影响后的金额450万元（账面价值360+90）与可收回金额400万元比较，确认50万元的资产减值损失。

观点2：总额法和净额法下对资产进行减值测试时，均需考虑政府补助的影响，两种方法对当期损益的影响金额保持一致。理由是：上述观点1引用的新政府补助准则（2017）应用指南的规定，可以理解为相关资产发生减值时，递延收益的摊销不受减值的影响，但减值测试使用的资产账面价值可以考虑因政府补助确认的递延收益的影响。因为，甲公司在作出购买资产决策时，通常会考虑可能获得的政府补助金额，所以，对于甲公司而言，其购买环保设备的成本应该是扣除政府补贴后的成本400万元（500-100），只有相关资产的可收回金额低于其考虑政府补助后的账面价值时，才存在减值损失。总额法下，由于相关资产的账面价值未扣除政府补助金额，故在对相关资产进行减值测试时，需扣除政府补助金额重新确认其账面价值。如果甲公司采用总额法，则需将环保设备账面价值450万元扣除90万元确定资产减值测试时的账面价值360万元，账面价值360万元低于环保设备的可收回金额400万元，无需确认资产减值损失。净额法下，由于相关资产的账面价值已经扣除政府补助金额，故在对相关资产进行减值测试时，直接将资产的账面价值与其可收回金额进行比较。如果甲公司采用净额法，则直接将环保设备账面价值360万元与其可收回金额400万元进行比较，账面价值低于可收回金额，无需确认资产减值损失。在该观点下，总额法和净额法下的资产减值会计处理对损益的影响金额是一致的。

观点3：总额法和净额法下对资产进行减值测试时，无需调整资产的账面价值，两种方法对当期损益的影响金额可以不一致。《企业会计准则第8号——资产减值》（2006）[以下简称资产减值准则（2006）]第十五条的规定："可收回金额的计量结果表明，资产的可收回金额低于其账面价值的，应当将资产的账面价值减记至可收回金额，减记的金额确认为资产减值损失，计入当期损益，同时计提相应的资产减值准备"，资产减值准则（2006）并未允许相关资产可以调整账面价值后再进行减值测试。如果甲公司采用总额法对上述政府补助进行会计处理，相关环保设备在2×18年12月31日的账面价值是450万元，按照资产减值准则（2006）的上述规定，该账面价值450万元高于其可收回金额400万元的部分50万元，需确认为资产减值损失。如果甲公司采用净额法对上述政府补助进行会计处理，相关环保设备在2×18年12月31日的账面价值是360万元，按照资产减值准则（2006）的上述规定，该账面价值360万元低于其可收回金额400万元，无需确认资产减值损失。在该观点下，甲公司会因为政府补助会计处理方法（总额法、净额法）的选择而对当期营业利润产生不同的会计结果。

观点4：总额法和净额法下对资产进行减值测试时，均不调整资产账面价值，但总额法下在确认减值损失后，相应转出一部分递延收益至当期损益。在这种观点下，减值测试时的方法同观点3，即对资产账面价值均不作调整。但是在总额法下确认减值损失后，将对应的一部分金额从递延收益中转出计入当期损益。新政府补助准则（2017）要求递延收益在相关资产使用寿命内按照系统合理的方法分期计入损益，其背后的逻辑在于要求递延收益计入当期损益的金额应与相关资产计入当期损益的金额相匹配。基于该逻辑，应当将与减值损失相对应的金额从递延收益中转出计入当期损益。该观点下，总额法和净额法对当期损益的影响应保持一致。

上述四种观点实质是考虑：政府补助的总额法与净额法对当期损益的影响应当保持一致，还是两种方法下对当期损益的影响可以不同。如果两种方法下对损益的影响保持一致的，在对相关资产计提减值准备时是否应考虑政府补助的因素。

笔者认为，首先，理论上总额法和净额法仅是列报方式不同，总额法下因政府补助确认的递延收益的摊销原则，是为与相对应的资产对损益的影响进行配比，总体而言，总额法不会对企业各个期间的损益产生与净额法不同的会计结果。其次，按照新政府补助准则（2017）及相关指南的基本思路是，虽然给予企业会计处理方法的选择权，但这种选择权通常不会导致不同会计结果。指南中指出，总额法下，如果对应的长期资产在持有期间发生减值损失，"递延收益的摊销仍保持不变，不受减值因素的影响"，这里的"不受减值因素的影响"是指在考虑计提多少减值的时候，不考虑递延收益，但递延收益摊销应考虑减值因素的影响（意味着对应资产影响损益的方式），使总额法与净额法对当期损益的影响保持一致。最后，总额法下接受政府补助取得的资产与其确认的相关递延收益的余额，从会计角度看是一个整体（这里可以认为类似于一个资产组）。因此，与资产相关的政府补助在总额法下，如果资产发生减值，应考虑确认的尚未摊销的递延收益余额的影响。上例中，甲公司资产的账面价值为450万元，递延收益的账面余额为90万元，在考虑递延收益的余额后账面价值为360万元，小于可收回金额400万元，不应计提减值准备。或者，也可以采用另外一种方法，即在计提资产减值时，不考虑递延收益余额的影响，但计提减值后应将相应的递延收益结转损益。上例中，甲公司资产的账面价值为450万元，小于可收回金额400万元，计提50万元的减值准备计入损益，同时，结转50万元的递延收益计入当期损益，2×18年12月31日递延收益的账面余额40万元在未来资产的剩余使用期间内采用系统合理的方法进行摊销。

七、企业因搬迁（拆迁）获得的补偿的会计处理

因企业搬迁获得的政府给予的补偿，原根据《企业会计准则解释第3号》（财会〔2009〕8号，以下简称解释3号）的规定，根据不同的情况分别进行

会计处理：属于企业因城镇整体规划、库区建设、棚户区改造、沉陷区治理等公共利益进行搬迁，收到政府从财政预算直接拨付的搬迁补偿款，应作为专项应付款处理。其中，属于对企业在搬迁和重建过程中发生的固定资产和无形资产损失、有关费用性支出、停工损失及搬迁后拟新建资产进行补偿的，应自专项应付款转入递延收益，并按照原政府补助准则（2006）进行会计处理。企业取得的搬迁补偿款扣除转入递延收益的金额后如有结余的，应当作为资本公积处理；属于其他情形取得政府的搬迁补偿，按照原政府补助准则（2006）等进行会计处理。

笔者认为，第一，解释3号中所指的企业为公共利益进行的搬迁所取得的政府补助，与企业其他情况下进行搬迁所取得的政府补助，从经济实质上看并没有区别，均是企业从政府所取得的为企业搬迁获得的补偿。第二，无论是公益性还是非公益性搬迁，如果是政府要求企业搬迁并给予相应的搬迁补偿，通常情况下是政府行为，是政府为了某一地区发展等原因所作出的决策，企业遵从政府的要求，结束原所在地的生产经营活动而搬迁至另一地方从事生产经营活动。第三，从商业角度看，相当于政府购买了企业的土地及地上建筑物，并且还需补偿企业因搬迁而发生的其他费用。企业所获得的政府给予的补助实质上是将其所持有的土地及地上建筑物等设施出售给政府所获得的对价。因此，从会计处理角度看，无论是公益性还是非公益性搬迁，来源于政府的补偿如为现金资产的，均来源于财政资金（直接或间接方式），对于实质相同或相似的企业搬迁补偿应当采用相同的会计处理。但是，企业按照政府要求将其原生产经营所在地搬迁至另外地点，取得政府给予的搬迁补偿款首先应当区分是企业与政府的互惠交易行为，还是非互惠交易，如果是企业与政府的交易行为且这种交易是互惠的，则相当于政府为了城市规划等原因购买了企业所占用的土地及地上建筑物等相关设施，对获得搬迁补偿款的企业而言，属于相关资产的出售行为，应当按照相关资产处置原则进行会计处理，否则通常可能属于政府补助或者政府资本性投入。

在具体实务中，如果企业搬迁涉及来源于政府的资源，首先应当区分属于政府投资行为，还是属于政府购买企业的商品或者接受服务，或者是政府补助，并根据三类不同的情况分别进行会计处理。例如，2×18年2月5日，ABC公司与A市国土局、A市房产管理局签订《土地房屋征收补偿合同》，约定ABC公司位于A市的原厂区土地被政府收回，宗地上房屋归政府征收，政府支付征收补偿费用合计人民币8000万元（公允价值），补偿费用包括土地、地上建（构）

筑物等附属设施以及生产设备整体搬迁、相关建（构）筑物销爆拆除费用。ABC 公司已就该事项经股东会表决通过，并报上级主管部门批准。合同签字生效后 10 个工作日内，A 市国土局支付 85% 补偿款；2×18 年 6 月底前完成生产线及设备等整体搬迁任务，支付 5% 补偿款；2×18 年 11 月底前完成厂区销爆拆除任务，支付 5% 补偿款；ABC 公司厂房整体搬迁等工作全部完成后，再支付剩余 5% 补偿款。ABC 公司整体搬迁收到的补偿款是否属于政府补助？

对上述例子，企业应当判断 ABC 公司获得的政府补助的性质，从例子所给资料分析：首先，政府给予 ABC 公司的资源不是为了成为该公司的股东，不属于政府对 ABC 公司的投资。其次，ABC 公司取得的政府给予的资源，是政府为获得 ABC 公司土地、地上建筑物等附属设施支付的对价，不具有无偿性的特征，不属于政府补助。再次，从商业实质看，政府通过支付对价收回了 ABC 公司的土地、购买了该土地上相关的建筑物等附属设施，相应的，ABC 公司出售了相关的土地、地上建筑物等资产，属于政府与 ABC 公司的互惠交易，与 ABC 公司向其他企业出售资产并收取对价无本质区别，应按出售资产原则进行会计处理。最后，对于政府为补偿 ABC 公司为搬迁而发生的生产设备整体搬迁、相关建（构）筑物销爆拆除等费用，只是企业为了向政府交付土地而进行的事前准备活动，或者是企业在交付土地后为了恢复生产而进行的活动，政府在企业的这些活动中没有获得商品或服务，是政府与 ABC 公司关于搬迁交易相关补偿的一揽子交易中的一部分。本例中，整个交易按公允价值补偿的 8000 万元，对于政府而言就是购买土地和建筑物，对于 ABC 公司而言就是出售土地和地上建筑物。如果政府支付的金额高于土地和建筑物的公允价值，则多余的差异是补偿企业因搬迁而发生的额外费用或发生的损失，属于政府补助性质（企业搬迁存在一定的政府行为）。

如果上述例子中 ABC 公司获得的政府搬迁补偿不仅仅是政府购买 ABC 公司的土地和建筑物的对价，还包括其他补偿，例如停工损失等，则该搬迁补偿交易包括了两个性质的交易，即企业出售土地和建筑物给政府（按正常资产处置的原则处理），以及企业获得政府对停工损失等的无偿补贴（按政府补助的原则处理）。在会计计量时，政府给予的补偿在相关文件或合同中直接标明各补偿项目的金额的，且该金额反映了各补偿项目的公允价值，则按相关文件或合同直接标明的各补偿项目的金额计量；政府相关文件或合同中没有直接标明各补偿项目的金额，且总金额明显高于土地和建筑物的公允价值，则 ABC 公司可考虑按政府给予的拆迁补偿所对应的各补偿项目的公允价值的比例分配所获得的对价或政府补助，或者将对价中与处置资产公允价值相等的金额优先分配给有偿的资产处置交易、剩余部分分配给无偿的政府补助项目，并于各项目拆迁完成后确认相关资产处置损益，并抵补相关费用。

如果上述例子中政府给予 ABC 公司的拆迁补偿中有一部分是给予当地居民的拆迁补偿，属于代收代付，应按照往来款处理。另外，ABC 公司正在处置但尚未完全处置完成的房屋建筑物和机器设备等固定资产、土地等无形资产是否应列报为持有待售资产？《企业会计准则第 42 号——持有待售的非流动资产、处置组和终止经营》第五条规定，企业主要通过出售而非持续使用一项非流动资产或处置组收回其账面价值的，应当将其划分为持有待售类别。企业因按政府要求搬迁而出售的土地及建筑物通常符合此定义，应在满足持有待售划分条件时划分为持有待售类别。

八、母公司向子公司转让资产，总额法下与该资产相关的政府补助确认的递延收益余额的会计处理

母公司向其子公司转让资产，如果该资产涉及政府补助的，在采用总额法进行会计处理的情况下，未摊销的递延收益余额应当区分个别和合并报表分别进行会计处理：在母公司个别财务报表中将递延收益余额一次性转入相关资产处置当期的损益；在母公司的合并财务报表中按母子公司内部交易进行处理，在合并财务报表中将相关资产与递延收益予以还原。

例如：甲公司为乙公司的母公司，2×18 年 1 月 1 日，甲公司将其建造的管理用设备（确认为固定资产）以 1300 万元的价格出售给乙公司，设备的账面价值为 1000 万元；该专用设备获得政府补助 300 万元，甲公司采用总额法对政府补助进行会计处理，初始确认的递延收益 300 万元，该递延收益于出售日的账面余额为 200 万元。乙公司将该设备仍作为管理用设备。不考虑相关税费及其他因素（甲公司与乙公司的会计政策等一致）。

甲公司在其 2×18 年度的个别财务报表中确认专用设备处置收益 500 万元（1300－1000＋200）。

甲公司在其 2×18 年度的合并财务报表中，应将内部交易未实现的损益进行抵销，并确认相关的资产和递延收益的余额（假定内部交易后，当年内部交易收益上的折旧 37.5 万元，应摊销递延收益 25 万元）。合并抵销或调整分录如下（单位：万元）：

借：资产处置收益	500
贷：递延收益	200
固定资产	300
借：累计折旧	37.5
贷：管理费用	37.5
借：递延收益	25
贷：其他收益	25

九、政策性优惠贷款贴息的会计处理

按照新政府补助准则（2017）及其指南的规定，在财政将贴息资金拨付给贷款银行的情况下，由贷款银行以政策性优惠利率向企业提供贷款。这种方式下，受益企业按照优惠利率向贷款银行支付利息，并没有直接从政府取得利息补助，企业可以选择下列方法之一进行会计处理：第一种方法是以实际收到的借款金额作为借款的入账价值，按照借款本金和该政策性优惠利率计算相关借款费用。通常情况下，实际收到的金额即为借款本金。第二种方法是以借款的公允价值作为借款的入账价值并按照实际利率法计算借款费用，实际收到的金额与借款公允价值之间的差额确认为递延收益。递延收益在借款存续期内采用实际利率法摊销，冲减相关借款费用。企业选择了上述两种方法之一后，应当一致地运用，不得随意变更。笔者认为，在财政将贴息资金拨付给贷款银行的情况下，虽然可以有两种方法进行选择，但是，如果是境内外同时上市的企业，为避免境内外财务报表产生差异，通常情况下，应采用上述第二种方法进行会计处理。

关于合同现金流量特征几个
会计问题的探讨

　　财政部于2017年修订发布的《企业会计准则第22号——金融工具确认和计量》［以下简称22号准则（2017）］及相关应用指南，规定了以业务模式和合同现金流量特征为判断金融资产分类的依据，其中，是否满足合同现金流量特征的条件，需基于一些判断。22号准则（2017）中定义的金融资产的合同现金流量特征，是指金融工具合同约定的、反映相关金融资产经济特征的现金流量属性。企业分类为以摊余成本计量的金融资产和以公允价值计量且其变动计入其他综合收益的金融资产，其合同现金流量特征应当与基本借贷安排相一致，也就是相关金融资产在特定日期产生的合同现金流量是否"仅为对本金和以未偿付本金金额为基础的利息的支付（SPPI）"。这里的本金是指金融资产在初始确认时的公允价值，本金金额可能因提前还款等原因在金融资产的存续期内发生变动；利息包括对货币时间价值、与特定时期未偿付本金金额相关的信用风险对价，利息还可包括与特定时期内持有的金融资产相关的其他基本借贷风险（如流动性风险）和成本（如管理费用）的对价，利息也可包括与基本借贷安排相一致的利润率。在某些极端经济环境下，利息可能是负值。通常情况下，能通过合同现金流量测试且业务模式仅为以收取合同现金流量为目标的金融资产，应当分类为以摊余成本计量的金融资产；能通过合同现金流量测试且业务模式为既以收取合同现金流量又以出售为目标的金融资产，应当分类为以公允价值计量且其变动计入其他综合收益的金融资产（这里所说的以公允价值计量且其变动计入其他综合收益的金融资产，不包括在初始确认时可以选择指定的以公允价值计量且其变动计入其他综合收益的非交易性权益工具投资），也就是合同现金流量满足"仅为对本金和以未偿付本金金额为基础的利息的支付"是金融工具分类为上述两类金融资产的必要条件之一。

一、与非"保本保收益"型的理财产品以及类似产品投资相关的合同现金流量测试

2018年中国人民银行和银保监会陆续印发了《关于规范金融机构资产管理业务的指导意见》《关于进一步明确规范金融机构资产管理业务指导意见有关事项的通知》《商业银行理财业务监督管理办法》等一系列制度文件（以下简称资管新规），资管新规的核心之一就是打破理财产品的刚性兑付，对理财产品实行净值化管理。按照资管新规相关规定，发行方发行的理财产品基本上是非"保本保收益"型的，即理财产品的发行方不保证投资人能够到期收回本金并拿到固定的收益。理财产品属于集合理财概念产品，投资人承担基础（底层）资产组合的风险和报酬，其合同条款特点主要在于：(1) 产品说明书会规定可投资的基础资产范围，该范围一般来说比较广泛，可能包括债权类、权益类等投资，或者投资于某些项目。即使投资范围仅包括债务类投资，通常也会包含多种不同的债务类投资。理财产品发行方可根据情况在可允许的投资范围内调整具体的投资组合。这里的基础资产是指穿透到最底层的、源生现金流量而非过手现金流量的资产，可能包含一个或多个符合本金加利息的合同现金流量特征的工具。(2) 基础资产期限多样，有固定期限（长期或短期），也有不固定或者没有到期日（投资人可随时申购或赎回，或者可申购或定期赎回，或者也会规定一些发行方可提前赎回或终止的情形等），一般与理财产品的期限不一致（但并不表明该预期收益率即完全等同于合同约定的固定收益率）。(3) 理财产品一般会规定一个预期收益率，但并不承诺该收益，实际收益率超过该预期收益率的一般归发行方作为浮动管理费。或者每隔一段时间，发行方可根据情况调整预期收益率，同样不承诺预期收益。实务中，企业购买的非"保本保收益"型的理财产品，在很多情况下投资人的实际收益率最后等于预期收益率。(4) 很多情况下，某一期理财产品到期时，发行方会发新一期的理财产品以达到替代或滚动的目的。从上述所描述的理财产品合同条款的特点来看，理财产品投资的范围广泛，通常包括了债权类、权益类等投资或投资组合，发行方通常有权根据市场情况，对投资组合进行调整，基础资产期限与理财产品投资期限也往往不符。

企业投资非"保本保收益"型的理财产品，判断金融资产的分类时，需要评估是否满足"仅为对本金和以未偿付本金金额为基础的利息的支付"条

件（假设该投资未达到纳入合并财务报表范围或权益法核算的要求）。实务中有观点认为，虽然理财产品合同条款中并未承诺偿还本金并支付预期收益率，但仍具有"刚性兑付"的实质，可以满足合同现金流量特征"仅为对本金和以未偿付本金金额为基础的利息的支付"的条件。笔者认为，根据 22 号准则（2017）有关合同现金流量特征的要求，应着重分析的是"合同约定"的条款，如果合同约定的是"预期收益率"，那么就意味着发行方承担的并不是支付"未偿付本金及利息"的义务。例如，即便理财产品基础资产均为一般债券类投资，但理财产品合同中的其他条款可能导致不满足合同现金流量特征；再如，基础资产本身并非满足"仅为对本金和以未偿付本金金额为基础的利息的支付"（如基础资产为权益类投资，或者债券类投资加上部分权益类投资等），基础资产期限与理财产品投资期限不符；还比如，理财产品本身没有对产品的本金或利率的偿付进行承诺，其投资人承担的是基础资产的风险和报酬以及对基础资产的管理和调整的业绩结果（以规定的预期收益率为上限）。笔者认为，企业投资非"保本保收益"型的理财产品是否能够符合"仅为对本金和以未偿付本金金额为基础的利息的支付"条件，应视合同条款所约定的内容，具体问题具体分析。实务中，企业投资发行方发行的非"保本保收益"型理财产品，由于上述合同条款特点，通常不能符合"仅为对本金和以未偿付本金金额为基础的利息的支付"条件。因此，企业投资的"非保本保收益"型理财产品，通常不能分类为以摊余成本计量的金融资产或以公允价值计量且其变动计入其他综合收益的金融资产，而只能分类为以公允价值计量且其变动计入当期损益的金融资产。

除了银行发行的理财产品外，企业常见的投资产品还包括以某些资产为基础发行的产品（如资产支持证券、资产支持票据），尽管这些产品可能具有票面价值、利率等债券性质的特征，但是由于企业的索偿要求往往仅限于特定资产或产生于特定资产的现金流量，那么在评估合同现金流量特征是否符合"仅为对本金和以未偿付本金金额为基础的利息的支付"条件，除了产品本身的现金流量特征要满足以本金和以未偿付本金金额为基础的利息的支付，还要穿透看证券化资产的性质（基础资产或其现金流量），以判断合同条款是否产生了其他现金流量，或者以一种与代表本金和利息的支付不一致的方式限制了现金流量，也就是需要分析基础资产本身是否满足"仅为对本金和以未偿付本金金额为基础的利息的支付"条件。当基础资产的现金流量不足以或将仅够支付持有人本金和利息的，也就意味着持有人可能会在一定程度上承担了经营风险，那么就有可能会影响该投资的本身是否符合"仅为对本金和以未偿付本金金额为基础的利息的支付"条件。例如，发行方以一条高速公路的收费权作为基础资产，发行3年期的资产支持证券，该资产支持证券具有本金、期限以及按年支付利息等类似债券的条款，但是，作为证券化的基础资产为一条高速公路收费权，资产支持证券的现金流量来源于该高速公路收费权所获得的现金流量，包括每辆车通过该高速公路时的收费及孳息、收费所获得现金流量所作的投资产生的收益等。高速公路收费权所获得的现金流量并不固定，而是视车流量、车型等不确定因素而定。如果该高速公路的收费金额的不确定性太大，所获得的收费金额将仅够支付本金和利息，则高速公路收费权所产生的现金流量将限制投资方对资产支持证券的索偿要求，此合同产生了与基本借贷安排无关的合同现金流量风险敞口（其他经营风险），即所获得的现金流量本身并不是本金加未偿付本金的利息，包含了除货币时间价值和基本借贷风险之外的其他经营性风险，故企业投资的资产支持证券不符合"仅为对本金和以未偿付本金金额为基础的利息的支付"条件，该资产支持证券不能分类为以摊余成本计量的金融资产或者以公允价值计量且其变动计入其他综合收益的金融资产，而只能分类为以公允价值计量且其变动计入当期损益的金融资产。实务中除了高速公路进行资产证券化外，还有如出租房地产租金收入打包进行资产证券化等。这些产品都要特别考虑基础资产的现金流量充足情况，以及是否产生了其他现金流量。当然，持有人的索偿要求仅限于基础资产或基于基础资产的现金流量的这一特点，也并不一定导致不符合"仅为对本金和以未偿付本金金额为基础的利息的支付"的条件，还是需要根据具体情况来判断。

对于企业持有的资管计划或信托计划发行的分级产品（优先级、劣后级）这种合同挂钩工具（发行人可利用多个合同挂钩工具来安排向金融资产持有人付款的优先劣后顺序），在进行合同现金流量测试时需要分三步走：第一步（不穿透基础资产），分析所持有的分级产品本身是否满足"仅为对本金和以未偿付本金金额为基础的利息的支付"的条件。如果企业持有的分级产品中具有本金及未偿付本金的利息支付的合同条款，如企业持有优先级产品，且合同条款中规定以固定利率按年支付利息，到期偿还本金，并无其他杠杆因素，可能满足现金流量测试条件；如果企业持有劣后级产品，合同条款中规定，基础资产产生的现金流量先偿付优先级按固定利率计算的利息，剩余现金流量再偿付劣后级产品，且无固定利率，这种情况下，劣后级产品可能不能满足合同现金流量测试条件。如果第一步不满足现金流量测试条件，无需再分析第二步和第三步。第二步，穿透分析基础资产是否满足"仅为对本金和以未偿付本金金额为基础的利息的支付"的条件。如果基础资产为一般贷款、债券类资产，且不与商品价格、利率指数等挂钩（不嵌入任何衍生工具或者套利工具），通常能够满足合同现金流量测试的要求；如果基础资产为股票或者虽为某公司债券但与该公司股票价格挂钩等，则不能满足合同现金流量测试的要求［22号准则（2017）及其指南允许基础资产里包括一些特别金融工具的，虽然这些特别金融工具本身不符合"仅为对本金和以未偿付本金金额为基础的利息的支付"条件，但是，只要满足一定的条件，则不影响第二步的判断］。第三步，只有满足第一步和第二步合同现金流量测试条件后，才需要分析第三步，即所持有的分级产品的信用风险是否比较低，如果企业所持的分级产品所承担的基础资产的信用风险，等于或小于基础资产本身的信用风险，则满足合同现金流量测试的要求，反之则不满足。通常情况下，如果企业持有优先级或者优先级A类（假定优先级还分为优先级A类和优先级B类），能够满足信用风险等于或小于基础资产本身的信用风险；劣后级类（最末级，有些计划称为权益级），通常情况下其信用风险会大于基础资产本身的信用风险；优先级B类（或者虽为劣后级但并非是最末级的类别），是否满足信用风险等于或小于基础资产本身的信用风险，还需要根据合同条款进一步分析比较分级产品本身的信用评级和基础资产整体的信用评级才能作出判断。只有同时满足上述三步条件时，企业持有的某一分级的金融资产才符合本金加未偿付本金的利息的支付的合同现金流量特征。

例如，甲公司以一组基础贷款组合为基础资产发行了合同挂钩工具，分别为优先级产品与次级产品，优先级产品有明确的固定票面利率，而次级产品无明确的票面利率。按甲公司发行合同规定，不同分级产品的持有人从基础资产获取现金流量的优先次序有所不同，当收到基础贷款组合偿还的贷款本金或利息后，将收到的现金优先支付给优先级产品持有人，待优先级产品持有人按分级产品条款收取了相应的本金及利息后，才能将剩余的现金支付给次级产品持有人，次级产品的利息取决于基础资产的最终的收益水平。如果乙公司购买了甲公司发行合同挂钩工具中的优先级产品，而丙公司购买了次级产品，由于优先级产品本身及其基础资产均符合"仅为对本金和以未偿付本金金额为基础的利息的支付"的特征，且优先级产品的信用风险不高于全部基础贷款组合本身的信用风险，乙公司持有的该分级产品符合现金流量测试条件，在符合相应业务模式条件下，可以分类为以摊余成本计量的金融资产或者分类为以公允价值计量且其变动计入其他综合收益的金融资产；从丙公司角度看，其所持次级产品本身不符合"仅为对本金和以未偿付本金金额为基础的利息的支付"条件，且次级产品承担了高于基础贷款组合本身的信用风险，因此，丙公司只能将持有的该次级产品分类为以公允价值计量且其变动计入当期损益的金融资产。又如，丁资产管理公司设立一项专门投资于 A 股市场上市公司的股票，总规模为 10 亿元，其中，优先级 4 亿元，劣后级 6 亿元，期限为 5 年。产品到期后的分配顺序为：首先，丁资产管理公司的固定管理费用为 1%；其次，支付优先级受益人的本金以及按预期 6% 收益率计算的利息；最后，如有剩余，再支付劣后级受益人的本金，如还有剩余，在劣后级受益人和丁资产管理公司之间按照 7∶3 的比例分配。在本例中，如果戊公司和已公司分别购买了丁公司发行的优先级产品、劣后级产品，由于基础资产属于权益类投资，其合同现金流量的多少取决于股票市场价格的波动及上市公司的利润分配，不满足"仅为对本金和以未偿付本金金额为基础的利息的支付"的合同现金流量测试的条件，因此，戊公司和已公司所持丁资产管理公司发行的优先级和劣后级产品，只能分类为以公允价值计量且其变动计入当期损益的金融资产。

二、贷款市场报价利率（LPR）下的利率重设对合同现金流量测试的影响

2019 年 8 月 16 日，中国人民银行发布了《中国人民银行公告〔2019〕第 15 号——改革完善贷款市场报价利率（LPR）形成机制的公告》（以下简称第 15 号公告），该公告旨在改革贷款市场报价利率（LPR）的形成机制，完善市场利率传导机制，提高运用货币政策工具调控商业银行信贷利率的能力，推动降低实体经济的融资成本。第 15 号公告宣布改革贷款市场报价利率（以下简称 LPR），由原基准利率成为商业银行新发放贷款的定价参考利率，改革后变更为 LPR 以央行的中期借贷便利（MLF）利率为基础加点形成，便于央行通过公开市场操作利率及时指导最终贷款利率的形成。该公告将 LPR 由原有仅 1 年期一个期限品种扩大至 1 年期和 5 年期以上两个期限品种，于每月 20 日由 18 家报价行的报价公布最新利率。各银行应在新发放的贷款中主要参考 LPR，并在浮动利率贷款合同中采用 LPR 作为定价基准，并规定存量贷款的利率仍按原合同约定执行，各银行不得通过协同行为以任何形式设定贷款利率定价的隐性下限。

中国人民银行于 2019 年 8 月 25 日发布的第 16 号公告中，要求新发放的商业性个人贷款利率以最近一个月相应期限的 LPR 为定价基准加点形成，加点数值应符合全国和当地住房政策要求，体现贷款风险状况，合同期限内固定不变。该公告第二点要求，"借款人申请商业性个人住房贷款时，可与银行业金融机构协商约定利率重定价周期。重定价周期最短为 1 年。利率重定价日，定价基准调整为最近一个月相应期限的贷款市场报价利率。利率重定价周期及调整方式应在贷款合同中明确"。

因上述利率政策相关变化，新发放贷款将由根据原由中国人民银行公布的金融机构人民币贷款基准利率（PBOC Rate）定价，变更为参考报价行根据市场报价而得出的 LPR 定价。按照 22 号准则（2017）指南六（二）指出："有时，出于宏观经济管理或产业政策考虑等原因，政府监管部门设定某些利率或利率调整等浮动区间。在此情形下，货币时间价值要素虽然有可能不单纯是时间流逝的对价，但如果利率所提供的对价与时间流逝大致相符且并未导致与基本借贷安排不一致的合同现金流量风险敞口或波动性敞口，那么具有该利率的金融资产应当视为符合本金加利息的合同现金流量特征"。多年来，我国商业银行发放的贷款一直以来以省人民银行公布的贷款基准利率定价，由于 LPR 的计算和形成是市场化的结果，无法与人民银行公布的金融机构人民币贷款基准利率一样，而适用 22 号准则（2017）应用指南六（二）中关于贷款合同现金流量测试对受管制利率的例外要求。因此需要考虑 LPR 定价模式对合同现金流量测试的影响。

LPR 改革直接影响商业银行新发放的浮动利率贷款的定价方式，也会影响商业银行对于浮动利率贷款合同现金流量特征的测试。目前 LPR 期限品种仅有 1 年期和 5 年期两种，且历史数据较为有限，那么在目前情形下，如何对利率重设的频率与利率的期限不匹配的贷款进行修正的货币时间价值评估是面临的实务问题。例如，一笔 1 年期贷款，每个月初重设一次利率为最新的 1 年期 LPR 利率。根据 22 号准则（2017）应用指南，应与该贷款具有相同合同条款和相同信用风险的、但浮动利率为每月重设为 1 个月利率的金融工具的合同现金流量进行比较，但由于目前市场没有 1 个月期限的 LPR 报价，那么该如何对修正的货币时间价值进行评估？再比如，一笔 20 年期住房按揭贷款，每年初重设一次利率为最新的 5 年期 LPR 利率。对于住房按揭贷款这样的长期贷款产品，由于其期限较长，如果存在利率重设的频率（一般为 1 年）与利率期限不匹配的情形，累计的整个存续期的未折现合同现金流量与基准现金流量很可能会存在显著差异，该如何考虑其修正的货币时间价值评估？是否可考虑不经定量评估而从定性角度即能判定不满足合同现金流量测试的条件。按照准则要求，测试合同现金流量是否满足条件的因素有很多，这里仅从修正的货币时间价值角度考虑 LPR 对合同现金流量测试的影响。22 号准则（2017）第十六条规定，"在货币时间价值要素存在修正的情况下，企业应当对相关修正进行评估，以确定其是否满足上述合同现金流量特征的要求。"同时，在其应用指南中指出，"在货币时间价值要素存在修正的情况下，企业应当对相关修正进行评估，以确定金融资产是否符合本金加利息的合同现金流量特征。企业可以通过定性或者定量的方式进行评估并作出判断。""如利率的重设的频率与利率的期限不匹配，则需要对所作出的修正执行定性或定量评估，以确定合同现金流量是否仅为本金及未付本金金额之利息的付款额"。修正的货币时间价值要素评估的目标，是确定未折现合同现金流量与假如未对货币时间价值要素进行修正的情形下未折现的合同现金流量（基准现金流量）之间的差异。如果两个现金流量存在显著差异，那么该金融资产不符合本金加利息的合同现金流量特征。在进行上述评估时，企业必须考虑修正的货币时间价值在每一报告期间的影响以及在金融工具整个存续期内的累积影响。

笔者认为，首先，在我国，贷款是商业银行从事的主要业务，从其贷款的业务模式看，商业银行对贷款定价时通常以收息为目标，或者为获取除利息以外的其他收益为目标；其次，我国 LPR 市场发展尚处于初始阶段，相关金融工具相对较少，且期限、品种等能够匹配的工具也不多；再次，虽然我国的利率重定价机制有其自身的特点，但不可否认的是，贷款利率的制定及重定价机制在大部分情况下依然是一般借贷安排的对价；最后，考虑到 LPR 改革的宏观政策背景，笔者认为，一般情况下，该利率所提供的对价与时间流逝大致相符且并未导致与基本借贷安排不一致的合同现金流量风险敞口或波动性敞口，从而符合本金加利息的合同现金流量特征。因此，我国商业银行发放的贷款能否满足合同现金流量测试的条件，应视贷款合同内含的实质，而不应仅因贷款由以中国人民银行公布的贷款基准利率定价改为 LPR 定价而发生改变。

三、与结构性存款相关的合同现金流量测试

按照 2010 年中国人民银行发布的《存款统计分类及编码标准（试行）》规定，"结构性存款指金融机构吸收的嵌入金融衍生工具的存款，通过与利

率、汇率、指数等的波动挂钩或与某实体的信用情况挂钩，使存款人在承担一定风险的基础上可能获得更高收益的业务产品"。简单理解为，结构性存款是在普通存款的基础上，运用金融衍生工具（包括但不限于远期、掉期、期权或期货等），将投资与利率、汇率、股票价格、商品价格、信用、指数及其他金融类或非金融类标的物挂钩的金融产品。

在实务中，出于投资或流动资金管理的目的，越来越多的企业选择以闲置资金购买安全性高、流动性好的结构性存款。对于挂钩汇率、黄金、利率等结构性存款，由于引入了基本借贷关系以外的风险，通常无法通过合同现金流量"仅为对本金和以未偿付本金金额为基础的利息支付"条件。但当结构性存款中的挂钩条款发生的概率极低时，是否能够满足现金流量测试的条件？有种观点认为，考虑到只要在合同条款中约定与汇率、黄金、利率等挂钩，基于合同的真实性（合同条款是真实的），由于引入了基本借贷关系以外的风险，从定性分析上看，即认为此类结构性存款无法通过现金流量测试的条件。另有观点认为，从我国实际情况看，如果合同挂钩条款基本不可能发生，可以认为该合同条款是"不真实的"，也就是实务中通常所说的"假结构性存款/假衍生"，因为并未引入基本借贷安排以外的风险和现金流量，所以能够满足合同现金流量测试条件。

22号准则（2017）应用指南规定，如果合同现金流量特征仅对金融资产的合同现金流量构成极其微小的影响，则不会影响金融资产的分类。如果合同现金流量特征（无论某一会计期间还是整个存续期）对合同现金流量的影响超过了极其微小的程度，企业应当进一步判断该现金流量特征是否是不现实的。如果现金流量特征仅在极端罕见、显著异常且几乎不可能的事件发生时才影响该工具的合同现金流量，那么该现金流量特征是不现实的。如果该现金流量特征不现实，则不影响金融资产的分类。对于企业持有的结构性存款的分类，笔者认为，根据结构性存款的合同条款，虽然其法律形式为银行存款，从会计角度分析，某些结构性存款合同挂钩条款嵌入了一些衍生条款，通常情况下，由于无法满足本金加利息的合同现金流量特征，企业持有的结构性存款只能分类为以公允价值计量且其变动计入当期损益的金融资产，除非这些衍生条款的发生极端罕见、显著异常且几乎不可能。但是，一般的结构性存款的合同条款（尤其是嵌入了一些衍生条款）都存在发生的可能性（即便发生的可能性较小），难以满足极端罕见、显著异常、几乎不可能发生的条件。例如，某结构性存款合同约定：浮动收益与美元兑港币的汇率挂钩，如果到期观察日汇率位于区间（7，9）内，则到期年化收益率为4.15%；如果到期观察日汇率位于区间（7，9）外，则到期年化收益率为2.6%。假如美元兑港币的汇率长期处于7.8左右，但突破区间（7，9）也存在可能性。因此，这类结构性存款也无法满足合同现金流量测试条件，只能分类为以公允价值计量且其变动计入当期损益的金融资产。

新冠疫情相关会计处理问题探讨

因新冠肺炎疫情（以下简称新冠疫情）的暴发，各级政府为防控新冠疫情，相继出台了相应的管控措施，民众也为防范疫情选择居家、减少外出旅游和聚餐等生活方式。因此，新冠疫情对某些行业的经营业绩产生了较大影响，如航空、商场、酒店、旅游等行业；还有一些行业的线下业务也受到较大影响，如餐饮、娱乐等行业；有些行业企业在租赁的物业内进行经营，营业近乎停滞导致支付租金困难，面临经营和现金流量压力。同时，为抗击疫情和有效对冲疫情影响，我国相关政府部门迅速行动，陆续出台了一系列减税、免税、减租和降费、补贴等纾困惠企政策，提倡国有银行业金融机构对因疫情导致经营困难的企业的贷款予以展期等，积极帮助企业有序复工复产。新冠疫情对企业经营的影响必然会对企业财务状况和经营成果产生影响，本文主要就新冠疫情涉及的相关会计问题进行探讨。

一、与新冠疫情相关政府补助的会计处理

因新冠疫情对企业经营的影响，我国各级政府相继出台了减税降费政策，或者直接给予企业补助。企业因新冠疫情而获得的来自政府的资源，如果政府本身并不会因此获得利益，具有无偿性特征，从实质上看属于政府补助的按《企业会计准则第16号——政府补助》［财会〔2017〕15号，以下简称政府补助准则（2017）］确定的原则进行会计处理。比如，企业取得政府给予的因新冠疫情导致的停工损失。实务中，企业因新冠疫情所获得的政府补助涉及的会计处理主要有如下几个问题。

首先，新冠疫情取得的政府补助在利润表中列报在哪个项目，是列报在营

业收入、其他收益、冲减相关成本费用，还是确认为营业外收入、冲减营业外支出？有观点认为，企业取得的与新冠疫情相关的政府补助，应确认为营业收入。该观点认为，为防控新冠疫情扩散，民众响应政府号召，居家生活成为主要的生活方式，同时，餐饮、商场、酒店等停业，对这些行业的日常经营活动产生较大的影响，新冠疫情期间营业收入相对以前期间大幅下降，政府出台相关的政策性补助文件的目的，是弥补企业在新冠疫情期间未能正常开展日常经营活动而导致经营损失或是现金流量短缺，是在新冠疫情之下给予特定行业的与受损收入直接挂钩的政府补助，故判断其补贴对象实质是企业的营业收入。另外，从收入定义看，"收入是指企业在日常活动中形成的、会导致所有者权益增加的、与所有者投入资本无关的经济利益的总流入"，企业获得的与补偿受损收入直接相关的收入，虽然不属于收入准则或租赁准则所规范的收入，但是也满足企业在日常活动中形成的经济利益总流入的概念。从经济实质上看，大部分企业分析政府给予补助的目的，是弥补企业在新冠疫情期间未能正常开展业务或者没有经营收入而导致经营损失，故考虑该政府补助补贴对象本质上是特定企业的受损收入，尽管属于政府补助性质但也可以在利润表第一行"营业收入"项目列示；也有观点认为，由于新冠疫情期间发生的期间费用在利润表相关费用项目列示，所获得的政府补助冲减相关期间费用或者在其他收益中列示，能够更好地体现企业在新冠疫情期间因受新冠疫情影响而导致的财务结果；还有观点认为，新冠疫情属于突发事件（类似于自然灾害，属于不可抗力），与日常活动无直接关联，按照政府补助准则（2017）规定，企业取得的与日常活动无关的政府补助，确认为营业外收入或冲减营业外支出，也符合按企业会计准则应用指南中营业外支出科目说明中的"非常损失"的概念，可以在利润表的营业外收入或营业外支出项目列示。笔者认为，政府补助准则（2017）明确了从政府取得的收入与取得政府补助的区别，若企业从政府取得经济资源与企业销售商品或提供劳务等日常活动密切相关，且是企业向政府提供商品或服务的对价的组成部分，对企业从政府取得的经济资源按照收入准则（2017）的规定进行会计处理。若企业判断其从政府取得的经济资源不属于收入准则（2017）的规范范围，也不属于政府对企业的股权投资，而是政府补助的，应按政府补助准则（2017）的规定，在利润表中其他收益或营业外收入中列示或在财务报表相关项目中冲减有关成本费用。此外，企业取得政府补助，若政府文件中明确注明补助的项目性质，基于疫情期间按上年度同期间收入金额的一定比例给予企业的补贴，以补助企业在疫情期间受损的收入，即使按会计准则中有关收入的定义，也难以将新冠疫情补助判断为企业日常活动中形成的经济利益总流入，也就是企业因新冠疫情而取得的政府补助，通常不符合收入定义，不应在利润表第一行的"营业收入"中列示。

其次，新冠疫情获得的政府补助是采用总额法进行会计处理，还是采用净额法进行会计处理更为恰当。企业因本次新冠疫情取得的政府补助，从经济业务实质考虑，该类政府补助文件在发布前通常是政府机构在充分考虑企业未产生正常经营活动的现金流入而给予的各类补助，由于政府补助的是企业的经济利益流入，并非补贴生产成本或期间费用，故企业应将其在利润表中的"其他收益"项目中列示，即企业取得的与新冠疫情相关的政府补助宜采用政府补助准则（2017）规定的可选择的会计处理方法中的总额法进行会计处理，能够更好地表达企业在新冠疫情期间的财务状况和经营成果，但应进行相应的披露和解释，而不宜采用净额法进行会计处理。政府补助准则（2017）规定，企业对于获得的与日常活动相关的政府补助，应当按照经济业务实质，计入其他收益（总额法）或冲减相关成本费用（净额法）。在我国，政府补助的形式具有多样性的特征，有些政府文件中特别注明针对某个疫情期间受灾行业某个项目的补助，例如，基于疫情期间所发生的某些费用的补助；有些政府补助的相关文件中未注明具体补助项目，这种情况下企业较难判断政府给予的补助是针对哪个特定项目。对于上述问题，笔者认为，第一，企业应当按照政府补助准则（2017）的规定，分析企业所取得的政府给予的各种资源，是否属于政府补助性质，属于政府补助的按政府补助准则（2017）的原则进行会计处理，即属于与企业日常活动相关的政府补助，应确认为其他收益（总额法）或冲减相关成本费用（净额法）；与企业日常活动不相关的政府补助，确认为营业外收入或冲减营业外支出，如果全部确认为其他收益或冲减相关成本费用，或者计入营业外收入或冲减营业外支出，并不能真实反映政府补助的目的和性质。第二，若政府文件中未明确注明补助的项目性质，按政府补助准则（2017）确定的原则判断是否属于与企业日常活动相关并作相应的会计处理。第三，疫情期间所取得的政府补助，仍然应按照企业对不同性质的政府补助所确定的会计政策，采用总额法或净额法。无论采用总额法还是净额法，应能在财务报表中更好地表达企业疫情期间所取得的政府补助对企业财务状况和经营成果的影响。因此，新冠疫情期间按照政府相关文件规定给予企业的政府补助，如贷款贴息、税收返还等，应根据政府补助准则（2017）规定的处理原则进行会计处理。

最后，因新冠疫情取得的政府补助是否应按政府补助准则（2017）规定区分与资产相关和与收益相关的政府补助，还是可以采用特殊处理方法。有观点认为，此次新冠疫情情况特殊，一些企业因停工或减少经营，对企业的经营业绩产生较大的影响，尽管政府出台了一些减税降费政策措施，但净利润与以前年度同期相比仍下降很多。因此，应采用特殊会计处理方法，对于企业取得的政府补助不再区分与资产相关的政府补助，还是与收益相关的政府补助，均作为与收益相关的政府补助直接计入当期损益（其他收益），对于与资产相关的政府补助也不再递延确认收益。笔者认为，新冠疫情期间企业取得的政府补助，仍应根据政府补助的性质判断其是与资产相关还是与收益相关的政府补助。例如，甲公司租赁了乙商场一层商铺用于为客户提供健身服务，租赁期为4年，从2019年1月1日~2022年12月31日，月租金为10万元。由于新冠疫情原因，甲公司暂停了2020年2月~2020年3月共2个月的健身服务。在2020年5月1日，当地政府为支持服务行业复工，决定补贴甲公司暂停运营2个月租金的30%，即6万元，并直接拨付给了甲公司。甲公司收到当地政府直接拨付的租赁费补贴是与资产相关，还是与收益相关的政府补助，不同的判断对财务报表产生不同的结果。对于甲公司取得的政府补助，其判断依据是作为补助对象的支出是在发生时直接计入利润表，还是先形成非流动资产，后续通过折旧、摊销等方式计入其使用期间内各年度损益，体现了政府补助与作为补助对象的支出在利润表上的配比。

与租赁相关的政府租金补助，在《企业会计准则第21号——租赁》［财会〔2006〕3号，以下简称租赁准则（2006）］中规定承租人分别经营租赁和融资租赁进行会计处理，只有融资租赁的资产才确认为承租人的资产并通过折旧或摊销方式将相关资产的成本分期计入租赁期间各项的成本费用，在《企业会计准则第21号——租赁（2018修订）》［财会〔2018〕35号，以下简称租赁准则（2018）］下，承租人对租赁确认了使用权资产和租赁负债。实务中对承租人租赁补贴属于与资产相关还是与收益相关的政府补助有不同的理解，有观点认为，应作为与资产相关的政府补助。上例中，当地政府补贴对象为甲公司在2020年2月~2020年3月的租赁费支出，由于租赁准则（2006）作为融资租赁确认的资产和在租赁准则（2018）下租赁形成了使用权资产，因此该补助属于与资产相关的政府补助。租赁准则（2006）下确认的融资租赁资产或租赁准则（2018）下确认的使用权资产在租赁期间通过折旧、摊销计入利润表，相应地，该项补助应在融资租赁资产或使用权资产的剩余折旧年限内摊销，即从 2020 年 5 月至租赁期满的 32 个月期间计入利润表，每个月确认政府补助计入利润表的摊销额 1364 元（60000÷44）。也有观点认为，应作为与收益相关的政府补助。该观点认为，虽然当地政府的补贴是与甲公司的租赁费支出挂钩，但其目的是补偿甲公司 2020 年 2 月～3 月的停工对日常活动的影响，为了更好体现政府补助与作为补助对象的支出在利润表上配比的原则，应将该补助确认为与收益相关的政府补助。由于停工期间已经在 2020 年 2 月～3 月发生，并且甲公司已经确认了停工期间的租金费用（无论按经营租赁的方式确认，还是通过融资租赁资产或使用权资产在此期间摊销的方式确认），甲公司取得的 6 万元有关停工期间租金费用的政府补助与已经确认的租金费用相关，应在 2020 年 5 月一次性计入利润表。

笔者认为，政府补助准则（2017）第四条及指南规定，政府补助分为与资产相关的政府补助和与收益相关的政府补助，与资产相关的政府补助，是指企业取得的、用于购建或以其他方式形成长期资产的政府补助；与收益相关的政府补助，是指除与资产相关的政府补助之外的政府补助。将政府补助划分为与资产相关的政府补助和与收益相关的政府补助，是因为两类政府补助给企业带来经济利益或者弥补相关成本费用的形式不同。与资产相关的政府补助与长期资产的取得有关，所以通常情况下受益期较长，与收益相关的政府补助主要是对期间费用或生产成本的补偿，受益期相对较短。实务中，企业取得的政府补助如与资产相关，政府相关文件中会注明补助资产的对象，而企业取得的与新冠疫情期间租金相关的政府补助，主要是为了补助企业因暂停营业导致的对企业损益的影响，同时，也是对暂停营业期间所发生费用的补偿，而非对企业复工以后期间损益或费用的补偿或对企业取得资产的补偿，即便是补偿停工期间的租金，也并非"企业取得的、用于购建或以其他方式形成长期资产的政府补助"。从另一个角度分析，与"资产相关的政府补助"，是为了资产的取得和购建，在上例中，因为使用权资产（或融资租入确认的资产）是之前已经取得的，不满足"与资产相关的政府补助"的定义，所以因新冠疫情取得的政府对企业租金的补贴，一般应作为与收益相关的政府补助。

因新冠疫情导致高速公路车流量大幅减少，当地政府允许延长高速公路收费权如何进行会计处理是遇到的第四个问题。实务中，企业取得的高速公路收费权是政府授予的特许经营权，例如，通过 BOT 方式获得的收费权，按《企业会计准则解释第 2 号》（财会〔2008〕11 号）规定分别确认为金融资产或无形资产。因新冠疫情影响而延长高速公路收费权，有观点认为高速公路收费权确认为资产的,其剩余可摊销期限增加,高速公路收费权应在剩余摊销期(延长后的摊销期)内采用系统合理的方法摊销,即减少后续各个期间的摊销金额;也有观点认为,政府延长的收费权是抵偿企业在高速公路暂停收费期间的损失,应冲减相关资产摊销额,即减少摊销费用,同时增加高速公路收费权的账面价值;还有观点认为,新冠疫情期间免收通行费的原因是新冠疫情期间按相关政府规定自 2020 年 2 月 17 日起全国收费公路免收车辆通行费,此举符合公众利益,同时政府为了维护收费公路投资经营者的合法权益,采取了延长收费期限予以补偿,延长收费期限实质上是企业从政府无偿取得的非货币性政府补助,政府并未由此获益,应以公允价值计量确认无形资产的同时,按政府补助准则(2017)原则进行会计处理,在延长后的剩余收费期限内摊销;或者考虑因新冠疫情期间损失的收费收入,在免收通行费的期间计入损益。

笔者认为,如果企业与政府之间就调整公路收费权签订过合同,且合同条款规定,由于不可抗力或其他非企业原因导致企业收入受到影响,则收费权时间需要延长。在这种情况下,政府延长收费权期限是原合同的执行结果,实质上政府也并没有直接的资源流出(仅延长收费时间,政府并未直接以现金形式补贴企业),不属于政府补助,这种情况下,高速公路收费权应在剩余摊销期(延长后的摊销期)摊销,即减少后续各个期间的摊销金额。即使企业与政府之间签订的收费权合同中没有因不可抗力或其他非企业原因导致企业收入受影响的处理条款,因此次新冠疫情导致政府同意企业延长收费权期限的,实际上政府并没有直接的资源流出(仅延长收费时间,政府并未直接以现金形式补贴企业),性质上也不属于政府补助,而应该按照合同的变更处理,即将高速公路收费权在剩余摊销期(延长后的摊销期)摊销。

二、新冠疫情期间发生的固定资产折旧费用(或无形资产等摊销)的会计处理

受新冠疫情的影响,各级政府纷纷要求企业在某段期间停止运营,发布延迟企业复工复业的相关通知。此外,部分企业考虑到供应商、客户或当地交通等情况,自主决定在政府规定的停工期之后,继续一段时间的停工停产。也有部分企业虽然开始生产和经营,但由于疫情影响,以显著低于正常生产能力水平的状态生产。新冠疫情期间企业因停工或产能不足,取得的营业收入不足以覆盖企业的固定资产折旧、人工成本等成本支出,导致利润下降甚至亏损,这

些成本费用支出在停工期间如何进行会计处理？其涉及的会计问题主要包括：企业因新冠疫情导致的停工停产，在停工期间未能正常经营，也未实际使用相关资产，为此在新冠疫情停工期间是否可暂停计提未使用固定资产的折旧（或无形资产等摊销）？企业在停工期间的固定资产折旧费用（或无形资产等摊销）应计入当期管理费用或者营业成本，还是计入当期营业外支出？企业以显著低于正常生产能力水平的状态生产时，生产设施的固定资产折旧（或无形资产等摊销）是否应计入当期营业外支出？如果新冠疫情期间停工发生的折旧费用（或无形资产等摊销）计入营业外支出，是否需要进一步分析是政府要求企业停工还是企业自主停工，并对相关的折旧费用（或无形资产等摊销）分别进行会计处理？例如，甲公交公司根据政府规定，在 2020 年 2 月 1 日 ~2020 年 2 月 15 日停止运行，该公交公司考虑到新冠疫情影响，判断 2020 年 2 月 15 日以后乘坐公共交通的人数将显著减少，所以决定将正常运营时使用的 30 辆公交车中的 20 辆入库封停至 2020 年 3 月 31 日。该公司 2020 年 2 月 1 日 ~2 月 15 日按照政府要求停止运营封停车辆发生的折旧费用，与该公司自行决定于 2020 年 2 月 16 日 ~3 月 31 日封停车辆发生的折旧费用是否可以采用不同的会计处理？

《企业会计准则第 1 号——存货》〔财会〔2006〕3 号，以下简称存货准则（2006）〕第九条规定，非正常消耗的直接材料、直接人工和制造费用直接计入当期损益。《企业会计准则第 4 号——固定资产》（财会〔2006〕3 号）第十四条规定，"企业应当对所有固定资产计提折旧。但是，已提足折旧仍继续使用的固定资产和单独计价入账的土地除外"，在固定资产准则应用指南中又提供了进一步的指引，即，"固定资产应自达到预定可使用状态时开始计提折旧，终止确认时或划分为持有待售非流动资产时停止计提折旧。固定资产提足折旧后，不论能否继续使用，均不再计提折旧，提前报废的固定资产也不再补提折旧。所谓提足折旧是指已经提足该项固定资产的应计折旧额"。《企业会计准则第 6 号——无形资产》（财会〔2006〕3 号）第十七条规定，"使用寿命有限的无形资产，其应摊销金额应当在使用寿命内系统合理摊销。企业摊销无形资产，应当自无形资产可供使用时起，至不再作为无形资产确认时止"，并在无形资产指南中规定，"无形资产的摊销金额一般应当计入当期损益。某项无形资产包含的经济利益通过所生产的产品或其他资产实现的，其摊销金额应当计入相关资产的成本"。

上述相关准则规定表明，企业非正常消耗所发生的直接材料、直接人工及制造费用不计入存货成本。企业确认的固定资产，除已提足折旧仍继续使用和单独计价入账的土地外，均应计提折旧，也就是说按规定应计提折旧的固定资产无论是否使用均应计提折旧（包括季节性停工企业的固定资产在停工期间也应计提折旧），根据使用固定资产的受益对象计入相关的成本费用。另外《企业会计准则讲解（2010）》相关固定资产一章中指出，企业自行建造固定资产过程中使用的固定资产，计提的折旧应计入在建工程成本；基本生产车间所使用的固定资产，其计提的折旧应计入制造费用（构成存货成本）；管理部门所使用的固定资产，计提的折旧应计入管理费用；销售部门所使用的固定资产，计提的折旧应计入销售费用；经营租出的固定资产，其应提的折旧额应计入其他业务成本；未使用的固定资产，计提的折旧应计入管理费用。企业确认的具有使用寿命有限的无形资产，无论是否使用均应自无形资产可供使用时起至终止确认时摊销，摊销金额计入当期损益或相关资产的成本。根据《企业会计准则应用指南（2006）附录——会计科目和主要账务处理》，营业外支出科目的核算内容为企业发生的各项营业外支出，包括公益性捐赠支出、非常损失、盘亏损失等。另外，政府补助准则（2017）应用指南中提到，"与日常活动无关的政府补助，通常由企业常规经营之外的原因所产生，具备偶发性的特征，例如政府因企业受不可抗力的影响发生停工、停产损失而给予补助等，因此这类补助计入营业外收支"。

根据上述相关准则规定，笔者认为，企业因新冠疫情导致停工停产而发生的固定资产折旧费用（或无形资产等摊销）是计入相关资产成本或当期费用，还是计入营业外支出，应当判断新冠疫情本身是否属于不可抗力，如属于不可抗力（如自然灾害）导致的停工，发生的固定资产折旧费用应计入当期营业外支出，否则应按正常经营中成本费用的原则进行会计处理。此次新冠疫情暴发是否属于不可抗力，最高人民法院《关于依法妥善审理涉新冠肺炎疫情民事案件若干问题的指导意见（一）》中指出，"依法准确适用不可抗力规则。人民法院审理涉疫情民事案件，要准确适用不可抗力的具体规定，严格把握适用条件。对于受疫情或者疫情防控措施直接影响而产生的民事纠纷，符合不可抗力法定要件的，适用《中华人民共和国民法总则》第一百八十条、《中华人民共和国合同法》第一百一十七条和第一百一十八条等规定妥善处理；其他法律、行政法规另有规定的，依照其规定。当事人主张适用不可抗力部分或者全部免责的，应当就不可抗力直接导致民事义务部分或者全部不能履行的事实承担举证责任"。一些省市的高院也对新冠疫情是否属于人力不可为之作出一些司法解释，例如，上海高院《关于涉新冠肺炎疫情案件法律适用问题的系列问答（二）》，就新冠肺炎疫情是否属于不可抗力解释为："根据《中华人民共和国民法总则》第一百八十条和《中华人民共和国合同法》第一百一十七条的规定，新冠肺炎疫情被认定为突发公共卫生事件后，为保护人民群众身体健康和生命安全，政府及有关部门采取了相应疫情防控措施。对于因此不能履行合同或不能及时行使权利的，新冠肺炎疫情发生宜认定属于不能预见、不能避免并不能克服的不可抗力"。另外，广西、山东、江苏等高院也对此次新冠疫情有类似的解释。

笔者认为，如果将新冠疫情认定为不可抗力，在政府及有关部门采取新冠疫情防控措施期间企业发生的相关费用或损失应计入营业外支出，在防控措施解除后企业发生的相关费用或损失应按正常经营原则进行会计处理；如果不属于不可抗力，按正常经营中成本费用的原则进行会计处理。根据上述原则，上例甲公交公司封停的20辆公交车，如果当地政府明确规定某个期间不得开工（2020年2月1日~2020年2月15日），那么企业在该期间的停工事项类似于水灾、火灾等不可抗力事项，相关期间的固定资产折旧等成本费用，应计入营业外支出；除此之外的停工停业，考虑了新冠疫情影响后自愿实施某个期间的停工停业（2020年2月16日~2020年3月31日），则该期间的成本费用属于管理层的经营决策结果，应按费用功能分类列报在营业成本、管理费用、销售费用等。如果企业在新冠疫情期间未完全停工停业，虽然企业生产的产量会低于正常经营下的水平，企业用于生产的固定资产折旧中的一部分属于存货准则（2006）规定的非正常消耗，所以不能计入存货成本。但是，这部分不能计入存货成本的折旧费用仍属于企业生产经营成本，根据利润表中费用按功能分类列报的要求，这部分折旧费用也不属于管理费用、销售费用，而直接在营业成本中列示则更合理。新冠疫情停工期间发生的除固定资产折旧以外的其他固定费用（如无形资产摊销、长期待摊费用摊销）也应按同一原则进行会计处理。

假定此次新冠疫情认定为不可抗力、今后新冠疫情与人类长期共处成为常态，笔者认为，由于企业已经形成一种预期，若新冠疫情再暴发，则企业发生的相关费用或损失（包括停工损失，无论是政府要求停工还是企业自行决定停工）不应再计入营业外支出，而应按正常经营相同的原则进行会计处理（SARS期间也没有因此影响会计处理的判断，当然SARS所涉及的范围远远小于此次的新冠疫情）。

疫情产生的增量成本，如公益性捐赠支出，按会计准则规定应计入营业外支出；疫情期间新增的防护费用等，如相关部门认定此次新冠疫情为不可抗力，可以作为非常损失计入营业外支出。如今后新冠疫情成为一种常态，则因新冠疫情导致新增的防护费用视为企业为职工提供的劳动防护而发生的费用，属于与日常经营活动相关的费用，应按职工提供服务的受益对象分别计入相关的成本费用。

三、新冠疫情导致的在建工程停工，相关借款费用的会计处理

新冠疫情导致建设中的工程暂停的，在借款费用资本化期间内发生的借款费用是否可以停止资本化？有观点认为，应暂停借款费用资本化，将发生的借款费用计入当期损益。《企业会计准则第 17 号——借款费用》〔财会〔2006〕3 号，以下简称借款费用准则（2006）〕第十一条规定，"符合资本化条件的资产在购建或者生产过程中发生非正常中断、且中断时间连续超过 3 个月的，应当暂停借款费用的资本化。在中断期间发生的借款费用应当确认为费用，计入当期损益，直至资产的购建或者生产活动重新开始。如果中断是所购建或者生产的符合资本化条件的资产达到预定可使用或者可销售状态必要的程序，借款费用的资本化应当继续进行"。因新冠疫情是公共卫生突发事件，企业按照政府要求暂停施工属于非正常中断，应将暂停期间的借款费用计入当期损益。也有观点认为，虽然此次新冠疫情是公共卫生突发事件，可归类为非正常中断，但是因新冠疫情暴发始于 2020 年年初，在我国某些地区（例如，东北地区）的这个季节原本就因严寒而无法施工需要暂停，这种情况下属于"所购建或者生产的符合资本化条件的资产达到预定可使用或者可销售状态必要的程序"，暂停施工期间发生的借款费用仍应资本化计入在建工程成本。

笔者认为，首先，新冠疫情的暴发认定为公共卫生突发事件后，属于不可预见的情形，因新冠疫情暂停工程施工可以理解为"非正常中断"，且按照借款费用准则（2006）规定，非正常中断持续时间超过 3 个月的，应暂停借款费用资本化。如果没有超过 3 个月的，仍应将借款费用资本化计入在建工程成本。其次，如果新冠疫情暂停施工所覆盖的期间，与所建造的符合资本化条件的资产达到预定可使用或者可销售状态必要的程序的期间相同，且超过 3 个月的，可以认定为不属于"非正常中断"，而将暂时期间的借款费用资本化计入在建工程成本。

四、收入的确认

企业日常活动所产生的收入（营业收入）是企业维持正常经营活动的重要指标，是利润表中第一行项目，也是企业经营活动现金流入的重要来源。受新冠疫情影响，企业暂停生产经营或者提供服务，营业收入受到较大影响，在此期间，有些企业为了履行合同或者维持客户关系，即使客户向企业购买其日常活动产出的商品或服务支付对价具有不确定性，但仍然向客户提供商品或劳务，在这种特殊情况下仍需按《企业会计准则第14号——收入》[财会〔2017〕22号，以下简称收入准则（2017）]的规定进行相应的判断。收入准则（2017）第五条规定，当企业与客户之间的合同同时满足五个条件时，企业应当在客户取得相关商品控制权时确认收入。新冠疫情期间即使企业满足了收入准则（2017）有关合同成立中的四个条件，如果仍然无法满足"企业因向客户转让商品而有权取得的对价很可能收回"的条件，依然不能满足合同成立的条件。为此，新冠疫情期间企业销售商品或提供劳务，需要考虑收入准则（2017）有关合同成立条件的判断，如果在合同开始日不符合合同成立条件，或者虽然合同开始日满足合同成立条件但是后续期间发生重大事项等不再满足合同成立条件，则需要按收入准则（2017）第六条规定，对该合同进行持续评估，在其满足合同成立条件并在客户取得相关商品控制权时确认收入。对于不符合合同成立条件的合同，企业只有在不再负有向客户转让商品的剩余义务，且已向客户收取的对价无需退回时，才能将已收取的对价确认为收入。

新冠疫情下，企业可能出于维护客户关系等考虑同意降价执行未完成的合同。对于合同交易价格的后续变动，收入准则（2017）应用指南规定，因合同变更导致的，应当按照有关合同变更的规定进行会计处理；因其他原因导致的，企业应当按照在合同开始日所采用的基础将该后续变动金额分摊至合同中的履约义务。对于新冠疫情下执行中的客户合同不修改合同范围但修改价格的情形，如果判断其属于合同变更，则视已转让的履约义务与未转让的履约义务是否可明确区分，作为原合同终止及新合同订立处理或者将变更作为原合同的组成部分采用累计追加调整法处理；如果不属于合同变更，则企业按照合同开始日所采用的基础将该后续变动金额进行分摊，调整已履行的履约义务确认的收入金额。两种情形下，价格变动影响确认的期间可能会不同。

新冠疫情下与客户之间的合同不修改合同范围但修改价格的情形是否属于

合同变更？收入准则（2017）定义的合同变更，是指经合同各方批准对原合同范围或价格作出的变更。笔者认为，首先要考虑该合同交易价格的后续变动如果源于原合同已有的条款或企业在合同开始日已公开宣布的政策、声明或已存在的惯例，应当按照可变对价的规定进行会计处理；如果交易价格的变动是交易双方基于新情况重新商定的结果，符合合同变更的定义，应该按照合同变更进行会计处理。其次，对于符合合同变更的情况，还应当考虑已转让部分和未转让部分是否可明确区分，在已转让和未转让的商品或服务可明确区分的情况下，如果交易价格的变更针对的是已经完成的履约义务，则合同变更的影响应立即体现在损益表里；如果交易价格的变更针对的是尚未完成的履约义务，应当按照未来适用法，将交易价格的变更体现在剩余的履约义务履行期间。如果已交付的商品或者服务与未交付的商品或者服务不可明确区分，则按照收入准则（2017）第八条（三）的规定，将合同变更作为原合同的组成部分进行会计处理，并将交易价格变更对已确认收入的影响，在合同变更当日调整当期收入。例如，甲公司与乙公司签订5000万元的固定价格合同，合同约定甲公司在乙公司拥有的土地上建造一栋办公楼。假定符合收入准则（2017）在某一时段内履行履约义务的规定，甲公司按投入法确认履约进度。甲公司于新冠疫情前已执行该合同的30%，并确认了1500万元的营业收入。因发生新冠疫情，甲公司暂停3个月的施工，故向乙公司交付办公楼的时间将推迟3个月。经甲公司与乙公司协商，乙公司同意将价格改为4500万元（原合同并没有发生突发事件调整价格等条款），假定已转让的商品与未转让的商品不可明确区分，且履约进度不变，则甲公司应就该项价格调整对原已确认的1500万元收入的影响，在合同变更日调减当期收入150万元。

五、租金优惠

新冠疫情期间，由于一些商场、餐饮饭店等服务提供商暂停营业，没有营业收入，现金流量不足，支付租赁场地的租金存在一定困难，为此，很多出租方给予承租方几个月的租金豁免、折让，或者允许承租人延期支付租金等。为应对新冠疫情下租金优惠对会计处理的影响，国际会计准则理事会（IASB）对《国际财务报告准则第16号——租赁》（IFRS16）作了修订，该修订允许承租人选择与新冠疫情相关的租金优惠采用实务简化处理方法，其主要特点在于：一是该实务简化处理只适用于受新冠疫情直接影响的租金优惠，且仅用于承租人，而不适用于出租人；二是允许与新冠疫情相关的租金优惠无需评估该优惠是否属于租赁变更，而可以直接按非租赁变更下的租赁付款额变动进行会计处理；三是只有同时满足租赁付款额变动后租赁对价等于或低于变动前的租赁对价、租赁付款额的减少仅影响原定于 2021 年 6 月 30 日到期的付款额、租赁合同中的其他条款和条件未发生实质性变化这三个条件的，承租人才可采用实务简化处理方法。

为了配合国务院及相关部门关于推动服务业小微企业和个体工商户等租金减免政策的落实，简化新冠疫情相关租金减让的会计处理，减轻企业负担，财政部于 2020 年 6 月 19 日发布了《关于印发新冠肺炎疫情相关租金减让会计处理规定的通知》（财会〔2020〕10 号，以下简称租金减让规定）。该规定的主要特点在于：

一是会计政策可选择。因新冠疫情引发的租金减让，企业可以选择采用《企业会计准则第 21 号——租赁》（2006 或 2018）〔以下简称租赁准则（2006 或 2018）〕进行会计处理，也可以选择采用租金减让规定中简化的会计处理方法，企业一旦选定了会计处理方法，应当应用于类似租赁合同，并一致采用且不得随意变更。

二是新旧准则均规定。按照租赁准则（2018）规定，在境内外同时上市的企业以及在境外上市并采用国际财务报告准则或企业会计准则编制财务报表的企业，自 2019 年 1 月 1 日起施行；其他执行企业会计准则的企业自 2021 年 1 月 1 日起施行。由于 2021 年 1 月 1 日前新旧准则并行使用，为此，租赁减让规定既对租赁准则（2018）又对租赁准则（2006）的简化处理进行了规定。

三是简化处理对等（租赁合同双方均可选择简化处理）。租金减让规定不仅仅涉及承租人选择采用简化会计处理的方法，也规定了出租人选择采用简化会计处理的方法。

四是期间有限定。适用简化会计处理方法的租金减让仅适用于 2021 年 6 月 30 日前的应付租赁付款额，减让的租赁付款额涉及 2021 年 6 月 30 日之后期间的，则不适用于简化处理方法。如果租金减让既针对 2021 年 6 月 30 日之前的应付租赁付款额，也包括对 2021 年 6 月 30 日之后的应付租赁付款额的减让，整个租金减让将不再满足简化方法的适用条件。

五是简化处理有条件。适用简化处理方法的条件包括：第一，租金减让的结果为租赁对价基本不变，但支付时点延迟（即，延期支付租金的会计处理），主要包括：（1）减免一定期间租金的同时等量调增后续租赁期间租金；

(2）减免一定期间租金的同时延长租赁期但不超过减免期的期间，并收取等量租金等情形。第二，租金减让的结果为租赁对价减少，且支付时点延迟（即，租金减免和延期支付租金的组合的会计处理）。主要包括：（1）减免一定期间租金的同时，减量调增后续租赁期间租金；（2）减免一定期间租金的同时，延长租赁期但不超过减免期的期间，并收取减量租金等情形。但是，租金减让规定仅适用减让后的租赁对价较减让前减少或基本不变（租赁对价未折现或按减让前折现率折现均可），但经定性和定量评估后租赁合同的其他条款和条件无重大变化的情形。例如，2019年12月25日，甲公司与乙公司签订了租赁协议。该协议约定，甲公司租赁乙公司建造的娱乐城中的600平方米房屋，每月租金10万元，于每月月初支付，自2020年1月1日~2022年12月31日，租赁期为3年。甲公司拟将租赁的600平方米房屋开一家餐饮店。因新冠疫情影响，甲公司租赁乙公司的房屋不能按期装修，原定于2020年2月1日开业的餐饮店也推迟至2020年5月1日。为此，经与乙公司协商，双方于2020年3月20日签订了补充协议，补充协议约定，乙公司同意免除甲公司2020年1月至4月的租金，同时延长租赁期至2023年4月30日，自2023年1月至4月的月租金改为9万元，其他合同条件不变，假定不考虑相关税费，这种情况适用于租金减让规定中的简化处理方法。假定该例的其他条件不变，但延长租赁期间的租金调整为每月18万元，因延长租赁期间的租金金额大于免租期的租金金额（假定按租赁对价未折现或按减让前折现率折现均大于免租期的租金金额）不属于租金减免，故不适用于租金减让规定中的简化处理方法。

六是简化处理的三个"不需要"。采用简化会计处理方法的：第一，不需要评估是否发生租赁变更。租赁准则（2018）规定，如果租赁合同发生变化需要重新评估是否属于租赁变更。租赁变更，是指原合同条款之外的租赁范围、租赁对价、租赁期限的变更，包括增加或终止一项或多项租赁资产的使用权，延长或缩短合同规定的租赁期等。如属于租赁变更，租赁变更导致租赁范围缩小或租赁期缩短的，承租人应当相应调减使用权资产的账面价值，并将部分终止或完全终止租赁的相关利得或损失计入当期损益。其他租赁变更导致租赁负债重新计量的，承租人应当相应调整使用权资产的账面价值。租金减让规定，企业选择采用简化处理方法的，不需要重新评估是否属于租赁变更。第二，不需要重新评估租赁分类。租赁准则（2006）规定，承租人和出租人应当在租赁开始日将租赁分为融资租赁和经营租赁，租赁准则（2018）规定，出租人应当在租赁开始日将租赁分为融资租赁和经营租赁,出租人需要根据原合同判断租赁变更是否改变租赁的分类,从而考虑是将变更后的租赁合同作为一个新合同进行会计处理,还是应用新金融工具准则。租金减让规定,企业选择采用简化处理方法的,不需要重新评估租赁的分类。第三,不需要调整折现率。租赁准则(2018)规定,如果属于租赁变更,承租人应当采用修订后的折现率重新计量租赁负债的账面价值,并相应调整使用权资产。若企业选择采用简化处理方法的,不需要调整折现率,如租金减让规定,执行租赁准则(2018)的承租人应当继续按照与减让前一致的折现率计算租赁负债的利息费用并计入当期损益。

七是实际发生时确认相关的租金减让。根据实施租赁准则(2006)和租赁准则(2018)以及承租人和出租人分别规定了会计处理,主要包括:租金发生变化的,在实际发生期间将租金变化额计入当期损益;延期支付和收取租金的,在实际支付和收取时冲减前期确认的应付或应收租赁款;延长租赁期的,在延长租赁期间将实际发生或收取的租金计入当期损益。租金减让规定的具体会计处理如下:

第一,实施租赁准则(2006)的企业。

承租人将减免的租金作为或有租金[租赁准则(2006)规定,或有租金应当在实际发生时计入当期损益],属于经营租赁的,在减免期间冲减相关成本费用;属于融资租赁的,在达成减让协议等解除原租金支付义务时冲减相关成本费用,并相应调整长期应付款,按照减让前折现率折现计入当期损益的,还应调整未确认融资费用;延期支付租金的,在原支付期间将应支付的租金确认为应付款项或长期应付款,在实际支付时冲减前期确认的应付款项或长期应付款。除租金减免外,其他仍按照与减让前一致的方法进行会计处理,包括经营租赁下按照与减让前一致的方法将原合同租金计入相关资产成本或费用,融资租赁下按照与减让前一致的折现率将未确认融资费用确认为当期融资费用、继续按照与减让前一致的方法对融资租入资产进行计提折旧等后续计量。

出租人将减免的租金作为或有租金,属于经营租赁的,在免租期内冲减租赁收入;属于融资租赁的,在达成减让协议等放弃原租金收取权利时冲减原确认的租赁收入,不足冲减的部分计入投资收益,同时相应调整长期应收款,按照减让前折现率折现计入当期损益的,还应调整未实现融资收益。延期收取租金的,在实际收到时冲减前期确认的应收款项或长期应收款。除租金减免外,其他仍按照与减让前一致的方法进行会计处理,包括经营租赁下按原合同租金确认为租赁收入，融资租赁下按照与减让前一致的租赁内含利率将未实现融资收益确认为租赁收入等。沿用上述例子，假定甲公司租赁乙公司娱乐城中的600平方米房屋为经营租赁，甲公司应于2020年1月至3月每月确认租金支出10万元计入当期损益，同时确认相关负债（应付账款、其他应付款等）；2020年3月将豁免并延期支付的1月至3月的租金费用30万元拆分为两部分处理，其中净减少的3万元（即，原定每月租金10万元，在延长租期期间每月租金改为9万元，两者之间的差额）全部冲减当期的租金费用，并减少原已确认的负债（应付账款、其他应付款等），延期到2023年1月至3月支付的金额仍挂在应付账款，于2023年实际支付时冲销；2020年4月按3月调整后9万元租金进行会计处理；2020年5月至2022年12月，每月仍确认10万元的租金费用（甲公司应继续按与租金减让前相同的方法将原合同租金计入相关费用）；2023年1月至4月，每月按实际支付租金9万元冲减应付账款。甲公司的会计处理如下（单位：元，下同）：

(1) 2020年1月确认租金费用。

借：主营业务成本（租金费用） 100000
　　贷：应付账款（其他应付款等） 100000

(2) 2020年2月确认租金费用的会计处理同(1)。

(3) 2020年3月确认租金费用及豁免2020年1月至3月租金费用。

借：主营业务成本（租金费用） 100000
　　贷：应付账款（其他应付款等） 100000
借：应付账款（其他应付款等） 30000
　　贷：主营业务成本 30000

或者，实务中，3月份上述会计处理也可合并为：

借：主营业务成本 70000
　　贷：应付账款（其他应付款等） 70000

经上述处理后，应付账款贷方余额27万元，该余额在2023年实际支付时冲销。

(4) 2020年4月确认租金费用。

借：主营业务成本（租金费用） 90000
　　贷：应付账款（其他应付款等） 90000

(5) 2020年5月确认当月租金费用。

借：主营业务成本（租金费用） 100000

贷：应付账款（其他应付款等）　　　　　　　　　100000

2020年6月至2022年12月确认各月的租金费用同上。

（6）2023年1月支付租金费用。

　　借：应付账款（其他应付款等）　　　　　　　　　90000
　　　　贷：银行存款　　　　　　　　　　　　　　　　90000

2023年2月至4月各月支付租金费用的会计处理同上。

对于乙公司而言，应于2020年1月至3月每月仍然确认租金收入10万元的同时确认相关的资产（应收账款、其他应收款等）；2020年3月将豁免并延期支付的1月至3月的租金收入30万元拆分为两部分处理，其中净减少的3万元（即，原定每月租金10万元，在延长租期期间每月租金改为9万元，两者之间的差额）全部冲减当期租金收入，同时减少原确认的应收账款3万元，延期到2023年1月至3月应收的金额仍挂在应收账款，于2023年实际收到时冲销；2020年4月按3月调整后租金9万元进行会计处理；2020年5月至2022年12月，乙公司每月仍确认租金收入10万元（乙公司应继续按与租金减让前相同的方法将原合同租金确认为租金收入），同时确认相应的资产（银行存款、应收账款或其他应付款）；2023年1月至4月租赁延长期限每月租金9万元于收到时冲减应收账款。乙公司的会计处理如下：

（1）2020年1月确认租金收入。

　　借：应收账款（其他应收款等）　　　　　　　　　100000
　　　　贷：租赁收入　　　　　　　　　　　　　　　　100000

（2）2020年2月确认租金收入的会计处理同（1）。

（3）2020年3月确认租金收入及豁免2020年1月至3月的租金。

　　借：应收账款（其他应收款等）　　　　　　　　　100000
　　　　贷：租赁收入　　　　　　　　　　　　　　　　100000
　　借：租赁收入　　　　　　　　　　　　　　　　　30000
　　　　贷：应收账款（其他应收款等）　　　　　　　　30000

或者，实务中，3月份上述会计处理也可合并为：

　　借：应收账款（或其他应收款等）　　　　　　　　70000
　　　　贷：租赁收入　　　　　　　　　　　　　　　　70000

经上述处理后，应收账款借方余额27万元，该余额在2023年实际收到时冲销。

（4）2020年4月确认租金收入。

借：应收账款（其他应收款等） 90000
  贷：租赁收入 90000

(5) 2020 年 5 月确认当月租金收入。

借：应收账款（其他应收款等） 100000
  贷：租赁收入 100000

2020 年 6 月至 2022 年 12 月确认各月的租金收入同上。

(6) 2023 年 1 月收到租金。

借：银行存款 90000
  贷：应收账款（其他应收款等） 90000

2023 年 2 月至 4 月各月收到租金的会计处理同上。

假定上述例子为融资租赁，在减免 2020 年 1 月至 4 月租金的同时将租赁期延长 4 个月且收取租金低于原租金。甲公司于 2020 年 3 月实际减少的租金为 4 万元（10×4－9×4）冲减当期已确认的融资租赁固定资产的折旧费用，同时减少长期应付款（应付融资租赁款）；2023 年 1 月至 4 月每月 9 万元延期支付租金时，减少长期应付款（应付融资租赁款）；此外，固定资产的折旧、折现率及未确认融资费用等的会计处理仍按租赁减让前一致的方法进行会计处理。乙公司于 2020 年 3 月 20 日将减少的租金 4 万元冲减当期的租金收入（假定当月确认的租金收入足够冲减因豁免租金而减少的租金收入），同时减少长期应收款（应收融资租赁款）；除此之外，乙公司应继续按照与租金减让前相同的租赁内含利率将未实现融资收益确认为租赁收入。甲公司和乙公司于 2020 年 3 月就租金减让会计处理如下：

(1) 甲公司会计处理。

借：长期应付款——应付融资租赁款 40000
  贷：主营业务成本 40000

(2) 乙公司会计处理。

借：租赁收入 40000
  贷：应收租赁款——应收融资租赁款 40000

第二，实施租赁准则（2018）的企业。

承租人发生租金减免的，将减免的租金作为可变租赁付款额，在达成减让协议等解除原租金支付义务时，按未折现或减让前折现率折现金额冲减相关资产成本或费用，同时相应调整租赁负债；延期支付租金的，在实际支付时冲减前期确认的租赁负债。除租金减免外，其他仍按照与减让前一致的方法进行会计处理，包括承租人继续按照与减让前一致的折现率计算租赁负债的利息费用并计入当期损益、继续按照与减让前一致的方法对使用权资产进行计提折旧等后续计量。

出租人发生租金减免的，属于经营租赁发生租金减免的，将减免的租金作为可变租赁付款额，在减免期间冲减租赁收入；延期收取租金的，出租人应当在原收取期间将应收取的租金确认为应收款项，并在实际收到时冲减前期确认的应收款项；融资租赁发生租金减免的，将减免的租金作为可变租赁付款额，在达成减让协议等放弃原租金收取权利时，按未折现或减让前折现率折现金额冲减原确认的租赁收入，不足冲减的部分计入投资收益，同时相应调整应收融资租赁款；延期收取租金的，在实际收到时冲减前期确认的应收款项或应收融资租赁款。除租金减免外，出租人继续按照与减让前一致的方法将原合同租金确认为租赁收入（经营租赁），按照与减让前一致的折现率计算利息并确认为租赁收入（融资租赁）等。

例如，2019年1月1日，承租人甲公司就某栋建筑物的某一层楼与出租人乙公司签订了为期10年的租赁协议（作为甲公司管理办公场所），并拥有5年的续租选择权。有关资料如下：（1）初始租赁期内的不含税租金为每年50000元，续租期间为每年55000元，所有款项应于每年年初支付；（2）为获得该项租赁，甲公司发生的初始直接费用为20000元，其中，15000元为向该楼层前任租户支付的款项，5000元为向促成此租赁交易的房地产中介支付的佣金；（3）作为对甲公司的激励，乙公司同意补偿甲公司5000元的佣金；（4）在租赁期开始日，甲公司评估后认为，不能合理确定将行使续租选择权，因此，将租赁期确定为10年；（5）甲公司无法确定租赁内含利率，其增量借款利率为每年5%，该利率反映的是甲公司以类似抵押条件借入期限为10年、与使用权资产等值的相同币种的借款而必须支付的利率。不考虑相关税费。（此例为《2020年注册会计师全国统一考试辅导教材——会计》第二十二章租赁［例22-8］）。因新冠疫情影响，2020年4月5日甲公司与乙公司签订了补充协议，乙公司同意将2020年1月至3月的租金在原合同基础上减让50%，其他合同条款不变。假定甲公司和乙公司均选择采用简化会计处理方法，其会计处理如下：

1. 甲公司的会计处理如下：

（1）计算租赁期开始日租赁付款额的现值，并确认租赁负债和使用权资产。

在租赁期开始日，甲公司支付第 1 年的租金 50000 元，并以剩余 9 年租金（每年 50000 元）按 5% 的年利率折现后的现值计量租赁负债。计算租赁付款额现值的过程如下：

剩余 9 期租赁付款额 = 50000 × 9 = 450000（元）

租赁负债 = 剩余 9 期租赁付款额的现值 = 50000 ×（P/A，5%，9）= 355391（元）

未确认融资费用 = 剩余 9 期租赁付款额 − 剩余 9 期租赁付款额的现值 = 450000 − 355391 = 94609（元）

借：使用权资产 405391 租赁负债——未确认融资费用　　94609
　　贷：租赁负债——租赁付款额　　　　　　　　　　　450000
　　　　银行存款（第 1 年的租赁付款额）　　　　　　　50000

（2）租赁期开始日将初始直接费用计入使用权资产的初始成本。

借：使用权资产　　　　　　　　　　　　　　　　　　20000
　　贷：银行存款　　　　　　　　　　　　　　　　　　20000

（3）将已收的租赁激励相关金额从使用权资产入账价值中扣除。

借：银行存款　　　　　　　　　　　　　　　　　　　5000
　　贷：使用权资产　　　　　　　　　　　　　　　　　5000

（4）2020 年 4 月 5 日甲公司与乙公司签订了补助协议，减免的租金为 75000 元（50000×3÷2）。

借：租赁负债——租赁付款额　　　　　　　　　　　　75000
　　贷：管理费用　　　　　　　　　　　　　　　　　　75000

（5）甲公司按租金减让前相同的折现率计算租赁负债的利息费用计入当期损益，并按与租金减让前相同的方法对使用权资产计提折旧等进行后续计量。

2. 乙公司的会计处理（假定乙公司将该租赁分类为融资租赁）：

（1）乙公司初始确认计量略。

（2）2020 年 4 月 5 日甲公司与乙公司签订了补充协议，减免的租金为 75000 元（50000×3÷2）冲减租金收入（假定当月确认的租金收入为 4100 元，按租金减让规定，冲减当期租金收入时以已经确认的当期租金收入为限）。

借：租赁收入　　　　　　　　　　　　　　　　　　　4100
　　投资收益　　　　　　　　　　　　　　　　　　　70900
　　贷：应收账款（或其他应收款）　　　　　　　　　　75000

（3）乙公司应按与租金减让前相同的折现率计算利息并确认为租赁收入。

八是信息披露。租金减让规定要求对于选择简化会计处理方法的企业，应披露相关信息，包括是否采用简化的处理方法、采用简化方法处理的相关租金减让对当期损益的影响金额等。

另外，租金减让规定自发布之日起施行。企业采用简化方法的，可以对2020年1月1日至租金减让规定施行日之间发生的相关租金减让，根据简化方法进行调整。如本文中实施租赁准则（2018）的企业选择采用简化处理方法，甲公司与乙公司虽然于2020年4月5日签订了补充协议，早于财政部发布租金减让规定的时间，但仍可以选择采用简化方法进行处理。甲公司与乙公司如果编制2020年半年报，则减免的租金75000元可冲减减免协议签订当月的租金费用或租金收入和投资收益，视同2020年1月1日起开始执行租金减让规定的简化处理原则进行会计处理。

金融负债和权益工具区分相关会计问题研究

金融负债和权益工具区分正确与否，会对企业的资产、负债结构（资产负债率）和利润表（利息、股利及其他收益的处理原则）情况产生重大影响。《企业会计准则第 37 号——金融工具列报》（财会〔2017〕14 号，以下简称金融工具列报准则）明确了金融负债和权益工具的区分原则，《永续债相关会计处理的规定》（财会〔2019〕2 号，以下简称 2 号文件）又针对永续债和其他类似工具在遵循金融工具列报准则中有关区分金融负债还是权益工具的原则下，作出了一些具体规定。本文主要就金融负债和权益工具区分原则以及实务应用中应考虑的问题作一些阐述。

一、金融负债和权益工具区分的主要原则

金融负债和权益工具区分主要应考虑：一是合同条款所反映的经济实质。金融工具列报准则是一个基于合同的准则，换言之金融负债和权益工具的区分应考虑合同条款及其所反映的金融工具的实质，而不应仅依据监管规定或工具名称进行划分。二是工具的特征。区分金融工具属于金融负债还是权益工具，还需要具体分析并综合评估合同条款中工具各组成部分的具体内容，以确定是具有金融负债特征还是权益工具特征。某些工具兼具两种特征，如企业发行的某些优先股、永续债等，或者发行既包括金融负债又包括权益工具成分的复合金融工具。

（一）金融负债和权益工具的区分原则之一

金融负债和权益工具的区分原则之一，是企业作为金融工具的发行方是否

能够无条件地避免交付现金或其他金融资产的合同义务,这一原则主要是从现金流角度分析(包括以发行方自身权益工具进行结算,此时该自身权益工具是作为现金或其他金融资产的替代品)。如果企业发行工具合同条款表明其具有不能无条件避免交付现金或其他金融资产的合同义务,合同中该项条款将导致至少金融工具的一部分构成金融负债。判断所发行的金融工具是否具有交付现金或其他金融资产的合同义务时,除考虑金融负债和权益工具定义外,需同时考虑以下几个方面的因素:

1. 发行的金融工具是否具有到期日。企业发行的金融工具是否具有到期日是很重要的判断依据。例如,企业发行的永续债合同条款中明确规定该永续债无固定到期日,并且持有方在任何情况下均无权要求发行方赎回该永续债,或者虽然发行的金融工具有到期日但发行方有权力能够无限期地延期偿付,通常表明发行方没有交付现金或其他金融资产的合同义务,在满足其他作为权益工具的条款情况下,企业应将发行的永续债确认为权益。又如,股份有限公司发行的公司债券,该公司债券发行合同约定发行期3年,票面年利率为5%,利息按年支付,到期偿还本金(利息和本金均以现金支付),这表明发行方需按年支付的利息,以及债券3年到期后偿付的本金均需以现金支付,也就是说发行方承担了交付现金和其他金融资产的合同义务,应确认为金融负债。

2. 发行的金融工具有赎回权或回售权。假定工具发行合同条款中规定,发行方具有赎回工具的权利,且规定了赎回日期,如果发行方能够自主决定是否赎回,在其他合同条款满足作为权益工具的,应确认为权益;但是,发行方在分析其是否能自主决定赎回所发行的金融工具时,应当结合自身实际谨慎分析是否能够无条件地自主决定不行使赎回权,若分析结果表明不能无条件地自主决定,通常表明发行方有交付现金或其他金融资产的合同义务。假定金融工具发行合同条款中规定,金融工具持有者具有回售权,即发行方无法自主决定是否赎回,则表明发行方不能无条件地避免赎回该金融工具,也表明发行方不能无条件地避免交付现金或其他金融资产的合同义务,发行方发行的金融工具应确认为金融负债。

3. 发行的金融工具合同中的付息(或股息)条款。企业发行的金融工具合同中的付息(或股息)条款中是否具有支付现金或其他金融资产的合同义务,主要是判断发行方是否具有无条件避免支付利息(或股息)的能力,如果发行方能够通过相应的议事机制自主决定是否支付股息,且发行合同中不存在其他需要交付现金或其他金融资产的合同义务(如投资者具有回售权等),

通常表明发行方不具有交付现金或其他金融资产的合同义务，则为一项权益工具；反之，如果企业所发行的金融工具合同条款表明其具有不能无条件避免交付现金或其他金融资产的合同义务，则该项条款将导致至少金融工具的一部分构成金融负债。某些金融工具（如发行的优先股、永续债）的发行合同中明确规定了若要宣告或分派普通股股利必须先支付优先股、永续债等类似金融工具的股息（股利推动机制），或者发行合同中规定了若不支付优先股、永续债等类似金融工具的股息，则不能宣告或分派普通股股利（股利制动机制），如果发行方能够通过相应的议事机制自主决定普通股股利的支付，则无论是股利推动机制还是股利制动机制，均不会因为这些条款本身导致将发行的优先股等类似金融工具分类为金融负债。

4. 发行的金融工具合同中的利率跳升（或票息递增）条款。这里的利率跳升主要是指如果发行方发行的金融工具合同中虽然规定了该工具没有固定到期日，但规定了在未来几年（如 5 年）如发行方不赎回所发行的金融工具，则在下一个确定的年度开始起（如下一个 5 年开始时），在上一期间利率的基础上适当上浮。在考虑合同中的利率跃升条款时，首先应考虑金融工具列报准则中有关间接义务的规定（这里仅限于永续债或类似工具的利率跳升条款导致的间接义务），企业发行的永续债或类似金融工具合同条款中虽然没有明确地包含交付现金或其他金融资产合同义务相关的条款，但有可能通过其他条款和条件间接地形成合同义务。如果发行的永续债或类似金融工具合同中有关利率跳升条款中规定了利率跳升次数无限制，或者规定了最高利率限制（或称封顶利率），但跳升后的利率或者封顶利率明显高于同期同行业同类型工具平均的利率水平，隐含着发行方将在几年后（如 5 年或者再下一个 5 年后）无条件赎回所发行的金融工具（发行方通过赎回原发行的金融工具，再发行新的金融工具，以降低融资成本），表明发行方承担了间接义务，也即表明发行方将不可避免地承担交付现金或其他金融资产的合同义务；如果发行金融工具的合同条款中规定该工具没有固定到期日，发行方有权自主决定未来是否赎回且如果发行方决定不赎回该金融工具而导致利率上浮的，若利率跳升次数有限、有最高票息限制且封顶利率未超过同期同行业同类型工具的平均利率水平，或者跳升总幅度较小且封顶利率未超过同期同行业同类型工具平均的利率水平，可能不构成间接义务。

5. 发行的金融工具合同中明确该工具的清偿顺序。发行的金融工具合同中有明确的清偿顺序，也是确定该金融工具属于权益工具还是金融负债的考虑因素。当企业所发行的金融工具（如优先股、永续债等）的发行合同条款中的其他条款不存在发行方交付现金或其他金融资产的合同义务，但对该金融工具的清偿顺序不同，则可能导致不同的分类。如果发行合同条款中规定，发行方所发行的金融工具将于发行方清算时劣后于发行方发行的普通债券和其他债务的，且合同条款中的其他条款不存在发行方交付现金或其他金融资产的合同义务，通常表明发行方没有交付现金或其他金融资产的合同义务；如果发行合同条款中规定，发行方所发行的金融工具将于发行方清算时与发行方发行的普通债券和其他债务处于相同清偿顺序的，通常表明发行方具有交付现金或其他金融资产的合同义务。鉴于实务中相关交易的复杂性，在具体判断时还应当根据合同条款综合分析并谨慎考虑此清偿顺序是否会导致持有方对发行方承担交付现金或其他金融资产合同义务的预期，以间接表明发行方具有交付现金或其他金融资产的合同义务，并据此确定其会计分类。

6. 发行的金融工具合同中明确附有或有结算条款。为了保护投资者利益，某些金融工具的发行条款中加入了一些不能由发行方或持有方控制的特殊条款，一旦触发这些条款事项，发行人具有无条件交付现金或其他金融资产的合同义务。金融工具列报准则第十二条规定，"附有或有结算条款的金融工具，指是否通过交付现金或其他金融资产进行结算，或者是否以其他导致该金融工具成为金融负债的方式进行结算，需要由发行方和持有方均不能控制的未来不确定事项（如股份指数、消费价格指数变动、税法变动、发行方未来收入、净收益或债务权益比率等）的发生或不发生（或发行方和持有方均不能控制的未来不确定事项的结果）来确定的金融工具"。附有或有结算条款的金融工具通常表明发行方不能无条件地避免交付现金或其他金融资产，应将该工具分类为金融负债，除非该工具要求以现金、其他金融资产或以其他导致该工具成为金融负债的方式进行结算的或有结算条款几乎不具有可能性，即相关情况极端罕见、显著异常且几乎不可能发生（表明金融工具发行条款中所附的该事项的发生不具有可能性）；或者只有在发行方清算时，才需以现金、其他金融资产或以其他导致该工具成为金融负债的方式进行结算；或者按照金融工具列报准则规定的特殊金融工具中分类为权益工具的可回售工具。例如，永续债发行合同条款中规定，如果发行方5年的平均年净利润未达到8000万元的，则发行方需赎回所发行的永续债。在该例子中，由于发行方不能控制未来5年平均年利润能否达到8000万元，即使发行方过去历年实现的平均年净利润在8000万元以上，但由于未来5年能否达到目标利润仍具有不确定性（如发生经济周期下行、行业发展受新兴行业影响等因素），且不能由发行方控制，发行方发行的金融工具仍应确认为金融负债。

企业在判断发行的金融工具是划分为权益工具还是金融负债时，通常不受以下各项因素的影响，包括：以前及未来利润分配的情况或意向、发行方是否有可供分配利润、相关金融工具如果没有发放股利对发行方普通股的价格可能产生的负面影响、发行方对一段期间内损益的预期、发行方是否有能力影响其当期损益等。

（二）金融负债和权益工具的区分原则之二

是否通过交付固定数量的自身权益工具进行结算，是区分金融负债和权益工具的第二项原则。某些金融工具发行的合同条款中规定，将来以发行方的自身权益工具进行结算，附有以自身权益工具进行结算的合同条款本身并不完全表明该工具符合权益工具的定义而确认为一项权益工具。这种情况下，需要根据合同条款判断用于权益工具进行结算的是将权益工具作为支付现金或其他金融资产的对价（作为现金或其他金融资产的替代品），还是发行方以自身权益工具进行结算是为了保证持有方以投资者身份享有发行方净资产（发行方的资产减去负债后的剩余权益）的权益，如为前者，则发行方发行的金融工具应确认为金融负债，如为后者，则应确认为权益工具。

如何分析发行方以自身权益工具进行结算是否属于现金或其他金融资产的替代品，主要应考虑该发行方未来是否交付可变数量的自身权益工具，同时考虑该金融工具是属于衍生工具还是非衍生工具。对于非衍生工具，如果发行方未来结算时需交付可变数量的自身权益工具，则属于现金或其他金融资产的替代品，应确认为金融负债。金融工具列报准则指南指出："如果将交付的企业自身权益工具数量是变化的，使得将交付的企业自身权益工具的数量乘以其结算时的公允价值等于合同义务的金额，则无论该义务的金额是固定的，还是完全或部分地基于除企业自身权益工具的市场价格以外的变量（例如利率、某种商品的价格或某项金融工具的价格）的变动而变化，该合同应当分类为金融负债"。对于衍生工具，如果发行方未来只能以固定数量的自身权益工具交换固定金额的现金或其他金融资产进行结算（即"固定换固定"），该工具应确认为权益。同时，金融工具列报准则指南中指出："如果发行方以固定数量自身权益工具交换可变金额现金或其他金融资产，或以可变数量自身权益工具交换固定金额现金或其他金融资产，或在转换价格不固定的情况下以可变数量自身权益工具交换可变金额现金或其他金融资产,则该衍生工具应当确认为衍生金融负债或衍生金融资产"。笔者认为,当发行方以自身权益工具进行结算时,以结算时该工具的公允价值(如为上市公司的普通股,通常为结算时该普通股的市场价格)计算所转换股份的数量,从该金融工具持有方角度看,相当于持有方以现金或其他金融资产从市场上以该股份的市场价格购买发行方的股份,工具持有方只有在转换为发行方股份时(成为发行方的股东)才成为发行方真正的股东并分享成为发行方股东后的剩余权益,而非从工具发行时即享有发行方在其资产扣除所有负债后的净资产(剩余权益);从发行方角度看,虽然发行方以自身权益工具进行结算,但如果以发行方自身权益工具结算仅仅表明将自身权益工具作为现金或其他金融资产的替代品,则表明发行方仍具有向工具持有者交付现金或其他金融资产的合同义务。因此,发行方发行的金融工具应确认为金融负债。例如,甲公司发行了名义金额为100元的永续债,年利率为4%,合同条款约定于5年后转换为甲公司的普通股(包括本金和未支付的利息),转股价格为转股日前一工作日该普通股的收盘价。该例表明,转为发行方普通股的转股价格不固定,导致未来交付的普通股数量为可变的,从该发行合同实质看,是甲公司承担了将于5年后以自身普通股结算的义务,且该义务的金额是按甲公司普通股市场价格偿付本金和未支付的利息。因此,该永续债应作为金融负债核算。如果发行方发行的衍生工具是以自身权益工具进行结算且符合"固定换固定"的条件,则该衍生工具是权益工具。例如,甲公司发行了名义金额为100元的永续债,年利率为4%,该利息是否支付由发行方自主决定,同时,合同条款约定于5年后每份名义金额为100元的永续债可以转换为甲公司4股普通股。假定不存在其他条款条件的情况下,发行的该永续债应确认为权益工具。此外,附有可转换为发行方普通股的可转换债券等金融工具,在未转换为发行方普通股期间内,发行方可能发行新的金融工具(如增发新股等),如果发行合同条款中表明此类金融工具持有方在发行方的权益中的潜在利益不会被稀释(即反稀释条款),即当发行方发行新的金融工具时,转股价格将进行相应的调整,以保证"稀释股权事件发生之前和之后,每一份此类金融工具所代表的发行方剩余利益与每一份现有普通股所代表的剩余利益的比例保持不变,即此类金融工具持有方相对于现有普通股股东所享有的在发行方权益中的潜在相对利益保持不变,则可认为这一调整并不违背'固定换固定'原则",也可以理解为是一种"动态"的"固定换固定"。

由于实务中发行的永续债、优先股、可转换债券等合同条款中有关以发行方自身权益工具进行结算的条款不同,企业应当根据发行合同条款中所反映的经济实质,按照金融工具列报准则及其指南和2号文件的规定,判断所发行的金融工具或其组成部分属于金融负债还是权益工具。

(三) 特殊金融工具的金融负债和权益工具的区分

金融工具列报准则第三章所述的特殊金融工具包括:(1) 可回售工具。可回售工具,是指根据合同约定,持有方有权将该工具回售给发行方以获取现金或其他金融资产的权利,或者在未来某一不确定事项发生或者持有方死亡或退休时,自动回售给发行方的金融工具(如企业发行的可随时赎回的开放式基金)。(2) 仅在清算时才有义务向另一方按比例交付其净资产的金融工具(如有限寿命的主体)。特殊金融工具的主要特点:一是两类特殊金融工具均符合金融负债定义(而非符合权益工具定义),但须同时满足一定条件(金融工具列报准则第十六条、第十七条和第十八条)才能分类为权益工具。二是赋予持有方在企业清算时按比例份额获得该企业净资产的权利。这里的"按比例份额"是指企业的净资产分拆为金额相等的单位,并且将单位金额乘以持有方所有的单位数量;这里的"净资产"是指扣除所有优先于该工具所对企业要求权之后的剩余资产。三是发行方在清算时其对企业净资产的要求权为最劣后级的,是分类为权益工具的必要条件。也就是说,虽然该金融工具符合金融负债的定义,但实质上相当于和普通股一样在发行方清算时其清算财产在扣除所有负债和优先于该工具对企业要求权后的剩余财产才能偿付给该工具持有方的,才可作为权益工具列报。四是没有其他工具会实质上限制或固定持有方的剩余回报。

(四) 合并财务报表中金融负债和权益工具的区分

金融工具列报准则第十五条规定,"在合并财务报表中对金融工具(或其组成部分)进行分类时,企业应当考虑企业集团成员和金融工具的持有方之间达成的所有条款和条件"。企业集团母公司在编制其合并财务报表时,将母公司及其控制的子公司作为一个企业集团整体看待,对于企业集团各成员发行或持有的金融工具,如果从企业集团整体看具有不可避免地交付现金或其他金融资产的合同义务,则在发行方母公司的合并财务报表中应将该工具列报为金融负债。例如,A公司和B公司均为甲公司持有其100%股权的子公司。B公司向集团外第三方投资者发行不可赎回优先股,并且满足其他确认为权益工具的条件。同时,A公司向B公司的优先股股东签发一项看跌期权,B公司的优先股股东有权向 A 公司出售其持有的 B 公司发行的优先股,且 A 公司需以现金支付。在本例中,从甲公司合并财务报表层面看,集团作为一个整体不能无条件地避免赎回该优先股(A 公司向 B 公司的优先股股东签发的看跌期权的影响),因此,在甲公司合并财务报表中应将 B 公司发行的该优先股分类为金融负债。在 B 公司个别财务报表中,由于 B 公司没有赎回该优先股或支付股息的合同义务,应分类为权益工具。

对于两类特殊金融工具在符合条件的情况下,金融工具列报准则中将其分类为权益工具而非金融负债,这属于准则的一个例外,而准则对这一例外不允许在合并财务报表中扩大其使用范围。因此,虽然在发行方的个别财务报表中对特殊金融工具列报为权益工具,但在合并财务报表中,特殊金融工具对应的少数股东权益部分,应当分类为金融负债。

二、在债转股过程中发行人是否可能因让渡表决权和拖卖权条款而承担间接义务

例如,乙公司为甲公司的全资子公司,当期对乙公司的银行借款实施市场化债转股,债转股实施机构自商业银行承接债权后,按照债权名义金额对乙公司增资。增资完成后,债转股实施机构成为乙公司少数股东,持有乙公司30%股权。市场化债转股协议约定的初始投资期限为 3 年,3 年期满后,债转股实施机构可以向甲公司发出通知询问其是否同意受让乙公司全部或部分目标股权:(1)假设甲公司同意受让目标股权,应当在收到债转股实施机构发出书面通知之日起 20 个工作日内按照约定价格(本金加每年 10% 固定回报)支付转让价款。(2)假设甲公司未同意受让目标股权,则债转股实施机构有权要求:第一,甲公司让渡股东会表决权:即在乙公司的股东会表决时,债转股实施机构将拥有过半数表决权以至于有能力单方面决定乙公司的经营、融资等重要相关事项,换言之,甲公司将失去对乙公司的控制,但其享有乙公司的实现净利润和净资产份额并不因此而受到影响;第二,债转股实施机构具有"拖卖权(Drag – alongRight)":即债转股实施机构有权将其所持全部或部分股权转让给第三方,并且有权要求甲公司跟随其按相同比例、相同定价出售所持乙公司股权给该第三方,但甲公司可以收到股权转让的对价。对于这个问题,会计上存在的问题是在甲公司合并财务报表层面,让渡表决权和拖卖权条款是否可能构成间接义务?

有观点认为，这种情况下可能构成间接义务。该观点认为，当甲公司选择不受让目标公司（乙公司）股权时，就有权被要求让渡对乙公司的表决权或被强制拖卖，令甲公司失去对乙公司的控制权。因此，可以认为失去对乙公司的控制权属于显著不利条件，令甲公司被迫选择交付现金受让目标公司股权。也有观点认为，这种情况下不可能构成间接义务。该观点认为，按照金融工具列报准则及相关指南及规定的要求，企业应当基于合同条款内含的经济实质来判断发行人是否有能力无条件地避免还本付息的合同义务，但金融工具列报准则及相关指南及规定并未要求企业考虑合同条款的经济激励或强迫作用，除非其间接地形成合同义务。

《国际会计准则第 32 号——金融工具列报》（以下简称 IAS32 号准则）为发行人是否承担间接义务提供了具体指导，并在示例中指出的情形皆为发行人在可替代的不同方案之间进行选择，其中，第一个示例是发行人在收益分配/赎回金融工具和履行非金融义务之间进行选择；第二个示例是发行人在交付现金/其他金融资产和自身权益工具之间进行选择，在此情形下，IAS32 号准则要求发行人判断是否实质上在所有情形下均承担了至少相当于现金选择权金额的交付义务。由此可见，IAS32 号准则对于间接义务的判断还是需要考虑具体情况，而让渡表决权和拖卖权安排并不属于 IAS32 号准则列举的情形。换言之，尽管其属于具有经济激励或强迫作用的条款，但仅仅让渡表决权和拖卖权本身尚不构成 IAS32 号准则所指的间接义务，需要根据交易的合同安排和具体情况，考虑其经济实质进行判断。此外，具有经济激励或强迫作用的合同条款是融资交易中的常见安排，其他安排还包括股利推动机制、股利制动机制等，企业需要审慎考虑其经济实质，同时不应当简单地对于间接义务要求进行扩大化解读，以免背离 IAS32 号准则的基本精神。

财政部会计准则委员会发布的《会计准则实务问与答》中就让渡表决权和拖卖权是否构成间接义务进行了解释，即"假设债权人将债权转为对债务人的股权投资，同时约定在未来某个时点可以询问债务人的母公司是否愿意受让该股权，如果债务人母公司不同意，债权人有权要求：（1）让渡表决权，即母公司让渡对其子公司股东会表决权给债权人，从而失去对其子公司的控制，但享有的利润和净资产份额不受影响；（2）拖卖权，即债权人将股权转让给第三方时，有权要求母公司跟随其按相同比例以公允价格出售所持子公司的股权给第三方，并收到股权转让对价。根据金融工具列报准则及其应用指南，企业不能无条件地避免以交付现金或其他金融资产来履行一项合同义务的，该合同义务符合金融负债的定义。有些金融工具虽然没有明确地包含交付现金或其他金融资产义务的条款和条件，但有可能通过其他条款和条件间接地形成合同义务。例如，企业可能在显著不利的条件下选择交付现金或其他金融资产，而不是选择履行非金融合同义务或交付自身权益工具。通常情况下，在债务人的母公司合并报表层面，如果能够判断不会在显著不利的条件下选择交付现金或其他金融资产，上述'让渡表决权'和'拖卖权'不构成间接义务，不应因存在上述条款认为相关金融工具符合金融负债的定义"。笔者认为，一是对于"显著不利条件"的判断至关重要，如果上述案例中债权人有权要求甲公司以自身权益工具进行结算，但交付的自身权益工具的价值显著超出甲公司受让乙公司股权需支付的现金或其他金融资产的金额，则甲公司将在"显著不利条件"下选择交付现金或其他金融资产；二是在乙公司的个别财务报表中，如果发行合同的其他条款中均满足确认为权益的条件，则不会仅仅因让渡表决权或拖卖权而导致发行的金融工具分类为金融负债；三是甲公司应根据交易的经济实质，综合考虑让渡表决权和拖卖权对其财务报表的影响及其会计处理，并应当在甲公司的个别和合并财务报表附注中对该事实进行披露。

三、永续债等类似金融工具发行合同中有关投资者保护条款对于金融负债和权益工具区分的影响

为强化市场化约束机制，更好地保护投资者权益，中国银行间市场交易商协会发布《关于发布〈投资人保护条款范例〉的公告》（以下简称范例公告），该范例公告要求发行人在永续债等类似金融工具发行合同中加入相关投资者保护条款，其基本条款分为"交叉保护条款""事先约束条款"和"控制权变更条款"三大类，其中事先约束条款又分为财务指标承诺和事先约束事项两类。这些条款的加入对市场上发行的永续债等类似金融工具能否被分类为权益有直接的影响。例如，范例公告中对有关交叉保护条款规定，发行主体可以在发行时选择违约主体范围（如是否包括全部或部分子公司）、违约债务种类（是否包括贷款、承兑汇票、资产管理计划融资等）、违反约定金额绝对值或相对值。这些条款选定后，在永续债存续期间，一旦发行主体对事先约定范围内的债务违约，将触发救济和豁免机制，其中包括主承销商在约定时间内召开持有人大会。发行人可作出解释或提供救济方案，持有人大会根据投票结果选择无条件豁免、有条件豁免（如要求发行人增加担保、提高票面利率或其他措

施），还是将永续债回售给发行方，对其他会触发上述的救济和豁免机制的条款还包括以下几类：（1）发行主体无法达到事先约定的财务指标。（2）发行主体违反事先约束事项，其包括的可选事项有出售/转移重大资产、股权托管协议变更、质押或减持上市公司股权、新增金额较大的名股实债、资产池承诺、对外提供重大担保、债务重组等。（3）发行主体出现控制权变更。

对于发行的永续债等类似金融工具的合同条款中存在上述交叉保护条款，在会计上存在的问题：（1）交叉保护条款是否会导致发行主体需要将永续债等类似金融工具分类为金融负债？由于发行方无法控制其是否能有足够的资金支付到期的债务，即其无法控制是否会对债务产生违约，因此，如果其发生交叉违约事件时，持有人就有权将永续债等类似金融工具回售给发行主体，根据金融工具列报准则及其指南的规定，发行方不能无条件地避免以交付现金或其他金融资产来履行一项合同义务，则该合同义务通常符合金融负债的定义[特定情况下，如果触发的救济措施本身并不会导致发行人承担合同义务，例如只需要进行公告等，则交叉违约条款（包括其他触发条款）即使发行方不能控制其发生，也不会被分类为金融负债]。（2）如果发行的金融工具的合同条款中包括上述的其他触发条款，哪些条款会导致发行主体需要将永续债等类似金融工具分类为金融负债？关于这些问题，根据金融工具列报准则第十条规定，发行方不能无条件地避免以交付现金或其他金融资产来履行一项合同义务，则该合同义务符合金融负债的定义。因此需要分析下列哪些触发事件是发行方不能控制的。对上述其他触发条款中的财务指标，因为发行方无法控制能否盈利或产生足够的现金流，所以发行方无法控制能否满足事先约定的财务指标。而其他触发条款中的事先约束事项，如果发行方选择不进行某些事项，可能会影响发行方的持续经营，因此需要分析发行方能否在实质上避免发生这些事项。另外可以考虑这些事项是否需要经过发行方公司章程规定的议事决策机制，通常情况下如果这些事项需要经过正常的决策机制，通常认为发行方可以控制这些事项是否发生，从而能无条件地避免以交付现金或其他金融资产来履行一项合同义务，因此可以将永续债等类似金融工具划分为权益。另外，关于发行方出现的控制权变更事项，因发行方无法控制自己的股东是否会将股票出售，或实际控制人是否会变更，因而一般认为控制权的变更是发行方无法控制的。

针对上述问题，金融工具列报准则指南中指出："企业应当注意其他投资者保护条款。例如，一旦发行人破产或视同清算、发生超过净资产10%以上重大损失、财务指标承诺未达标、财务状况发生重大变化、控制权变更或信用评级被降级、发生其他投资者认定足以影响债权实现的事项等情形,那么该永续债一次到期应付,除非持有人大会通过豁免的决议……",由于发行人无法控制上述事项,"进而无法无条件地避免交付现金或其他金融资产来履行一项合同义务。因此,包含此类条款的永续债等类似金融工具也应当被分类为金融负债"。

四、减资法律程序对金融负债和权益工具区分的影响

实务中,企业经常以各种方式进行融资,其中,在通过增资引入私募基金投资(以下简称PE投资方)时,某些情况下,企业会给予PE投资方一些特别权利,如回购权,即约定如未来发生某些触发事件的,PE投资方有权选择要求吸收投资方的控股股东或者目标公司(以下简称目标公司)回购其所持有的股权。常见的触发事件包括:目标公司未能在确定期限内完成首次公开募股(IPO),或者未能完成业绩承诺,或者吸收投资方的控股股东和/或吸收投资方严重违反增资协议等(俗称对赌协议)。

最高人民法院在《全国法院民商事审判工作会议纪要》(俗称九民纪要)中就与公司之间的对赌协议的法律有效性和履行首次做出了明确规定,即投资方与目标公司订立的对赌协议在不存在法定无效事由的情况下,目标公司仅以存在股权回购或者金钱补偿约定为由,主张对赌协议无效的,人民法院不予支持,但投资方主张实际履行的,人民法院应当审查是否符合《公司法》关于"股东不得抽逃出资"及股份回购的强制性规定,判决是否支持其诉讼请求。投资方请求目标公司回购股权的,人民法院应当依据《公司法》第35条关于"股东不得抽逃出资"或者第142条关于股份回购的强制性规定进行审查。经审查,目标公司未完成减资程序的,人民法院应当驳回其诉讼请求。基于九民纪要的规定,PE投资方如果根据投资协议行使回购权,要求目标公司回购其股份,必须经目标公司履行减资的程序。针对减资事项,根据《公司法》的要求需经出席股东大会会议的股东所持表决权的三分之二以上通过。在实务中,PE投资在目标公司中的持股比例通常不会超过三分之二,这些投资方无法控制减资决议的通过。对包含对赌条款的出资协议,吸收投资方对投资方投入的资金应认定为金融负债还是权益工具时,是否应当考虑减资程序的要求,如果需要考虑,是否会对金融负债和权益工具的分类产生影响?

对于上述问题,实务中存在不同的观点。第一种观点认为,不需要考虑能

否通过减资程序。其理由是：投资协议明确了在触发事件发生时，企业存在回购义务，存在回购义务与无法履行是两个概念。由于各种障碍的存在（如需要得到有关监管部门的批准才能支付或其他法律法规的限制等），导致无法履行义务并不能改变回购义务存在的事实。按照金融工具列报准则有关金融负债和权益工具的判断，即是否可以无条件避免支付现金或其他金融资产的义务，而不在于义务能否履行。因此，PE投资方会由于回购权义务的存在而不满足权益工具的定义，应当就回购权义务确认金融负债，而减资虽然要通过一定的程序，但这涉及的是义务的履行而非不存在履行义务；也就是说，对赌条款是投资者与目标公司、目标公司股东签署的，因此目标公司的股东和董事需要遵守对赌条款约定，包括通过减资履行回购义务。会计处理需要体现交易实质，不应受法律是否支持的影响。因此，在会计处理时，不应当考虑减资程序的要求。第二种观点认为，应当考虑能否通过减资程序。由于PE投资方的股权比例过低，通常来说难以以一己之力通过减资程序而实现退出。如果其他股东，尤其是吸收投资方的控股股东在目标公司获得PE投资当时就明确表示不会在股东大会中对于PE投资方提请的减资提案投赞成票，那么目标公司就可以认为自己没有支付义务，对PE投资方的投资可以确认为权益工具。第三种观点认为，应当考虑减资程序。具体的考虑是需分析该减资决议是否属于企业正常议事机制的一部分，即股东在投票表决时，代表的是企业的利益还是自身的利益。如果是前者，说明属于企业正常议事机制，是企业决策的一部分（如企业每年的分红决定），是企业能够控制的，则企业可以无条件避免交付现金或其他金融资产的义务，对PE投资方的投资可以确认为权益工具；如果是后者，与股东作出出售自身股权的决定性质一样，属于股东自身的行为，不属于企业能够控制的事项，则企业无法做到避免交付现金或其他金融资产的义务，对PE投资方的投资应确认为金融负债。这个观点之下，可能有两种结果：一是股东在这种情形下的投票代表的是股东自身的利益。实务中，回购权在设计时，通常都是由企业和控股股东（创始人）共同承担回购义务，选择哪一方回购的权利在PE投资方手里。对于企业的全部股东而言，会区分为共同承担回购义务的控股股东与没有回购义务的其他股东两类。控股股东在减资议案投票时可能会倾向于赞成，以规避自身的回购义务，让企业履行回购义务等于间接让其他股东共同承担了回购义务；与之相反，其他股东在减资事项投票时可能会倾向于反对。因此，目标公司不能控制减资决议的通过，目标公司不能无条件地避免承担回购自身权益工具的义务，在这种情况下应确认为金融负债。

二是不论是对赌条款还是其他情形出现的减资议案，均是按照企业章程的约定履行相同的议事流程进行，而根据《公司法》的要求，股东是可以通过减资实现退出的，股东决议、债权人公告都是必须的流程和程序而已，因此会倾向于认为不同情形下的减资没有实质上的不同，均是属于企业正常议事机制的一部分。股东在表决时，考虑的都是企业未来长远利益而非自身利益对减资议案进行表决。因此，企业可以控制减资决议的通过与否，可以无条件地避免承担回购自身权益工具的义务。

笔者认为，无论是否考虑减资程序，均不影响发行人就承担的回购义务确认为金融负债的结论。其理由：一是回购条款在法律上有效的前提下，在某些触发事件发生时，投资方有权要求目标公司回购股份，是根据合法有效的投资协议中约定的条款所赋予的合同权利，该投资协议已经目标公司批准。因此该投资协议导致目标公司承担了无法无条件地避免交付现金或其他金融资产的合同义务。二是虽然必须经目标公司履行减资的程序，且投资方在目标公司中的持股比例通常不超过三分之二，无法控制减资决议的通过，但若目标公司在此情形下不通过减资决议，则目标公司已经违反了投资协议的合同约定，这并不代表目标公司在投资协议下可以无条件避免交付现金或其他金融资产。三是从发行人的角度看，减资事项能否通过是由发行人股东决定，发行人不能控制该事项，因此不能无条件地避免交付现金或其他金融资产以履行回购义务。四是发行人在发行金融工具时，虽然取得了发行人股东的同意，但随着发行的金融工具原合同条款约定的条件或事项随着时间的推移或经济环境的改变而发生变化，可能会发生发行方不能够控制的事项（如大股东更换、公司战略考虑、大股东决定对发行方进行重大重组等因素影响），无论减资决议是否属于企业正常议事机制的一部分，均不能表明发行方能够无条件地避免交付现金或其他金融资产的合同义务（与企业每年的分红决定不同，因为企业能够控制每年是否分红）。因此由于目标公司无法控制触发事件是否发生，从而无法无条件地避免交付现金或其他金融资产的合同义务，包含此类对赌条款导致发行方承担的回购义务应当分类为金融负债。

五、发行合同中有关回购条款等的恢复安排对金融负债和权益工具区分的影响

企业尤其是拟上市公司（发行方）在引入财务投资者之时，原股东、标

的企业和新投资者往往会在投资协议中约定对赌条款。常见的对赌标的包括：IPO时间、业绩目标、控制权丧失等。常见的对赌条款包括：股份回购条款（如要求拟上市公司或大股东回购）、清算优先权条款、现金/股权补偿条款、反稀释条款、最优惠条款、领售权条款等特殊权益安排。目前A股市场中涉及特殊权益安排的拟上市公司，根据《公司法》及上市规则的相关规定，为了保证股权的清晰和实际控制人的稳定，所有的特殊权益在IPO申报期前都会中/终止。但某些案例中，会同时在合同条款中另行约定权益恢复情形，因此需要考虑不同的权益恢复情形对股债分类的影响。

实务中存在的第一种情形是：投资人和拟上市公司之间的合同条款约定，所有的特殊权益于IPO申报期前已经中止，但若在某年某月某日之前公司未能完成A股IPO，则前述的特殊权益（包括投资人要求拟上市公司回售和某些反稀释权等）自动恢复效力。这种情况下，从拟上市公司（发行方）的角度，其募集的款项应当区分为金融负债还是权益工具？针对这种情形，会计上的观点之一是认为应分类为权益工具。其理由是：目前发行人处于IPO过程中，在这个过程中，投资人原有的所有特殊权益都已经终止，也尚未到达特殊权益自动恢复效力的时点，因此申报期内发行人并没有支付现金或其他金融资产的合同义务，投资款应当分类为权益。第二种观点认为，会计上应分类为金融负债。其理由是：根据金融工具列报准则第十条规定，企业不能无条件避免以交付现金或其他金融资产来履行一项合同义务，该合同义务符合金融负债的定义；同时，金融工具列报准则第十二条规定，对于附有或有结算条款的金融工具，发行方不能无条件地避免交付现金、其他金融资产或以其他导致该工具成为金融负债的方式进行结算的，应当分类为金融负债，除非导致该工具成为金融负债的方式进行结算的或有结算条款几乎不具有可能性，或者只有在发行方清算时，才需以现金或其他金融资产进行结算。笔者认为，在这种情形下，由于发行人不能控制在特定日期前完成A股IPO，因IPO能否完成受制于是否获批以及市场情况，而一旦无法完成IPO就导致投资人的特殊权益包括回售权（要求拟上市公司回购）和某些反稀释权等自动恢复，因此发行人无法无条件地避免交付现金或其他金融资产的合同义务，不满足权益工具定义，应就承担的回购义务确认为金融负债。

例如，甲公司为乙公司的母公司，持有乙公司100%的股权；乙公司为拟上市公司，除甲公司投资的普通股外，乙公司无其他作为权益的工具。2×18年1月1日，经甲公司同意，乙公司引进了战略投资者（M公司），M公司向乙公司增资 10 亿元，并持有乙公司 25% 的股权。M 公司对乙公司增资后，甲公司持有乙公司 75% 的股权，仍能控制乙公司的相关活动。根据甲公司、乙公司和 M 公司签署的增资协议约定，如果乙公司未能在 2×21 年 12 月 31 日前完成 IPO，M 公司有权要求乙公司以其普通股进行结算，结算价格为 M 公司增资 10 亿元和按 6.5% 年化收益率以及实际投资期限计算的收益之和与结算日乙公司普通股的市场价格（公允价值）计算的金额孰高确定。按照相关法规规定，乙公司在 IPO 申报前清理所有特殊权益，为此，2×18 年 9 月 30 日，甲公司、乙公司和 M 公司签订了补充协议，该协议约定自补充协议签署之日起中止原协议中 M 公司的回售权，同时约定，如果乙公司在 2×21 年 12 月 31 日前未能完成 IPO，回售权将于 2×22 年 1 月 1 日自动恢复。除此以外，不存在其他特殊情况。在本例中，M 公司于 2×18 年 9 月 30 日签署补充协议之日起中止原协议中的回售权，但补充协议又约定，如果乙公司在 2×21 年 12 月 31 日前未能完成 IPO，回售权将于 2×22 年 1 月 1 日自动恢复，表明补充协议与原协议在本质上没有区别，即上述签署的协议中包含的或有结算条款，也就是 M 公司能否行使回售权以使乙公司承担回购自身权益工具的义务，取决于乙公司以及 M 公司均不能控制的未来不确定事项的发生或不发生，且该条款不满足金融工具列报准则中有关或有结算条款中的"极端罕见、显著异常且几乎不可能发生"的条件，不能分类为权益工具。鉴于上述协议条款的约定，乙公司不能无条件地避免交付现金或其他金融资产的合同义务，乙公司应于 M 公司增资时，将 M 公司的增资款按回购所需支付金额的现值确认为金融负债，即使在签订补充协议时，仍应将该增资款确认为乙公司的金融负债。如果乙公司 2×21 年 12 月 31 日前完成 IPO，M 公司即丧失了对该工具的回售权，表明原合同条款约定的条件或事项随着时间推移或经济环境改变而发生变化，乙公司应于其股票上市时将 M 公司的增资重分类为一项权益工具，并按照重分类日金融负债的账面价值计量，即，按金融负债账面价值中 M 公司持有乙公司普通股的股份金额，转为乙公司的股本，金融负债账面价值减去转为乙公司普通股股份金额的差额，确认为资本公积（股本溢价）。

实务中存在的第二种情形是：投资人和拟上市公司约定所有的特殊权益于 IPO 申报期前已经终止。同时，投资人与拟上市公司的实际控制人（对公司拥有控制）签订协议，该协议的合同方只有投资人和实际控制人，没有拟上市公司。该协议约定若在特定日期前拟上市公司未能完成 A 股 IPO，届时由实际控制人促使拟上市公司恢复投资人的特殊权益（投资人回售权和某些反稀释权等），包括但不限于实际控制人提议召开董事会、股东会或其他内部决策程序，并在所有决策程序中投赞成票。上述条款应当如何考虑金融负债和权益工具的区分？在这种情形下，有观点认为取得的投资款应分类为权益工具。其理由是：投资人与实际控制人约定的权利恢复条款，是股东之间的合同约定，发行人不是合同的一方，股东之间的协议并没有形成发行人的合同权利和义务。尽管实际控制人已经向投资人承诺会促使拟上市公司召开董事会和股东会并在会上投赞成票，恢复投资人的回售权等，但该承诺事项是实际控制人运用控股股东权利，通过拟上市公司正常的议事机制所形成的决议，因此在相关决议形成之前，并不会导致在拟上市公司层面形成一项金融负债。另一种观点认为取得的投资款应分类为金融负债。其理由是：尽管投资人与实际控制人约定的权利恢复条款，是股东之间的合同约定，但是实际控制人已经向投资人承诺会促使拟上市公司召开董事会和股东会并在会上投赞成票，恢复投资人的回售权，由于拟上市公司无法控制权利恢复事项的发生与否，且实际控制人的承诺将导致在触发权利恢复情形时，拟上市公司将确定恢复投资人的回售权，进而最终承担了不能无条件地避免交付现金或其他金融资产的合同义务，因此拟上市公司应当考虑该控股股东的承诺事项是否构成自身交付现金或其他金融资产的间接合同义务，进而在拟上市公司层面确认一项金融负债。笔者认为，投资人与实际控制人约定的权利恢复条款，是股东之间的合同约定。发行人不是合同的一方，因此股东之间的协议并没有形成发行人的合同权利和义务。尽管实际控制人已经向投资人承诺会促使拟上市公司召开董事会和股东会并在会上投赞成票，恢复投资人的回售权等，但该承诺事项是实际控制人运用控股股东权利，通过拟上市公司正常的议事机制所形成的决议，因此在相关决议形成之前，并不会导致在拟上市公司层面形成一项金融负债，如果发生了合同条款中另行约定权益恢复的情形，根据相关的议事机制作出决议同意投资人的权益恢复时，再将权益工具重分类为金融负债。同时，笔者也认为，在具体实务中，还应当重新审视发行工具合同以确定发行人是否具有交付现金或其他金融资产的合同义务，再确定应当分类为金融负债还是权益工具。

上述两种情形均是投资人和拟上市公司约定所有的特殊权益于 IPO 申报期前已经中/终止，但在实务中可能还存在第三种情形，即实务中终止投资人特殊权益的条款终止于 IPO 申报期间（如条款终止的签订日是 2019 年 7 月 1 日，但是申报期是 2018～2020 年），对于这个条款终止签订日之前的会计期间，应当如何认定是金融负债还是权益工具？笔者认为，这种情况下，仍应基于当时生效的合同条款，并采用与上述两种情形相同的原则区分是权益工具还是债务工具；对于条款终止签订日之前已作的分类，不再追溯。

六、永续债、优先股等类似金融工具持有方的会计分类

投资方持有永续债、优先股等类似金融工具的，应当遵循《企业会计准则第 22 号——金融工具确认和计量》（以下简称 22 号准则）和金融工具列报准则规定的原则，与发行方对该永续债、优先股等类似金融工具的会计分类原则保持一致。对于发行方作为权益工具的永续债、优先股等类似金融工具的，持有方应当按照 22 号准则确定的原则进行分类，即持有方应按 22 号准则的规定将其分类为以公允价值计量且其变动计入当期损益的金融资产，或在符合条件时对非交易性权益工具投资初始指定为以公允价值计量且其变动计入其他综合收益。对于发行方作为金融负债的永续债、优先股等类似金融工具的，持有方应当按照 22 号准则规定，在符合合同现金流量特征的前提下，将其分类为以摊余成本计量的金融资产，以公允价值计量且其变动计入其他综合收益的金融资产，或以公允价值计量且其变动计入当期损益的金融资产。对附回售条款的股权投资，投资方除拥有与普通股股东一致的投票权及分红权等权利外，还拥有一项回售权，如果投资方对被投资方不具有重大影响的，因该项投资不满足权益工具的定义，且不满足合同现金流量特征，该项投资应根据 22 号准则分类为以公允价值计量且其变动计入当期损益的金融资产。

如果投资方因持有权益性投资而对发行方具有控制、共同控制或重大影响的，按照《企业会计准则第 2 号——长期股权投资》和《企业会计准则第 20 号——企业合并》进行确认和计量；投资方需编制合并财务报表的，按照《企业会计准则第 33 号——合并财务报表》的规定编制合并财务报表。对附回售条款的股权投资，应当具体分析该投资的性质，如果实质上承担的风险和报酬与普通股股东明显不同，该项投资应当整体作为金融工具核算，并将其分类为以公允价值计量且其变动计入当期损益的金融资产；如果投资方承担的风险和报酬与普通股股东实质相同，且对被投资方具有重大影响的，应确认为长期股权投资，回售权应视为一项嵌入衍生工具进行分拆，分拆的衍生工具按照 22 号准则的规定进行处理。

套期会计解析

套期会计是金融工具系列准则的一部分，也是整个会计准则体系中一个特殊的存在。一方面，除极少数特殊情况外，企业发生的相关交易或事项所取得的收益或利得、发生的费用或损失在财务报表列报时不能抵销，套期会计则是一种例外；另一方面，企业发生的套期业务可以选择采用套期会计准则进行会计处理，也可以选择按照其他会计准则进行会计处理，并非强制要求执行套期会计准则。

一、套期业务简介

企业在经营活动中会面临各类风险，涉及外汇风险、利率风险、价格风险、信用风险等。对于此类风险敞口，企业可能会选择通过利用金融工具产生反向的风险敞口（即开展套期业务）来进行风险管理活动。

以企业经营活动中最常见的价格风险为例，其变动分为下跌和上涨两种情形，与之对应，套期也分为两种：一种是卖出套期，用来规避未来某种商品或者资产价格下跌的风险。例如，企业已经持有某种商品或资产，预计在未来要销售某种商品或资产，但销售价格尚未确定，担心未来市场价格下跌导致销售收入下降，企业可通过在期货市场进行卖出套期操作，锁定价格，固定其经营成果，规避价格下跌的风险。另一种是买入套期，用来规避未来某种商品或资产价格上涨的风险。例如，企业预计在未来要购买某种商品或资产，但购买价格尚未确定，或者尚未购买生产该商品所需的原材料等，因担心原材料价格上涨导致其成本上升，企业均可通过在期货市场进行买入套期操作，规避价格发生不利变化的风险。事实上，企业在进行套期业务规避不利价格风险的同时，也放弃了当价格发生反向变化时，获取投机性收益的机会。但企业能够通过套期操作，将相关风险锁定在可承受的范围内，达到其预期的可接受的经营成果，降低企业经营业绩的不确定性。

二、套期会计的由来

为什么会有单独的套期会计准则？通常情况下，企业买入一个股票组合，但是又想规避股票组合价格变动的风险，可以同时签订一个股指期货合约，约定在未来某一个日期，企业按照事先确定的股价指数的大小，卖出标的指数。假设企业买入的股票组合和股指期货合约是对应的，而且两者金额相等。在通常情况下，按照《企业会计准则第22号——金融工具确认和计量》（财会〔2017〕7号）中金融资产分类的原则规定，这个股票组合以交易为目的，应当以公允价值计量且其变动计入当期损益。股指期货合约作为衍生工具，也是以公允价值计量且其变动计入当期损益，由于一个买入一个卖出，方向相反，它们的公允价值变动在企业的利润表能够达到一个自然的对冲和抵销，因为它们都是以公允价值计量，而且变动计入当期损益。

但是，在很多情况下，虽然对应标的的金额相等，方向相反，但是期货和现货按照一般准则规定，不能达到一个自然的对冲和抵销。尽管从长期角度来看，现货和期货合约实现了风险的对冲，但是在套期存续期所涵盖的各个财务报告期间内，仍然会产生会计错配和损益波动。例如，企业运用商品期货合约对存货的价格风险进行套期，这些存货可能是大宗商品，大豆、石油、煤炭等，根据《企业会计准则第1号——存货》（财会〔2006〕3号），存货应当按照成本与可变现净值孰低计量，而商品期货合约作为衍生工具，应当以公允价值计量且其变动计入当期损益，由于存货的期末计量与作为衍生工具的期末计量不同，存货与衍生工具两者的价值波动不能在利润表中得到对冲和抵销。再如，企业通过远期合同对预期极可能发生的买入或卖出交易进行套期，预期极可能发生的交易按照企业会计准则尚未进行确认，而远期合同作为衍生工具，应当以公允价值计量且其变动计入当期损益，预期交易与衍生工具两者价值波动也不能在利润表中得到对冲和抵销。

在套期会计准则下，使用套期会计方法有助于解决以上这些会计错配和损益波动，最终在当期财务报告中反映企业套期的结果。

三、套期会计准则的适用性

为了规避价格风险、利率风险、汇率风险等风险敞口，在实务中，企业会以套期业务的方式锁定风险，使各种风险控制在可承受的范围内。2017 年修订发布的《企业会计准则第 24 号——套期会计》[（财会〔2017〕9 号），以下简称套期会计（2017）]，是通过套期会计实现最终体现套期业务的目的和实质。但实务中企业常常有一个误解，认为只要通过套期业务规避相关风险敞口的，就要用套期会计准则规定的原则进行会计处理，实际上并非如此。套期会计（2017）仅提供了一种企业在开展套期业务时可以选择使用的会计处理方法，并非必须强制按照套期会计准则进行会计处理。那么，套期会计和套期业务是什么关系呢？

企业进行经济上的套期业务，可以选择使用套期会计，也可以选择不使用套期会计。选择不使用套期会计主要有三种情况：第一种情况是，企业开展套期业务，使用一般准则在利润表中已形成对冲，且已反映了套期业务的经济实质，如前文中股票组合和股指期货的例子。第二种情况是，企业开展套期业务，但不符合使用套期会计的条件。例如，套期工具或被套期项目不符合准则规定，或者套期关系不符合套期有效性评估标准。第三种情况是，企业开展套期业务且符合使用套期会计的条件，但企业选择不使用套期会计，而使用一般准则。例如，企业运用商品期货合约对存货的价格风险进行套期。套期会计（2017）所规定的会计处理方法，实质上打破了一些常规的确认计量基础和模式，通过改变其他准则制定的规则，以期减缓被套期项目和套期工具的公允价值波动对利润表的影响。因此，通俗地讲，套期会计就是给了企业一种会计处理的例外方法。例如，以成本计量的一些项目在套期会计下能够以公允价值计量，以前需要直接计入当期损益的一部分金额，可以暂时计入其他综合收益，以后在合适的期间再计入损益，使得企业在利润表中达到一个平衡，最终反映企业进行套期业务的目的。正因为套期会计给了企业例外处理方法，所以对企业的套期业务会有一些额外的要求，如果企业愿意遵守这些额外要求，就可以选择采用套期会计（2017）规定的会计处理方法。

四、套期会计准则修订的主要内容

套期会计（2017）相对于《企业会计准则第 24 号——套期保值》[（财会

〔2006〕3 号），以下简称套期保值（2006）〕，有如下修订：

（一）改变了准则名称

准则的名称由"套期保值"改成了"套期会计"，主要有以下三点考虑：一是"套期保值"不一定要用"套期会计"。在实务中企业常常有一个误解，认为只要做了套期保值，就要用套期会计准则，其实不然。无论是套期保值（2006），还是套期会计（2017），都只是提供了一种企业在开展套期业务时可以选择使用的会计处理方法，并不是强制的。即使企业做经济上的套期保值，也可以不选用套期会计方法，而采用常规的确认计量方法。二是"套期"不一定能够"保值"，套期锁定的是风险，而不是锁定价值。例如，企业通过期货交易锁定了大宗商品价格风险，但是无法锁定大宗商品的价值，影响价值的因素很多。三是根据企业实务，企业进行套期的目标是多元化的，并非局限于保值或者锁定利润，企业的套期活动除对冲风险之外，可能还有满足调节库存、进行财务预算管理或者是为了拓展采购或销售渠道等一些目的。因此，"套期会计"能够更加准确涵盖修订后准则的内容，体现出了套期会计是相对于常规会计原则之外例外的会计模型。

（二）聚焦企业风险管理

套期会计（2017）从宏观上明确了套期会计的目标，指出套期会计是为了管理风险敞口，并且在财务报表中反映管理的结果，这样规定是为了更好地反映套期会计与风险管理的结合，使套期会计更好地服务于风险管理实务，套期会计（2017）整体修订的内容都是紧紧围绕这个总体目标的。套期保值（2006）对套期会计的适用条件有非常严格的条件，企业在实务中即使有意采用套期会计，却因为达不到套期会计的条件而不能使用，这也是套期保值（2006）备受诟病的主要原因之一，而套期会计（2017）引入一种以原则为导向的会计处理方法，使套期业务的会计处理能够更好地反映企业的风险管理目标。

（三）拓宽被套期项目范围

套期会计（2017）扩大了被套期项目的范围，能够更好地适应企业的风险管理策略和目标，使得企业对于套期工具和被套期项目的指定具有更大的灵活性，大大提高了企业应用套期会计的可能性。套期会计（2017）增加了以下符合条件的被套期项目：

一是允许将非金融项目的组成部分指定为被套期项目。例如非金融项目风险敞口的某一风险成分（如铜线价格中的铜基准价格风险或航空煤油价格中原油的基准价格风险）或某一层级（如库存原油中最先实现销售的100桶原油的价格风险）。

二是允许将一组项目的风险总敞口和风险净敞口指定为被套期项目，并且对于风险净敞口套期的列报做出了单独的要求。当企业对一组风险类似的项目进行集中管理，例如贸易公司对于橡胶存货以及橡胶采购合同中的价格波动风险，可以按照存货和采购合同形成的风险总敞口进行管理，而非拘泥于具体项目，即形成风险总敞口。当企业对一组风险互相抵销的项目进行集中管理，出于成本效益目的，往往基于风险净敞口进行套期保值活动，例如贸易公司仅仅对商品销售合同及采购合同形成的风险净敞口进行套期保值，以锁定贸易利润，而非分别管理销售合同或采购合同形成的风险总敞口，即形成风险净敞口。

三是允许将包括衍生工具在内的汇总风险敞口指定为被套期项目。汇总风险敞口是指一项符合被套期项目条件的风险敞口和一项衍生工具的组合。当企业面临多重风险时，使用汇总风险敞口作为被套期项目，能够同时管理多项风险。例如，甲企业利用合同期限为15个月的咖啡期货合同对在未来15个月后极可能发生的确定数量的咖啡采购进行套期，以管理其价格风险（基于美元）。该极可能发生的咖啡采购和咖啡期货合同的组合可被视为一项15个月后固定金额的美元外汇风险敞口（汇总风险敞口）。

（四）改善有效性测试

套期保值（2006）中评价有效性的标准是一个明确的量化指标，即套期工具公允价值或现金流量和被套期项目的公允价值或现金流量两者反方向变动的抵销程度，也就是两者反方向变动的金额相除的结果在80%~125%的范围内，只要没有在这个范围，企业就要终止使用套期会计。实务界有很多人提出这个量化标准是否过于严格。因为衍生工具的公允价值在持有期间有可能波动非常大，一开始的时候公允价值变动在这个80%~125%的范围内，持有期间波动大，就跳出了这个范围，企业中间就要被迫终止使用套期会计，不能持续到套期活动结束。而且是否抵销79%就不符合要求，而抵销81%就符合了要求？实务中存在一些质疑。

套期会计（2017）的一大改进就是取消了原来80%~125%的套期有效性量化标准，以定性标准取代。主要从三个方面来评估套期有效性，一是要求被套期项目和套期工具之间必须具有经济关系，这个经济关系使得被套期项目和套期工具的价值变动方向相反（基本上可以对冲）。二是要求信用风险的影响不得主导被套期风险引起的套期工具或者被套期项目的变动。如果信用风险主导了，套期工具和被套期项目的价值变动的抵销将变得不规律，会显著增加套期无效部分。三是套期关系的套期比率，应当等于企业实际套期的被套期项目数量与对其进行套期的套期工具实际数量之比。即企业不得为避免确认现金流量套期的无效部分而改变现金流量套期比率，也不得为创造更多的被套期项目公允价值调整而改变公允价值套期比率。

（五）增加再平衡机制

套期会计（2017）另一改进的方面就是引入了"再平衡"概念。通俗地讲，就是在整个套期期间，企业可以调整被套期项目或者套期工具的数量，来维持满足套期有效性要求的套期比率，并延续套期关系，具体做法就是可以在现有的套期关系中增加或者减少被套期项目和套期工具的数量。套期保值（2006）规定，只要套期关系里面被套期项目和套期工具的数量发生变化，企业就要终止原来的套期关系，再重新指定一个新的套期关系；套期会计（2017）可以允许在现有基础上调整被套期项目和套期工具的数量，仍视为原来的套期关系。"再平衡"的引入，大大减轻了企业的负担。但是，再平衡机制并非适用于所有套期关系，仅适用于套期工具和被套期项目的基础变量（如指数、比率或基准价格等）不同但是相互关联的情况。在这种情况下，当这两个不同但是相互关联的基础变量之间的关系发生变动时，套期关系会随之发生变化，此时，企业可以通过调整被套期项目或者套期工具的数量（即套期比率），使套期关系得到延续，即进行"再平衡"。

套期会计（2017）中规定，同时满足下列三个条件的，才能运用套期会计（2017）规定的套期会计方法进行处理：一是套期关系仅由符合条件的套期工具和被套期项目组成。二是在套期开始时，企业正式指定了套期工具和被套期项目，并准备了关于套期关系和企业从事套期的风险管理策略和风险管理目标的书面文件。三是套期关系符合套期有效性要求。本文将详细解析运用套期会计方法的三个条件。

五、符合条件的套期工具和被套期项目

企业进行经济上的套期业务,首先要确定相关的套期工具和被套期项目。只有符合套期会计(2017)中规定的套期工具和被套期项目才符合套期会计方法的条件。

(一) 符合条件的套期工具

套期工具,是指企业为进行套期而指定的、其公允价值或现金流量变动预期可抵销被套期项目的公允价值或现金流量变动的金融工具。具体包括以下两类:

1. 以公允价值计量且其变动计入当期损益的衍生工具。衍生工具通常可以作为套期工具。衍生工具包括远期合同、期货合同、互换和期权,以及具有远期合同、期货合同、互换和期权中一种或一种以上特征的工具等。例如,某企业为规避库存铜价格下跌的风险,可以卖出一定数量铜期货合同。其中,铜期货合同即是套期工具。但是,衍生工具无法有效地对冲被套期项目风险的,不能作为套期工具。企业的净签出期权(包括企业单独卖出期权或者买入期权的同时卖出期权,但组合的结果为卖出期权)就不能作为套期工具,因为该期权的潜在损失可能大大超过被套期项目的潜在利得,套期工具的潜在损失和被套期项目的潜在利得不对等,从而不能有效地对冲被套期项目的风险。与此不同的是,购入净期权的一方可能承担的损失最多就是期权费,而可能拥有的利得通常等于或大大超过被套期项目的潜在损失,因此净购入期权的一方可以将购入的期权作为套期工具。

例如,2004年某企业衍生品巨亏案,原因在于卖出了大量的看涨期权。看涨期权赋予期权合约的买方,以约定的价格在规定的时间里买入合约中标明的资产,比如石油。当买方要求执行这一权利时,期权的卖方有义务按照约定的价格卖出标的资产。简单地说,如该企业向A公司以每份1美元的价格出售1000份石油看涨期权,这样就可以获得1000美元的现金;假设期权行权价格是每桶40美元,期权买方A公司就可以在期权到期时,即以每桶40美元的价格购买石油,但如果当时市场价格是60美元,该企业就得蒙受每桶20美元的损失,共计2万美元。随着油价的不断攀升,该企业蒙受的损失越来越大,没有及时止损平仓,反而不断追加保证金,期望油价稳定后到期行权,但随着油价不断上涨，最终导致强制平仓。此案中，该企业所卖出的看涨期权不属于套期会计（2017）中符合条件的套期工具。

2. 以公允价值计量且其变动计入当期损益的非衍生金融资产或非衍生金融负债。该项符合条件的套期工具为套期会计（2017）此次修订新增的一类符合条件的套期工具。例如，某公司持有1年期的票据，其收益率与黄金价格指数挂钩，划分为以公允价值计量且其变动计入当期损益的金融资产；同时，甲公司签订了一项1年后购买黄金的合同（尚未确认的确定承诺），以满足生产需要。一年以后，一个买入一个卖出，可以作一个套期。在这个例子中，票据是以公允价值计量且其变动计入当期损益的非衍生金融资产，可以被指定为套期工具，对尚未确认的确定承诺的价格风险引起的公允价值变动风险敞口进行套期。

此外，并非所有以公允价值计量且其变动计入当期损益的金融工具均为符合条件的套期工具。按照金融工具确认和计量准则（2017）规定，企业可以将一项金融资产、一项金融负债或者金融资产和金融负债的组合指定为以公允价值计量且其变动计入当期损益（即公允价值选择权）。该指定一经作出，不得撤销。指定的条件为该指定能够消除或显著减少会计错配，或者企业以公允价值为基础对金融负债组合或金融资产和金融负债组合进行管理和业绩评价。如果企业想将因运用公允价值选择权而被指定为以公允价值计量且其变动计入当期损益的金融工具指定为套期工具，应当对其进行评估，如果运用公允价值选择权的条件是消除或显著减少会计错配，此时再将其指定为套期工具，有可能再次产生已通过运用公允价值选择权消除的会计错配。例如，企业为了消除会计错配将分类为以摊余成本计量的金融资产指定为以公允价值计量且其变动计入当期损益的金融资产，因为与该金融资产对应的负债为以公允价值计量且其变动计入当期损益的金融负债。若企业再将该金融资产指定为符合条件的套期工具，以抵销被套期项目的风险，此时，虽然该金融资产以公允价值计量且变动计入当期损益，可能不再能够抵销被套期项目的风险。

3. 外汇风险套期的套期工具。对于外汇风险套期，企业还可以将非衍生金融资产或非衍生金融负债的外汇风险成分指定为套期工具。例如，境内某企业可以将持有的以美元计价的债券的外汇风险成分指定为套期工具，对预期购买交易的外汇风险成分进行套期。

（二）符合条件的被套期项目

被套期项目，是指使企业面临公允价值或现金流量变动风险，且被指定为被套期对象的、能够可靠计量的项目。企业可以将下列单个项目、项目组合或其组成部分指定为被套期项目：一是已在资产负债表中确认的资产或负债。例如，企业拟对外出售的存货、已确认的美元贷款形成的负债等。二是尚未在资产负债表中确认的确定承诺。三是极可能发生的预期交易。四是境外经营净投资。以下将对部分符合条件的被套期项目作一些具体说明：

1. 确定承诺和预期交易。确定承诺，是指在未来某特定日期或期间，以约定价格交换特定数量资源、具有法律约束力的协议。例如，甲公司与乙公司签订了一项购买合同，约定6个月后，甲公司和乙公司按照约定的价格交货，也就是说甲公司和乙公司达成了一项确定承诺。判断是不是确定承诺的一个重要因素就是看有没有具有法律效力的合同。预期交易，是指尚未承诺但预期会发生的交易。预期交易与确定承诺最大的区别就是，预期交易没有合同，也没有法律约束力。例如，甲公司预期将在6个月以后购买200吨的焦炭用于生产需要。这就是一个预期交易，仅仅是企业为日常经营所做的计划安排，没有任何法律约束力。但是，企业合并交易中，与购买另一个企业的确定承诺（不包括外汇风险成分），不能作为被套期项目。

对于预期交易，套期会计（2017）中特别指明为"极可能发生的"。因为如果预期交易发生的可能性不大而对该预期交易进行套期，一方面，在经济上的意义不大，对一个发生可能性不大的交易进行套期不符合常理；另一方面，在会计上，如果对一个发生可能性不大的交易使用套期会计方法，企业可能有滥用套期会计方法的嫌疑。实务中，预期交易是否极可能发生，需要基于可观察的事实和相关因素进行判断，例如，类似交易之前是否发生以及发生的频率、为完成某项交易而必须的准备资源（否则会造成经营损失）等。

2. 项目组成部分。套期保值（2006）只允许金融项目的组成部分作为合格的被套期项目，例如，企业可以将在市场上购买的公司债利率风险中可辨认且可单独计量的部分（如无风险利率组成部分）指定为被套期项目，而不能将非金融资产的组成部分指定为被套期项目。套期会计（2017）不仅允许金融项目的组成部分作为合格的被套期项目，也允许将非金融资产的组成部分指定为被套期项目。套期会计（2017）规定的项目组成部分是指小于项目整体公允价值或现金流量变动的部分，它仅反映其所属项目整体面临的某些风险，或仅反映一定程度的风险（例如对某项目的一定比例进行指定时）。项目的组成部分有三种情况：

（1）项目的风险成分。在企业风险管理实务中，企业往往不是为了对被套期项目整体公允价值或现金流量变动进行套期，而是对特定风险成分进行套期。例如，企业生产一个铝制品，生产过程中要使用到铝，对这个铝制品进行定价的时候，参考的要素之一就是伦敦金属交易所标准等级的铝的价格，价格组成中还有少量的其他金属，以及生产过程中的费用、一定的利润率。如果企业希望签订铝的期货合约来对铝的价格风险进行套期，套期保值（2006）规定必须对项目整体进行套期，而套期会计（2017）允许企业只对其中铝的价格成分部分进行套期，只要这个成分能够单独辨认并可靠计量。值得关注的是，根据在特定市场环境下的评估，在将风险成分指定为被套期项目时，该风险成分应当能够单独识别并可靠计量。

（2）一项或多项选定的合同现金流量。在企业风险管理活动中，有时会对一项或多项选定的合同现金流量进行套期。例如，企业有一笔期限为10年、年利率8%、按年付息的长期银行借款，企业出于风险管理需要，对该笔借款所产生的前5年应支付利息进行套期。该笔借款所产生的前5年应支付利息即为一项或多项选定的合同现金流量，可以被指定为被套期项目。

（3）项目名义金额的组成部分。项目名义金额的组成部分，是指项目整体金额或数量的特定部分，其可以是项目整体的一定比例部分，也可以是项目整体的某一层级部分。例如，某项存货的50%或者某项贷款合同现金流量的50%，均为项目整体的一部分。金额为1亿元的确定承诺的最后8000万元部分、某企业某月购入的前100桶原油或者名义金额为1亿元的固定利率债券的底层2000万元部分，均为项目整体的某一层级。

3. 汇总风险敞口。套期会计（2017）允许将汇总风险敞口指定为被套期项目。汇总风险敞口，是指一项符合被套期项目条件的风险敞口和一项衍生工具的组合。当企业面临多重风险的时候，使用汇总风险敞口作为被套期项目，能够同时管理多项风险。例如，某企业预计在未来12个月内采购铜。考虑到市场上的铜价处于波动之中，且交易以美元计价，该企业采用铜期货合约对铜价波动风险进行套期。然而，企业仍然面临外汇风险，为此企业同时签订了一项外汇远期合约，对外汇风险进行套期。则企业可以将外汇远期合约指定为套期工具，将铜期货合约和铜采购项目的组合，也就是汇总风险敞口指定为被套期项目（预计在未来极可能发生的铜采购业务和铜期货合约的组合可认为是一项12个月后固定金额的美元外汇风险敞口，即汇总风险敞口）。套期会计（2017）及其指南规定，在指定此类被套期项目时，应当评估该汇总风险敞口是否是由风险敞口与衍生工具相结合，从而产生了不同于该风险敞口的另一个风险敞口，并将其作为针对某项（或几项）特定风险的一个风险敞口进行管理。在此情况下，企业可基于该汇总风险敞口指定被套期项目。

4. 项目组合。一组风险相互抵销的项目形成风险净敞口，一组风险不存在抵销的项目形成风险总敞口。套期保值（2006）允许符合条件的项目以组合形式被指定为被套期项目，但是有严格条件，即要求组合内各单项项目由被套期风险引起的公允价值变动与该组合由被套期风险引起的公允价值变动基本成比例，即不允许形成风险净敞口。套期会计（2017）中取消了此限定条件，只要企业出于风险管理目的对一组项目进行管理、并且组合中的每一个项目单独都属于符合条件的被套期项目时就可以将组合整体指定为一个被套期项目。对于风险净敞口，只有当企业处于风险管理目的以净额为基础进行套期时，风险净敞口可以被指定为被套期项目。

例如，某境内企业将在未来 6 个月内实现销售收入 100 万美元，并将在未来 6 个月内发生采购支出 90 万美元，假设出于风险管理目的，该销售和采购以组合为基础进行集中管理，则企业可以将包含了 100 万美元销售和 90 万美元采购的项目组合（风险净敞口）指定为被套期项目。值得关注的是，对企业将形成风险净敞口的一组项目指定为被套期项目时，应当将构成该净敞口的所有项目的项目组合整体指定为被套期项目，不应当将不明确的净敞口抽象金额指定为被套期项目。如上述例子中，不能将销售收入 100 万美元与采购支出 90 万美元的差额 10 万元作为被套期项目，而应当对形成该被套期净头寸的购买总额和销售总额进行指定。

此外，企业根据其风险管理目标，在满足一定条件的情况下，也可以将一组项目的一定比例或某一层级指定为被套期项目。

（三）指定套期工具和被套期项目时应关注的问题

1. 通常情况下，企业可以对套期工具进行整体指定。此外，企业可以将套期工具的一定比例，例如名义金额的 50%，指定为套期工具，但不可以将套期工具剩余期限内某一时段的公允价值变动部分指定为套期工具。但是，对于期权，企业可以将期权的内在价值和时间价值分开，只将期权的内在价值变动指定为套期工具；对于远期合同，企业可以将远期合同的远期要素和即期要素分开，只将即期要素的价值变动指定为套期工具；对于包含外汇基差的金融工具，企业可以将金融工具的外汇基差单独分拆，只将排除外汇基差后的金融工具指定为套期工具。

2. 企业通常将单项套期工具指定为对一种风险进行套期。但是，如果对套期工具与被套期项目的不同风险敞口之间有具体指定关系，则一项套期工具可以被指定为对一种以上的风险进行套期。例如，企业可以指定交叉货币利率互换合同为套期工具，同时对被套期项目的利率风险和外汇风险进行套期。

3. 采用权益法核算的股权投资不能作为被套期项目。原因在于：权益法下，投资方只是将其在联营企业或合营企业中的损益份额确认为当期损益，而不确认投资的公允价值变动。与之相类似，对纳入合并财务报表范围的子公司投资也不能作为被套期项目，但对境外经营净投资可以作为被套期项目，因为相关的套期指定针对的是外汇风险，而非境外经营净投资的公允价值变动风险。

境外经营净投资包括境外经营及实质构成境外经营净投资的外币货币性项目。境外经营可以是企业的子公司、合营安排、联营企业或分支机构。在境内的子公司、合营安排、联营企业或分支机构，采用不同于企业记账本位币的，也视同境外经营。企业既无计划也无可能在可预见的未来会计期间结算的长期外币货币性应收项目（含贷款），应当视同实质构成境外经营净投资的外币货币性项目的组成部分。套期会计（2017）中将境外经营净投资指定为被套期项目时，是对境外经营净投资的外汇风险敞口进行套期。

4. 运用套期会计时，在合并财务报表层面，只有与企业集团之外的对手方之间交易形成的资产、负债、尚未确认的确定承诺或极可能发生的预期交易才能指定为被套期项目；在合并财务报表层面，只有与企业集团之外的对手方签订的合同才能被指定为套期工具。对于同一企业集团内的企业之间的交易，在企业个别财务报表层面可以运用套期会计，在企业集团合并财务报表层面，除一些特殊情况外，不得运用套期会计。

六、指定书面文件

套期会计（2017）要求在套期开始时，企业需要正式指定套期工具和被套期项目，并准备关于套期关系和企业从事套期的风险管理策略和风险管理目标的书面文件。该文件至少载明了套期工具、被套期项目、被套期风险的性质以及套期有效性评估方法（包括套期无效部分产生的原因分析以及套期比率确定方法）等内容。

此条件是为了避免企业在资产负债表日或期末再选择是否使用套期会计，

从而有可能操纵利润或达到其他目的。同时，也呼应了套期会计的目标，即聚焦企业的风险管理，而风险管理策略和风险管理目标是在套期关系成立之初就已经确定的。

风险管理策略和风险管理目标有所不同。风险管理策略由企业风险管理最高决策机构制定，一般在企业有关纲领性文件中阐述，并通过含有具体指引的政策性文件在企业范围内贯彻落实。风险管理策略通常应当识别企业面临的各类风险并明确企业如何应对这些风险，一般适用于较长时期的风险管理活动，并且包含一定的灵活性以适应策略实施期间内环境的变化（例如，不同利率或商品价格水平导致不同程度的套期）。而风险管理目标是指企业在某一特定套期关系层面上，确定如何指定套期工具和被套期项目，以及如何运用指定的套期工具对指定为被套期项目的特定风险敞口进行套期。因此，风险管理策略可以涵盖许多不同的套期关系，而这些套期关系的风险管理目标旨在落实整体的风险管理策略。例如，某企业利用 100 手商品期货合约对其 1000 吨存货的价格风险进行套期。在该套期关系中，风险管理策略为：企业需维持库存存货中 30%~40% 的存货价格稳定；风险管理目标为：指定 1000 吨存货为被套期项目，100 手商品期货合约为套期工具，对存货的价格风险进行套期。

七、符合套期有效性要求

套期会计（2017）中一个重要改进方面是有关套期有效性要求。套期保值（2006）评价套期有效性的标准是一个明确的量化指标，即套期工具公允价值或现金流量和被套期项目的公允价值或现金流量两者反方向变动的抵销程度，也就是两者反方向变动的金额相除的结果在 80%~125% 的范围内，只要不在这个范围内，企业就要终止使用套期会计。后来在实务中证明，这个量化标准可能过于严格。因为衍生工具的公允价值在持有期间波动可能非常大，有可能一开始的时候变动在 80%~125% 的范围内，如果持有期间衍生工具的公允价值波动大，很可能跳出了这个范围，企业在套期中途就要被迫终止使用套期会计，不能持续到套期活动结束。此项规定在实务中也遭到多方质疑，是否抵销 79% 就不符合要求，抵销 81% 就符合要求？所以套期会计（2017）的一项重大修改，就是取消了原来 80%~125% 的套期有效性量化标准，以定性标准取代。套期会计（2017）从三个方面来评估套期有效性：

(一) 被套期项目和套期工具之间具有经济关系

被套期项目和套期工具之间具有经济关系，使得套期工具的价值与被套期项目的价值预期将产生系统性变动（一般情况下价值变动方向相反），以应对同一基础变量或一组因采用类似的方式来应对被套期风险而存在经济关系的基础变量（例如布伦特原油和西德克萨斯中质原油等）产生的变动。对于如何评估这种经济关系，允许企业可以采用定性方法或定量方法。在大多数情况下，如果被套期项目和套期工具的主要条款比较匹配或大致相符（比如数量、金额、到期日等），可以根据主要条款进行定性评估，就可以认定存在经济关系。如果套期工具和被套项目的主要条款并不匹配，可能需要进行定量评估。例如，通过比较被套期风险引起的套期工具和被套期项目公允价值或现金流量变动的比率（即比率分析法），或通过采用回归分析方法分析套期工具和被套期项目价值变动的相关性等，但两个变量之间仅存在某种统计相关性的事实本身不足以有效证明套期工具与被套期项目之间存在经济关系。

(二) 信用风险的影响不主导

信用风险的影响不得主导被套期风险引起的套期工具或者被套期项目的变动，如果信用风险占据了主导地位，套期工具和被套期项目的价值变动的抵销将变得不规律，会显著增加套期无效部分。例如，企业对其持有债券的利率或汇率风险进行套期，则需关注该债券的信用风险。如果该债券的信用风险较高，其可能不符合套期会计的条件。因为如果信用风险较高，信用风险变化对被套期项目公允价值变动所产生的影响可能更大，从而使被套期项目和套期工具之间公允价值或现金流量变动的抵销可能变得不规律。

(三) 套期比率符合实际

套期关系的套期比率，应当等于企业实际套期的被套期项目数量与对其进行套期的套期工具实际数量之比。例如，在标准化合约下，大连商品交易所的焦煤期货合约是60吨一手，当企业希望对购买200吨的焦煤进行套期时，由于标准合同规模的限制，企业可以买3手或者4手焦煤期货合约为套期工具来进行套期，如果是3手，则套期比率是0.9∶1（180吨∶200吨），如果是4手，则套期比率是1.2∶1（240吨∶200吨）。但是企业不可以指定5手焦煤期货合约作为套期工具，尽管有可能5手焦煤期货合约的公允价值变动和200吨煤炭的公允价值变动抵销的程度更大，套期无效部分更小，但不符合企业实际套期的数量，即不符合套期比率的要求。又如，在公允价值套期之下，存货可以用公允价值计量。企业有可能因为存货公允价值的有利变动，指定更多的存货作为被套期项目以公允价值计量，这也不符合要求。

针对套期比率，在有效性评价之下，套期会计（2017）的又一大改进的方面就是引入了"再平衡"概念。套期关系由于套期比率的原因而不再满足套期有效性要求，但指定该套期关系的风险管理目标没有改变的，企业应当进行套期关系再平衡。再平衡，通俗地讲，就是在整个套期期间，企业可以调整被套期项目或者套期工具的数量，来维持满足套期有效性要求的套期比率，并延续套期关系，具体做法就是可以在现有的套期关系中增加或者减少被套期项目和套期工具的数量。这样规定，可以大大减轻企业的负担。因为套期保值（2006）中规定，只要套期关系里面被套期项目和套期工具的数量发生变化，企业就要终止原来的套期关系，再重新指定一个新的套期关系，而套期会计（2017）允许在现有基础上调整被套期项目和套期工具的数量，仍视为原来的套期关系。

但是，再平衡并不适用于所有的套期关系，只有套期工具和被套期项目具有相关但是不相同的基础变量（指数、价格、比率）的时候，才能进行套期关系再平衡。例如，国际市场上有布伦特原油和西得克萨斯中质原油（WTI原油）等标准原油价格，假设企业将以布伦特原油价格为基础变量的项目（如以布伦特原油为基准定价的原油存货）指定为被套期项目，将WTI原油期货指定为套期工具（基础变量为WTI原油价格）。该套期关系中，套期工具和被套期项目具有相关但是不相同的基础变量（布伦特原油价格和WTI原油价格），套期关系会随着这两个基础变量之间关系的变动而发生变动。当布伦特原油的基准价格和WTI原油的基准价格之间的关系发生变化时，套期工具和被套期项目之间关系发生的变动可以通过调整套期比率即调整被套期项目或者套期工具的数量得以弥补从而使得套期关系得以延续。而一般套期关系中，如果只是单一的基础变量，不符合再平衡的条件。例如，某企业签订一项以固定利率换浮动利率的利率互换合约，对其承担的固定利率负债的利率风险引起的公允价值变动风险敞口进行套期。此套期关系中，套期工具和被套期项目共同的基础变量为无风险利率，不符合再平衡的条件。

为运用套期会计方法，套期可划分为三类，分别为公允价值套期、现金流量套期和境外经营净投资套期。套期会计（2017）中对于套期的分类和会计处理方法相较于原准则没有发生变化。本文将详细解析每种类型的套期及其会计处理方法。

八、公允价值套期以及会计处理方法

（一）公允价值套期

公允价值套期，是指对已确认资产或负债、尚未确认的确定承诺，或上述项目组成部分的公允价值变动风险敞口进行的套期。该公允价值变动源于特定风险，且将影响企业的损益或其他综合收益，其中，影响其他综合收益的情形，仅限于企业对指定为以公允价值计量且其变动计入其他综合收益的非交易性权益工具投资的公允价值变动风险敞口进行的套期。公允价值套期的目的是将套期工具的公允价值变动和被套期项目公允价值变动产生的利得或损失在同一期间进行抵销。以下是公允价值套期的例子：

（1）甲企业签订一项以固定利率换浮动利率的利率互换合约，对其承担的固定利率负债的利率风险引起的公允价值变动风险敞口进行套期。

（2）乙石油公司签订一项6个月后以固定价格购买原油的合同（尚未确认的确定承诺），为规避原油价格下跌风险，该公司签订一项商品（原油）期货合约，对该确定承诺的价格风险引起的公允价值变动风险敞口进行套期。

（3）丙企业购买一项期权合同（看跌期权），对持有的选择以公允价值计量且其变动计入其他综合收益的非交易性权益工具投资的证券价格风险引起的公允价值变动风险敞口进行套期。

（二）公允价值套期的会计处理方法

1. 套期工具的会计处理方法。在公允价值套期下，一般情况下套期工具仍然按照金融工具确认和计量准则（2017）规定的原则进行处理，即套期工具如果为衍生工具或其他以公允价值计量且其变动计入当期损益的金融工具，则应当以公允价值计量且其变动计入当期损益，即套期工具产生的利得或损失应当计入当期损益。

但是，如果套期工具是对企业选择以公允价值计量且其变动计入其他综合收益的权益工具投资（或其组成部分）进行套期的，套期工具产生的利得或损失应当计入其他综合收益。

2. 被套期项目的会计处理方法。在公允价值套期下，被套期项目往往不是以公允价值计量，为达到套期会计的目标，即在利润表中反映套期的结果，因此，对于被套期项目的会计处理给予例外，即允许被套期项目因被套期风险敞口形成的利得或损失计入当期损益，同时调整未以公允价值计量的已确认被套期项目的账面价值，可以理解为被套期项目因被套期风险敞口引起的变动部分，以公允价值计量，且公允价值变动计入当期损益。

但是，被套期项目为按照金融工具确认和计量（2017）分类为以公允价值计量且其变动计入其他综合收益的金融资产（或其组成部分）的，其因被套期风险敞口形成的利得或损失应当计入当期损益，其账面价值已经按公允价值计量，不需要调整；被套期项目为企业选择以公允价值计量且其变动计入其他综合收益的非交易性权益工具投资（或其组成部分）的，其因被套期风险敞口形成的利得或损失应当计入其他综合收益，其账面价值已经按公允价值计量，也不需要调整。

需要说明的是，被套期项目为尚未确认的确定承诺（或其组成部分）的，其在套期关系指定后因被套期风险引起的公允价值累计变动额应当确认为一项资产或负债，相关的利得或损失应当计入各相关期间损益。当履行确定承诺而取得资产或承担负债时，应当调整该资产或负债的初始确认金额，以包括已确认的被套期项目的公允价值累计变动额。

同时，被套期项目为以摊余成本计量的金融工具（或其组成部分）的，企业对被套期项目账面价值所作的调整应当按照开始摊销日重新计算的实际利率进行摊销，并计入当期损益。该摊销可以自调整日开始，但不应晚于对被套期项目终止进行套期利得和损失调整的时点。被套期项目为按照《企业会计准则第22号——金融工具确认和计量》（财会〔2017〕7号）第十八条分类为以公允价值计量且其变动计入其他综合收益的金融资产（或其组成部分）的，企业应当按照相同的方式对累计已确认的套期利得或损失进行摊销，并计入当期损益，但不调整金融资产（或其组成部分）的账面价值。

【例1】通过期货合同对存货的商品价格风险进行公允价值套期。

20×7年1月1日，甲公司为规避所持有铝存货公允价值变动风险，与某金融机构签订了一项铝期货合同，并将其指定为对20×7年前2个月铝存货的商品价格变化引起的公允价值变动风险的套期工具。铝期货合同的标的资产与被套期项目铝存货在数量、质次、价格变动和产地方面相同。本例中假设套期工具与被套期项目因铝价变化引起的公允价值变动一致，且不考虑期货市场中每日无负债结算制度的影响。

20×7年1月1日，铝期货合同的公允价值为零，被套期项目（铝存货）的账面价值和成本均为500000元，公允价值为550000元。20×7年1月31日，铝期货合同公允价值上涨了25000元，铝存货的公允价值下降了25000元。20×7年2月28日，铝期货合同公允价值上涨了15000元，铝存货的公允价值下降了15000元。当日，甲公司将铝存货以590000元的价格出售，并将铝期货合同结算。

甲公司通过分析发现，铝期货合同的标的资产与被套期项目铝存货在数量、质次、价格变动和产地方面相同，且套期工具与被套期项目因铝价变化引起的公允价值变动一致，即铝存货与铝期货合同存在经济关系，套期比率反映了套期的实际数量。考虑到交易对手方为金融机构，经济关系产生的价值变动中信用风险不占主导地位，符合套期有效性要求。

在套期开始时，甲公司正式指定了套期工具和被套期项目，并准备了关于套期关系和甲公司从事套期的风险管理策略和风险管理目标的书面文件。该文件载明了套期工具、被套期项目、被套期风险的性质以及套期有效性评估方法等。

假定不考虑衍生工具的时间价值、商品销售相关的增值税及其他因素，甲公司的账务处理如下（单位：元）：

（1）20×7年1月1日

借：被套期项目——库存商品铝　　　　　　　　　　　　500000

　　贷：库存商品——铝　　　　　　　　　　　　　　　　　500000

（指定铝存货为被套期项目）

20×7年1月1日，被指定为套期工具的铝期货合同的公允价值为零，因此无账务处理。

（2）20×7年1月31日

借：套期工具——铝期货合同　　　　　　　　　　　　　25000

　　贷：套期损益　　　　　　　　　　　　　　　　　　　　25000

（确认套期工具公允价值变动）

借：套期损益　　　　　　　　　　　　　　　　　　　　25000

　　贷：被套期项目——库存商品铝　　　　　　　　　　　　25000

（确认被套期项目公允价值变动）

（3）20×7年2月28日

借：套期损益　　　　　　　　　　　　　　　　　　　　15000

贷：套期工具——铝期货合同　　　　　　　　　15000
（确认套期工具公允价值变动）

　　借：被套期项目——库存商品铝　　　　　　　　15000
　　　贷：套期损益　　　　　　　　　　　　　　　15000
（确认被套期项目公允价值变动）

　　借：应收账款或银行存款　　　　　　　　　　590000
　　　贷：主营业务收入　　　　　　　　　　　　590000
（确认铝存货销售收入）

　　借：主营业务成本　　　　　　　　　　　　　490000
　　　贷：被套期项目——库存商品铝　　　　　　490000
（结转铝存货销售成本）

　　借：银行存款　　　　　　　　　　　　　　　 10000
　　　贷：套期工具——铝期货合同　　　　　　　 10000
（结算铝期货合同）

注：由于甲公司采用套期进行风险管理，规避了铝存货公允价值变动风险，因此其铝存货公允价值下降没有对预期毛利50000元（550000 - 500000）产生不利影响。同时，甲公司运用公允价值套期会计将套期工具与被套期项目的公允价值变动计入相同会计期间的损益，消除了因企业风险管理活动可能导致的损益波动。

甲公司应在套期关系的剩余期限内编制与上述类似的会计分录。

【例2】通过外汇远期合同对非金融项目采购确定承诺的外汇风险进行公允价值套期。

甲公司为境内商品生产企业，采用人民币作为记账本位币。20×7年3月3日，甲公司与某境外公司签订了一项设备购买合同（确定承诺），设备价格为外币X（本例下称FCX）1000000元，交货日期及付款日为20×7年4月31日。

20×7年3月3日，甲公司签订了一项购买FCX1000000元的外汇远期合同。根据该远期合同，甲公司将于20×7年4月31日支付人民币1650000元购入FCX1000000元。20×7年3月3日，外汇远期合同的公允价值为零。

甲公司将该外汇远期合同指定为对由于FCX/人民币汇率变动可能引起的、外币计价的确定承诺公允价值变动风险的套期工具。

20×7年4月31日，甲公司履行确定承诺并以净额结算了远期合同，20×

7年4月31日的 FCX 即期汇率为1.8。

与该套期有关的远期汇率以及外汇远期合同的资料如表1所示。

表1　　　　　　　　　　　　　　　　　　　　　　　　　　　　　　　单位：元

日期	20×7年4月31日的远期汇率（外币/人民币）	本期外汇远期合约公允价值利得/（损失）	本期末外汇远期合约公允价值
20×7年3月3日	1.65	不适用	—
20×7年3月31日	1.68	30000	30000
20×7年4月31日	不适用	120000	150000

为简化核算，假定不考虑设备购买有关的税费因素、设备运输和安装费用等。假设远期汇率与即期汇率相同，不考虑其远期要素及外汇基差。同时，本例中假设套期工具与被套期项目因 FCX/人民币汇率变动引起的公允价值变动一致。

根据上述资料，甲公司应当进行如下账务处理（单位：元）：

（1）20×7年3月3日

因为远期合同和确定承诺当日公允价值均为零，所以无需进行账务处理。

（2）20×7年3月31日

借：套期损益　　　　　　　　　　　　　　　　　30000
　　贷：被套期项目——确定承诺　　　　　　　　　30000
（确认确定承诺的公允价值变动）

借：套期工具——远期合同　　　　　　　　　　　30000
　　贷：套期损益　　　　　　　　　　　　　　　　30000
（确认套期工具的公允价值变动）

（3）20×7年4月31日

借：套期损益　　　　　　　　　　　　　　　　　120000
　　贷：被套期项目——确定承诺　　　　　　　　　120000
（确认确定承诺的公允价值变动）

借：套期工具——远期合同　　　　　　　　　　　120000
　　贷：套期损益　　　　　　　　　　　　　　　　120000
（确认套期工具的公允价值变动）

借：银行存款　　　　　　　　　　　　　　　　　150000
　　贷：套期工具——远期合同　　　　　　　　　　150000

(远期合同结算)

借：固定资产——设备　　　　　　　　　　1650000
　　被套期项目——确定承诺　　　　　　　　150000
　　贷：银行存款　　　　　　　　　　　　　1800000

(履行确定承诺购入固定资产)

注：甲公司通过运用套期进行风险管理，使所购设备的成本锁定在将确定承诺的购买价格 FCX1000000 元按 1FCX = 1.65 人民币元（套期开始日的远期合同汇率）进行折算确定的金额，即人民币 1650000 元。

九、现金流量套期的会计处理

(一) 现金流量套期

现金流量套期，是指对现金流量变动风险敞口进行的套期。该现金流量变动源于与已确认资产或负债、极可能发生的预期交易，或与上述项目组成部分有关的特定风险，且将影响企业的损益。现金流量套期的目的是将套期工具产生的利得或损失递延至被套期的预期未来现金流量影响损益的同一期间或多个期间。

以下是现金流量套期的例子：

(1) 甲企业签订一项以浮动利率换固定利率的利率互换合约，对其承担的浮动利率债务的利率风险引起的现金流量变动风险敞口进行套期。

(2) 乙橡胶制品公司签订一项远期合同，对 3 个月后预期极可能发生的与购买橡胶相关的价格风险引起的现金流量变动风险敞口进行套期。

(3) 丙企业签订一项外汇远期合同，对以固定外币价格买入原材料的极可能发生的预期交易的外汇风险引起的现金流量变动风险敞口进行套期。

此外，由于外汇风险的变化可以理解为现金流量变化，也可以认为是公允价值变化，因此，套期会计（2017）规定，企业对确定承诺的外汇风险进行套期的，可以将其作为现金流量套期或公允价值套期处理。例如，某航空公司签订一项 3 个月后以固定外币金额购买飞机的合同（尚未确认的确定承诺），为规避外汇风险，签订一项外汇远期合同，对该确定承诺的外汇风险引起的公允价值变动或者现金流量变动风险敞口进行套期。

（二）现金流量套期的会计处理方法

1. 套期工具的会计处理方法

（1）套期工具产生的利得或损失中属于有效套期的部分，作为现金流量套期储备，应当计入其他综合收益。现金流量套期储备的金额，应当按照下列两项的绝对额中较低者确定：①套期工具自套期开始的累计利得或损失；②被套期项目自套期开始的预计未来现金流量现值的累计变动额。每期计入其他综合收益的现金流量套期储备的金额应当为当期现金流量套期储备的变动额。

（2）套期工具产生的利得或损失中属于无效套期的部分（即扣除计入其他综合收益后的其他利得或损失），应当计入当期损益。

2. 现金流量套期储备的后续处理

（1）被套期项目为预期交易，且该预期交易使企业随后确认一项非金融资产或非金融负债，或者非金融资产或非金融负债的预期交易形成一项适用于公允价值套期会计的确定承诺时，企业应当将原在其他综合收益中确认的现金流量套期储备金额转出，计入该资产或负债的初始确认金额。

（2）对于不属于上述（1）涉及的现金流量套期，企业应当在被套期的预期现金流量影响损益的相同期间，将原在其他综合收益中确认的现金流量套期储备金额转出，计入当期损益。

（3）如果在其他综合收益中确认的现金流量套期储备金额是一项损失，且该损失全部或部分预计在未来会计期间不能弥补的，企业应当将预计不能弥补的部分从其他综合收益中转出，计入当期损益。

（4）当企业对现金流量套期终止运用套期会计时，在其他综合收益中确认的累计现金流量套期储备金额，应当按照下列规定进行处理：①被套期的预期未来现金流量预期仍然会发生的，累计现金流量套期储备的金额应当予以保留，并按照上述现金流量套期储备的后续处理规定进行会计处理。②被套期的未来现金流量预期不再发生的，累计现金流量套期储备的金额应当从其他综合收益中转出，计入当期损益。被套期的未来现金流量预期不再极可能发生但可能预期仍然会发生，在预期仍然会发生的情况下，累计现金流量套期储备的金额应当予以保留，并按照上述现金流量套期储备的后续处理规定进行会计处理。

3. 被套期项目的会计处理方法。在现金流量套期下，被套期项目仍然按照一般准则规定的会计处理方法进行处理。被套期项目为已确认资产或负债的，按照一般准则下对资产和负债的规定进行会计处理，例如，被套期项目为金融资产或金融负债的，按照金融工具确认和计量准则（2017）进行会计处理；被套期项目为极可能发生的预期交易或者尚未确认的确定承诺的，按照一般准则的原则，不在资产负债表中确认。

【例3】通过期货合约对预期销售的现金流量变动风险进行现金流量套期。

20×7年1月1日，甲公司预期在20×7年2月28日极可能销售一批商品，预期售价为1000000元。为规避该预期销售中与商品价格有关的现金流量变动风险，甲公司于20×7年1月1日与某金融机构签订了一项期货合约Y，将于20×7年2月28日以总价1000000元的价格销售该批商品，且将其指定为对该预期商品销售的套期工具。期货合约Y的标的资产与被套期预期销售商品在数量、质次、价格变动和产地等方面相同，并且期货合约Y的结算日和预期商品销售日均为20×7年2月28日。

20×7年1月1日，期货合约Y的公允价值为0。20×7年1月31日，期货合约Y的公允价值上涨了25000元，预期销售价格下降了25000元。20×7年2月28日，期货合约Y的公允价值上涨了10000元，商品销售价格下降了10000元。当日，甲公司将商品出售，并结算了期货合约Y。

甲公司认为该套期符合套期有效性的条件。假定不考虑期货合约的时间价值、商品销售相关的增值税及其他因素，且期货合约自套期开始的累计利得或损失与被套期项目自套期开始因商品价格变动引起未来现金流量现值的累计变动额一致。

甲公司通过分析发现，期货合约Y的标的资产与被套期项目预期商品销售在数量、质次、价格变动和产地方面相同，且套期工具与被套期项目因商品价格变化引起的公允价值变动一致，即预期销售与期货合同存在经济关系，套期比率反映了套期的实际数量。考虑到交易对手方为金融机构，经济关系产生的价值变动中信用风险不占主导地位，符合套期有效性要求。甲公司的账务处理如下（单位：元）：

（1）20×7年1月1日，甲公司不作账务处理。

（2）20×7年1月31日

借：套期工具——期货合约Y　　　　　　　　　　　25000
　　贷：其他综合收益——套期储备　　　　　　　　　　　25000
（确认现金流量套期储备）

（3）20×7年2月28日

借：套期工具——期货合约Y　　　　　　　　　　　　　10000
　　贷：其他综合收益——套期储备　　　　　　　　　　　10000
（确认现金流量套期储备）

套期工具自套期开始的累计利得或损失与被套期项目自套期开始的预计未来现金流量现值的累计变动额一致，因此将套期工具公允价值变动作为现金流量套期储备计入其他综合收益。

借：应收账款（或银行存款）　　　　　　　　　　　　965000
　　贷：主营业务收入　　　　　　　　　　　　　　　　965000
（确认商品的销售收入）

借：银行存款　　　　　　　　　　　　　　　　　　　35000
　　贷：套期工具——期货合约Y　　　　　　　　　　　　35000
（确认衍生工具Y的结算）

借：其他综合收益——套期储备　　　　　　　　　　　35000
　　贷：主营业务收入　　　　　　　　　　　　　　　　35000
（将现金流量套期储备金额转出，计入当期收入）

【例4】通过期货合约对极可能发生的预期交易的现金流量变动风险进行现金流量套期。

20×9年1月1日，甲公司预计在未来6个月内极可能采购200万桶西德克萨斯中质原油（WTI原油）。甲公司采用现金流量套期，并指定一份210万桶布伦特原油（Brent原油）的期货合约，以对极可能发生的200万桶原油的预期采购进行套期（套期比率为1∶1.05）。该期货合约在指定日的公允价值为0。

20×9年6月30日，被套期项目WTI原油的公允价值累计上涨了200万美元，套期工具的公允价值累计下降了229万美元。甲公司通过分析发现，Brent原油期货合同相对WTI原油的二者经济关系不如预期，因此考虑对套期关系进行再平衡。甲公司通过分析认为，两种基准价格间的关系预计有所不同，并决定将套期比率重新设定为1∶0.98。

为了在20×9年6月30日进行再平衡，甲公司可以指定更大的被套期风险敞口或终止指定部分套期工具。甲公司决定选择后者，即终止14万桶Brent原油期货合同的套期。

假定甲公司的上述套期满足运用套期会计方法的所有条件。

甲公司的账务处理如下（单位：元，假设美元兑人民币的汇率为1∶6）：

（1）20×6年1月1日，甲公司不作账务处理。

(2) 20×6年6月30日

借：其他综合收益——套期储备　　　　　　12000000
　　套期损益　　　　　　　　　　　　　　　1740000
　　贷：套期工具——期货合同　　　　　　　　13740000

在总计210万桶Brent原油期货合约衍生工具中，14万桶不再属于该套期关系。因此，甲公司需将14/210（或6.7%）的套期工具重分类为以公允价值计量且其变动计入损益的衍生工具，有关套期文件的书面记录应当相应更新。

甲公司进行再平衡时的会计处理如下：

借：套期工具——期货合同　　　　　　　　　916000
　　贷：衍生工具——期货合同　　　　　　　　　916000

（再平衡时，重分类的套期工具的公允价值为13740000×14/210=916000元）

在本例中，甲公司无需再出于套期目的而持有这部分衍生工具，作为套期关系终止处理。甲公司也可以通过指定更大的被套期风险敞口进行再平衡。这种情况下，甲公司指定更大的被套期风险敞口，不需立即作任何账务处理。

【例5】通过利率互换合约对浮动利率债务的现金流量变动风险进行现金流量套期。

20×0年1月1日，甲公司借入于20×2年6月30日到期的浮动利率贷款。贷款本金为1000万元人民币，每半年支付6个月SHIBOR+150个基点（即1.5%）的利息。

20×0年1月1日，甲公司还订立了一项在20×2年6月30日到期的利率互换合约，名义本金1000万元人民币，收取6个月SHIBOR并支付年利率为4.5%的利息。每半年甲公司对利息进行净额结算。20×0年1月1日利率互换合约的公允价值为零。套期期间浮动利率贷款的情况见表2，套期期间利率互换合约的情况见表3。

表2

时间	期初的6个月SHIBOR（%）	贷款本期应计利息（元）
20×0年6月30日	4.5	300000
20×0年12月31日	4.8	315000
20×1年6月30日	4.6	305000

续表

时间	期初的6个月SHIBOR（%）	贷款本期应计利息（元）
20×1年12月31日	3.6	255000
20×2年6月30日	3.4	245000

表3　　　　　　　　　　　　　　　　　　　　　　　　　　　　　单位：元

时间	本期公允价值变动	利息结算前公允价值	净利息结算	利息结算后公允价值
20×0年6月30日	57000	57000	—	57000
20×0年12月31日	(28000)	29000	15000	14000
20×1年6月30日	(96000)	82000	5000	87000
20×1年12月31日	(12000)	99000	45000	54000
20×2年6月30日	(1000)	55000	55000	

甲公司20×0年度账务处理如下（单位：元）：

（1）20×0年1月1日

开始时的利率互换合约公允价值为零，无需编制会计分录。

借：银行存款　　　　　　　　　　　　　　　　　　10000000
　　贷：长期借款　　　　　　　　　　　　　　　　　　10000000
（确认取得贷款）

（2）20×0年6月30日

借：财务费用　　　　　　　　　　　　　　　　　　300000
　　贷：长期借款　　　　　　　　　　　　　　　　　　300000
（确认贷款的应付利息）

借：套期工具——利率互换合约　　　　　　　　　　57000
　　贷：其他综合收益——套期储备　　　　　　　　　　57000
（确认套期工具的公允价值变动）

借：长期借款　　　　　　　　　　　　　　　　　　300000
　　贷：银行存款　　　　　　　　　　　　　　　　　　300000
（确认贷款的利息结算和利率互换合约的净额结算）

（3）20×0年12月31日

借：财务费用　　　　　　　　　　　　　　　　　　315000
　　贷：长期借款　　　　　　　　　　　　　　　　　　315000

(确认贷款的应付利息)

借：其他综合收益——套期储备　　　　　　　　43000
　　贷：套期工具——利率互换合约　　　　　　28000
　　　　财务费用　　　　　　　　　　　　　　15000

(确认套期工具的公允价值变动以及因利率风险引起的现金流量变动)

借：长期借款　　　　　　　　　　　　　　　　315000
　　贷：银行存款　　　　　　　　　　　　　　300000
　　　　套期工具——利率互换合约　　　　　　15000

(确认贷款的利息结算和利率互换合约的净额结算)

甲公司应在套期关系的剩余期限内编制类似的会计分录。

十、境外经营净投资套期以及会计处理方法

(一) 境外经营净投资套期

境外经营净投资套期,是指对境外经营净投资外汇风险敞口进行的套期。在境外经营净投资中,被套期项目为境外经营净投资(包括作为净投资的一部分进行会计处理的货币性项目),且被套期风险仅为外汇风险。

(二) 境外经营净投资套期会计处理方法

对境外经营净投资的套期,包括对作为净投资的一部分进行会计处理的货币性项目的套期,应当按照类似于现金流量套期会计的规定处理:

1. 套期工具形成的利得或损失中属于有效套期的部分,应当计入其他综合收益。全部或部分处置境外经营时,上述计入其他综合收益的套期工具利得或损失应当相应转出,计入当期损益。

2. 套期工具形成的利得或损失中属于无效套期的部分,应当计入当期损。在境外经营净投资套期下,被套期项目无需做额外会计处理,仅对套期工具的会计处理作出特别规定。

【例6】通过外汇远期合同对境外经营净投资套期。

20×1年1月1日,记账本位币为人民币的A公司收购了一家记账本位币为外币(FC)的境外子公司C公司。A公司将面临在合并财务报表中重新折算对C公司的净投资的外汇风险。20×1年1月1日,FC兑换人民币的即期汇率为15.8:1,子公司的净资产为FC200000000元。

20×1年1月1日，A公司订立了一项将于20×5年12月31日到期的外汇远期合同。A公司将收取人民币4761560元并支付100000000元外币（20×1年1月1日，5年的FC兑换人民币的远期汇率为21∶1）。同时，A公司将外汇远期合同的即期要素（即，不含远期要素）指定为对即期汇率变动导致的境外子公司C公司净资产中首笔100000000元FC产生的外汇风险进行境外经营净投资套期的套期工具。A公司将这些净资产指定为被套期项目。套期期间各期末FC即期汇率及境外子公司C的净资产情况见表4。20×1年1月1日，外汇远期合同的公允价值为零，套期期间外汇远期合同公允价值变动见表5。20×1年1月1日，外汇远期合同即期要素的现值为零，套期期间外汇远期合同即期要素的价值变动见表6。100000000元FC的净资产相关变动情况见表7。

表4

时间	即期汇率（FC：人民币）	净资产总额（FC千元）
20×1年12月31日	12.6∶1	210000
20×2年12月31日	11.4∶1	190000
20×3年12月31日	11∶1	150000
20×4年12月31日	12.8∶1	120000
20×5年12月31日	15∶1	125000

表5　　　　　　　　　　　　　　　　　　　　　　　　　　　　　单位：千元

时间	本期公允价值变动	累计公允价值变动
20×1年12月31日	(1485)	(1485)
20×2年12月31日	(1102)	(2587)
20×3年12月31日	(778)	(3365)
20×4年12月31日	706	(2659)
20×5年12月31日	755	(1904)

表6　　　　　　　　　　　　　　　　　　　　　　　　　　　　　单位：千元

时间	本期即期要素现值利得/（损失）	累计即期要素现值利得/（损失）
20×1年12月31日	(1431)	(1431)
20×2年12月31日	(913)	(2344)
20×3年12月31日	(354)	(2698)
20×4年12月31日	1223	(1475)
20×5年12月31日	1137	(338)

表7　　　　　　　　　　　　　　　　　　　　　　　　　　　单位：千元

日期	交易事项	现金	衍生工具	合并净资产	权益	损益
20×1年12月31日	按即期汇率重新折算净资产（外币报表折算差额）	—	—	1608	(1608)	
	外汇远期合同的公允价值变动：	—	—	—	—	—
	－即期要素	—	(1431)	—	1431	—
	－远期要素	—	(54)	—	54	—
	确认远期要素的摊销				(313)	313
20×2年12月31日	按即期汇率重新折算净资产（外币报表折算差额）			835	(835)	
	外汇远期合同的公允价值变动：	—	—	—	—	—
	－即期要素	—	(913)	—	913	—
	－远期要素	—	(189)	—	189	—
	确认远期要素的摊销				(313)	313
20×3年12月31日	按即期汇率重新折算净资产（外币报表折算差额）			319	(319)	
	外汇远期合同的公允价值变动：	—	—	—	—	—
	－即期要素	—	(354)	—	354	—
	－远期要素	—	(424)	—	424	—
	确认远期要素的摊销				(313)	313
20×4年12月31日	按即期汇率重新折算净资产（外币报表折算差额）			(1278)	1278	
	外汇远期合同的公允价值变动：	—	—	—	—	—
	－即期要素		1223	—	(1223)	—
	－远期要素		(517)	—	517	—
	确认远期要素的摊销				(313)	313
20×5年12月31日	按即期汇率重新折算净资产（外币报表折算差额）	—	—	(1146)	1146	
	外汇远期合同的公允价值变动：	—	—	—	—	—
	－即期要素		1137	—	(1137)	—
	－远期要素		(382)	—	382	—
	确认远期要素的摊销				(314)	314

续表

日期	交易事项	现金	衍生工具	合并净资产	权益	损益
	外汇远期合同的净额结算（按即期汇率折算）	(1904)	1904			
		(1904)	0	338	0	1566

本例中，假设外汇远期合同即期要素自套期开始的累计利得或损失额与被套期项目自套期开始因 FC/人民币的变动引起的未来现金流量现值的累计变动额一致。

在套期关系指定日，套期期限内被排除的远期要素的公允价值变动总额为人民币 1567209 元 [100000000 元 FC × (1/15.8 − 1/21) 人民币/FC]。假定被排除在套期关系之外的远期要素的公允价值变动与被套期项目相关，该部分金额先计入其他综合收益，并在套期期间（即 20×1 年 1 月 1 日至 20×5 年 12 月 31 日）按照系统、合理的方法摊销计入当期损益。为简化核算，本例中以直线法摊销计入当期损益，导致各期产生人民币 313441 元的公允价值变动损益。

A 公司 20×1 年因该套期关系所作的账务处理如下（单位：千元）：

(1) 20×1 年 1 月 1 日

外汇远期合同公允价值为 0，因此，无需对外汇远期合同编制会计分录。

(2) 20×1 年 12 月 31 日

借：被套期项目——子公司 C 净资产　　　　　1608
　　贷：其他综合收益——外币报表折算差额　　1608
（确认子公司 C 的被套期净资产外币报表折算差额）

借：公允价值变动损益　　　　　　　　　　　　313
　　其他综合收益——套期储备　　　　　　　1172
　　贷：套期工具——外汇远期合同　　　　　1485
（确认外汇远期合同的公允价值变动）

企业应在套期关系的剩余期限内编制类似的会计分录。